船舶轴舵系装置及安装

王福根　主编

HEUP 哈尔滨工程大学出版社

内 容 简 介

本教材是根据原中国船舶工业总公司所制定的《教学计划及教学大纲》编写的。全书共分六章，分别讲述：船舶轴系、船舶舵系、液压舵机、轴舵系主要设备与要求、轴舵系检测与试验和轴舵系安装工艺实例介绍和实验等六个部分。

本书可为船舶工业技工学校造船修船专业教材，也可作为青工培训和职工自学用书。

图书在版编目(CIP)数据

船舶轴舵系装置及安装/王福根主编. —哈尔滨：哈尔滨工程大学出版社，2014.1
ISBN 978-7-5661-0749-7

Ⅰ.①船… Ⅱ.①王… Ⅲ.①船舶轴系-安装-技工学校-教材②船用舵-安装-技工学校-教材 Ⅳ.①U671.91

中国版本图书馆 CIP 数据核字(2014)第 018190 号

出版发行 哈尔滨工程大学出版社
社　　址 哈尔滨市南岗区东大直街 124 号
邮政编码 150001
发行电话 0451-82519328
传　　真 0451-82519699
经　　销 新华书店
印　　刷 哈尔滨市石桥印务有限公司
开　　本 787mm×1 092mm 1/16
印　　张 17.5
字　　数 421 千字
版　　次 2014 年 1 月第 1 版
印　　次 2014 年 1 月第 1 次印刷
定　　价 34.00 元
http://www.hrbeupress.com
E-mail:heupress@hrbeu.edu.cn

前　言

本教材是根据原中国船舶工业总公司所制定的船舶专业课《教学计划及教学大纲》而编写的。目的是帮助造修船企业员工和技校的同学,对现代船舶轴舵系装置的制造安装、调试及修理等技能知识的掌握和理解。本书编写是以企业职工技术等级标准为主要依据,以企业的生产实际状况为基础,力求突出对其操作技能的培养和学习及应用相结合。

本教材共包含六章,分别讲述:船舶轴系、船舶舵系、液压舵机、轴舵系主要设备与要求、轴舵系的检测与试验、轴舵系安装工艺实例介绍和实验等内容。

主要课题包括轴系的功用、船舶推进的型式、船体艉端的钢结构、轴系的组成与布置、轴系主要部件结构介绍、轴系中心线的确定、轴系的维护管理、船舶舵系的功用与分类、舵系的组成与布置、舵系中心线的确定、液压舵机介绍、舵系的维护管理,以及企业对于船舶轴舵系安装原则与工艺介绍等组成。本教材是在自编试行教材基础上,经多年的实践和完善,才完成本书的正式出版与再版。船舶轴舵系装置是船舶运行的主要设施之一,亦是极为重要的组成部分。它的工作性能必然会在很大程度上,影响着舰船的航行性能与安全以及相关经济技术指标。为此,编写本教材的指导思想是努力向以下几点方面作特别论述,即:

根据船舶生产特点与需要,突出轴舵系装置的重点问题。紧密结合专业课题的教学内容和要求,适应当前海内外船舶生产发展的需求。适应当前青年员工和职校生,通过本书的学习与探讨,其能初步掌握船舶轴舵系的必备知识和技能,成为合格专业技术人才。

本书特别适合船舶轮机专业的同学和员工,在完成其基本知识和钳工装配概述、船舶主、辅机及甲板机械等相关的教学任务基础上,很有必要学习适合船舶生产的教材,即《船舶轴舵系装置及安装》课本。

本书可作为船舶修造部门和航行部门的员工培训教材之用。本书也可以作为船舶动力装置的基础教材和教学参考书。

本教材的课时,为 60 ~ 80 学时。

全书由王福根老师主编,高级教师钱斐斐主审。

本书的编写出版与再版,承蒙哈尔滨工程大学出版社的支持和帮助,在此致以诚挚的敬意。

由于编者水平所限,书中欠妥之处在所难免,在此恳请各位同仁和读者批评指正。

编　者

2014 年 1 月于上海

目　录

绪　论

船舶轴舵系装置是船舶动力设备中至关重要的组成部分。它的工作性能优劣必然会直接影响船舶的航行安全、技术性能和经济指标。为此,船舶行业早在20世纪90年代就规定,须在教学大纲中要求船舶行业从业人员掌握好船舶轴舵系装置相关知识和技能,以达到船舶生产的需要。

一、学习《船舶轴舵系装置及安装》的目的与要求

《船舶轴舵系装置及安装》是继完成《钳工基本知识》《钳工装配概述》《船舶辅机》及《船舶柴油机》等诸门课学习的基础上,要求同学必须掌握好船舶轴舵系的工艺相关内容,即学好《船舶轴舵系装置及安装》教材的专业技能知识。

为了适应船舶出口的需要,缩短造船周期是提高造船企业经济效益的重要措施,因此要求轴舵系装置的施工尽可能地与船舶建造工程平行开展,以便能按时完成船舶建造任务。

船舶轴系和舵系装置作用好比是汽车轮子和方向盘。船舶轴系和舵系装置,是直接影响船舶前进与倒退,回转与直线航行的重要设施。它的工作性能和安装质量直接影响船舶安全和人员安全,在现场施工中各船企都十分重视。尤其是船舶轴舵系装置安装部位集中在船尾复杂和狭小的舱位内,这对施工人员来说提高了难度。

《船舶轴舵系装置及安装》教材的内容,除了自身的结构、工作原理和工作特性等基本理论知识之外,还增添了其装配和修理中的技术要求以及运行管理中的操作维护,检修调整试车和故障排除等内容。书中体现了船企生产实践经验和理论结合的特点。

学好《船舶轴舵系装置及安装》,应着重了解船体艉端的结构与类型;船舶推进装备的种类与特点,施工工艺中对船体钢结构的要求;船体中心线;肋位和船体基线的位置与概念;舵系理论中心线和轴系中心线的确定和基准点选择;以及施工时可能产生的安全、质量等问题。

船舶的发展史上,经历了以人力和风力等来作为船舶动力推进的漫长岁月。至18世纪,人类发明了蒸汽机作为船舶动力之后,才揭开了船舶轴舵系装置发展的新篇章。随着科学技术的进步,电力推动和液压技术因其具有突出的优点和经济性,才有了今天船舶大的发展。如蒸汽机动力的船舶,它采用的是螺旋桨和长轴系装置,是由往复式蒸汽机来驱动的,而舵叶是由蒸汽舵机带动回转的。这在当时来说已经是很先进的了。20世纪中期,许多远洋船只采用了柴油机作为主机来带动多轴系装置和电力驱动的舵系装置技术。先进船只开始应用大功率低速或中速柴油机作为船舶动力来驱动短轴系装置,应用大扭矩传动力的液压舵技术。而且应用了封闭式滑油润滑的白合金轴承形式,来代替开放式海水润滑的铁梨木结构轴承形式。进入21世纪,科学技术带动船舶制造业的发展,也推进了船舶轴舵系装置技术的革命,可以相信船舶轴舵系新型产品和技术会得到广泛地应用和推广。故在此要求青工和同学在热爱本专业的同时,一定要重视船舶轴舵系的新技术和新技能的

学习，跟上造船事业的发展步伐。

目前，许多船厂为适应大量出口船舶的需要，正努力设法缩短造船周期、提高企业效益，其中重要的一条措施是，要求轴舵系施工尽可能与船体建造工程平行开展。相信通过本教材的学习和探讨，日后必定为生产带来益处。

二、船舶轴舵系装置的发展

我国是世界上主要的船舶发源地之一。中国古代的造船技术在世界上曾处于领先地位，在船舶发展的历史长河中曾作出过重大贡献。远在四千多年以前我国就掌握了一定的造船技术。随着冶铁业的兴起和发展，造船业也得到了长足的发展。所建的船只除用于水上运输之外，还用来水上作战。到了公元前 100 年（汉武帝时），在船舶推进中已广泛使用橹和帆，同时采用了舵来控制舟船的航向。到了唐、宋年间，已能制造一种“车船”，它改进了船舶的驱动方式，这种车船在其前后各设有车轮，应用脚踏来代替摇橹和划桨的方式，并提高了船速。南宋时代，宋军的车船击溃 40 万南侵的金兵。如图 0－1 所示的车船，船侧有 11 对车轮并用木板防护，船尾还设有一大车轮和舵扇。

明轮是一种古老的推进器，它是安装在船尾或船舷两侧的大型转轮，其上面装有许多固定或可转动的拨水平板（蹼板），转轮旋转时，平板就向后推水，由于水的反作用力而使船前进。转轮大部分露出水面，所以称为“明轮”。明轮仅适用在风浪较小的江河浅水航道中航行。

图 0－1 “明轮”推进的船舶

到了明代，我国造船能力有了很大发展。著名航海家郑和七次远渡重洋。清朝顺治年间，我国著名民族英雄郑成功率舰船数百艘，从荷兰殖民者手中收复被占领的宝岛台湾。鸦片战争后，中国开始沦为半殖民地半封建社会，造船业受到严重压抑，造船设备陈旧，工艺落后。直至新中国成立前，造船行业大都集中在上海等少数几个沿海城市，都是以修补为主的修船厂。

新中国成立后，造船工业才获得新生。在 50 多年内，我国船舶工业从小到大，从修配到制造，以技术盲点到组建专业科技设计机构，特别自 20 世纪 80 年代，造船工业又有了飞跃发展。由于国内外市场的开拓，促进船舶和轴舵系装置的创新与开发，已有许多家企业有能力设计并建造符合国际公约和标准的现代化船舶。如船体集控、遥控式无人机舱、可调桨应用、大扭矩的液压转舵机构和舵机、螺旋桨无键连接等新技术得到很大发展。

从 20 世纪 80 年代开始，我国自行设计制造的新型推船，用的是中速柴油机加装减速齿轮箱装置，以提高船的推进效率，并采用襟翼舵加装倒车舵改进船的操纵性。

江南造船（集团）公司建造的远洋科学调查船“向阳红”10 号轮已改名为“远望”四号船，就采用了直接传动式轴系推进装置和双轴双桨型式，完成多项科学考察（包括南极建立长城站）的任务。该公司还建造了航天测量船“远望”一号、二号轮（图 0－2），采用大功率的蒸汽轮机与大型减速齿轮箱装置的推进技术，圆满完成了赴南太平洋执行我国首次洲际导弹的试验任务和潜艇水下发射导弹的任务。新建的“远望”三号、五号和六号船更是采用大扭矩的可变螺距桨推进装置，并参与发射“神舟”号宇宙飞船的跟踪测量任务。上海、大连、天津、广州等地船厂相继制造的大型油、货轮中，大都应用大直径的低转速螺旋桨，以提高船舶推进效率，并采用高新节能型的超长冲程柴油机和降低油耗来取得国际和国内的大量订单。

图 0－2　远洋航天测量船“远望”号

多年来，我国出口的船舶，从香港扩展到世界几十个国家和地区。从普通船舶发展到现代国际先进水平的汽车滚装船、液化气船、冷藏集装箱船和大型散货船及穿梭油轮等，已经赢得世界航运和造船界的信赖。我国第一艘跨海航行的火车渡轮（大陆至海南岛）中采用轴系与舵系新型装置和新技术，也已取得客户的好评。

中国曾经是世界上的造船古国，现在也是当今世界的造船大国之一。

20 世纪 80 年代后，船舶轴舵系装置技术和船体的制造设计技术与动力装置的制造设计技术一样，得到很大发展和进步。另外，在重视引进国外先进的船舶轴舵系装置技术和逐步实现国产化的同时，又重视自行研制的轴舵系装置的新型产品和机型开发工作，使我国船舶制造技术的发展进入了一个新的历史阶段，并进入世界造船强国之列。

三、船舶推进动力的类型

船舶轴舵系装置是随着船舶推进方式的进步而得到发展的。船舶推进方式经历了从原始的撑篙、拉牵、划桨、摇橹等人力和风力的漫长岁月，直到今天应用明轮、螺旋桨、喷水、空气推进、超导体推进等方式。但用螺旋桨作为推进器方式居多数。

另外，船舶推进动力装置的更新换代的发展也促进了船舶轴舵系装置技术飞速进步和提高。尤其在 18 世纪之后，人类发明蒸汽机并成功应用在船舶推进动力之后，揭开了船舶动力机械化发展的新篇章。目前船舶推进动力的类型主要有以下几种。

1. 蒸汽轮机（又称透平）动力装置

它是利用高温高压蒸汽的能量来转动叶轮，并带动减速传动装置和螺旋桨做回转运动。这种装置现今大都应用在大功率的军舰和特种要求的船舶上。如我国的海上科学城——“远望号”航天测量船，就是采用该类推进动力装置，并多次执行国家重大科研任务。该船还首次应用艏侧推进装置和主动舵等较先进装置。

此类推进动力装置特点是运转时振动和噪音极小，螺旋桨转速在工作范围内可任意调速，加速与减速的性能较好。但也存在如管理操作复杂、造价高，采用齿轮减速箱等缺陷。

2. 内燃机动力装置

它是利用燃油在气缸内燃烧所产生的燃气来带动螺旋桨做功的一种热机。它根据燃料的不同，可分为汽油机、煤油机和柴油机等。它有体积小、质量轻、热效率高、管理操作方便等优点，但也存在着噪音大、振动大等缺点。目前船舶上应用柴油机的为大多数，它比较适合在各类船舶推进之用。尤其是低速柴油机的可逆转和直接传动方式，带动螺旋桨做功的类型得到广泛地应用。

3. 燃气轮机动力装置

燃气轮机动力装置也属上述内燃机的一种，但属特殊型。它是利用燃料所产生高温燃气，推动其叶轮做高速回转运动的热机。它带动螺旋桨转动，必须采用减速传动齿轮装置得以完成。

船用燃气轮机是在航空业应用之后发展起来的一种动力装置。它具有体积小、质量轻、机动性好的特点。

燃气轮机的高压涡轮驱动压气机，将外界大气吸入的空气并压缩升温至一定值时，便进入燃烧室与喷入的燃油混合燃烧后生成近 2 000 ℃的高温燃气，再与来自压气机排出的另一股高压空气混合，降温后燃气进入高压涡轮带动压气机工作，然后再进入低压涡轮带动螺旋桨旋转推动船舶的航行。燃气轮机的启动需要借助于电动机、高压气源等外动力。

4. 电力推进动力装置

电力推进动力装置是以内燃机或蒸汽轮机发电机（或直接用蓄电池）发电，再带动与螺旋桨联成一体的电动机来推进船舶的。它的特点是螺旋桨转速可任意调节，满足各种工况的航行，且操作简单、管理方便，为某些特殊要求的船舶所采用，如潜艇、科学考察船、火车渡船等。

电力推进动力装置最大优点是机动性较好，其电动机的最低转速可达额定转速的十分之一以下，船舶可在极低的航速下航行。另外，此装置的启动及正倒车换向时间也较短。发电主机与电动机驱动螺旋桨可各自在最佳工况下运转，而且便于遥控管理，整个装置振动噪声较小。

5. 核动力装置

核动力装置是当前世界上最先进的动力装置。它是以原子锅炉（核反应堆），通过原子核的反应，产生蒸汽热能来驱动汽轮机的运转，最终带动螺旋桨做功前进的。

1 kg 的核燃料，可产生相当于 2 500 t 煤或 1 600 t 石油的热能，它适宜在海上较长期航行。

核动力装置以可控核裂变链式反应，产生巨大热能来加热工质达到推动蒸汽轮机运转。采用的压力水型反应堆中的核燃料，吸收中子后直接产生裂变并释放出新中子和巨大能量，用压力水作为中子的冷却剂，裂变时释放出的能量被压力水带走，并经热交换器将能量传递给另一回路的水使其成为蒸汽，压力水放热降温后经系统重又回至反应堆继续被加热，从而压力水形成一个闭合回路。而另一回路产生的蒸汽通过高、中、低压汽轮机内膨胀做功，推动叶轮转动来驱动主发电机或螺旋桨，其做过功的排气经冷凝器凝成蒸馏水经泵送入热交换器，从而完成另一个循环回路。

综上所述，目前只有柴油机能适应大多数的船舶动力需要，因此本书在介绍轴舵系装置中的有关内容都是与其相关的。

6. 船舶联合动力装置

以上几种船舶动力装置在功率、转速、操纵性能、经济性及体积质量等都存在差异和特点。对用民用船舶主要是考虑其经济性，而不足之处只能采用适当措施来加以改进。而对于军用舰船以战斗力为主要目标，来增大功率提高航速和机动性。为解决舰船巡航时经济运行与加速时大功率运行的矛盾，可采用联合动力装置来加以克服。

联合动力装置的特点是利用巡航机组和加速机组，从小功率到大功率的运行。两种机组均要离合器与主减速器连接，并采用倒顺齿轮箱或可调距螺旋桨来实施倒车。

舰船联合动力装置型式有：柴燃联合动力装置；燃燃联合动力装置；柴柴联合动力装置；电燃联合动力装置；燃蒸联合动力装置。

此种舰船联合动力装置优越性在于自巡航至全速工况能迅速加速；机组共同减速齿轮箱具有多机组并车的可靠性；具有足够大的功率且装置质量体积相对较小；并解决了全速大功率与巡航经济性的矛盾；提高了舰船的续航能力。

四、船舶柴油机动力装置的组成

柴油机是一种压缩发火的往复式内燃机。它使用挥发性较差的柴油或劣质燃料油作为燃料。柴油机采用燃料与空气在其气缸内部形成可燃混合气并经压缩，产生高压高温燃气而自行发火推动活塞来做功的。柴油机在热机领域内具有很高热效率，一般可达到65%左右，因而在与其他热机竞争中占有明显的优势。

经过多年的发展，船用柴油机已达到较高的技术水平。当前柴油机的发展以节能为主，充分兼顾排放与可靠性的要求。同时，低碳排放是现代柴油机面临的严重挑战，随着对船舶柴油机排放的限制，使得其经济性的提高较为困难，这也是今后船舶柴油机发展中的新课题。

船舶柴油机动力装置，是以柴油机为船舶主发动机的动力装置，其中柴油机、轴系装置和螺旋桨组成的部分是这种动力装置的核心部分，见图0－3。

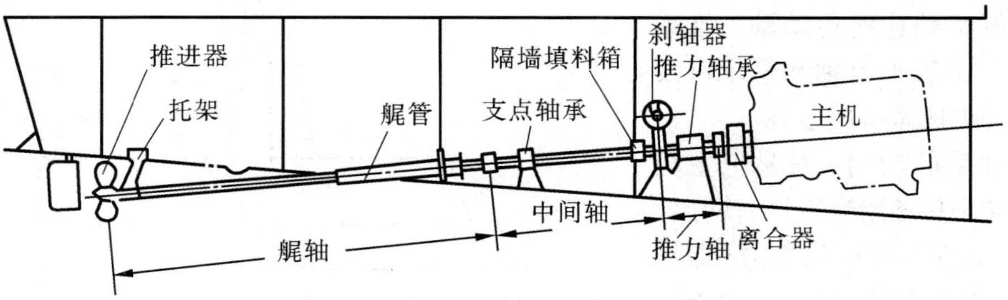

图0－3　船舶柴油机动力装置的组成图

储存于燃油柜（舱）内的柴油，由柴油输送泵输入日用燃油箱，作为柴油机做功之用。

柴油在柴油机内直接燃烧产生热能，而后转变为柴油机输出轴做旋转运动的机械能。柴油机和螺旋桨之间通过轴系装置连接。轴系将柴油机的转矩传递给螺旋桨，同时又将螺旋桨在水中旋转产生的转向力由推力轴承传给船体，以推动船体的前进或倒退。

为了制造和安装方便，一般将整个轴系分割成若干型，用联轴器连接起来。沿着轴线布置若干个支点轴承，以保证轴系的正常运转。在轴承自船体船舷外伸出处，安装着艉轴管装置，它既是螺旋桨和艉轴转动的支承点，也是保证船舶密封的防漏装置。

船用柴油机向螺旋桨传递动力的方式，最常见的也是最多的有直接传动和间接传动两种。直接传动的特点：柴油机和螺旋桨之间除了传动轴系之外，不设任何变向装置和减速装置，它常用于可直接正反转的低速或中速大功率柴油机的船舶上。间接传动的特点：柴油机和螺旋桨之间还没有减速齿轮传动箱或变向离合器装置等，它一般常用于中小型的高速或中速柴油机的船舶上。以上两种传动方式和设备将在以后章节作详细介绍。

柴油机动力装置在现代船舶动力中已占有绝对优势，它是目前最经济和最合理的一种船舶动力装置。由于它的特点显著，目前得到了迅速的发展和应用。

柴油机技术进步在很大程度上促进了船舶技术的发展和革命，也揭开了船舶动力机械化发展的新篇章。

第一章　船舶轴系

第一节　轴系的功用与分类

一、轴系的功用与要求

船舶轴系是船舶动力装置中的重要组成部分，是船舶推进装置（主机、传动机构、螺旋桨）中主要的传动机构（图1－1）。

1. 轴系概念——是一根（或多根）一端与主机输出轴相连，另一端与螺旋桨相连的传动轴。轴系装置就是由若干个轴和轴承以及其他附件组成系统的总称。

2. 轴系的功用——是把主机发出的功率传递给螺旋桨，使其旋转，并将螺旋桨所产生推力（即螺旋桨在水中旋转做功时，水给予螺旋桨的反作用力），通过自己的一系列装置传给船体，使船舶前进或后退，以保证其正常航行。因此船舶轴系是船舶推进装置的重要组成部分。

3. 轴系的要求——为了满足现代船舶的要求，保证轴系能在各种航行工况和恶劣情况下能可靠地工作，轴系装置应具有足够的强度、刚度。并要求其质量轻，尺寸小，传递功率大、效率高，维修方便等。

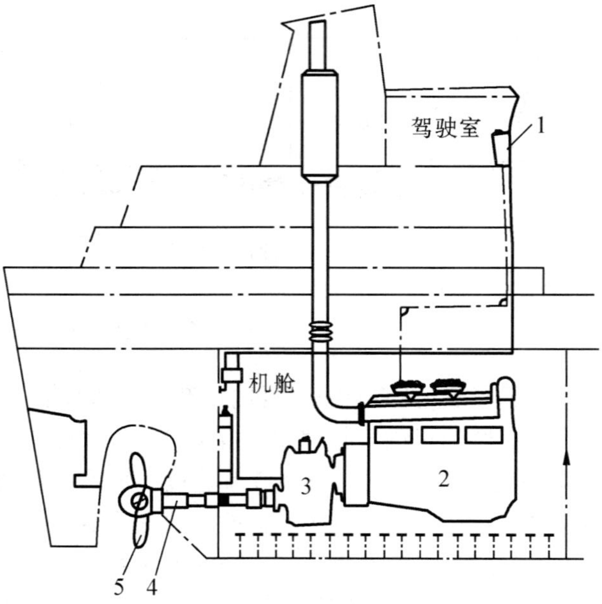

图1－1　船舶轴系装置示意图

1—遥控操纵台；2—主机；3—传动设备；
4—轴系；5—螺旋推进器

二、船舶推进的传动形式

为适应不同船舶，不同航区的要求，船舶动力装置中的推进设施的结构、型式均不同。现将几种常见的船舶推进的传动型式及其设备作一简单介绍。

1. 直接传动

在主机与螺旋桨之间，除了传动轴系之外，再无其他传动功率的设备，这一传动型式，我们称之为直接传动，如图1－2所示。

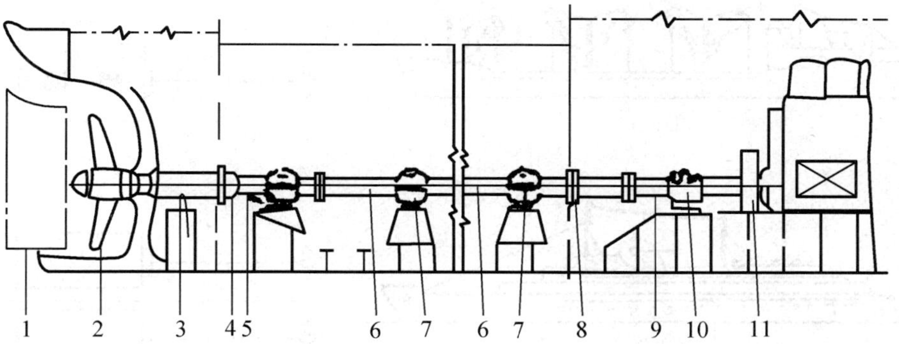

图 1-2　直接传动

1—舵;2—螺旋桨;3—艉轴管;4—填料函;5—艉轴;6—中间轴;
7—中间轴承;8—隔舱填料函;9—推力轴;10—推力轴承;11—主机、飞轮

直接传动的特点:传动效率高,经济性好。目前世界上许多船舶采用此类传动型式。我国船厂目前制造万吨以上油轮、货轮均采用这种传动方式。

此类船舶大多采用大中型大功率低速、中速柴油机,其油耗低,它能直接带动螺旋桨转动,是经济可靠性好的根本原因。但此类传动型式使主机的尺寸指标都很高,且螺旋桨自身直径通常比较大,故适用在海洋船舶中使用,如图 1-5(a)、(b)所示。

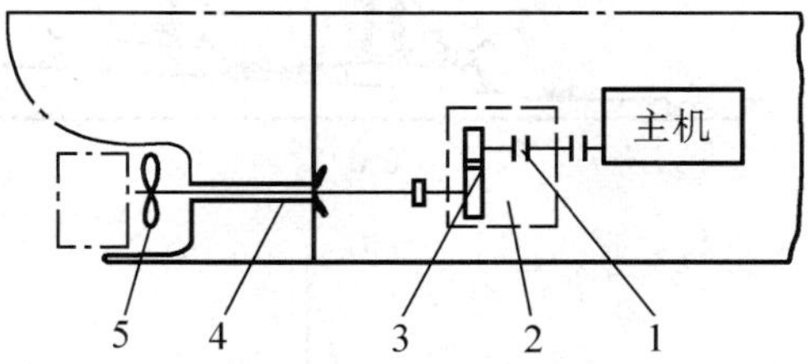

图 1-3　间接传动装置

1—离合器;2—传动设备;3—减速齿轮;
4—艉管;5—螺旋桨

2. 间接传动

如图 1-3 所示,在主机与螺旋桨之间,除了传动轴系之外,还设置了减速齿轮箱和离合器等装置,我们称为间接传动型式。

如采用大功率的蒸汽轮机作主机时,配置传动齿轮机构,即实现螺旋桨低速运转和倒顺转,如图 1-3 和图 1-5(f)所示。

当采用高、中速柴油机作主机时,配合以减速比适宜的减速齿轮箱,可以降低螺旋桨的转速提高推进效率。该类主机为不可逆式,免去倒车机构,其正倒车由离合器装置来实现。

由于高、中速柴油机的单位功率的质量和尺寸较小,因而易于布置。此种传动型式广泛应用于沿海及内河的中小型船舶上。

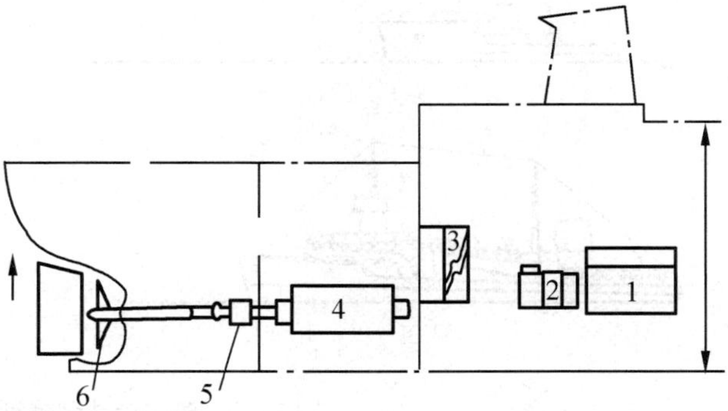

图 1-4　电力传动装置示意图

1—主柴油机;2—主发电机;3—配电板;
4—螺旋桨推进电动机;5—推力轴承;6—螺旋桨

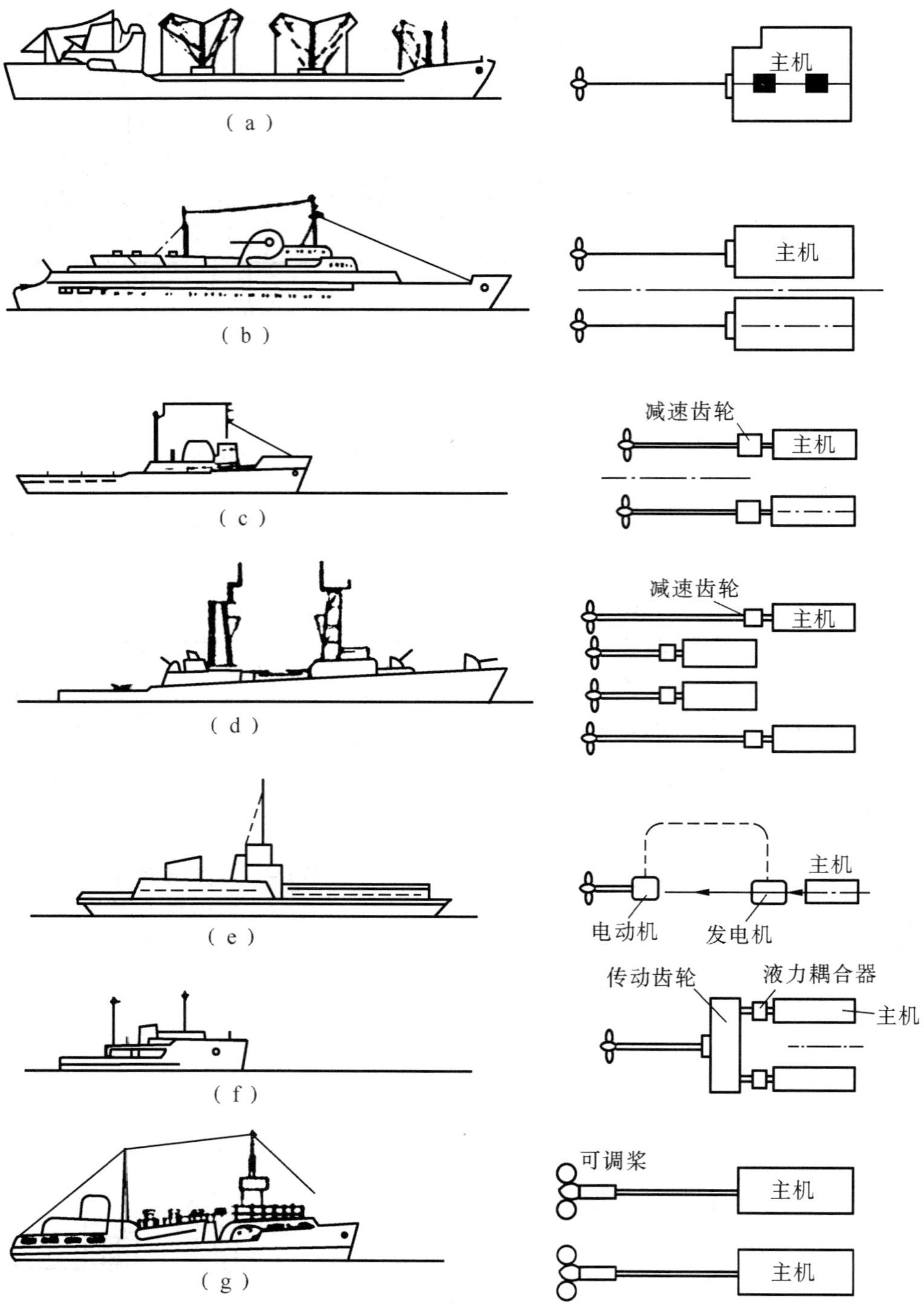

图 1－5　船舶传动装置型式简图

离合器主要用来脱开或接触主机与传动轴系的连接,有的还担负着倒车的任务。应用齿轮减速后,主机转速可以不受螺旋桨低速的限制,并能保持较好的推进效率(0.96 ~ 0.98)。

根据控制离合的方法不同,船用离合器有机械式、液力式和电磁式等不同型式。机械式离合器结构简单，常被应用。液力离合器（也称液力耦合器或液力联轴器）有对冲击载荷缓冲的作用。当螺旋桨露出水面或被卡住时，主机可受到保护。由于液力离合器的这一特点，所以在救助拖船、潜艇、挖泥船、破冰船等工程船舶中得以较广泛地应用，如图1－5(c)、(d)所示。

3. 电力传动

电力传动由发电机和主机推进装置两大部分组成。主机带动主发电机，所发出的电能经配电板供给该船另一船舱里的推进电动机，用以驱动螺旋桨旋转，如图1－4、图1－5(e)所示。

电力传动装置的特点是：

主机的转速不受螺旋桨转速的限制，可采用高速或中速柴油机，且能在恒速下运转，转向不变。只需改变推进电动机的电流方向，就可实现螺旋桨的正反转，故主机可采用不可逆式柴油机操纵，简便、灵活。停航时，主机所发出的电力可供他用。

由于该传动装置具有操纵性能好，布置方便等优点，所以在某些工程船舶和特种船舶上采用，如拖船、渡船、挖泥船、布缆船和破冰船等。

4. Z型传动

图1－6是Z型传动装置原理图。该装置分功率传递部分和螺旋桨绕竖轴的回转部分。

功率传递部分：柴油机1所发出的功率经弹性联轴器2、万向节传动轴3、上锥齿轮4、竖向传动轴6、下锥齿轮9、螺旋桨12等，从而达到推动船舶航行。

螺旋桨的回转部分；由电动机驱动蜗杆5通过蜗轮13，使旋转套筒7在支架14中回转范围内做平面旋转运动，用以控制船的转向。舵叶10起着辅助控制船舶转向的作用。

该传动装置的特点是：螺旋桨可绕竖轴轴线作360°回转，紧急停止急速转弯，快速进退，横向移动以及微速航行等。

由于该装置功率传递过程较复杂，因此传动效率低。因为该推进装置具有操纵性能好等优点，所以最适用于港内作业船和航行于狭窄航道的小型运输船舶上。

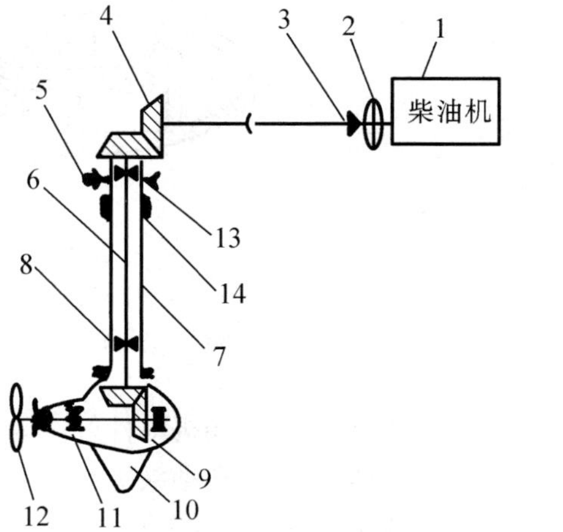

图1－6　Z型传动装置原理图

1—柴油机；2—联轴器；3—万向节传动轴；4—上锥齿轮；5—蜗杆；6—竖向传动轴；7—旋转套筒；8—滚动轴承；9—下锥齿轮；10—舵叶；11—滚动轴承；12—螺旋桨；13—蜗轮；14—支架

5. 可调螺距螺旋桨传动

这种装置的结构特点是桨叶与桨毂分开制成，通过调距机构可使螺旋桨的桨叶转动，以改变桨的螺距，从而改变螺旋桨的桨叶转动，以改变桨的螺距，从而改变螺旋桨推力的大小，以使桨及船的负荷相适应。当调整桨的螺距并使螺距为负值时，则推力为负值，船将开始后退。（具体组成和结构见图1－7和图1－8可调桨装置图）。

可调螺旋桨装置的设置，其目的是使桨叶同时旋转某一角度，使螺旋桨随指令的变化，处于“顺桨”（正螺距角、推力向后）、“停止”（螺距角为零，推力为零）或“倒航”（负螺距角，推力向前）等状态，以达到操纵船舶的目的。

按照转动桨叶的动力形式，可调桨的转动方式可分为手动、机械、液力及电动等。

图1－8为液力操纵式可调桨装置简图。当操纵杆7推向左边时，控制阀9自当中位置

向左移动,进油管11就与右方的油路相通,压力油即进入液压活塞12的左面,推动活塞向前移动,从而穿过空心的拉杆3与夹头4和叶根上的销子5将桨叶转动。当桨叶转到所需的角度时,停止操纵杆7,跟踪拉杆8将控制阀9拉回至原来的中间位置,并切断电源,桨叶即停止转动。进出控制阀9中的压力油是专门的电动泵提供的。

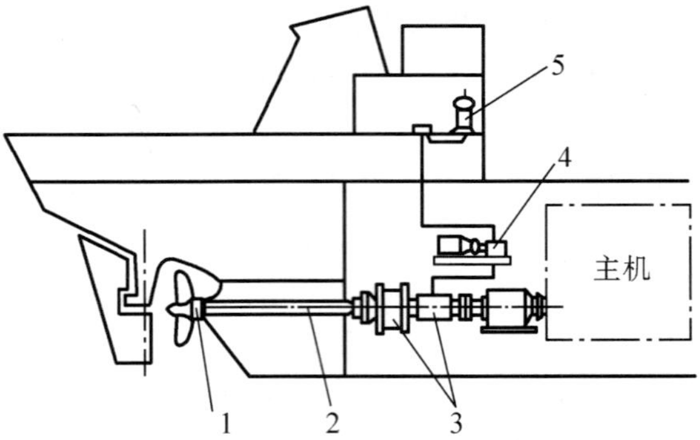

图1-7　可调螺旋桨装置示意图

1—可调螺旋桨;2—传动轴;3—伺服器;
4—液压能源;5—遥控装置

可调桨装置具有以下几个特点:

(1)船舶的前进和后退不必改变主机和螺旋桨的转向,只要转动桨叶就能实现。这样只需采用单转式的柴油机,使装置简化轻便。

(2)船舶在部分负荷下航行时,通过调节螺旋桨的螺距,使主机与桨能获得良好的配合,主机处于油耗工作,改善了经济性,增加了续航力。

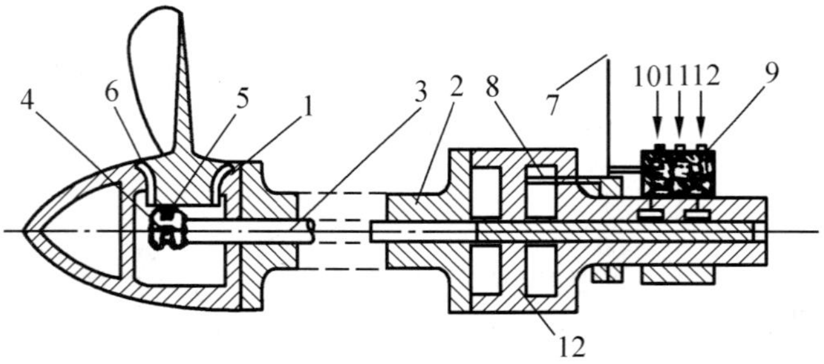

图1-8　液力操纵式可调桨装置

1—桨毂;2—空心轴;3—拉杆;4—拉杆夹头;5—叶根销子;6—滚柱轴承;
7—操纵杆;8—跟踪拉杆;9—控制阀;10、11—进油管;12—液压活塞

(3)船舶的操纵性和机动性好。

(4)可调桨的桨毂和轴系等结构复杂,制造安装较困难,初期投资高。

(5)桨毂尺寸较大,其最高效率与同参数的定距桨相比,低1%~3%。

综上分析可知,可调距桨适用于多种航行工况的船舶,以及机动性、操纵性要求高或超低速航行的船舶。如救助船、打捞船、挖泥船、渔船和破冰船等(图1-5(g))。

三、船体尾端结构的特点介绍

为了适应舰船航行的需要,通常船体向船尾端部逐渐地愈来愈尖瘦,最后并拢于艉柱。此外,船舶航行时,除了船首部将遭受到很大的波浪打击之外,在船尾部,将受到螺旋桨工作时所产生振动力和被螺旋桨所扰动的水的冲击力影响。因此,对船体艏艉端部的钢结构要特别重视与加强,以保证船舶安全航行的需要。本教材的教学内容,因只涉及船舶轴系、舵系的有关知识,所以这里仅以介绍船体艉部结构为主。

船舶的艉部,通常是指船体艉尖舱舱壁以后的结构区域。这一区域内装置着船舶的重要设备——艉轴、螺旋桨和舵、舵设备等。因此,船舶艉部结构的重点也集中在它们身上。

图1-9为船体艉部结构。艉端结构是指艉尖舱壁后,上甲板下的船体部分。根据船舶的不同类型,有巡洋舰艉、方艉和椭圆形艉等型式。单螺旋桨船的艉部横剖面呈Y型形状,Y型的下部地位狭窄,有螺旋桨轴通过,Y型上部逐渐宽大,甲板平台上设有舵结构,艉部有舵和螺旋桨。巡洋舰型的艉部向后突出成悬伸艉端,常采用斜肋骨和斜横梁结构。如图1-10所示。

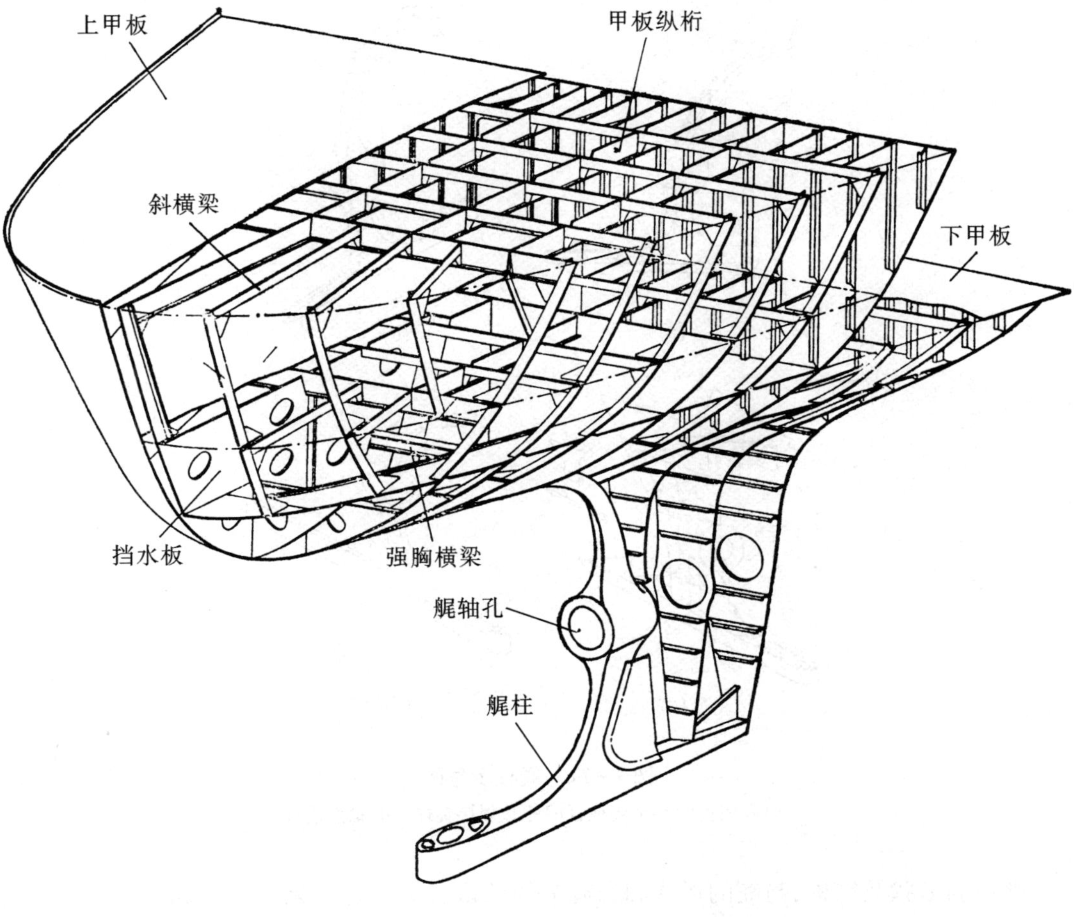

图1-9 船体艉部结构图

现在有些货船采用变形方艉,它的外形好像在艉端切去一段似的。这种艉型悬伸出去的部分比巡洋舰艉型短,在结构和工艺上更为简化。

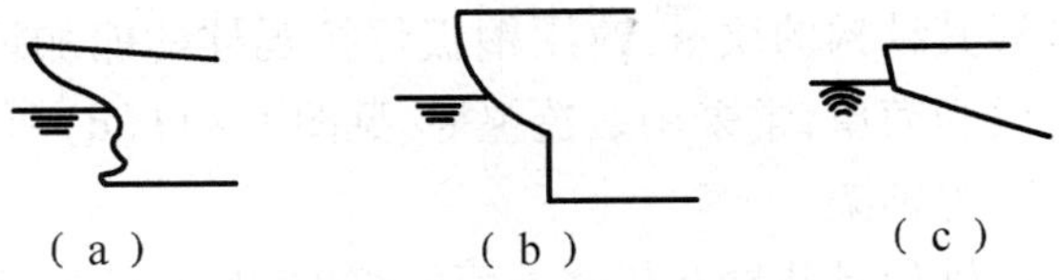

图1-10 各种型式的艉

(a)椭圆形艉;(b)巡洋舰艉;(c)方艉

民用船舶的艉部的形状以前多为椭圆形艉,其端部露出水面的部分较大,使螺旋桨及舵易受损坏,现已很少采用(图1-10(a))。目前应用较多的是巡洋舰艉。其特点是艉部末端大部浸入水中,从而改善了艉部的水线面形状,对船的快速性和螺旋桨、舵的保护都有利(图1－10(b))。图1－10(c)为方艉,其艉部为一垂直面或斜截面所切割,通常用于高速船舶。它可以增大艉部甲板面积及防止高速航行时艉部浸入水中过多。

1. 艉柱

艉柱是船体结构最后端连接外板的加强构件。其主要作用是支持和保护艉轴和螺旋桨及舵,并增强船体尾端结构(图1－11(a)所示)。

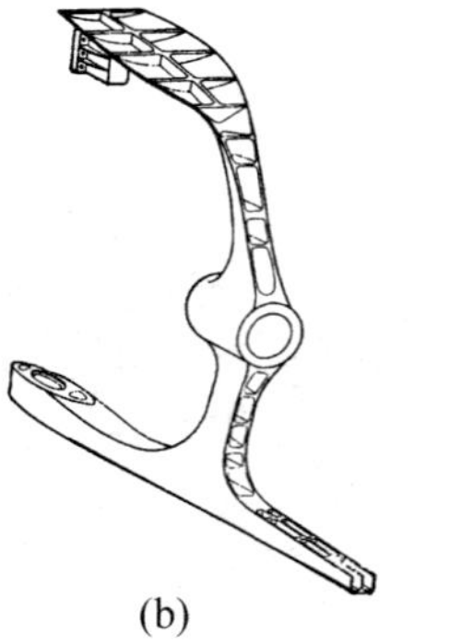

(a)　(b)

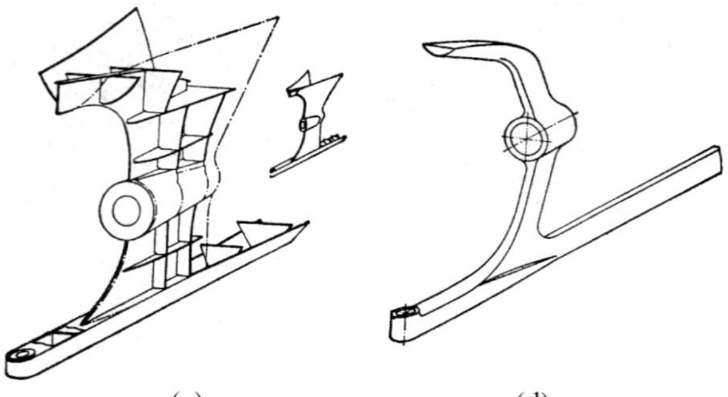

(c)　(d)

图1－11　艉柱示意图

(a)艉柱;(b)铸造艉柱;(c)钢板焊接艉柱;(d)锻造艉柱

艉柱的形状及结构,与舵的形式和螺旋桨的数量有关。近年来有些舰船多采用无舵柱的艉柱。

一般艉柱由铸造或钢板焊接而成,如图1－11(b)和图1－11(c)所示。艉柱形状复杂,大多采用铸造方式而成。对大型的则采用分段铸造然后加以焊接组合而成。现代造船,为了减轻其结构的质量,改用钢板焊接艉柱的船舶增多。也有小型船舶,由于其艉柱的形状相对较为简单,常采用锻造艉柱,见图1－11(d)所示。

2. 艉轴架

艉轴架是装置在船体外面的结构,以包容轴端的轴毂及轴毂的支臂组成。它一般有单臂轴和双臂结构两种。双臂艉轴架俗称“人字架”,结构强度好,为船舶所广泛采用。而单臂艉轴架以质量轻阻力小等特点,多在小型高速船舶上采用。为了减小艉轴架在船舶航行中的阻力,支臂的剖面一般为流线型构造。上述艉轴架仅适用于多螺旋桨船或由于艉部线型关系的,则多采用艉轴架来支承螺旋桨和艉轴的转动,并减少它们之间的振动。艉轴架有单臂和双臂式。

此外,为了扩大船体的甲板面积,保护舵和螺旋桨,并改善航行性能,常在船尾的艉柱后方突出一定长度,制成艉突出体。艉突出体的大部分是在设计水线以上,通常可用作舵机房使用(见图1-9所示)。

另外,有些船舶在主机与艉轴的轴系穿过货舱部位中,专门设置了叫做轴隧的结构。

轴隧包括有拱形的骨架和轴隧壳板,在货舱区域内轴隧壳 上还须敷设木板条保护,以免在装货物时磨损和撞坏轴隧(见图1-12所示)。

3. 船体尾端钢结构的装配法

以船体尾端总段钢结构为例,它的装配过程是在甲板胎架上以甲板为基准,竖焊肋骨框架、舱壁、舷侧纵桁,并以此作为内胎架,然后安装船体外板及吊装艉柱,见图1-13所示。其是缩短船舶在船台上的建造周期,缺点是该艉端总段钢结构的总变形较大。船舶企业称这种装配过程和方法为倒装法。它需要大型吊车配合起吊。

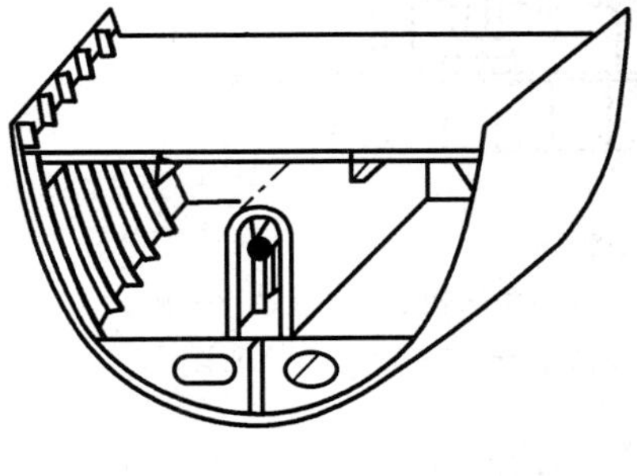

图1-12　轴隧

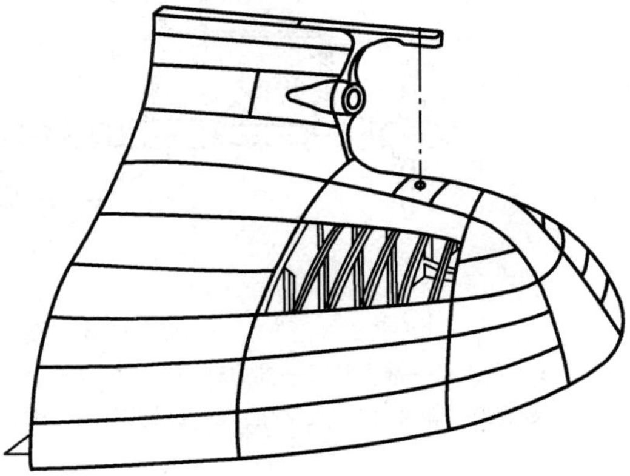

图1-13　艉端钢结构装置法(倒装法)

还有一种方法称之为正装法。它预先在胎架上装配焊接或分段,然后进行合拢焊接而成艉端总段。其优点是装配构件方便,并能保证艉端钢结构的线型,缺点是工艺装备复杂。它适于小型船舶的建造。如起重设备条件许可的情况下,大型舰船亦可采用此法进行建造。

第二节　轴系的组成

目前,我国从民用船舶来看,除了特殊工程船舶之外,大多数属于和采用常用型螺旋桨推进轴系装置。而且以直接传动和间接传动方式的轴系装置,为当今船舶企业建造新船中之多见。

因此,将要在本教材中,着重介绍常用型螺旋桨推进装置的轴系结构和安装管理维护的相关内容。

船舶轴系是船舶动力装置的基本组成部分。它位于主机(齿轮箱)的输出端与螺旋桨之间起着桥梁作用。具体组成见图 1 – 1 和 1 – 2。

一、轴系的组成

每一条船从它的机舱到船尾都有一定的距离，特别是那些主机舱设在船体中部的一些船舶，它的轴系很长，有的甚至达百米之多。这样长的传动轴系，如果把它制成一个整根，是不现实的。因此，为了制造加工、吊运、和拆装维修的方便起见，船厂往往将轴系分为许多节，并用联轴节（又称联轴器、法兰、考必林）按照轴线要求加以连接。而每节轴则按其用途可分为推力轴、中间轴和艉轴（螺旋桨轴）等。

图 1 – 14 表示为一直接传动装置的轴系。它的组成如下。

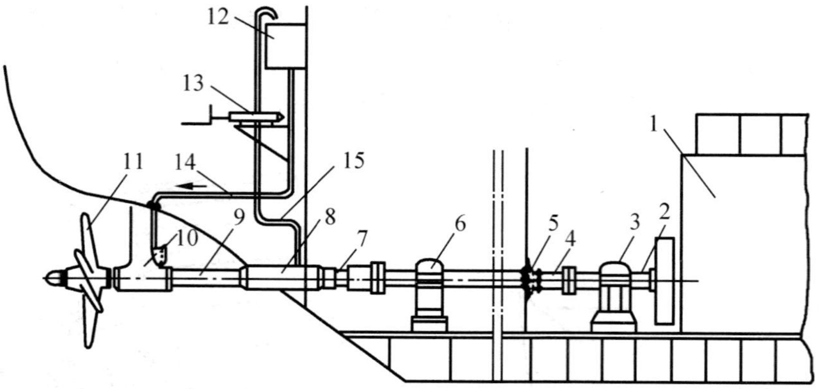

图 1 – 14　轴系组成示意图

1—主机；2—推力轴；3—推力轴承；4—中间轴；5—隔舱填料函；6—中间轴承；7—艉轴；8—艉管支承；9—艉管；10—人字架；11—螺旋桨；12—艉轴油箱；13—油泵；14—进油管；15—回油管

主机：（件 1）它是船舶推进的动力为直接传动形式的主机。这样的主机（主发动机）都可作正倒车运转，以满足螺旋桨做功的需要。而对采用中高速的柴油机或不可倒转的主机，则在主机后面需增设有减速齿轮箱和离合器等设备。

推力轴：（件 2）它的前端有联轴节（法兰、考必林）与主机或齿轮箱的输出联轴节相连接，其后端的联轴节则与中间轴的联轴节相连接。推力轴和推力轴承组合为一整体部件。

推力轴承：（件 3）它是承受螺旋桨做功时通过推力轴所传递来的推力，并通过自身再将推力传给船体，使船体前进或后退。

中间轴：（件 4）是用来连接推力轴和艉轴的。

中间轴承：（件 6）主要用来承受中间轴的径向负荷和它的重力。

隔舱填料函：（件 5）用来保持轴系穿过水密隔舱处的水密。

艉轴：（或螺旋桨轴）：（件 7）用来连接中间轴和螺旋桨，并用来带动螺旋桨的转动。

艉轴管：（件 9）用来支承螺旋桨和艉轴，并使它们在其中转动。这里一般还安装油封或水封装置，以保持密封性。

艉轴管支承：（件 8）主要是用来支承艉轴管的。现在船厂新造船舶时，为确保轴线质量和艉轴管的安装正确，一般都需在现场进行艉轴管支承的孔径镗削。

螺旋桨：（件 11）（图 1 – 15）螺旋桨通常装于船的艉部，且没入水中，与主机之间用钢轴连接并做旋转运动。螺旋桨转动时,桨叶推水向后,由于水的反力而推动船前进,船舶一般都装一个螺旋桨,也有装两个的;在军舰上,则有装置三至四个螺旋桨的,螺旋桨的效率较高、加工工艺简单,是目前应用最广泛的一种船舶推进器。

螺旋桨是用来推动船舶前进或倒退的。它的形状,好像风扇的叶片,所以又称“车叶”。

总之,轴的数目和长度及附件配置等,常与船型、大小、机舱位置和动力装置类型等有关。

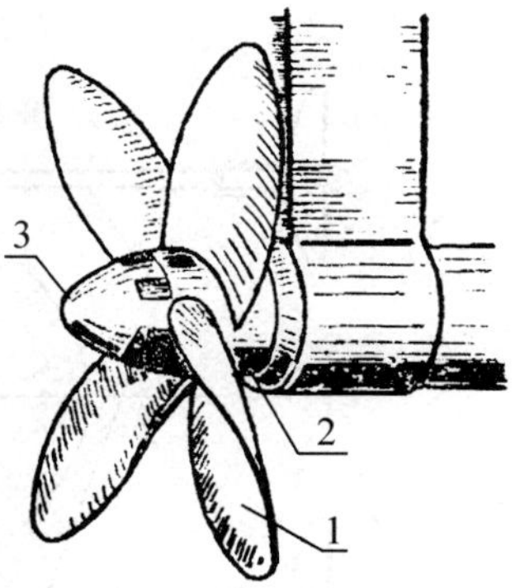

图1-15 螺旋桨推进器示意图

1—桨叶;2—桨毂;3—整流帽

二、轴系的布置

如图1-16所示,轴系的布置是根据“轴线”的要求而布置的。

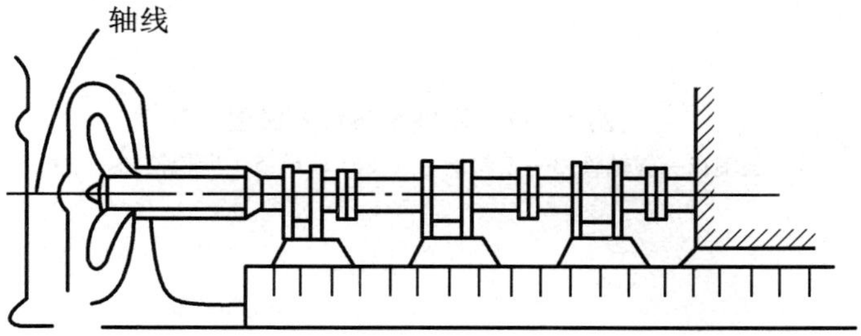

图1-16 单轴系布置图

主机至螺旋桨之间的轴系,是由同一直线上的若干个轴相连接起来,这一直线我们称之为“轴线”。

轴线的数目,往往是根据船舶的类型、航行性能、主机型式及可靠性来确定的。一般大中型民用船舶都有专用单轴线。而军舰、客轮和特种船舶大都采用双轴线或三轴线的轴系布置方式,如图1-17、1-18所示。

一般单轴的轴线,常布置在船的中线面上。双轴的轴线则对称地布置在船的中线面的两侧。三轴的轴线,它的一根轴线布置在中线面上,而另两根则对称地布置在中线面的两侧。四轴线的同双轴线布置,如图1-19(b)。

轴线的高度通常要与主机和螺旋桨的布置高度、位置相适应。

轴系的轴线,最理想的布置应是与船体的基线相平行。我国建造的万吨货轮的轴线布置大都与船体基线相平行。

但特殊的船舶,如科技考察船、中小军舰等,它的主机位置较高,尤其是吃水又较浅时,为保证螺旋桨没入水中一定深度在和提高螺旋桨推进特性的效率,特将轴线向船体艉部倾斜一定的角度,见图1-19(a)。

如轴线纵倾角α约在0°~5°之间,运用在著名的“远望号”航天测量船上。而某些小型高速军舰、工作艇等,它的轴线就与基线之间呈纵倾角甚至达10°~16°。

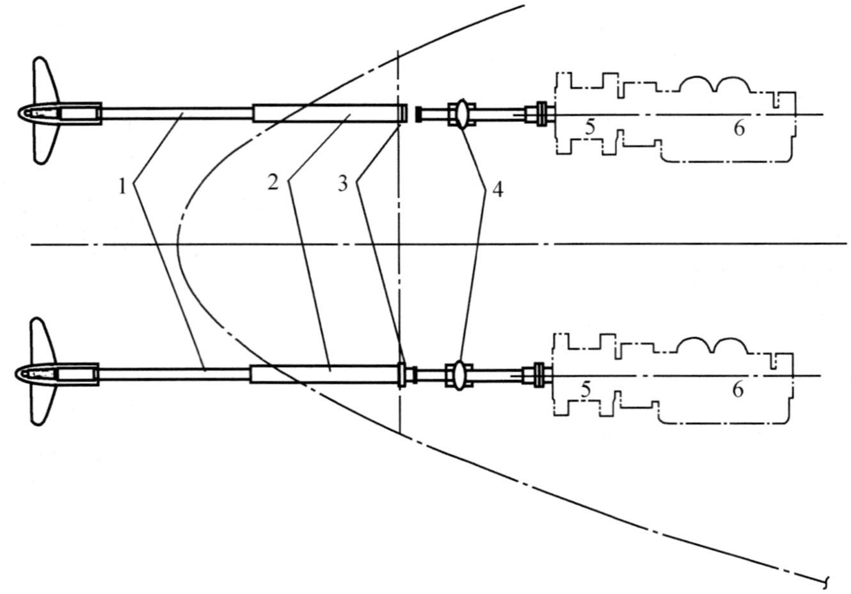

图 1－17　双轴系布置方式图

1—艉轴;2—艉轴管;3—填料函;4—支承轴承;5—齿轮箱;6—主机

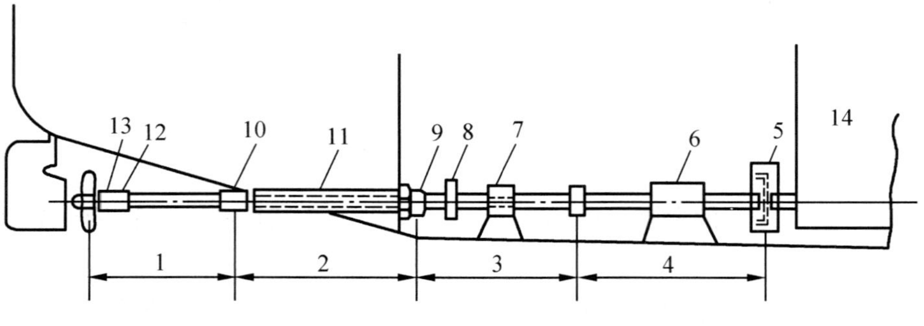

图 1－18　双轴系船舶轴系图

1—螺旋桨轴;2—艉轴;3—中间轴;4—推力轴;5—离合器;6—推力轴承;7—中间轴;8—制动器;9—连接凸缘;10—联轴节;11—艉轴管;12—托架;13—螺旋桨;14—主机

某些双轴系船舶为使螺桨叶梢保持与船体有一定距离,允许轴线水平投影线与船中线之间有一个小的偏斜角(β),一般为0°～3°,如图1－19(b)所示。

什么叫"船体基线",基线即是通过船体龙骨线与舯横剖线之间的交点所作的同设计水线平行的直线。它是船体的理论线,也是同学们和员工看图施工的重要依据(具体可参见各类船舶的船体结构图)。

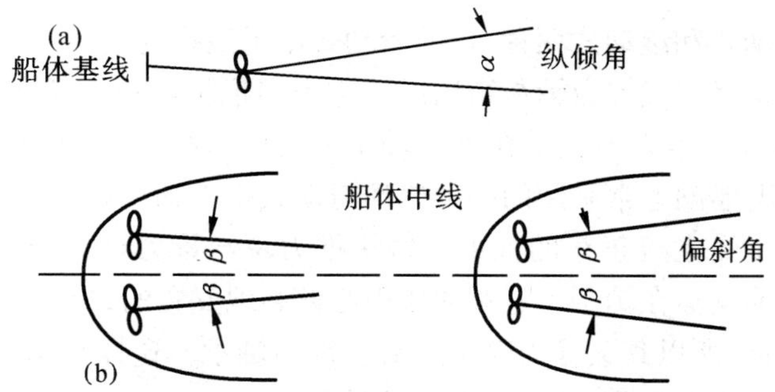

图 1－19　轴线的纵倾角 α 和偏倾角 β

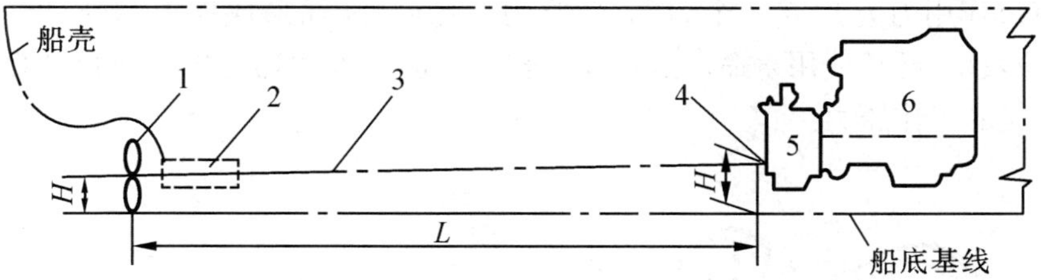

图 1－20　轴线长度及位置的确定

1—螺旋桨;2—螺旋桨轴承;3—轴线;4—齿轮箱输出法兰;5—齿轮箱;6—主机

第三节　轴系主要部件介绍

一、推力轴及推力轴承

推力轴及推力轴承是船舶轴系中的重要部件之一,其作用有两点,一是承受螺旋桨所产生的轴向推力,并传递给船体,使船舶前进或后退;二是保持整个轴系正确的轴向位置。如没有推力轴及轴承,则螺旋桨所产生的推力就要直接推动主机曲轴,使曲轴承受极大的轴向力,导致曲轴发生移动或歪斜,从而引起主机机件的损坏。

(一)推力轴及其技术要求

推力轴可分为多环式和单环式两种。多环式又称为马蹄式,目前已经逐渐淘汰。单环式又称米歇尔式,是目前船舶常用的结构型式。

图 1－21 是单环式推力轴的构造。推力环与轴锻制成一整体,两端的整锻法兰,一端与主机输出轴法兰相连,另一端与中间轴相连接。

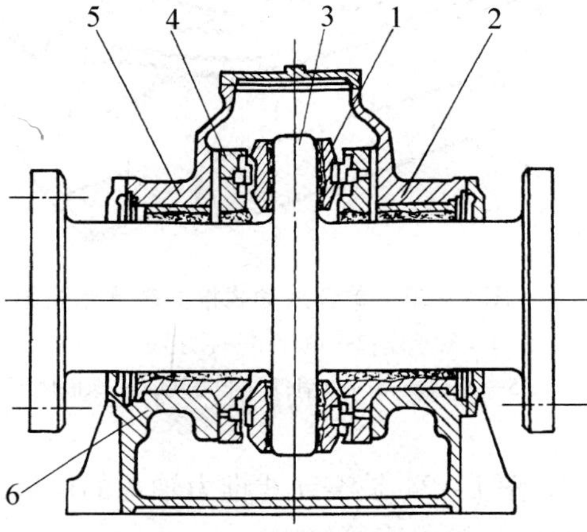

图 1－21　滑动式推力轴及推力轴承结构图

1—推力块;2—端支持轴承;3—推力轴上推力环;4—销子;5—轴承盖;6—轴承座

（二）推力轴承

推力轴承又分滑动式和滚动式两种，目前滑动式用得最普遍。

1. 图 1－21 所示是滑动式推力轴承结构图。它由扇形推力块 1、两端支持轴承 2、轴承盖 5 与轴承座 6 等组成。推力轴支承在支持轴承上，推力块分布在推力环 3 的前后两端。图 1－22 所示是大中型船舶上常采用的一种单环滑动式推力轴承示意图。

前端面的推力块承受主机正车的推力。每块推力块与推力环接合的一面都浇铸有轴承合金。推力块的背面支靠在销子 4 是对油压中心偏心地安置的，当推力块受力时，能以销子作用能点做任意摆动，所以其又称为动块式滑动推力轴承。这样在运转时就能在推力环与推力块之间形成一层楔形油膜，从而减少摩擦阻力。

楔形油膜的形成原理如图 1－23 所示。当推力环沿箭头方向运动，受螺旋桨推力而压于推力块时，由于摩擦面间油膜作用在推力块上的总作用力并不通过球支点，因此滑油压力 P 与支点反作用力 R 形或一个力偶，使推力块倾斜，从而形成楔形油膜，可减少摩擦阻力，改善传动效率，延长使用寿命。这样在运转时就能在推力环与推力块得到良好的润滑，并能承受较大的工作压力。

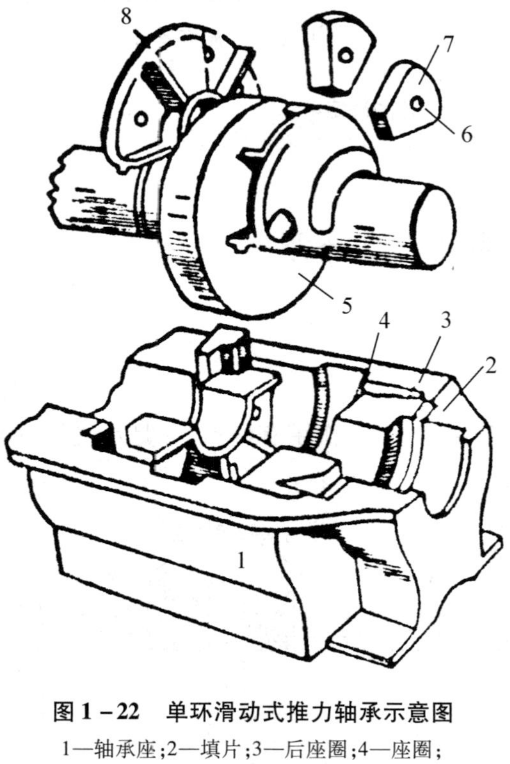

图 1－22　单环滑动式推力轴承示意图

1—轴承座；2—填片；3—后座圈；4—座圈；
5—推力环；6—凸销；7—推力块；8—球面座圈

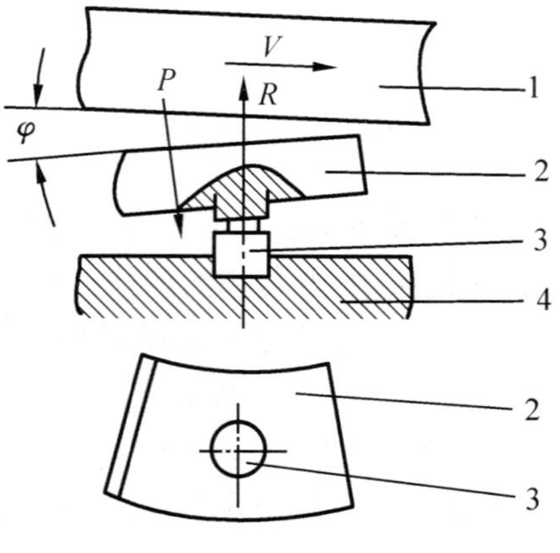

图 1－23　楔形油膜形成原理图

1—推力环；2—推力块；3—销子；4—轴承座

2. 图 1－24 是滚动式推力轴承的构造图。它由一个滑动支持轴承的两个推力球轴承以及轴承盖，轴承座等组成。

由于采用滚动推力轴承，推力轴不需锻出推力环，而推力轴的一端（或两端）连接法兰必须做成可拆的，如图 1－25 所示。

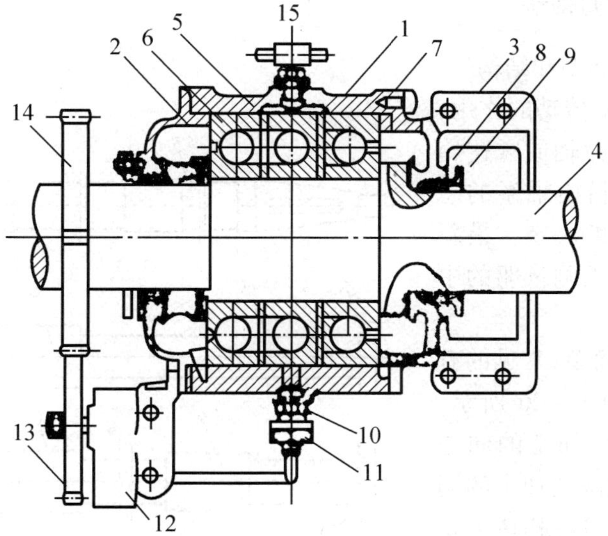

图 1－24 滚动式推力轴承结构图

1—壳体;2—盖;3—二半组成盖;4—推力轴;5—布油环;
6—推力环;7—止推滚珠轴承;8—填料;9—压盖;10、11—螺纹接头;
12—齿轮油泵;13—传动齿轮;14—齿轮;15—节流阀

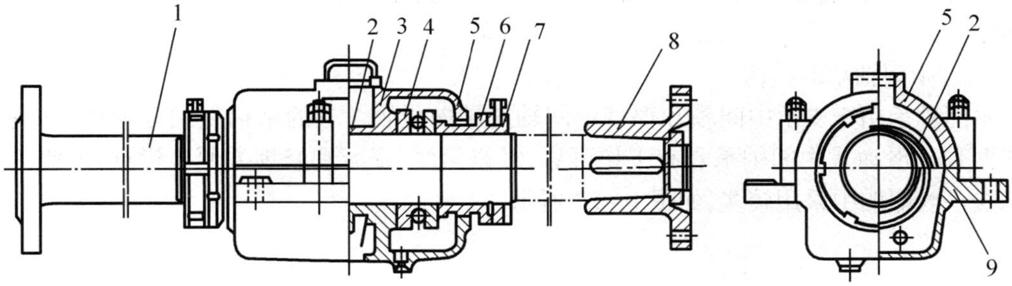

图 1－25 滚动式推力球轴承结构图

1—推力轴;2—油环;3—支持轴承;4—推力球轴承;
5—轴承盖;6—螺母;7—并螺母;8—可拆联轴器;9—轴承座

滑动式推力轴承,不论何种结构形式,在推力环与推力块之间都需有一定的轴向间隙,这是因为油滑膜和零件热膨胀所必需。而轴向间隙的调整,是通过安装在轴承座上的支持螺栓旋进旋出或调节垫板的厚薄而达到的。在直接传动的轴系安装中,有一点相当重要的就是推力轴承的轴向间隙必须小于主机本身的推力轴承和连杆大小端轴向间隙,否则将引起主机有关部件的损坏。

推力轴承的最高温度一般不得超过 60 ℃。并应及时检查调整轴线及轴承与轴之间的间隙。

二、中间轴及中间轴承

(一)中间轴的类型和结构

中间轴起着连接传动的作用,它安装在艉轴与推力轴或减速箱之间。中间轴的数目由轴系的总长和中间轴段的长度决定。最新建造的“远望号”航天测量船的中间轴有5根之多。

中间轴的结构简单,常见的有3种结构形式,如图1-26所示。图中(a)是整段法兰加工的同心度要求轴重合,因此法兰加工的同心度要求比较高,并且在构造上要有安装对中的措施。法兰的连接螺栓要与螺孔精密配合。大多数的中间轴采用实心结构。每段中间轴一般都安装在一个中间轴承上。轴与轴承接触部分称为轴颈。为了制造、修理和安装方便起见,轴颈的直径要比基本轴径大一些。基本轴径的大小,则要根据船舶建造规范的规定,对轴系的受力情况进行计算,并参考长期实践经验而确定。

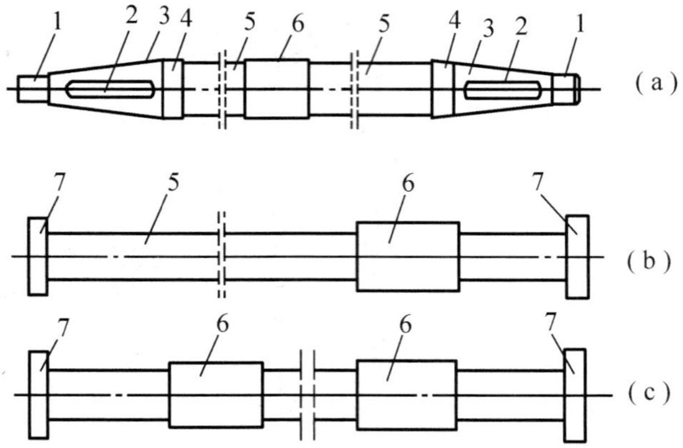

图1-26　中间轴的主要类型示意图

1—螺纹部;2—凹槽;3—加部;5—轴干;6—轴颈;7—法兰

(二)中间轴承的结构。

中间轴承用于支承中间轴和保持中间轴的轴向位置。它的结构型式分为滑动式和滚动式两种。滑动式中间轴承具有工作可靠,维修简便、安装和修理方便等优点,因此,这种轴承在一般船舶中采用较多,如图1-27所示。

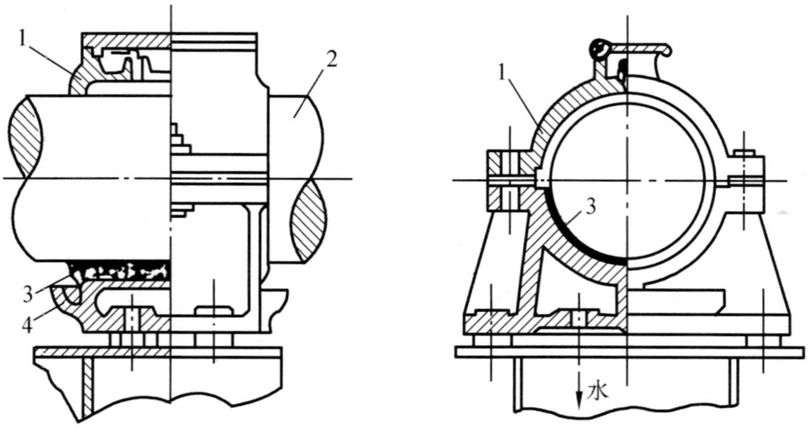

图1-27　滑动式中间轴承结构图

1—上轴承盖;2—中间轴;3—白合金;4—轴承座

1. 滑动式中间轴承

中间轴承按润滑方法可分为圆盘式滑动轴承、油环式滑动轴承以及油环－油蕊复合式滑动轴承等几种。这几种型式的基本结构是相似的，主要在润滑的方法上略有差异。下面，以圆盘式滑动轴承为例加以说明。图1－28所示的为圆盘式润滑轴承结构。其轴承座上有两个油室，用管子相通。圆盘5下部浸在滑油的受油器8，通过受油器的小孔流至斜横，分配至各润滑部位，最后流回底部的滑油室。滑油室内设有蛇形冷却水管6进行冷却。

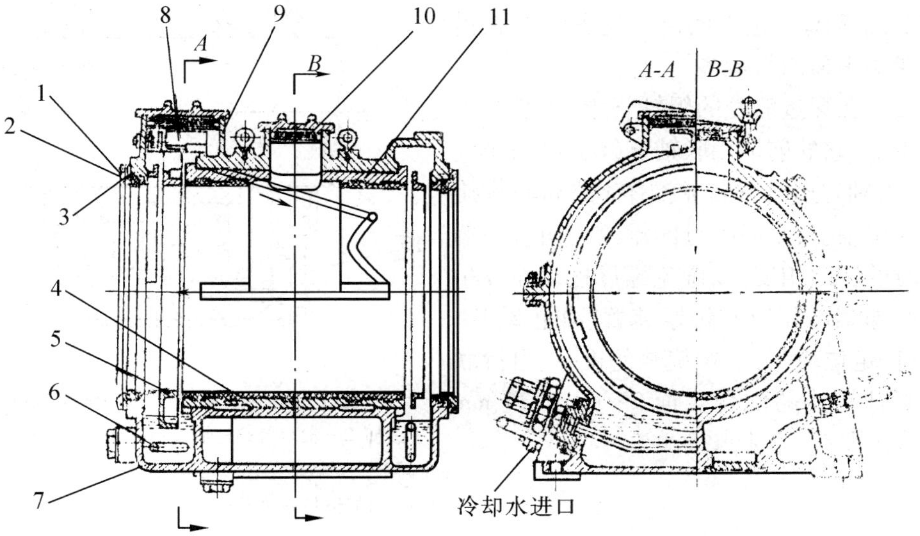

图1－28　圆盘式润滑的中间轴承结构图

1—填料压盖；2—填料；3—填料座；4—下轴瓦；5—圆盘；6—蛇形冷却管；
7—轴承座；8—受油器；9—轴承盖；10—过滤器；11—上轴瓦

2. 滚动式中间轴承

滚动式中间轴承的结构形式，随着轴承的型号而变化。其轴承座通常用铸钢制成。有少数小型船舶，采用钢板焊接结构。其结构既可制成整体式，也可制成水平剖分式，多数采用后者。

图1－29为滚动式中间轴承。轴承的内圈是通过锥形套5和螺母4固定在中间轴上，并随轴一起转动。外圈则紧固于轴承座9上，在安装滚柱轴承12时，应先将轴承装在轴颈上，在自由状态下，用千分表测出它的径向间隙，然后逐步拧紧锥形套的螺母，当间隙缩小到40%左右时，即认为安装牢固。在安装这种结构的轴承时，要特别注意将滚柱轴承装于壳体中部，使两端空余尺寸 A_1 和 A_2 相等，严禁 A_1 和 A_2 等于零。滑油高度不得低于轴承中心位置。

滚动式中间轴承与滑动式比较，它具有摩擦阻力小，效率高、滑油消耗少，工作可靠和自动整体（即轴承中心线能随轴线变化而变化）的优点，其缺点主要是工作噪音大，而且必须用可拆的联轴器。

三、艉轴及艉轴管装置

(一)艉轴的结构

图1－30所示为艉轴的结构,其中图(b)是整锻法兰(或焊接法兰)的艉轴结构;图(a)是可拆法兰的艉轴结构,在艉轴的前后轴颈上采用铜套包覆,在其他非工作表面上用浸透环氧树脂剂的玻璃布包扎防腐。这种结构在沿海地区船舶中采用得最多。

艉轴装在穿过船壳的艉轴管中,支承在艉轴管轴承上,它的前端用联轴节(法兰)与中间轴(或推力轴)连接,并依靠锥体上螺母将螺旋桨固紧在艉轴上,紧固螺母的螺纹方向应与船舶前进时的转向相反,以避免螺母松动而发生事故。此外螺母还应有锁紧装置(如止动片、防松螺钉、定位块等)。螺旋桨的锥孔、可拆联轴节与艉轴锥体的配合表面25 mm×25 mm面积内最少要有3～4点接触。

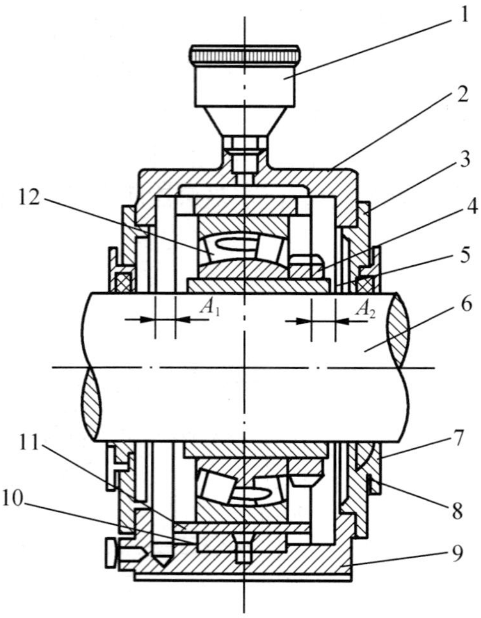

图1－29　滚动式中间轴承结构图

1—油杯;2—轴承盖;3—轴盖;4—螺母;5—鼠形套;6—中间轴;7—羊毛毡;8—密封盖;9—轴承座;10—滑键;11—导向环;12—滚子轴承

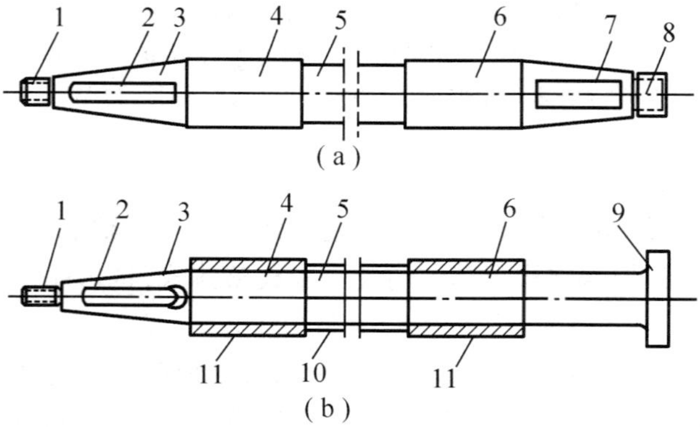

图1－30　艉轴的基本结构示意图

1—艉螺纹;2—键槽;3—艉锥体;4—后轴颈;5—轴干;6—前轴颈;7—键槽;8—艏螺纹;9—法兰;10—轴套

(二)艉轴管的结构

船舶艉部安装的艉轴管,是用来支承艉轴和保持船体艉轴孔密封的。艉轴管装置如图1－31所示,它包括艉轴管、前轴承、后轴承、填料装置等部分。

艉轴管构造简单,它是一条空心的长管,首端用法兰与水密隔舱相连布置在船的纵中剖面上;双轴系的艉轴管,位于船尾对称的两侧。双轴系的艉轴管一般较长,往往分若干节

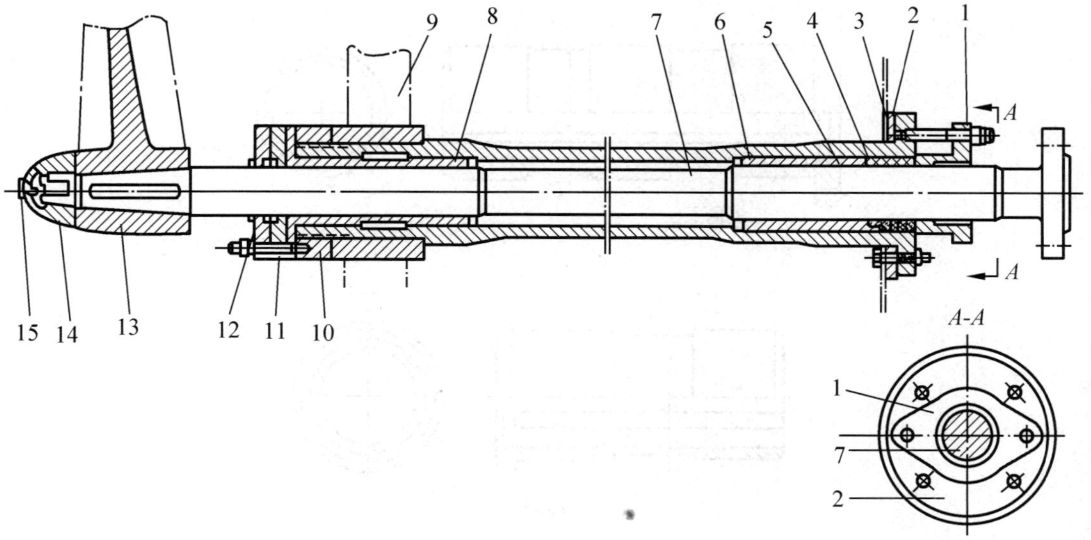

图1-31 艉轴管装置总图

1—填料压盖;2—焊接法兰;3—隔舱壁;4—填料;5—前轴承;6—艉轴管;7—艉轴;8—后轴承;9—艉轴;10—艉轴管;11—压板;12—橡皮密封装置;13—螺旋桨;14—艉轴螺帽;15—防松螺钉

组合而成,同时在艉部还装有人字架。大型船舶的艉轴管一般铸钢整体铸造或分段锻造焊接而成。经加工后的艉轴管应进行水压试验,试验压力为0.2 MPa,不应有渗漏。艉体管装置长期处在水线以下,工作条件恶劣,且要承受艉轴与螺旋桨的重力和转动、海水侵蚀,海上航行时无法对其进行维护保养,故安装或维修时应予以足够的重视,确保航行安全。

(三)艉轴管轴承

艉轴管轴承是用来支承艉轴的。单轴系的艉轴管内一般装有前后两个轴承;双轴系的船舶艉轴内装有两个轴承外,在人字架内也装有轴承。

艉轴管轴承使用的材料很多,可分为金属材料型和非金属材料型两大类。金属材料主要有青铜、白合金。非金属材料主要有铁梨木、橡胶、夹布胶木、胶合板、尼龙、塑料等。用金属材料制造的艉管轴承一般用油润滑来冷却,因在艉轴管的前端及艉端均装有密封装置,称为闭式润滑;而采用非金属材料制成的轴承,一般用舷外水进行润滑和冷却,只在艉轴管的首端装有密封装置,舷外水可以自由流入轴承内,故称开式润滑。

1. 轴承衬套(图1-32)

艉管轴承的最基本结构如图1-33所示。

一般10万千瓦以下的小型内河船舶多采用这种结构。它一般用青铜铸成后加工而成。其特点是结构简单,制造容易,但耐磨性较差。

2. 白合金轴承

白合金轴承是在铜制轴承基础上发展而来的。白合金轴承衬套内表面开有数条纵向和横向的燕尾槽并浇铸白合金而成的。其结构如图1-34所示,其特点是耐磨性好,抗压强度高,磨损少,散热良好,不伤轴颈。其缺点是制造和修理工艺复杂成本较高。这类轴承目前被广泛用于各类船舶上。

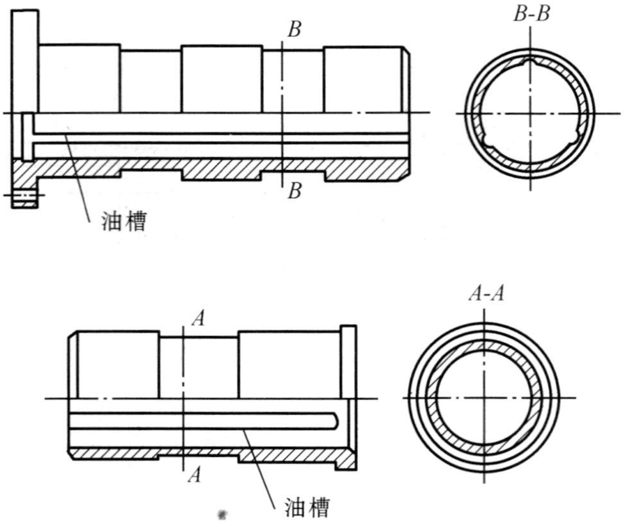

图 1 – 32　铜质艉轴承结构图

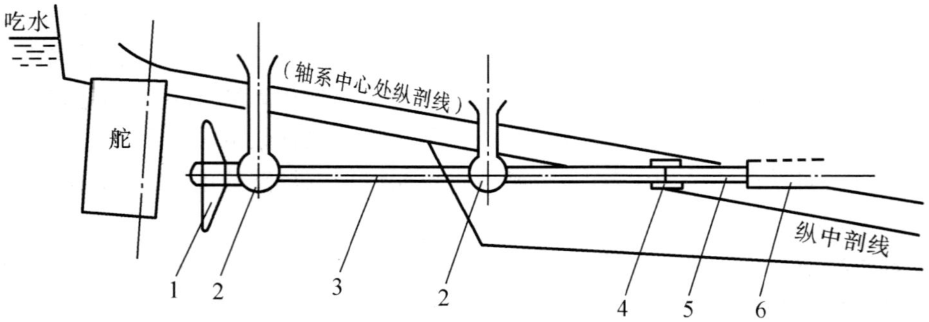

图 1 – 33　艉轴和螺旋桨轴结构示意图

1—螺旋桨;2—人字架;3—螺旋桨轴;4—夹壳联轴器;5—艉轴;6—艉管

3. 铁梨木轴承

铁梨木是目前海船上最广泛的一种艉轴承材料。它组织紧密,含有丰富的树脂,抗腐性能好。其精汁与水能形成乳状液体,具有良好的润滑作用。铁梨木与艉轴青铜套在水中配合摩擦,具有良好的抗磨性。

图 1 – 35 所示为铁梨木轴承结构图。铁梨木条沿衬套轴向紧密地镶嵌在艉轴管衬套的内圆上形成桶形。为了防止铁梨木的转动,一般装有 2 ~ 3 根止动条。止动条的材料与衬套材料基本相同,其长度略小于衬套全长,厚度为铁梨木厚度的 60% ,用埋头螺钉固定在衬套上。注意因铁梨木浸泡在水中时体积会增大,所以安装间隙比白合金轴承大,一般为轴颈直径的 3% 再加上 1 mm(一般白合金间隙为千分之一左右)。铁梨木主要产于南美洲热带,我国西双版纳也有种植,进口价格昂贵。性质不耐干,加工安装时应加水浸泡以防干裂。它的密度为水的 1. 2 倍。也有用桦木层压板作为铁梨木的代用品。

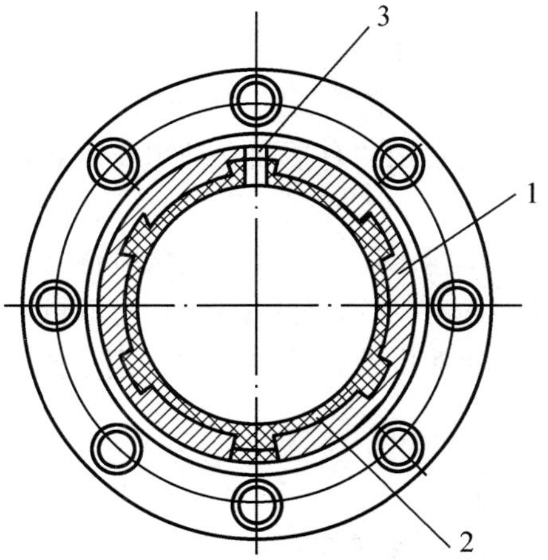

图 1－34　白合金艉轴承断面图

1—轴承衬套;2—白合金;3—进油孔及油槽

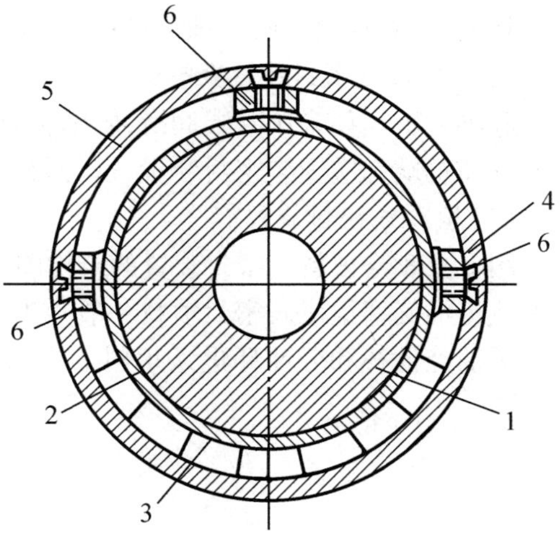

图 1－35　铁梨木艉轴承结构图

1—艉轴;2—铜套;3—下轴承衬条;
4—上轴承衬条;5—艉轴管衬套;6—止动条

4. 橡胶轴承

橡胶艉轴轴承的特点是能够在泥沙杂质较多的水域正常工作。因为橡胶弹性好,因此可在泥沙多的水域应用。橡胶轴承比铜轴承或白合金轴承磨损都小,从而使用寿命长,工作平稳,无噪声,能吸收轴系的振动,轴在工作中能自动整位。它目前广泛应用在各种船舶艉轴轴承上特别是中小型船舶和工程船舶上。

橡胶艉轴承基本结构有两种,一种是橡胶条轴承,一种是整体模压橡胶轴承。

图 1－36 是橡胶条轴承的结构。橡条类似铁梨木板条,由小螺钉固定在金属轴承衬套内。为了安装及防止松动,在"桶状"排列在橡皮条中间,常装上 2～3 条铜质止动条,其长度与宽度均与橡皮一致,但厚度为橡皮条的 60%,止动条用埋头螺钉与衬套牢固连接,在相邻橡胶条间开纵向水槽,以保证轴承有足够的水量进行润滑和冷却。

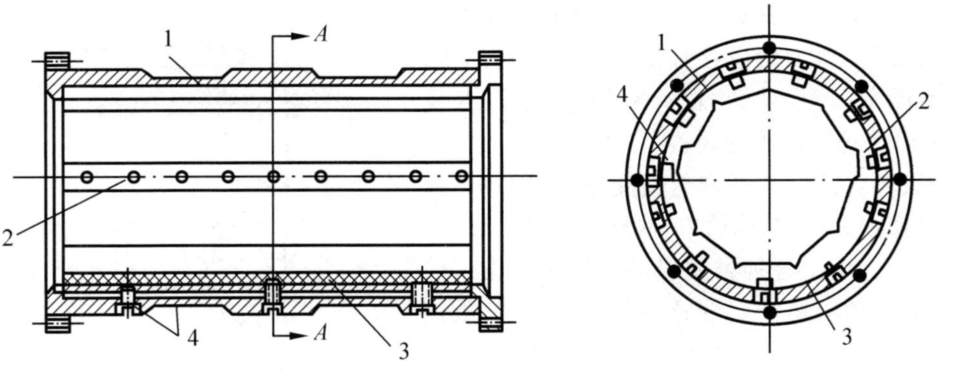

图 1－36　橡胶条轴承结构图

1—衬套;2—止动条;3—橡条;4—螺条

图 1－37 是整体模压橡胶条轴承。其工作表面呈凸起形状。凹形槽用于退出泥沙和通水润滑。这种轴承是由氯丁橡胶或丁腈橡胶在高温下槽压形成。整体横压橡皮轴承与橡

胶条轴承结构相近，只是工艺不同而已。橡胶条轴承适用于小船，而整体模压橡胶轴承大小船均适用，而且比橡胶条轴承更可靠。

（四）艉轴管密封装置

艉轴管轴承如采用开式润滑，艉轴管只需在其艏端安装密封装置；如采用闭式润滑，则艉轴管艏艉端都应安装密封装置，密封装置的形式较多，常用的有下面几种主要型式。

（1）填料式密封装置

图 1－38 是填料式密封装置的结构图。它主要由填料压盖、压盖衬套、软填料、分油环、油杯或进油旋塞组成。密封填料一般为 3～5 道牛油绳或其他适当的填料绳，同填料压盖压上。滑油经油杯和分油环进入填料。当用水润滑时，油杯应改接冷却水管，用配水环代替分油环。

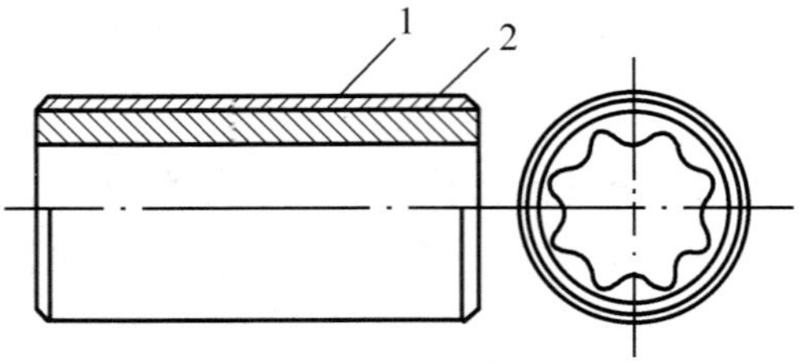

图 1－37　整体模压橡皮轴承示意图

1—模压橡皮；2—轴承衬套

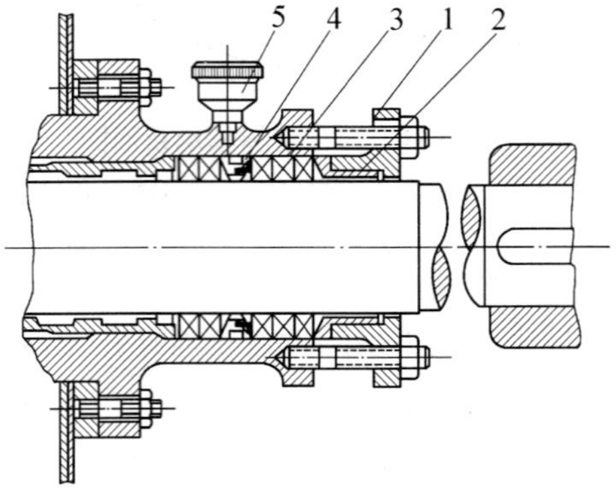

图 1－38　填料式密封装置结构示意图

1—填料压盖；2—压盖衬套；3—软填料；4—分油环；5—油环或进油塞

（2）橡胶环式密封装置

图 1－69 为"J"型橡胶环式艏端密封装置。采用带弹簧"J"型耐油橡胶环，环的外圆表面固定在外壳上。密封圈与轴接触的地方形成唇状接触环。密封环紧套在衬套中，并利用弹簧和轴管中的滑油压力紧压在轴上。这种装置简单，密封性能好。新型的现多采用辛泼莱克司（Simplex）型橡胶环密封装置。

橡胶环式密封装置密封性能良好，使用寿命较长，摩擦损失小，结构简单，修理和安装方便，因此，被广泛应用于各种类型船舶的艉轴管密封装置中。大中型船舶常用带导环的密封装置，如图 1－70 所示。中小型船舶常用骨架式或"J"无骨架橡皮环式密封装置。此外，金属环式密封装置的密封性好，而且耐磨，因而得到广泛应用，如图 1－39 所示。

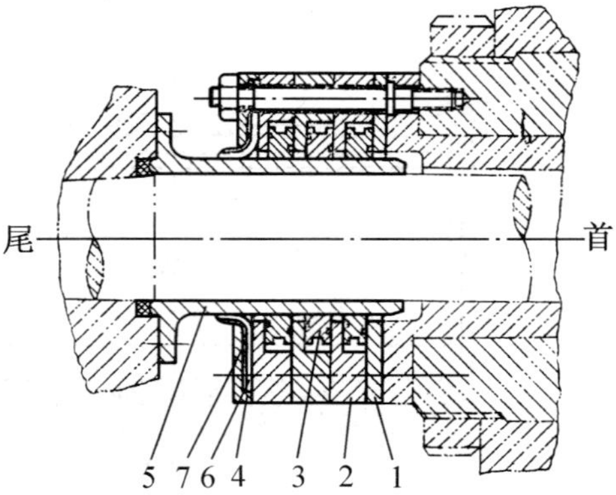

图 1－39　金属环式密封装置结构图

1—护板；2—环座板；3—金属环；4—橡皮压板；5—防蚀套筒；6—羊毛毡；7—密封橡皮

（3）艉端密封装置

主要由袋形橡皮环、导环、防蚀套筒、壳体、压板和压盖压紧在壳体上，中部则由压板压紧并固定在导环上,前橡胶环的唇部向前,以阻止漏油,后端橡胶环的唇部向后,用以阻止弦外水渗入。在袋形橡胶环的后面还有一道小的橡胶环(皮碗式紧圈),其唇部向后用以阻止泥沙进入。这几道橡皮环都紧套在防蚀套筒上,而防蚀套筒套在艉轴上,后端与螺旋桨固定,使之与艉轴一起转动。导环内圈浇有白合金,与防蚀套外圆松动配合,两端面开有定位凹肩相配合,使艉轴(转动,轴向移动下沉)都能紧紧压在防蚀套筒上,从而保证艉轴管的密封。

四、轴系联轴器

联轴器在应用中又称为联轴节、法兰、考必林、凸缘等等。

轴系中把两根轴连接在一起的连接件称为联轴器。联轴器的结构形式很多,在船舶轴系中常用的有整锻联轴器、可拆联轴器、液压联轴器、弹性联轴器等。

(一)整锻联轴节

联轴器与轴整体锻出。整锻法结构简单,工作可靠,而且质量轻,制造经济,是船舶轴系中常见的联轴节。图 1－40 为整锻联轴器的典型结构,用圆柱形配合螺栓连接。

(二)可拆联轴器

当艉轴要求从船外往船里装入时,或者在采用滚动轴承的轴上,不能采用整锻法兰,而必须设可拆联轴器。可拆联轴器的典型结构如图 1－41 所示。可拆联轴器的法兰直径较整锻法兰大,与它连接的相应轴的法兰也必须相应增大。

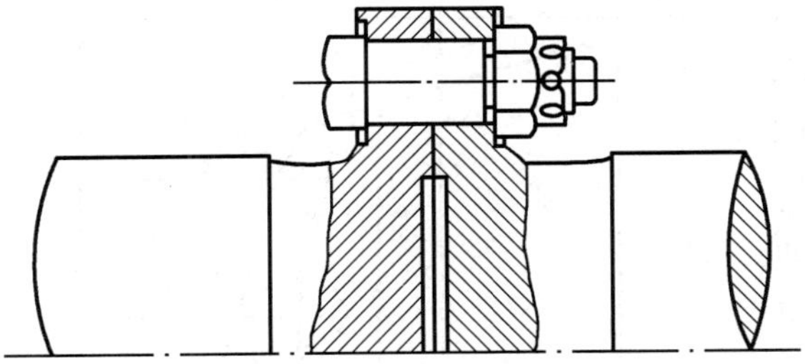

图 1－40　整锻联轴器示意图

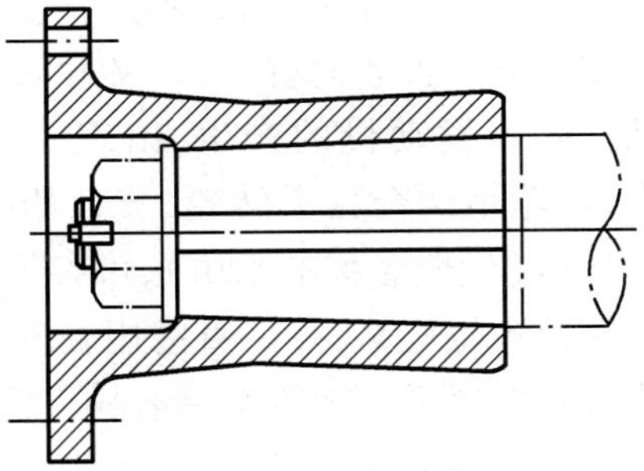

图 1－41　可拆联轴器示意图

(三)液压联轴器

液压联轴器也是可拆联轴器的一种结构形式。其装配原理是,将高压油压入联轴节(或中间套)与轴之间,使联轴器内孔膨胀,而轴被压缩,这时再给予轴向推力,当达到预定位置时将油压泄去,使联轴器紧固在轴上。图 1－42 是液压联轴器的结构。其优点是传递扭矩大,加工简单。

(四)弹性联轴器

弹性联轴节又可分为弹性圆柱销联轴器,轮胎联轴器及圆筒橡皮联轴器等。这种联轴器主要优点是具有吸振和缓冲的能力,对轴系的校中要求比刚性联轴器低,安装方便。

弹性圆柱销联轴器主要是通过橡皮衬圈的塞销,将两半联轴器连接。这种联轴器早已在船舶中应用。如图 1－43 所示的轮胎联轴器,能缓冲高速转动的冲击。

另外,较为新型的液力传动联轴器,已在各种型式的船舶上得到广泛应用。

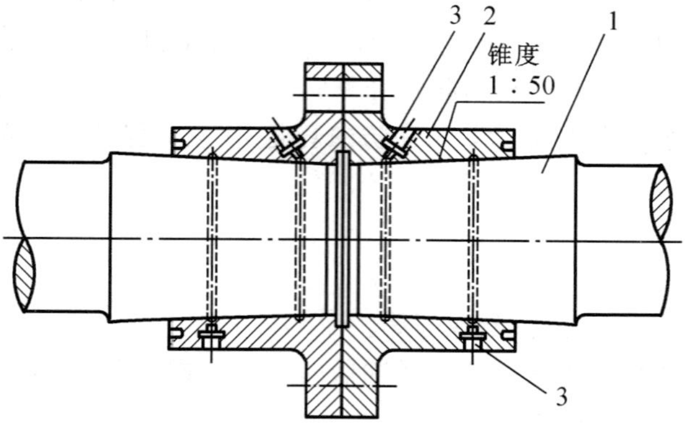

图 1－42　液压联轴器结构图

1—轴;2—液压联轴器;3—液压油进口

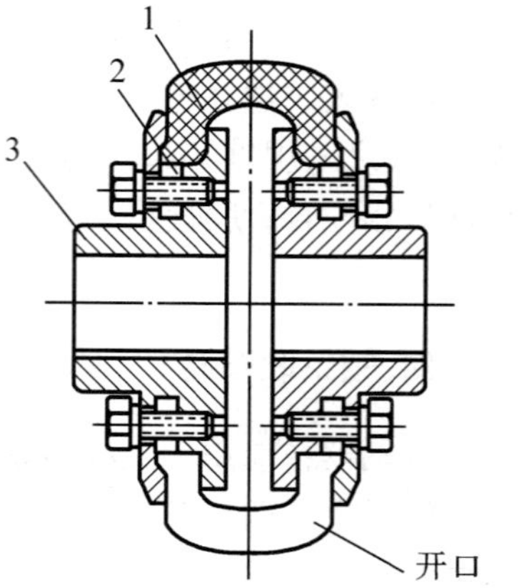

图 1－43　轮胎联轴器结构图

1—橡胶;2—压板;3—联轴器

五、螺旋桨

螺旋桨是由若干桨叶所组成的推进器。它是将主机发出的功率转化为推动船舶前进的设备。

人们在长期的实践中使用过多种形式的推进器。古老的有桨,后又发明了橹和风帆。随着发动机的产生,出现了明轮推进器,明轮是两个巨大转轮,装在船体的两侧或船舱(轮船名称的来由),可参见图 0－1。后来出现螺旋桨,并一直沿用到现在。它通常装在船尾部。螺旋桨具有构造简单、质量轻、效率高的特点。图 1－44 所示为其与船体的位置。

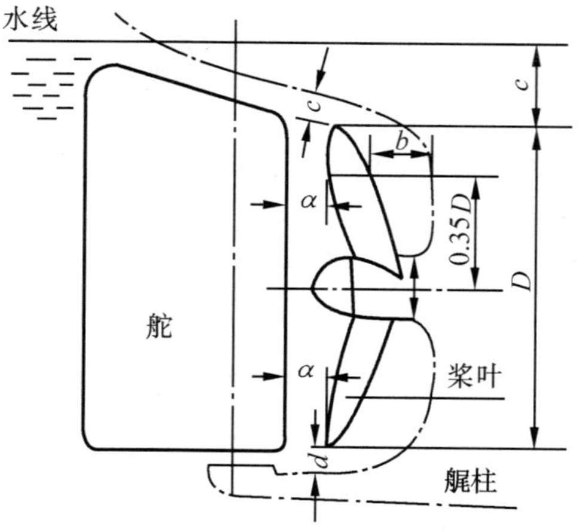

图 1－44　螺旋桨相对船体的位置示意图

螺旋桨最常用的有三叶桨、四叶桨和五叶桨的结构型式。螺旋桨与艉轴的联结部分称为毂。桨叶就固定在毂上。由船尾向船首看时,所见到的螺旋桨桨叶的一面称为叶面,另一面称为叶背。桨叶与毂的连接处称为叶根,其外端称为叶梢。

螺旋桨旋转叶梢的圆形轨称为梢圆,此圆的直径称为螺旋桨直径,此圆称为螺旋桨盘,其面积称为盘面积,如图 1－45 所示。

螺旋桨直径的大小则视船舶的航速、主机功率和转速而定,如图 1－46 所示。

根据以上三个因素,可以确定螺旋桨的最佳直径。一般来说,螺旋桨直径越大则效率越高。但螺旋桨直径受到一定的限制,尤其受浅水航道的制约。

螺旋桨的运动情况同螺钉的运动情况相似。螺钉每旋转一圈,它就在螺母中向前推进一段距离,这段距离就称为螺距。螺旋桨的桨叶叶面通常就像螺钉的螺纹那样。螺旋桨是

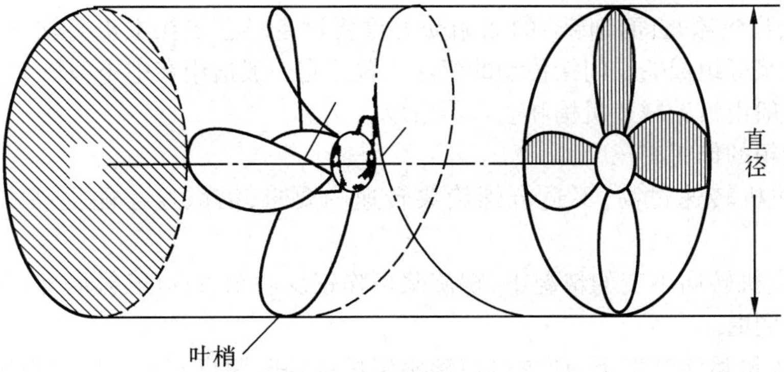

图1－45　螺旋桨外形图

图1－46　螺旋桨结构图

(a)三叶桨;(b)四叶桨;(c)五叶桨;(d)国产的世界最大级别船用螺旋桨

在水中运动的,水代替了螺母的地位,而且水是流动的,这样螺旋桨旋转时,把水推向后方。根据力的作用与反作用原理,水就给螺旋桨反作用力,即是推力,推动船前进。

螺旋桨在工作时,由于叶面要受到水的反作用力,所以桨叶要有一定的厚度来保证其强度。桨叶叶面是螺旋面的一部分,而叶背的形状则由桨叶各半径处的切面形状所决定。桨叶的切面形状通常有弓形、机翼形和月牙形等几种。

螺旋桨是一个形状较为复杂、尺寸较大的重要部件。桨叶的加工较为困难,各型螺旋桨已采用仿形或数字程序控制机床加工。螺旋桨使用手工铲磨加工的仅应用于个体场合。

由于螺旋桨受力大、工作条件恶劣,其材料要求较高。船用螺旋桨可用黄铜、锰铁黄铜、青铜、铸铁及铸钢等金属材料铸造而成。各种材料都有自己的特点。铜质的韧性好,耐腐蚀性高,而且铸造性能和加工性能好,便于表面打磨加工和抛光,是制造螺旋桨普遍采用的材料,但较贵重。铸铁的造价便宜但抗冲击性差。铸钢的强度虽高但抗腐蚀性差。

螺旋桨叶面各半径处的螺距相等,称为等螺距螺旋桨,不等的就称变螺距螺旋桨。另外,船用螺旋桨在安装到船上之前,必须对其进行静平衡的试验和螺距测量工作。

七、船用齿轮箱

(一)船用齿轮箱是间接传动的船舶动力重要设备。它装在主机与轴系之间,与柴油机、轴系、螺旋桨等组成船舶间接传动的变速装置。它一般适用在中小型船上。

齿轮箱一般由齿轮减速机构和离合器组成。

船用齿轮箱的作用有三个:

第一,当主机转速过高,不适合螺旋桨转速的要求,需减速才能提高螺旋桨的推进效率。

第二,当主机转向不变的情况下,螺旋桨可作正反两个方向的转动,即可倒顺车,以实现船舶前进或倒退。

第三,在主机运转情况下,使主机与螺旋桨可以随时脱离和连接以实现使船舶停止或航行。

船用齿轮箱的种类繁多,分类方法也多。

(二)船用齿轮箱的型号

船用齿轮和柴油机一样,都有自己的型号。下面将各生产工厂普遍采用的编制方法中,有共性的部分概述如下,可见附表1。

船用柴油机的型号,由三部分内容组成:

第一部分为名义减速比;

第二部分为齿轮箱技术特性代号;

第三部分为齿轮箱传递能力及变型代号。

例如:3YF240A 型船用齿轮箱

3	YF	240	A
名义减速比	技术特性	传递能力	变型代号

“EYF240A 型”表示齿轮箱的减速比为3∶1,输入轴转向为顺时针,顺车时输出轴转向为逆时针,额定传递能力为240/1 000,即等于0.240,此齿轮箱为第一种改进产品。

型号中的额定传递能力,是指额定功率和额定转速的比值,用符号 N/n 表示。它是齿轮箱工作能力大小的技术指标,也是选择和配套齿轮箱的重要依据之一。

例如,有一台4CY20 型船用齿轮箱,由其型号可知,其额定传递能力为0.020,问此齿轮箱能否与一台额定转速为2 000 转/分,额定功率为29 千瓦(40 马力)的490 型柴油机相配套?

经计算:

$$\frac{N}{n}=\frac{40}{2000}=0.020$$

所以,4CY20 型齿轮箱和490 型柴油机可以配成机组作为船用动力。(参见附表1)

第四节　轴系的安装工艺

轴系的安装是修造船中的重要组成部分,轴系的安装质量优劣将直接影响主机和轴系运转的使用寿命和可靠性。采用正确的轴系安装工艺,不但能保证其安装质量,而且能大大缩短施工周期。

由于各种船舶上采用的主机与轴系结构的形式不同,它们的安装工艺亦有所不同。由于船舶的生产批量、生产厂的船台条件和工艺习惯不一样,即使建造相同船舶,其安装工艺亦会不同。

轴系的安装工艺对船舶建造周期有很大的影响。因此,结合实际情况,确定合理的安装工艺对轴系安装质量和缩短安装期限将有很大的作用。

船舶建造过程中,往往由于其船体的变形对轴系安装质量有很大的影响。因此需具备下列条件才能进行轴系的安装,不管采用何种工艺,对船体皆有如下要求:

1. 船体装配焊接等工程以船尾起计算,已完成80%以上,(具体可参见第六章内容);

2. 在轴系范围内的水密舱室须经水密试验并合格验收;

3. 主机及轴系装置中的基座(底座)都应焊接好并验收合格;

4. 停止各种冲击振动大的作业;

5. 选择在夜间或阴雨天进行轴系拉线、照光及校中工作。

轴系的安装工艺主要内容由以下几个部分:

1. 确定轴系的中心线;

2. 按轴系理论中心线,进行镗削艉轴管座孔或人字架毂孔,隔舱填料函孔的工作;

3. 安装艉轴管、艉轴轴承、艉轴、艉轴密封装置以及安装螺旋桨;

4. 安装中间轴、推力轴等,并做好校中工作;

5. 安装主机(含减速齿轮箱、离合器),并作好相互间校中工作;

6. 在上述校中工作完毕后,可将轴系中各联轴器(法兰)进行连接固定工作。

长期以来,轴系安装工艺过程往往是,船舶下水后,以艉轴端为基准,按规定的偏移值和曲折值由艉至艏逐个推行校中并将它们连接起来,这种工艺顺序减少了船舶下水后船体变形对轴系安装质量的影响,但缺点是生产周期长。

现今为了适应出口的需要,缩短造船周期是提高经济效益的重要措施之一。因此,安装工作尽可能地与船舶建造工程能平行推行,所以除了上述安装工艺外,船厂还经常采用下列三种安装工艺。

1. 同时安装艉轴与主机。

在船台上按轴系理论中心线镗孔后,安装艉轴管、艉轴及螺旋桨等。与此同时,船舱按确定的轴系理论中心线进行主机总装。待下水后再安装中间轴,此种工艺顺序只限于中间轴较多的船舶上。

2. 先安装主机,后安装轴系。

先按轴系理论中心线安装好主机本体部分,然后以主机为基准,加工和安装艉轴及螺旋桨等。下水后安装中间轴,这种工艺顺序的特点是主机各部、零件的安装,可以最大限度地与轴系安装同步推行,这样对缩短周期和轴系安装质量是极为有利的。

3. 主机、轴系的安装工作均在船台上完成。

这种工艺方法仅对成批生产的小型船舶较为适用。但须事先掌握船体的变形,才允许在船台(坞内)直接校中和安装。

船厂目前轴系安装的工艺顺序,大都以前两种方法为主。

下面介绍安装主要内容和过程,重点突出由确定轴系中心线、镗孔、安装和校中四个部分组成。

一、轴系中心线的确定

轴系中心线的确定是一项重要工序。

轴系理论中心线是在船舶设计时所确定轴系的中心线。它是主机和轴系安装的基准。(为保证质量,该工作均在夜晚时进行。)

确定轴系中心线(轴线)的方法主要有拉线法和光学仪器法两种。但不论采用何法来确定轴系中心线,首先要确定基准点。因为两点可以确定一直线,所以轴系理论中心线应由两个点来确定,这两个点就叫作基准点。(这两个基准点须经船体部门验收、认可)

(一)基准点的确定

轴系理论中心线的两个基准点的纵向位置,是按船舶轴系布置图1-47上所指定的肋位来确定的。船首的基准点为艏基准点,另一基准点为艉基准点。船厂建造船首时常将艏基准点设在机舱前隔舱壁的肋位上,而艉基准点则定在零号肋位上。具体的位置在图纸上有明确的规定。(含主机、轴系、螺旋桨、舵系等)

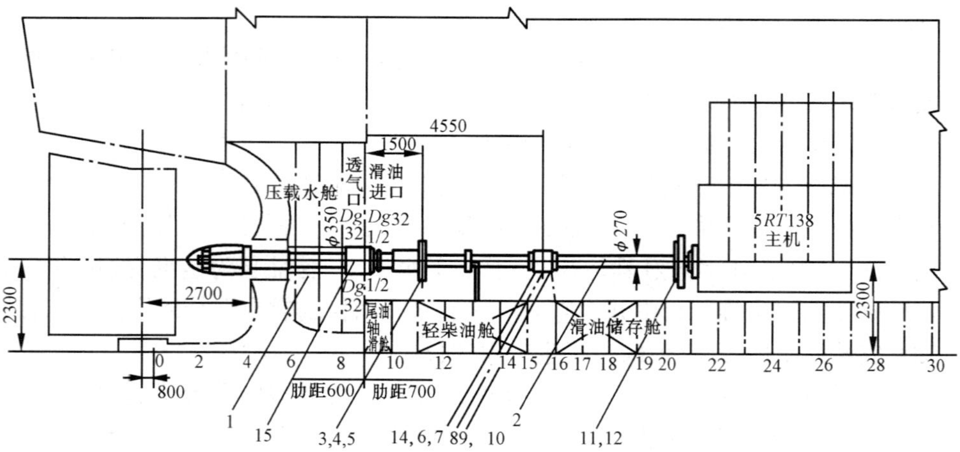

图1-47　某货船轴系布置图

1.基准点的高度位置

基准点的高度位置,可以从图纸上标出基准点至基线的距离,然后用钢尺在指定的肋位上,向上量取规定的值。

为了提高量取基准高度的准确性,也可用连通水平管从船台上船体基线标高尺上,将规定的艏艉基准点的高度引入船内,以水平管内的水线作为基准点的高度标准,如图1-48所示。这样精度要比用钢尺量取高。

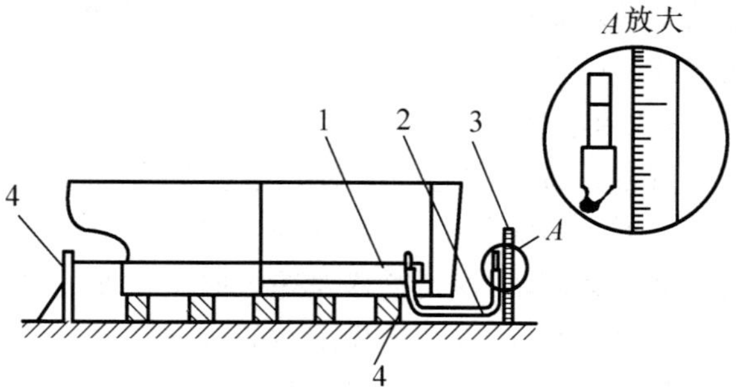

图1-48　用连通管水平仪定基准点位置示意图

1—钢丝线;2—连通管水平仪;3—标心;4—拉钢丝线支架

2. 基准点的左右位置

基准点左右位置的确定,可用铅锤对准船体中线面来确定(也可以用钢尺从两舷左右分中予以确定,但精度差);对于双轴承,可根据轴系布置图上规定的艏、艉基准点距船中线的距离,画出轴承中线的投影线,然后再用吊铅锤的办法来确定基线的位置。

在基准点确定后,便可进行拉线工作,来确定轴系理论中心线(轴线)的工作。

(二)轴系理论中心线的确定方法

1. 拉线法

在拉线前必须先确定基准点。

基准点的选择对于新造船舶,可按船体放样图和轴系施工工艺文件进行确定和工作。具体位置在图纸上有明确的规定。

对于修理的船舶,基准点可根据主机的测量记录和艉拉孔的中心所确定。

拉线法有两种形式:一种是吊锤法,另一种是用螺栓拉紧法。(见第六章实验)。

在主机前和艉栓后的两个基准点之间,用直径为0.8~1.0 mm的钢丝拉成一直线,这根钢丝线就代表轴系的中心线。

拉紧钢丝线的拉力,一般取其拉断力的70%~80%之间,否则造成其断脱。但任何情况下不得使用曲折的、锈蚀的钢丝线,否则会造成严重的轴系中心线确定的质量误差。

用螺栓拉紧的钢丝,通常用目视、手摸、听声音的经验方法来鉴别;如用吊锤法拉紧钢丝,只要根据拉紧钢丝重锤质量挂重(kg),即可进行。具体见表1-1和图1-49。

表1-1　钢丝所能承受的拉力

钢丝直径/mm	每米长度自重/g	极限负荷/N	推荐拉力/N
0.5	1.59	334	250~300
0.8	3.95	800	550~650
1.0	6.17	1220	850~950

轴系拉线的目的主要是:

(1)确定轴系中心线距船体基线为毫米,并处于船舯位置。

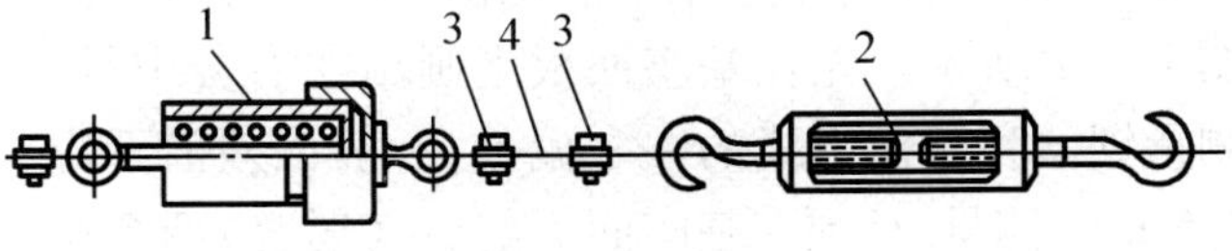

图1-49　收紧钢丝用的拉紧螺丝示意图

1—拉力计;2—拉紧螺丝;3—钢丝夹具;4—钢丝

(2)确定主机在机舱的前后、左右位置,并估计主机机座垫片的厚度。并可确定垫片具体位置和拂磨底平面工作,必要时还可通过画线工作预先钻出主机机座与船体基座之间的螺孔。

(3)确定各中间轴承基座的中心和前后位置,估算出各中间轴承座的安装高度及垫片厚度。也可对单独设置的推力轴承基座和减速齿轮箱基座确定中心和前后位置,估算出其安装高度及垫片厚度。

(4)决定中间轴长度。工厂一般采用木样棒的排列计算方法,来求得中间轴实际长度。

(5)检查轴系中心线和舵系中心线之间相交度不超过3毫米;其垂直度每米不超

过 ±1 毫米。

钢丝线下垂量 δ 的计算公式：

拉钢丝线时，如不考虑钢丝自重所产生的下垂量，则以钢丝代表的轴系理论中心线必然有误差；拉线长度愈长，相应的误差就愈大，所以必须予以修正。修正的方法是：求出需要确定理论中心各点的下垂量数值。钢丝通过的各隔舱壁，中间轴承座，镗孔基准架等处的理论中心点，在确定各理论中心点时，应将该处由钢丝所定出的中心位置垂直升高相应的下垂量数值，如图 1－50 所示。

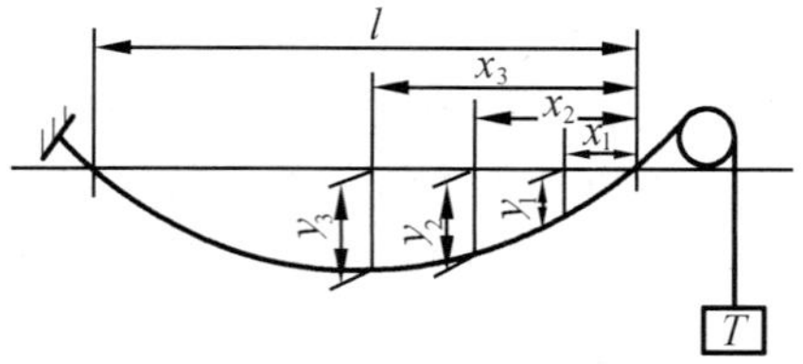

图 1－50　钢丝的下垂显示意图

钢丝在不同位置处下垂量 δ 可由下面公式计算

$$\delta = \frac{G \cdot X(L - X)}{2T}$$

式中　G——钢丝每米质量，g；

X——所求下垂量处到基准点的距离，m；

L——测量段钢丝总长，m；

T——拉力或挂重重力，N。

注：以上下垂量 δ 的计算或查表，可参见第六章中各船轴舵系安装工艺部分。

轴系中心线确定后的检查：

钢丝线拉好以后，应进行下列项目的检查：

①用钢直尺与内卡钳检查人字架轴毂孔或艉柱毂孔是否与钢丝线同轴，检查如以钢丝线为中心孔，能否加工出规定尺寸的孔，同时使轴毂的最小厚度不小于图上的规定尺寸。对于装有固定式导流管的船舶，还须检查导流管喉部内圆与轴线（钢丝线）的同轴度，偏差不得大于导流管喉部直径与螺旋桨直径之间的 1/4。

②按钢丝线检查主机基座面板、各中间轴承基座面板，推力轴承基座面板的左右位置和高低尺寸，并检查各基座面板左右是否水平。

③检查基座的左右位置，可用角尺或丁字尺进行，如图 1－51 所示。先在基座面板上画出左右分中线，后测量钢丝和面板中线的左右偏差，一般偏差值不应超过5 mm。测量时，须在基座面板前后、（艏艉）两个位置进行。

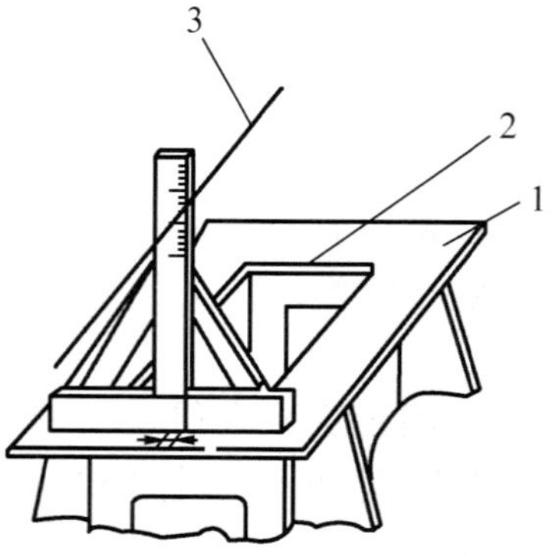

图 1－51　用丁字尺检查基座左右和高度位置图

1—基座；2—中心线；3—钢丝线

④检查基座面板的高度，同时可用角尺或丁字尺测量。其目的是检查垫片的厚度是否符合验收标准。垫片厚度等于面板至轴系理论中心线（考虑钢丝的下垂直量）的尺寸减去主机曲轴中心线和轴系中心线至支承下平面的尺寸。对于矩形垫片，垫片厚度等于固定垫片和活动调整垫片厚度之和。根据垫片大小，固定垫片（锻钢）厚度一般在 10～75 mm 范围内，活动垫片（铸铁）厚度不应小于 20～25 mm。对于钢制的活动垫片，其厚度也不应小于 12～15 mm。活动垫片的最大厚度以不超过 60～75 mm 为宜。如采用双联圆形斜面垫片，则要求垫片总厚度在 40～60 mm 之间。对于螺纹可调球面垫片，其厚度范围由设计

图纸要求规定。总之,如果面板高度太高,使垫片厚度不够,甚至没有容纳垫片的位置,或面板高度太低,使垫片总厚度太大,均不适当。

检查各基面板左右是否水平,一般用气泡式水平仪测量。总的要求是面板左右方向的不水平度不应过大。另外,固定垫片焊于基座后加工上平面时,应向左右两外侧稍带倾斜。

⑤除了检查上述项目外,还应检查轴线与舵线的相互位置以及图纸标明的其他尺寸是否符合设计要求。

上述检查内容也是确定钢丝线(轴承理论中心线)位置的参考依据,在检查过程中,允许对钢线位置进行微量调整。

在钢丝线的位置确定以后,即可据此轴承理论中心线来确定各加工处的中心。具体方法是:在各加工处(人字架轴毂前后端面),艉柱轴毂后端面,艉轴隔舱和加强垫板端面,机舱后隔舱壁部位)画出十字线,然后在所画十字线上任取一点,打上圆冲眼;用内卡钳量出该点(圆冲眼)至钢丝的最小距离,然后以此为准,在其他三条线上求出钢丝等距离的三点,并打上圆冲眼。拆除钢丝线后以十字线上的点为圆心,取适当长度为半径,用圆规画出圆弧,只要半径选择合适,很容易决定圆弧形成的中心点。在中心点打上圆冲眼后,复验中心点与十字线的距离相等后,可据此中心点为圆心,画出加工圆线和检验圆线,并打上圆冲眼。至此,用拉线法确定轴系理论中心线工作即告完成。

2. 光学仪器法

当轴系较长时,一般采用光学仪器法来确定轴系理论中心线。将仪器先按两个基准光靶(光靶的十字线中心在基准点上)调好位置使仪器的光轴同时通过两个基准光靶的十字线中心,此时仪器的光轴就代表轴系理论的中心线。

根据所使用的光学仪器不同,确定轴系理论中心线的方法有望光法和投射法。前者使用带准仪或经纬仪的望远镜,后者用投射仪。近年来由于激光技术的迅速发展,现在已广泛使用激光经纬仪及激光准直仪。

(1)测量望远镜的原理

测量望远镜的结构如图 1 -52(a)所示,它主要由物镜、目镜、调焦透镜和十字线分划板等组成。图中 7 为望远镜 4 的十字线放大像,其工作原理如图所示。由远处目标 M 发出的光线,经物镜 1 在 m 处成一倒立的实像,通过目镜 2 放大在 m 处成一倒立并放大的实像,除一般望远镜成像清楚之外,还必须精确地瞄准目标和进行读数,因此在望远镜中还装有十字线分划板 4 和调焦透镜 3。操作时先将目镜对光螺旋,使调焦透镜作前后移动以改变物镜组的焦距,使目标的像 m 也随之前后移动,最后落在十字线平面上。这时目标的像更清晰,可以进行观测,如图 1 -52(b)所示。

(2)投射仪的原理及投射法

投射仪的结构如图 1 -54 所示。它是将平行光束从测量望远镜射入,使分划板上的十字线投射到望远镜光轴上,并在一定距离处成像。前后移动调焦透镜的位置,使十字线成像在光轴的不同位置上。光源(灯泡)位于会聚透镜成为平行光束。为了缩短仪器的长度,一般将光源与会聚透镜垂直装在望远镜的上面,用一个全反射棱镜将平行光速折转 90°,然后进入目镜。

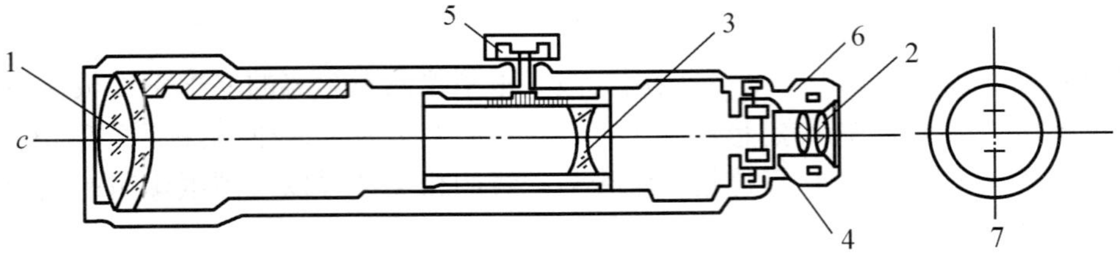

（a）　测量望远镜示意图

1—物镜；2—目镜；3—调焦透镜；4—十字线分划板；

5—物镜对光螺旋；6—目镜对光螺旋；7—十字线放大像

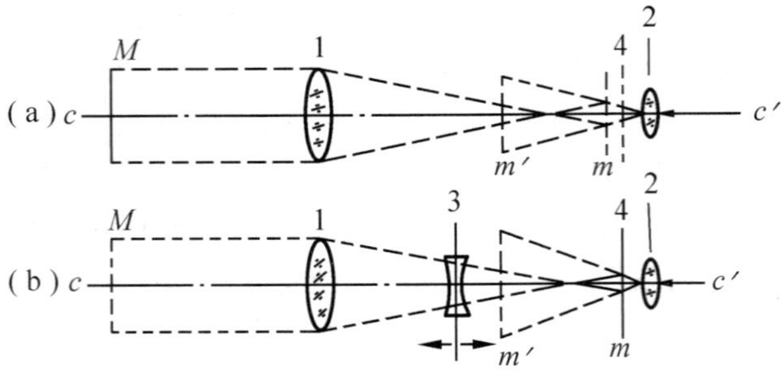

（b）　测量望远镜的工作原理图

图 1-52　测量望远镜

（3）望光法

先在人字架轴毂孔或艉柱轴毂孔后端和主机前端，按已确定的基准点设置两个基准光靶。光靶结构如图 1-53 所示。仪器的位置如图 1-54 所示。

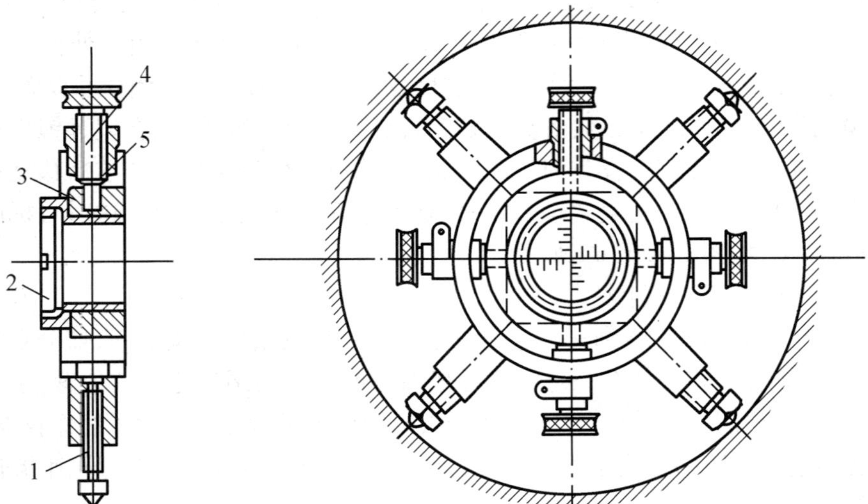

图 1-53　光靶的结构图

1—支承螺栓；2—十字光靶；3—光靶座；4—调节螺栓；5—光靶本体

开始调整位置时，先调焦距，使艉光靶十字线能清晰地看见不同距离的光靶时，都必须先调焦距，然后旋动调整螺钉调整仪器位置，使仪器内的十字线中心与艉基准光靶的十字线重合。取下艉基准光靶的靶心，依艏基准光靶调整仪器的位置，使仪器内的十字线中心与艏基准光靶的十字线重合，然后再装上艉靶芯用艉基准光靶的十字线中心来校正仪器的位置。如此反复进行，直至仪器内的十字线中心为艏艉基准光靶的十字线中心都重合，即仪器的光轴通过轴系的前后基准点，这时仪器的光轴即可代表轴系理论中心线。

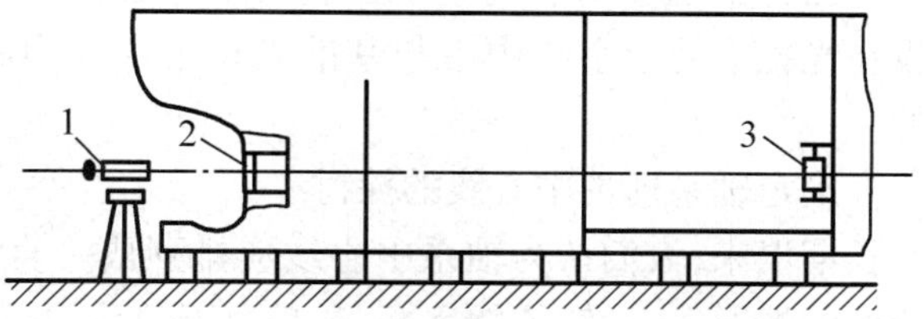

图 1-54　光靶及仪器的位置示意图

1—光学仪器；2—艉光靶；3—艏光靶

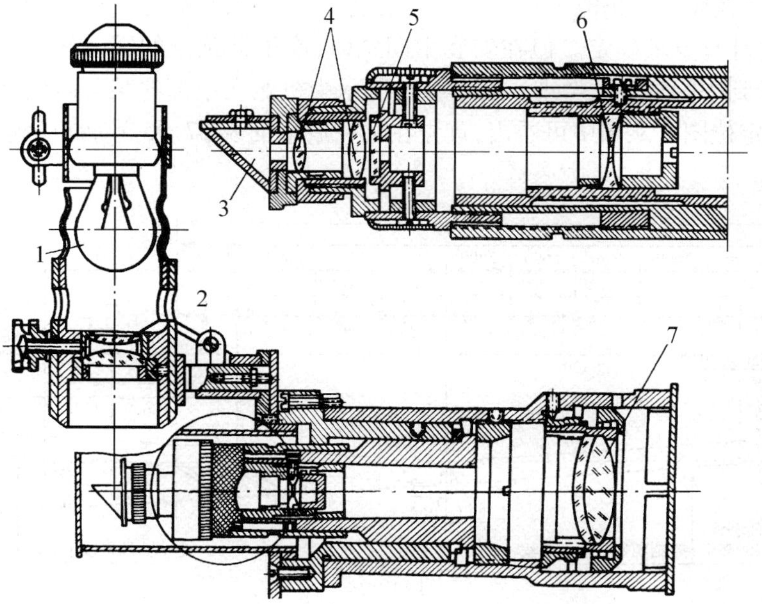

图 1-55　投射仪结构图

1—光源；2—会聚透镜；3—全反射棱镜；4—目镜；5—十字线分划板；6—调焦透镜；7—物镜

在轴系理论中心线初步确定后，就可按仪器的光轴来检查基座面板左右，高低的位置及轴毂孔最小厚度等，方法与拉线法相似。待到上述项目检查完毕，便可决定是否需要调整轴系理论中心线位置。如果需要调整，可先将基准光靶十字线调到新位置，再调整仪器位置，然后再进行检查，直到各项目比较合理，才能将理论中心线确定。此时即可按所确定的理论中心线画出加工和检验圆线。（光学仪器法比拉线法精度来得高。）

目前，我国有的船厂是采用拉线法和光学仪器法相结合的方法，来确定轴系安装正确位置的。方法是首先利用光学仪器法来确定轴系理论中心线，并画出各处的加工圆线和检验圆线。完成后，再用拉线法确定艉轴管及各中间轴承的具体位置，同时用样棒确定艉轴、中间轴的前后位置和中间轴长度。然后再用光学仪器法校核检查各轴承的安装位置及镗孔后准确与否，最后以轴系安装、校中到位结束。这样的方法虽麻烦一些，但可做到轴系安装、校中工作的万无一失。

上面提到的投射法的基本原理与望光法相同,只是投射时需人在每一基准光靶处,根据投在光靶上的十字线中心与基准光靶十字线中心的重合情况的大小,来调整投射仪工作的。

3. 确定轴系理论中心线的探讨

长期以来,人们认为轴系中心线应排列成一直线。实际事例证明,轴系中心线在有较大曲度的情况下,运转依然良好,这是由于轴系的长度与轴径比较大,因而具有一定挠性的缘故。但随着船舶吨位的增加,加装载情况的不断变化,使船体产生相当大的变形,把轴系排列成直线反而不利,甚至不能正常工作。因此,轴系排列时,如果有船舶变形的原始资料可查,则可采取反变形措施。例如,机舱在中部的货船,满载时船体在纵向变为中拱形,如果在建造时将轴系安排成具有一定数值下垂量的下弧线,则满载时轴线就能变直或略为中拱。这样,船舶在各种载重情况下,轴系承受的附加负荷都比较小,使轴系保持一定的安全变形能力,保证在风浪中仍能正常。为使轴系成为下弧线,在确定它的理论中心线时,基准点仍应按设计计算要求确定。但在安装中间轴时,应根据预定的下弧线要求,将总的偏移及曲折值分配到中间轴各法兰上。图 1 –56 所示为机舱在中部的某万吨轮货舱(为前三后二舱)的轴系定位图。从图中可看出,首先在艉柱后平面及 67、95 号肋位隔舱处找出①、②

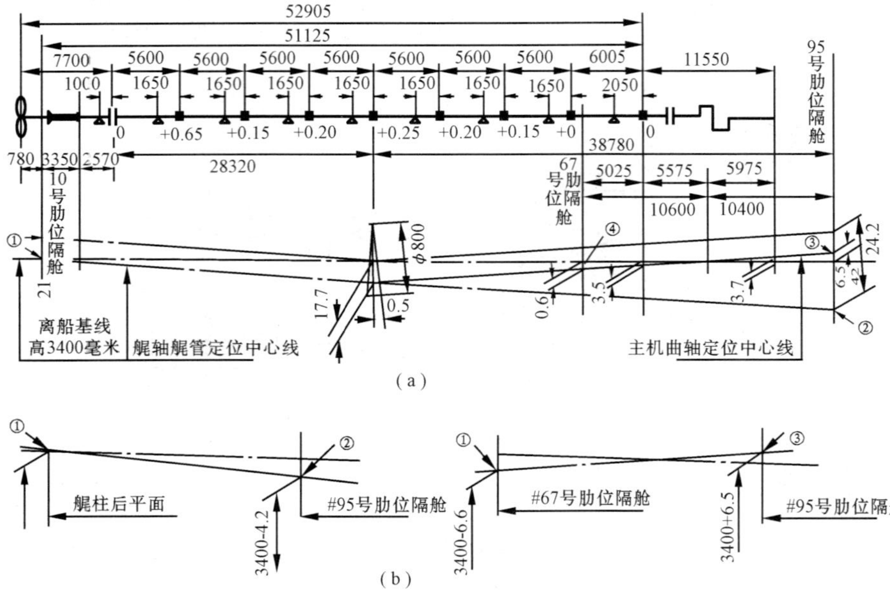

图 1 –56　某万吨货轮轴系定位图

基准点(见图)。①点在艉柱后平面上离基线高 3 400 mm 处;②点在 95 肋位隔舱处(主机前隔舱壁)离基线 3 400 mm 处。艉轴管与艉轴按①②两点连线为基准,用照光法定位。然后,主机曲轴按图中③④两点连线用照光法定位。③点在 95 号肋位隔舱处,离基线 3 400 – 6. 5mm;④点在 67 号肋位隔舱处,离基线 3 400 – 6. 6 mm。在校中间轴时,按图 b 中尺寸为下开口定位。此时,该货轮的轴线实际是成下弧形。

在船舶下水后,应以艉轴法兰平面和外圆为基准,对 95 号肋位隔舱②点处进行校验。如变形大时,再按主机曲轴来调正定位。

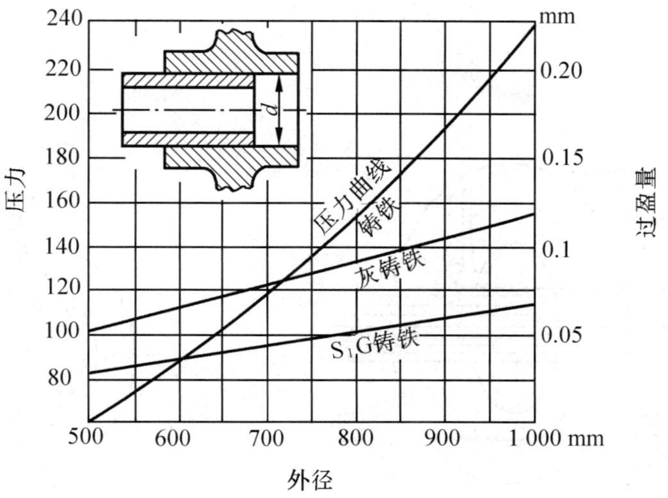

图 1-57　艉轴管外径与压力和过盈量相关图

前面所述的确定轴系理论中心线和轴系主机安装时的若干要求，在很大程度上是希望船体不变形，使被确定的中心线及轴系校中后的位置不发生变化。但要满足这些要求是比较困难的，因为在轴系整个安装过程中，会有很多因素造成的变形。例如，船体由于白天太阳的照射，受热膨胀情况就比较严重，使船体产生变形。在整个建造过程中，上层甲板的焊接及栏杆，舾装件的焊接、设备的逐渐增多等均会使轴线引起变化。而且船舶下水后，船体受水的浮力支托与在船台上受木墩，扶架支承力的不同，轴线也会发生变化。因此，为使轴系能按预定的要求安装定位，应掌握不同类型船舶变形的规律。

二、轴系镗孔

大、中型船舶的人字架轴毂或艉柱轴毂以及艉隔舱加强垫板等，都是将焊装在船体后就地用镗排来镗孔的。这些孔的加工，是以轴系理论中心线为基准，向在该孔端面上所画出的加工圆线和检验圆线来进行的。

（一）镗孔的技术要求

1. 镗削后的轴孔中心线与检验圆中心要求同轴，其偏移值应小于 0.1 mm。

2. 轴承的艉柱轴毂孔，人字架轴毂孔等应同轴，其同轴度应在 0.10 mm 之内。

3. 孔端面加工后应与孔中心线垂直，垂直度一般不得超过 0.15 mm/m。

4. 配合面的粗糙度应小于 $R_a3.2$。

（二）镗孔的工艺、设备及注意事项

进行镗孔前，镗排的安装定位是相当重要的。要使镗出的孔的中心线与检验圆中心重合，那镗杆的中心必须与检验圆线中心重合，如图 1-58 所示。

校中镗杆的方法有两种：

（1）用画线针盘校中　为了减少船体变形对镗孔精度的影响，应将镗杆的支承连接在船体上，即在被加工孔的附近，在船体上焊上架子，再将镗杆的轴承架用螺栓紧固。在镗杆轴承架上装上轴承与镗杆后，根据孔端的检验圆线，用独脚卡钳式（如图 1-59 所示）的针盘来校准镗杆位置（可调整支承轴承位置），使其对中。

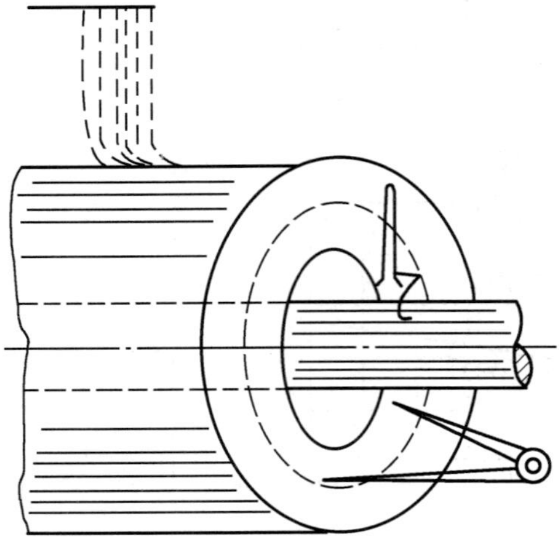

图1－58　校验镗杆示意图

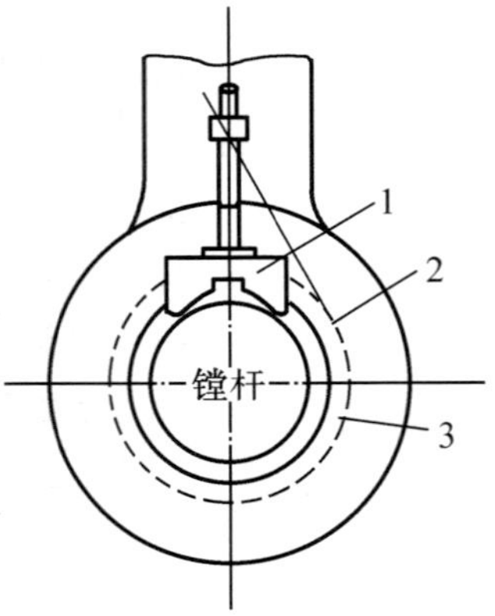

图1－59　用画线针盘校正镗杆示意图
1—画针盘;2—轴盘;3—检查圆

(2)用光学仪器来定位　这时镗杆最好是空心的,以便于镗杆两端的内孔能安置光靶。将光靶十字线中心调到与镗杆外圆同轴,将仪器的光轴调到轴系理论中心线上(仪器可装在主机或减速器输出轴上,或装在船台上)。根据仪器的十字线中心调整镗杆支承轴承位置,使镗杆两端光靶十字线中心都与仪器十字线中心重合。如果已有充分可靠的船体变形资料,不将艉轴中心线安装在轴系理论中心线上,则镗杆两端光靶十字线中心可与仪器十字线中心不重合,偏移量可根据船体变形资料确定。

镗杆校中完毕,即可进行加工。为保证加工出来的孔符合要求,艉柱轴毂孔,艉隔舱加强板孔其端面要一次性加工出来;如果镗杆长度允许,人字架轴毂孔也要求同时加工出来,否则只好单独校中镗孔。根据轴毂孔等的加工要求。镗孔必须分粗镗和精镗,并按加工孔径大小推荐切削用量(见表1－2)粗加工后,须根据检验圆线检验镗杆位置有无移动。经检验无误或经调整位置后方可进行精加工。为了避免温度变化艉轴毂产生变形,影响被加工孔的精度,艉柱轴毂孔精镗加工应在阴雨天或夜间一次连续完成。镗孔精加工方向最好由艏向艉进行,使因刀具磨损造成的锥度与艉轴管压入方向相一致。

表1－2　镗孔切削用量选择表

	切深 t/mm	进给量 S/(mm/s)	转速 n/(r/min)
粗镗	1～5	0.5～1.0	8～15
精镗	0.20～0.50	0.20～0.30	15～80

在孔加工完毕后,才能加工端面,加工完毕,经检验合格后,量取艉柱轴毂孔的内径和艉隔舱加强垫板孔的内径,以及艉柱轴毂孔前后端面的距离和其前端面至加强垫板端面的距离,并做出样棒,交加工车间作为加工艉轴管相应直径和长度的依据。

图1－60为轴孔镗杆装置示意图。它的前后轴承架紧固于支架上,而支架4和9焊在

艉柱轴毂及艉隔舱壁上，加强用的中间支承7安装在艉部船体肋板上。电动机1通过皮带传输将动力传于蜗轮蜗杆，蜗轮通过键使镗杆移动。刀架通过滑键随镗杆回转，刀架的进给运动是通过镗杆内的长丝杆自转而得到的。轴孔加工完毕后，装上平面刀架加工端面。

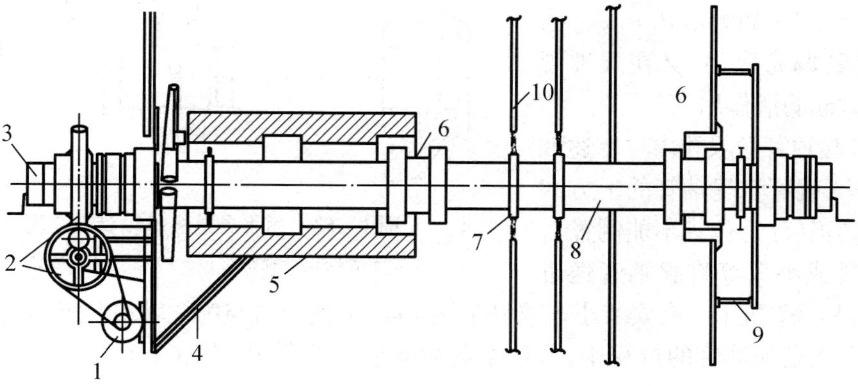

图1-60　轴孔镗排装置示意图

1—电动机；2—皮带输蜗轮减速机构；3—进给机构；4—支架；5—艉轴管；6—刀架；7—支承轴承；8—镗杆；9—支架；10—夹舱壁

为保证孔的加工精度和光洁，必须提高镗杆结构的钢性。而镗杆结构的刚性，决定于镗杆本身以及支承轴承与支架等的刚性，此外，支承轴承的间距，镗杆与轴承的间隙也对其有影响。因此，对上述部分应分别采取必要的措施。

由于镗杆设备刚性总的来说是比较差的，因此容易产生振动。为避免振动，不得不降低切削用量，这对生产进程是不利的。所以，除了设法提高镗杆设备刚性外，还应隔离振源将电动机与镗孔的支架分开，将它安装在船体不相连的单独架子上。此外，还应改善镗刀的几何角度和镗刀的安装高度等。

三、轴系的安装

1. 艉轴管的安装

艉柱轴毂孔与艉隔舱壁孔镗好后，即可安装艉轴管。其安装的一般方法和步骤如下：

（1）复验尺寸　艉轴管孔内径和配合凸肩的间距尺寸是按镗孔以后用样棒量取的实际尺寸，为了安装的准确无误，避免返工，应对上述尺寸进行复验。复验后 d_1，d_2，d_3（见图1-61）的外径尺寸应符合图纸要求。复验 L 尺寸决定结合面 B 处的垫片厚度。艉轴管轴承一般在车间里与艉轴管装配完毕，以减少船台安装工作量。

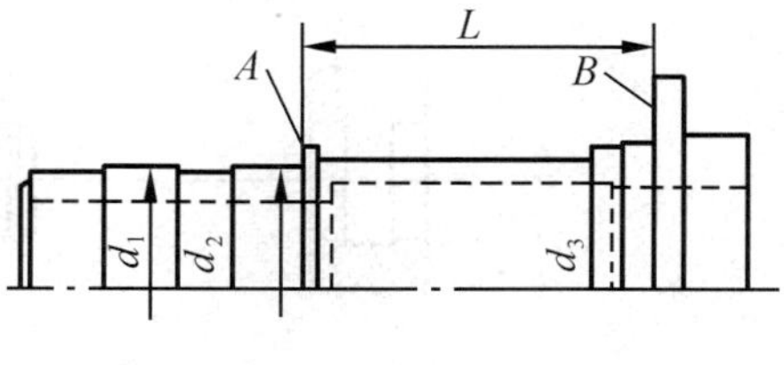

图1-61　艉轴管结合面示意图

（2）清洁工作　用压缩空气的棉布和柴油等将艉柱轴毂、艉隔舱壁以及艉轴管内外表面彻底清洗干净，不能留有铁屑和其他污物。并用帆布将艉管螺纹部分包扎好，以免碰伤。

（3）装上垫片　为保证艉轴管前后结合面的水密性，一般在结合面 B 处应套入两三片涂有红丹白漆的帆布垫片，或套入青铅垫片。垫片厚度根据复验尺寸 L 与艉轴孔上对应尺寸来决定。一般帆布垫片厚度不小于 3 mm，铅垫片厚度在 5 mm 左右。结合面 A 处一般不放填料，但也有用麻丝，紫铜垫圈或“O”型橡胶圈密封的。在配合面上（如图示 d_1 d_2 d_3）涂上黄油白漆，既防腐蚀，又在艉轴管送进孔内时起润滑作用。

（4）将艉轴管送入孔内　上述准备工作完毕，就可将艉轴管的上方和下方位置摆正（注意位置不能倒置），可以用吊具或小车等将艉轴管送进孔内，如图 1 - 62 所示。在安装小车或滑车导轨时，应使导轨与艉柱轴毂及艉隔舱壁孔中心线平行。在送进艉轴管的过程中，要注意将艉轴管对准轴孔，防止艉轴管端部螺纹碰伤。如图 1 - 63、1 - 64 所示。

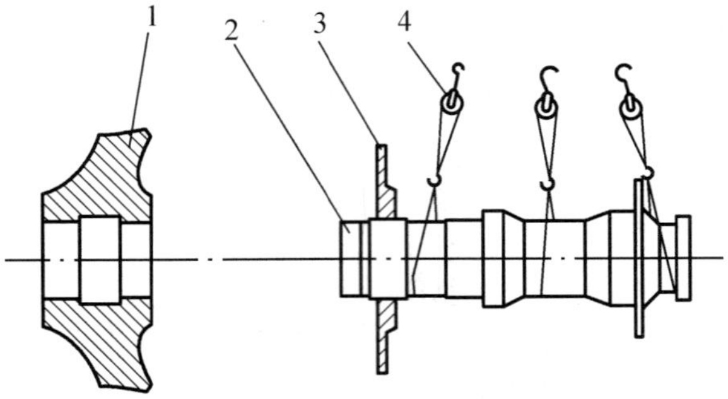

图 1 - 62　用吊具送进艉轴管示意图

1—艉柱；2—艉轴管；3—隔舵壁；4—吊具

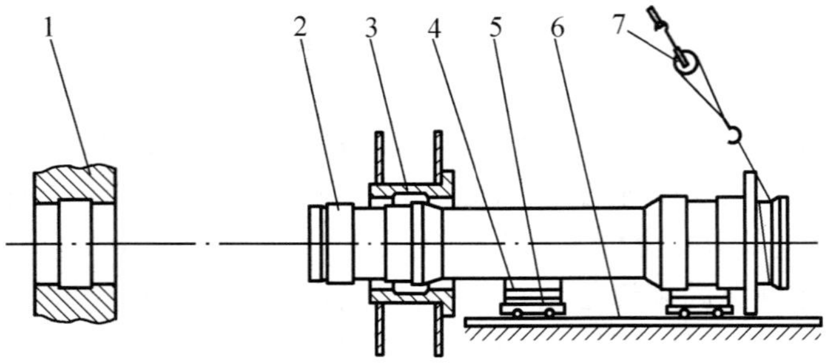

图 1 - 63　用小车送进艉轴管示意图

1—艉柱；2—艉轴管；3—加强套筒；4—垫木；5—小车；6—导轨；7—吊具

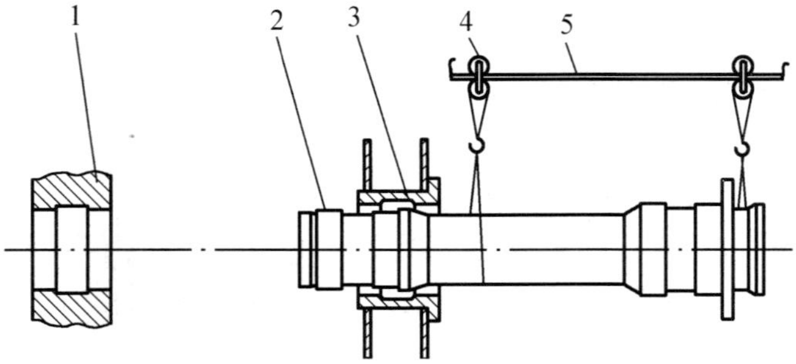

图 1 - 64　用滑车送进艉轴管示意图

1—艉柱；2—艉轴管；3—加强套管；4—滑车；5—导轨

当艉轴管送进大半节后，艉端就下倾了，这时必须把艉端抬高，才能插入艉柱轴毂孔中。对大中型船舶，可以在艉尖舱里用吊具吊起；对于小型船舶，可在船尾用木杠插入艉轴管孔中，抬起木杠就可把艉轴管后部抬高。另外，可在艉轴管后端上先装一根带法兰的钢管，当艉轴管刚进毂孔时，钢管就已经伸出外面了，这时用吊具吊起钢管，艉轴管就可以顺利到位。

(5)加压安装　当艉轴管进到与艉轴毂孔相配合的部位时,就需要加压安装了。一般小船常用丝杠及压板等工具将艉轴管拉入,如图1－65所示。而大船常用液压千斤顶来加压,如图1－66所示。

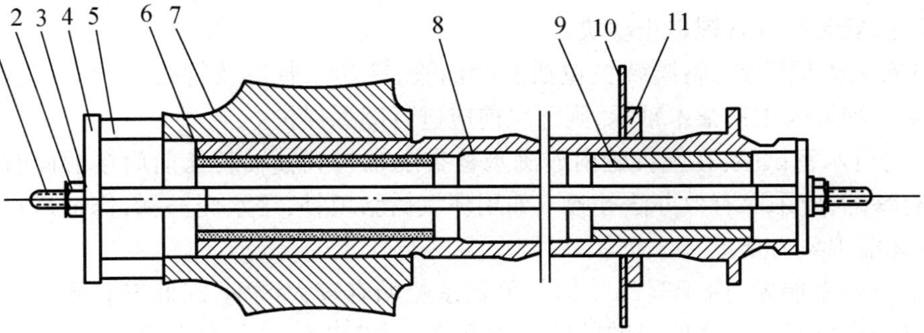

图1－65　用丝杠及压板拉入艉轴管结构图

1—丝杠;2—螺母;3—垫片;4—压板;5—垫铁;6—后轴承;
7—艉柱;8—艉轴管;9—前轴承;10—隔舱壁;11—加强复板

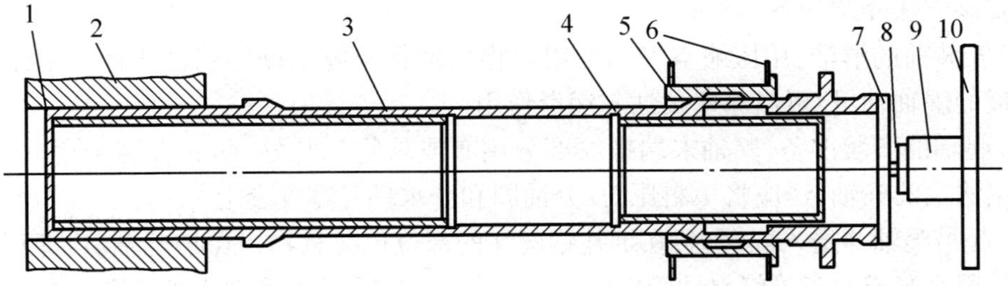

图1－66　用液压千斤顶压入艉轴管结构示意图

1—后轴承;2—艉柱;3—艉轴承;4—前轴承;5—加强套筒;
6—隔舱壁;7—圆盘压板;8—垫铁;9—液压千斤顶;10—槽钢

用套入钢管的固定扳手转动艉部丝杠螺母,就可使丝杠带着艉轴管逐步进入孔内预定位置。

在安装艉轴管时,必须把艉轴管法兰上的十字线与加强复板上的十字线对齐,因为铁梨木等轴承材料的承压面是有方向性的,白合金轴承的油槽,润滑油进出口和冷却水进出口等都具有方向性。

在过去较长时间里,艉轴管与艉轴毂孔压紧与否,一般靠其配合面的过盈量来保证。近年来国内有些设计单位与船厂采用根据压入艉轴管时油泵的压力来检查。图1－57所示为艉轴管外径与压力和过盈量相关图,横坐标表示艉轴管外径,纵坐标表示压入压力和配合过盈量。如果已知外径大小,即可知一垂线与压力曲线相交,从交点再引横坐标的平行线,与纵坐标相交,可求得需要的压力和相应的过盈量。如图应用条件是:(艉柱材料为铸钢)艉轴管的壁厚约相当于轴外径的9%,其压入长度相当于轴外径的两倍;艉柱壁厚为劳氏船级社的推荐数加上125%;配合面的干摩擦系数为0.3;如果其他条件有变化,可作修正后应用。

(6)上紧螺母:当艉轴管螺纹露出6~7牙后,即可将艉轴管螺母旋入。上紧螺母应用专用固定扳手。对于小型船舶,一般用大锤敲击扳手;对于大型船舶,则需用人力拉动大撞锤进行冲击,直至冲击时发出清脆的声音,并且螺母旋入量应比车间预装时画的刻度线多旋紧一个角度。近年来有的工厂也采用液压拉伸器、风动扳头来上紧螺母。上紧后,艉轴管螺母与艉柱后端面之间要求0.05 mm塞尺插不进。经检查合格后,即可在艉柱后端面上钻孔,攻丝,安装艉轴管螺母止动块。

(7)安装附属装置:附属装置包括润滑油管、冷却水管以及管路上的阀门、油泵、油箱等。如果艉轴管采用铁梨木轴承,则下水前应进行潮湿保护。

(8)进行水密试验:在艉尖舱内放满水检查艉轴与艉轴轴毂孔前后接触面有无渗漏现象。如有渗漏,应采取有效办法补救。如用环氧树脂填补,用水泥补漏,修补后再做水密试验,直到无漏现象为止。

对于双轴系船舶,由于艉部结构与单轴系船舶有较大区别,因此安装艉轴管的方法也与上述方法有所不同。这种船舶的艉轴管在车间加工时,内孔大都留有切削余量,待上船焊接后,进行镗孔,然后再将轴承压入。

2. 艉轴的安装

艉轴的安装方法一般有两种,一种是从船内往船外安装,适用于前端具有固定法兰的大型艉轴;另一种是从船外向船内安装,适用于具有可拆联轴节的中小型船舶艉轴。现将它们的安装方法介绍如下:

(1)安装前的清洁:用压缩空气和专用布将艉轴管及艉轴彻底清洗干净。对于铁梨木和层压板的艉轴轴承,可以涂些黄油起润滑作用。

(2)艉轴的安装准备:艉轴末端螺纹部分用布或软物包扎好,防止在装配中碰伤,对于具有固定法兰的艉轴,还应将填料压盖、分油圈和分水环等零件套上。

(3)起吊艉轴并送入艉管内:在绑扎钢丝绳的部位包扎软物以保护艉轴后,即可起吊艉轴。然后用小车或滑车等将艉轴管慢慢送入艉管内,如同艉轴管送入轴毂孔一样。在送进过程中,要注意将艉轴对准轴管,防止艉轴承和艉轴螺纹相碰受损。

(4)制作样棒:在艉轴前后端的附件和螺旋桨安装完毕后,应制作样棒(或记录轴向尺寸数据),以确定艉轴轴向位置,供以后安装中间轴及主机时作定位依据。通常样棒要记录两个数据,如图1-67所示,L_1表示艉轴法兰端面至隔舱壁的距离,L_2表示螺旋桨前端面到艉柱后端面的距离。

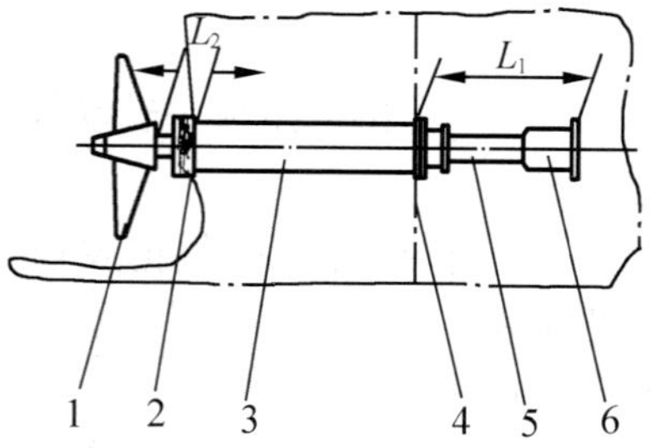

图1-67 制作艉轴轴向样棒示意图

1—螺旋桨;2—艉柱后端面;3—艉轴管;4—隔舱壁;5—艉轴;6—可拆联轴节

(5)固定艉轴:安装结束后,应在法兰端垫以适当的木块,以防止艉轴管前端轴承压坏,同时也防止前端产生弯曲变形。在船舶下水前,必须用槽钢或角钢制一简易架子,如图1-68所示,把艉轴固定起来,以防止螺旋桨和艉轴在下水过程中产生转动和轴向位移。

3. 艉轴管密封装置的安装

在艉轴管和艉轴安装完毕后,即进行其密封装置的安装。密封装置包括艉轴管前、后端的油封装置和艉轴管前端的密封填料函等装置。密封装置中的形式很多,如金属环式和橡皮筒式的密封装置等。现将几种典型密封装置的安装方法介绍如下：

(1)填料式密封装置的安装

填料式密封装置的结构型式可参照图1－38。这种装置只适用于艉轴管前端的密封。

这种密封装置优点是结构简单，制造维修方便。缺点是必须增加其压盖上的压力，才能保证密封性，这样会使轴功率损失增大，艉轴磨损加快，影响使用寿命。(某船在施工安装时，将其压盖压得太紧，造成试航过程中发生艉轴管发烫和填料激烈磨耗的责任事故，只得待船拖回船厂进坞修复，造成很大经济损失)所以，轴系运转初期，应要稍放松压盖与螺母，允许有少量水漏流，以利冷却润滑。

安装时，应将每道填料的搭口方向错开，且搭口间留有一定空隙。

(2)橡胶环式密封装置的安装

橡胶环式密封装置的结构形式可参照图1－69。这种装置又称辛泼来克司(Sinplex)式新型密封装置，在现代船舶上应用较多。由于该种密封装置具有密封效果好，使用寿命长等优点，故适用于艉轴管前后端密封。

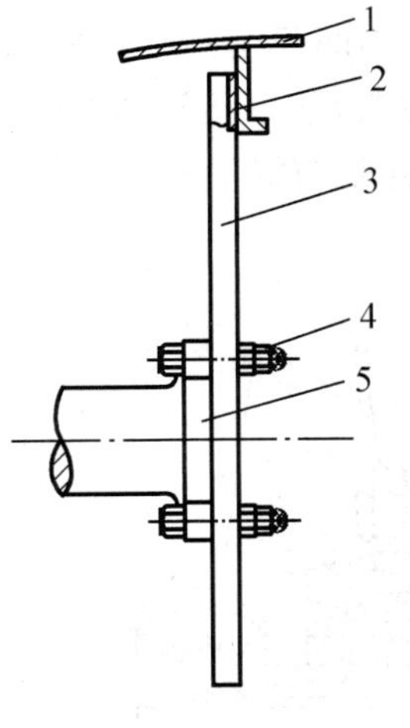

图1－68　固定艉轴示意图

1—船壳；2—肋骨；3—槽钢；
4—螺栓及螺母；5—艉轴法兰

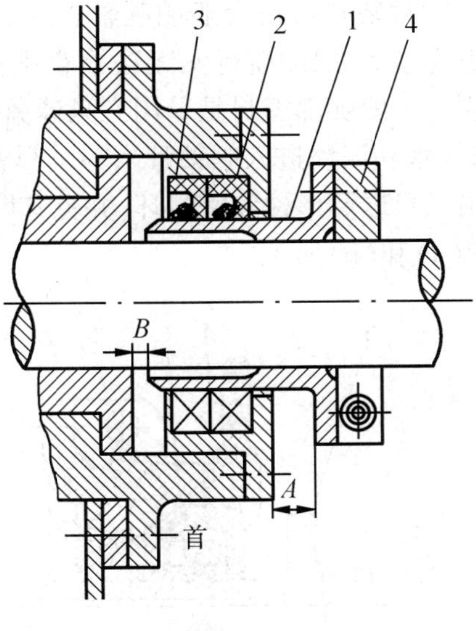

图1－69　"J"型橡胶环式艏端密封装置

1—防蚀套筒；2—"J"型橡胶环；
3—壳体；4—固定环

安装时，是将艉轴密封装置作为一个整体，把防蚀套筒套在艉轴上，壳体法兰与艉轴管连接，防蚀套筒法兰等与螺旋桨连接。这种密封装置在组装时，必须注意以下问题。

①导环与防蚀套筒的间隙：其一般取防蚀套外径的1/1 000～1.2/1 000(mm)。间隙过小，导环内表面的白合金容易烧毁；而间隙过大，则导环与防蚀套筒的同轴度差值增大，导环起不了密封作用。

②橡胶环内径与防蚀套筒外径的过盈量：橡胶环的过盈量大小直接决定密封效果和使用寿命。过盈量过大，令使其接触压力增大而加快磨损；而过盈量过小，则不能保证密封。它们的过盈量大小还与橡胶环的硬度和直径及防蚀套筒外表面粗糙度、导环的安装间隙等有关。当未加环形弹簧时，其过盈量可参考表1－3的数值选择。如加弹簧后，一般取该表

中的数值可加 0.5 ~ 2 mm。

表 1-3　橡胶环内径与防蚀套筒外径的过盈量

防蚀套筒外径/mm	过盈量/mm
<200	2.8 ~ 3.5
200 ~ 330	3 ~ 4
355 ~ 420	3.5 ~ 4.5
450 ~ 560	4.5 ~ 5
600 ~ 750	5 ~ 5.5
800 ~ 950	5 ~ 6
>1 000	5.5 ~ 7.5

注:表中数值为未加弹簧的过盈量(摘自德国 HDW 公司产品说明书)

该种密封装置可适合船舶艉轴管前后端的密封,由于艉部密封装置位于船体之外,工作环境更为恶劣,船舶航行又无法检查维护,因此,对它的要求比艏密封装置严格,安装须充分注意。一般艉部密封是采用三只球鼻形橡胶密封环,其中两只密封环的唇口边往后翻(以防舷外水和泥沙进入艉轴管),另一只密封环的唇口边往前翻(以防滑油外漏)。艏部密封是采用二只球鼻形橡胶密封环,并见其唇口边往后翻(同样是防滑油外漏)。可分别参见图 1-70(a)和(b)所示。

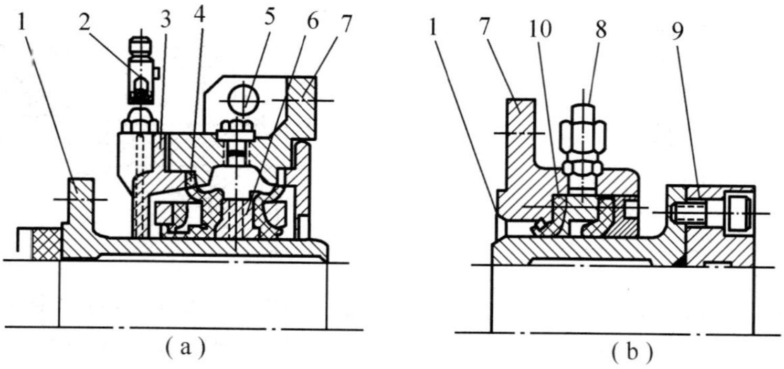

图 1-70　带导环的橡皮环密封装置

(a)用于艉端;(b)用于艏端

1—防蚀套筒;2—测隙仪;3—压盖;4—橡胶密封环;5—螺塞;
6—导环;7—壳体;8—进油管;9—固定环;10—橡胶密封环

另外,前端密封装置安装时应注意的是,当艉轴由船外往艉轴管艉端向船内安装时,应先吊进艉轴,再将整套密封装置套入艉轴上,将其壳体与艉轴管用螺钉固定后,待艉轴的可拆联轴节(法兰)安装后,再拆去其保持架。为防止防蚀套筒在安装前不脱落,应将两半合成的固定环紧靠在轴向位置到位的防蚀套筒前再固紧在艉轴上,最后把防蚀套筒法兰与固定环用螺栓连接。

当艉轴由船内往艉轴管前端向船外安装时,则应将艏端密封装置整个先套至艉轴前部,然后将艉轴安装在艉轴管至轴向位置后,再安装就位艏端密封装置,其余方法与上述相同。

③密封装置装船前的模拟密性试验

将密封装置的防蚀套筒和壳体的两端法兰,分别置在两个支架上,用平分表求得同轴心后并将它们法兰端分别用盖板封闭,然后在壳体盖板上接入油管与油箱,油箱应放置于船上实际使用的高度再加高 1 ~ 2 m,最终检查壳体下部旋塞处有无漏油现象。如确认合格后方可上船安装,如图 1 –71 所示。

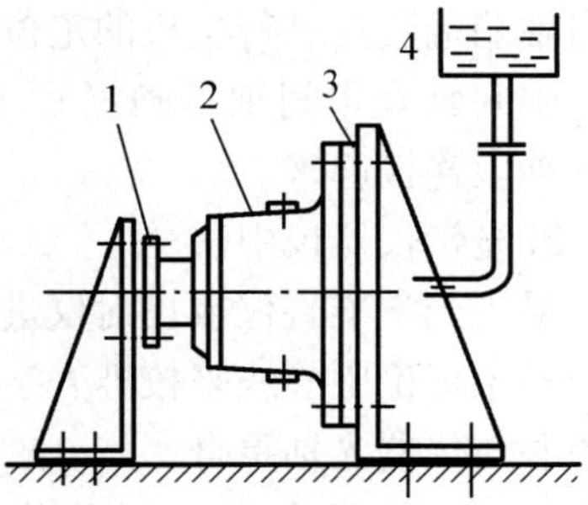

图 1 –71　密封装置进行密性试验图

1,3—盖板;2—密封装置;4—滑油箱

整个密封装置在船上安装后,必须作泵油试验。首先,在专用油箱内注入一定数量的滑油,用泵向艉轴管内泵油,待滑油以回油管回到油箱,盘车转动艉轴,观察有无漏油现象。泵油压力为轴系中心线至船舶重载水线间距的 1.5 倍,一般不大于 0.12 MPa。合格后再把壳体内注满滑油。以上整个密性试验须得到船检部门和船车认可验收。

四、轴系校中

轴系的校中,又称为轴系对中或轴系找正。它是船舶轴系安装和检修工作中一项重要工序。校中质量好坏对轴系平稳运转有着直接的影响。

在轴系校中过程中,要求具备与确定轴系理论中心线时一样的施工条件。校中工作在船舶下水后系泊船装阶段进行。校中的质量和有关技术数据测量值,必须最后得到检验和有关部门的验收和认可,方可将整轴系连接起来。

目前,国内外船厂在有关轴系校中技术方面已有很多新发展,这些技术的应用无疑会大大地提高轴系校中和安装质量。

在校中过程中,要求具备确定轴系理论中心线同样的施工条件,要避免大的撞击、敲打与船体变形的影响。

在当代船舶的轴系造修过程中,轴系校中的方法很多,但各有其优缺点和适用范围。

轴系校中方法依其原理,可分以下三类:

(1)按直线性原理的校中方法主要有:平轴校中法和光学仪器校中法;

(2)按允许负荷原理的校中方法主要有:计算法和测力校中法;

(3)按合理负荷原理的校中方法主要有:轴承合理位置校中法和法兰上合理偏移与曲折校中法。

长期以来认为船舶轴系安装以直线状为最合理,在这种理论指导下进行轴系安装和校中时,力求将艉轴、中间轴、推力轴和主机曲轴排成一条直线,以使轴系在基本无弯曲状态下进行运转。因此,生产中出现以下几种校中方法。

1. 平轴校中法

进行轴系校中时,若使其每对法兰上有差值为零,即偏移值 $\delta=0$,曲折值 $\psi=0$,在忽略法兰下垂的影响下,可以认为轴系具有直线状态。

施工中使各对法兰上的差值为零是非常困难的。为此允许法兰上的差值,一般规定 $\delta\leqslant0.10$ mm,$\varphi\leqslant0.15$ mm/m。

采用直尺和塞尺法或指针法测量各对法兰上的偏移和曲折。校中时通常是先将艉轴按轴系理论中心线安装好,然后以艉轴艏端法兰为基准,自船尾向船首方向逐段调整中间轴和中间轴承的位置,使各对法兰上的差值小于规定的技术标准。最后依第一节中间轴或推力轴艏端法兰进行主机的定位。

中间轴及中间轴承确定后,用垫片和地脚螺栓将各轴承座位置固定,用法兰连接螺栓将各轴段连接起来。

2. 光学仪器校中法

采用光学准直仪或投射仪进行轴系校中。利用光的直线传播的特性,以仪器的主光轴作为轴系理论中心线来校准人字架、艉轴管、中间轴承等轴系部件的位置,使这些部件上孔的中心与仪器光轴重合。

轴系的位置确定后,用垫片和底脚螺栓将各道中间轴承固定,分别安装好艉轴和中间轴,并用法兰连接螺栓将轴系中各轴段连接起来。

以上两种校中法,均是按直线性原理来校中轴系的。

目前,激光技术已用于轴系校中工作,用激光准直仪代替普通的光学仪器,不仅校中的精度更高,而且由于激光的亮度很高,使轴系校中工作可以在白天进行。

光学仪器校中法精度高,并且可使确定轴系理论中心线的工作与轴系校中工作结合起来,提高轴系安装工作效率。但是用此方法安装的轴系,其各轴承中的实际负荷分配不合理,所以大、中型船舶轴系不宜采用。此种校中方法目前多用于成批建造中、小型船舶,尤其是用于中间轴承采用滚动轴承的轴系。

按上述两种的方法进行轴系校中时,由于都未考虑轴系艉端悬臂安装的重大螺旋桨的影响,因而不能保证柴油机动力装置的轴系安装质量。随着船舶大型化和主柴油机功率的增加,螺旋桨的质量和尺寸,轴系各轴直径的相应增大,都有可能使艉轴管承受的实际负荷大大增加,以致超过许用范围。例如,一艘4万吨的油船的轴系,按直线性校中安装后,由于螺旋桨的影响使各轴承上的实际负荷相差很大。在艉轴管艏端轴承产生过大的反向负荷,在减速齿轮箱前后的两个轴承的负荷也不均(力的单位为 kN),这种情况会使艉轴轴承磨损加剧,甚至烧毁。

为了提高大型单桨艉机型船舶轴系的校中安装质量,国外自20世纪中期开始研究轴系校中的新技术。在众多的研究中,轴系合理校中(或称最佳校中)技术已有效地应用于造船生产中。

3. 最佳校中法

轴系合理校中的实质是按照规定的轴承负荷、应力和转角等要求,通过校中计算确定出轴系各轴承的合理位置,即计算出轴系各轴承的位移量和各连接法兰上的偏移值和曲折值。将轴系安装成规定的曲线状态,从而达到使各轴承负荷合理分配的目的。

轴系合理校中具有使轴系各轴承负荷合理分布和安装工艺简便的优点,尤其是在船舶设计阶段就可进行轴系校中计算,有利于改善轴承负荷状况,提高轴系质量。

我们根据一艘27 000吨级散装货船的短轴系简图,应用合理校中法对该轴系进行校中计算,其计算过程如下。

(1)建立校中计算的物理模型

根据轴系结构建立物理模型,并对轴系有关结构要素进行处理;

(2)确定约束条件

即确定轴承允许负荷,中间轴及艉轴最大弯曲应力,轴系弯曲时最大转角等限制条件;

(3)编制计算机程序

按校中计算方法编制轴系校中计算程序,并可用程序方框图示出;

(4)输入轴系的结构数据;

(5)输出计算结果。

计算的各项结果由计算机列表打印输出,如其中的偏移和曲折计算用表示出,轴承位置的计算由图示出。可根据计算结果绘出轴系校中状态图。

按轴系合理校中后,常采用液压千斤顶举法检验轴承的实际负荷,从而保证了轴系校中的质量。

以上三种校中原理均为静态轴系校中,它们虽各具特点,但共同缺点是忽略了船舶航行时动态因素的影响,因为静态校中良好的轴系不能保证在动态时亦处于良好状态。目前,轴系动态校中的应用研究正在进行中。

由于动态因素多而复杂,例如,船舶装载,环境温度,海水状况等环境因素及螺旋桨负荷,油膜压力,振动等动力因素。各种因素之间存在相互影响,因而使动态轴系校中研究更为困难。目前只能分别研究各个影响因素,并在静态轴系校中计算的基础上分别计入各种因素的影响。例如,考虑主机机座的温度影响时,校中计算时就可提供冷热状态下的轴系校中安装数据。

五、轴系校中的基本操作与方法

为能初步掌握轴系校中和其他船用设备的校中工作,下面介绍较为实用的具体方法和计算公式。

(1)平轴法校中的工艺要求

校中时的支承位置一般用两个临时支承。也可以用一端临时支承,而另一端用中间轴承支承。要求临时支承必须能使中间轴上下、左右移动。如果用中间轴承做校中支承,则需设调位螺钉或其他调位工具,以便调整轴承,使中间轴做上下、左右移动,见图 1－72。两个支承的位置可使中间轴自重的影响产生的弯曲变形处于最小值。一般要求从支承法兰端面的距离为中间轴全长的 0.18～0.22 倍。在这个范围内的支承布置,其中间轴的法兰偏移和曲折可不考虑自重的影响,否则,计算其偏移和曲折值时,应加以修正。其次,要求各测量法兰的轴向间隙保持在 0.5～1 mm 之间。

(2)平轴法校中的允差和方法

虽然船舶轴系校中的目的,从理论上讲是为使轴系实际中心线与理论中心线相重合,即要求相连接的每对法兰上的偏值和曲折值均为零,而实际中,由于轴系在加工制作中,安装中及测量中均有误差,同时轴因自重下垂,船体在不同载荷工况下的局部变形等原因的影响,均无法使轴系的中心线为一直线。在轴系的实际运转中,轴系的中心线是一条折线式曲折。实践证明,在这种情况下,轴系是能保持正常工作的。

在轴系的实际校中时,按设计计算或有关船舶标准规范,允许轴的法兰有一定的偏移和曲折,但以保证轴的挠度不至于过大而损坏轴承和轴为原则。所以根据长期的实践经验,有关部门制定的标准和规范中,列有轴系允许的曲折和偏移值,供轴系校中参考和使用。

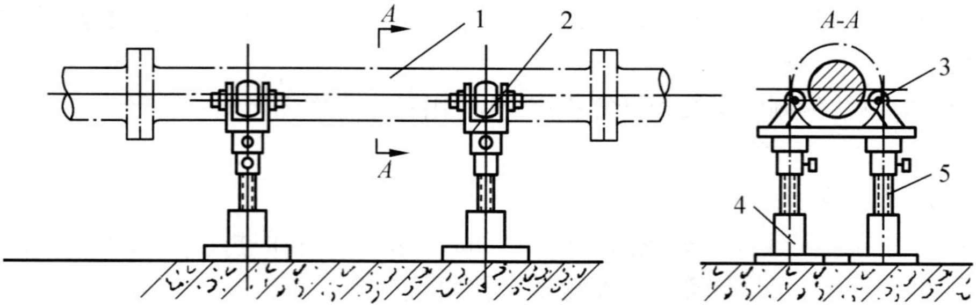

图 1-72　中间轴校中的临时支承示意图

1—中间轴；2—托架；3—滚轮；4—托架座；5—调整螺钉

校中顺序可以从船尾向船首方向进行。

在校中过程中，可用直尺塞尺法、指针法、百分表法等方法对每对联轴节进行偏移和曲折值的测量。这样反复调整支承点，将测量结果与要求相比较，直到达到校中的目的。

(3)用直尺塞尺法测量方法

将直尺紧靠在一个联轴节的外圆上，用塞尺测得 $Z_1, Z_2, Z_{\text{左}}, Z_{\text{右}}$ 四个数值。同用塞尺在联轴节的端面，测得 $Y/_{\text{上}}, Y/_{\text{下}}, Y/_{\text{左}}, Y/_{\text{右}}$ 四个数值。图 1-73 中(a)为测量偏移，图 1-73(b)为测量曲折。

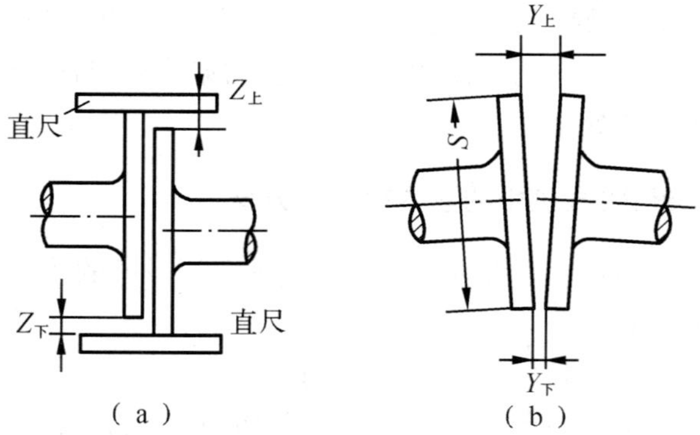

图 1-73　用直尺塞尺法测量原理图

在垂直平面内的偏移值计算公式为

$$\delta_{\text{垂直}} = \frac{Z_{\text{上}} + Z_{\text{下}}}{2}(\text{mm})$$

在水平平面内的偏移值计算公式为

$$\delta_{\text{水平}} = \frac{Z_{\text{左}} + Z_{\text{右}}}{2}(\text{mm})$$

在垂直平面内的曲折值计算公式为

$$\psi_{\text{垂直}} = \frac{Y_{\text{上}} - Y_{\text{下}}}{S}(\text{mm/m})$$

在水平平面内的曲折值计算公式为

$$\psi_{\text{水平}} = \frac{Y_{\text{左}} - Y_{\text{右}}}{S}(\text{mm/m})$$

式中，S 为联轴节(法兰)直径，m。

在船舶轴系工作中，应用在直尺和塞尺法测量较多。该法简便，但测量精度较低，尤其联轴节被腐蚀或直径不等，或表面不平整时，就更难获得精确的测量值，甚至无法测量，这时用指针法就较为合理。

(4)用指针法测量方法

在联轴节外圆上对称地装上两对指针，如图 1-74 所示。

测量时将两根轴作同方向回转，每转90°用塞尺分别测量两对指针的径向间隙 Z 和轴向间隙 Y。上下两对指针分别注上1和2标记。这样，在垂直方向上测得 $Z_{1上}, Z_{1下}, Z_{2上}, Z_{2下}$ 和 $Y_{1上}, Y_{1下}, Y_{2上}, Y_{2下}$ 的数值，依下式计算出垂直平面内的偏移值和曲折值

$$\delta_{垂直} = \frac{(Z_{1上} + Z_{2上}) + (Z_{1下} + Z_{2下})}{4}\ (\mathrm{mm})$$

$$\psi_{垂直} = \frac{(Y_{1上} + Y_{2上}) - (Y_{1下} + Y_{2下})}{S}\ (\mathrm{mm/m})$$

式中，S 为两对指针间距离，m。

同样测得水平方向的数值，依下式计算出水平平面内的偏移值和曲折值

$$\delta_{水平} = \frac{(Z_{1左} + Z_{2左})(Z_{1右} + Z_{2右})}{4}\ (\mathrm{mm})$$

$$\psi_{垂直} = \frac{(Y_{1左} + Y_{2左}) + (Y_{1右} + Y_{2右})}{4}\ (\mathrm{mm/m})$$

指针法虽比直尺塞尺法较为麻烦，但测量精度较高，而且可适用各种类型联轴器的测量。

为使测量方便并提高精度，可用百分表来代替指针，它的特点是可直接读出测量数值，这种测量方法称为百分表法。

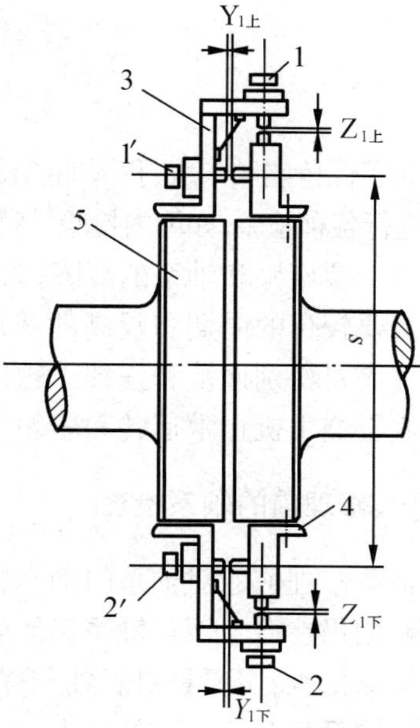

图1-74　用指针测量偏移和曲折示意图

1′,2′—水平微调螺钉；1,2—垂直微调螺钉；3—外指针；4—内指针；5—联轴节

表1-4　偏移值计算表　　（单位：mm）

指针位置	指针间隙		间隙总和	总和之差	所求偏移值
	1号	2号			
上	1.70	1.40	3.10	0.20	$\frac{0.2}{4}=0.05$
下	1.55	1.35	2.90		
左	1.60	1.00	2.60	0.30	$\frac{0.3}{4}=0.075$
右	1.80	1.10	2.90		

表1-5　曲折值计算表　　（注：以下两指针间距离为0.50 m）

指针位置	指针间隙		间隙总和	曲折数	曲折度
	1号	2号			
上	1.90	1.10	3.00	$\frac{0.30}{2}=0.15$	$\frac{0.15}{0.50}=0.30$
下	1.80	0.90	2.70		
左	1.45	1.25	2.70	$\frac{0.20}{2}=0.10$	$\frac{0.10}{0.50}=0.20$
右	1.30	1.20	2.50		

第五节　轴系的检修

为了保持船舶入级,我国船舶检验局对已入级的民用钢质海上营运船舶的螺旋桨和轴系等定期进行各种检验,如坞内检验、特别检验等。对检验的间隔期和检验的范围均有明确的规定。

对于螺旋桨和轴系的故障,为了正确地确定修理范围、修理方案和修理工作量等,在修理前需要较长的周期和较高的费用,是一项艰巨而复杂的工程。因此,对于轴系和螺旋桨的修理需要特别谨慎和仔细。轮机员在监修和监造中对其质量的检验不可掉以轻心,否则会造成影响主机正常运转和船舶安全航行的不良后果。

一、修理前的轴系检查

轴系修理前应对轴系的动态状态进行检查,主要有轴系水上检查和进坞检查。水上检查是船舶仍在海上而且轴系仍然处于装合状态下的检查;而船舶进坞后在轴系的拆卸过程中进行的检查,主要是对艉轴和螺旋桨的检查。

1. 轴系装合状态下的检查

轴系装合状态下的检查和测量,不仅可作为进行修理的依据,而且在修理后检查验收时作为参考。它主要包括:

(1)轴承的检查　轴承的外观检查;轴承径向间隙测量;轴颈与轴瓦贴合情况的检查;轴承固定情况的检查等。

(2)轴系零件的损伤检查　对传动轴的工作轴颈、轴瓦、法兰,连接螺栓和螺母等进行外部检查;对润滑油和冷却水管道进行检查。

(3)轴系中心线状态的检查　轴系中心线弯曲度的检验和艉轴与柴油机曲轴的中心线同轴度检查。

2. 拆卸过程的检查

在螺旋桨拆卸前后测量螺旋桨桨毂端面与艉轴管端面间的间隙;艉轴法兰端面至后隔舱壁的距离;艉轴承间隙及铁梨木艉轴承的磨损量等。

二、轴系中心线(实际)状态的检验

轴系在运转一定时间以后,由于各轴承的轴颈的磨损和船体变形的影响,会使轴系原校中状态发生变化。如艉轴和主机输出轴之间产生较大的同心偏差;中间轴承产生过大的偏移等,以致影响轴承、主机等不能正常工作。此时,就要及时进行修复。在修理后要进行轴系装合状态下的中心线状态检查,以作为修理时的依据和修理后检查修理质量的参考。

轴系中心线状态是通过轴系中心线的弯曲度和艉轴与柴油机曲轴轴线的同轴度检验来确定的。检查时,应在夜间或阴雨天进行,并要求船舶排水量应不小于船舶空载总排水量的85%,各水舱压载要均匀,船上无集中负荷的迁移及停止敲打和振动性作业。

弯曲度、同轴度检查方法如下:

1. 轴系中心线的弯曲度检查

弯曲度的检查方法可以采用测量每对连接法兰上的偏移值 δ 和曲折值 φ,或者采用光学仪器测量方法。而连接法兰上的偏移 δ 和曲折 φ 的大小可以采用直尺,塞尺测量,也可以

采用指针法测量。

测量前,在距法兰端面(0.18~0.22)L处(L为每节小间长度)加设临时支承,拆去法兰连接螺栓。

轴系各法兰上的偏移和曲折值应符合船舶轴系修理标准。见表1-6和表1-7。

表1-6 轴系各法兰安装要求

分类	要求校中部位	修理船舶		新造船舶	
		偏移δ /mm	曲折φ /(mm/m)	偏移δ /mm	曲折φ /(mm/m)
长轴系	推力轴与相邻中间轴法兰	≤0.15	≤0.20	≤0.10	≤0.15
	艉轴与相邻中间轴法兰	艉轴安装间隙的25%	$\delta=0$时 上开口≤0.25 下开口≤0.50	艉轴安装间隙的20%	$\delta=0$时 上开口≤0.15 下开口≤0.30
	中间轴相邻法兰	按表下说明的原则,合理分配φ与δ值			
短轴系	推力轴后各法兰	≤0.25	≤0.25	≤0.20	≤0.20
	牙嵌式离合器	≤0.20	≤0.30		
	气胀式离合器	≤0.60	≤2.00		
	齿形离合器	≤0.40	≤1.00		
主机曲轴与推力轴(或齿轮轴)法兰		按曲轴最后一道曲轴臂距差的允许范围调整偏移δ,使曲轴轴心偏高0.05~0.10 mm			
			≤0.15		≤0.10

访说明:①长轴系——一般具有两根或两根以上中间轴的轴系。

短轴系——一般指具有一根中间轴或无中间轴的轴系。

②中间轴相邻法兰的偏移与曲折值,均可按艉轴与相邻中间轴法兰的要求稍许降低。各中间轴法兰的δ与φ值基本上是平均分配,对靠近轴系中间部分的法兰要求尚可降低些,但当$\delta=0$时,$\varphi_{max}\leqslant0.60$(mm/m)。

表1-7 两端轴允许的偏移及曲折值

L计算 /m	总偏移$\delta_{总}(\varphi=0)$/mm						总曲折$\varphi_{总}(\delta=0)$/(mm/m)					
	轴的最小直径/mm											
	100	150	200	300	400	500	100	150	200	300	400	500
5	1.25	0.85	0.65	0.42			0.42	0.28	0.21	0.14		
10	5.2	3.50	2.60	1.70	1.30		0.78	0.51	0.39	0.26	0.20	
15	11.7	7.80	5.80	3.90	2.90	2.30	.17	0.78	0.58	0.39	0.29	0.22
20	20.8	13.9	10.4	15.6	5.20	4.20	1.56	1.04	0.72	0.52	0.39	0.31
30	46.8	31.2	23.4	27.7	11.7	4.90	2.34	1.56	1.17	0.78	0.58	0.47
40	83.2	55.5	41.6	43.3	20.8	16.6	3.12	2.07	1.56	1.04	0.78	0.62
50		86.7	65.0	62.4	32.5	26.0		2.59	1.95	1.30	0.97	0.78
60			93.6	84.9	46.8	37.4			2.34	1.56	1.17	0.94
70					63.7	51.0				1.82	1.36	1.09
80					83.2	66.6					1.56	1.26

若测量出的偏移值和曲折值与该技术标准存有偏差，就要对轴系进行调整和修理。

2. 艉轴和曲轴的同轴度检查

轴系两端轴（艉轴和主机轴或减速器轴）是否在一条直线上对轴系中心线状态影响极大，为此，对两端轴的同轴度要进行检查。检查两端轴的同轴度可用平轴法、平轴计算法、拉线法及照光法等。

平轴法检查两端同轴度如图1－75所示，在未拆去法兰连接螺栓前，在中间轴上按规定位置加装临时支承。拆去法兰连接螺栓，以艉轴（或曲轴）的法兰为基础，由艉向艏（或由艏向艉）逐个地调节每根中间轴临时支承的上、下、左、右位置，使每对连接法兰上的偏移和曲折均为零。这样，最前一根中间轴与曲轴（艉轴）法兰上的偏移和曲折，即为该轴系的总偏移和总曲折，也是两端法兰间的总偏差。所测数值应符合要求。表（1－7）给出了两端轴允许的偏移及曲折值。表中$L_{计算}$值为轴系受偏中连接影响后弯曲部分的长度。$L_{计算}$依主机与轴系连接形式选取（见船舶轴系、螺旋桨和舵系修理技术标准）。

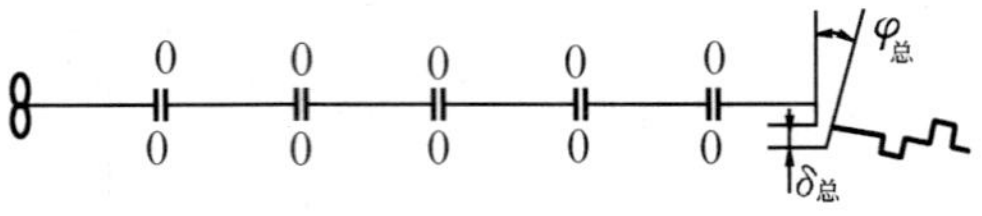

图1－75　平轴法检验轴系的总偏移和总曲折图

表（1－7）的使用方法：根据轴系$L_{计算}$值和轴颈尺寸，由表中查出$\delta_{总}$和$\varphi_{总}$的值，作出$S_{总}-\varphi_{总}$坐标三角形，如图（1－76）所示。如测得轴系偏差为δ_A和φ_A，其坐标交点A处在三角形内，则$\delta_{总}-\varphi_{总}$为合格值。若测得的值为δ_A和φ_A，虽然均分别小于$\delta_{总}$和$\varphi_{总}$，但交点B在三角形之外，则该轴系总偏差值认为不合格。此时根据具体情况，可采取移动主机位置或偏心镗削艉轴管的方法进行校正。

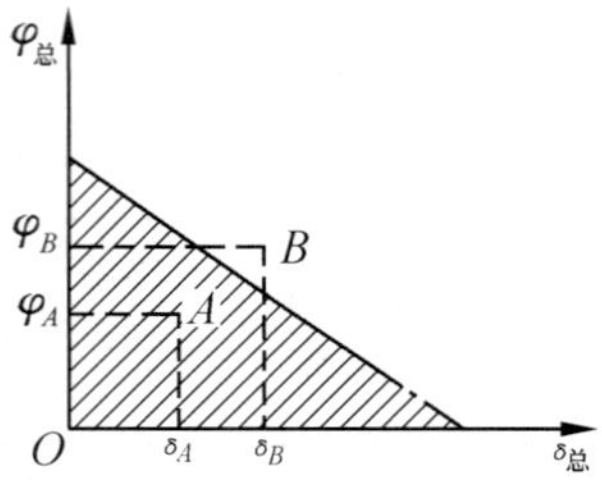

图1－76　轴系中线总偏差示意图

若两端轴偏差值在允许范围内，而中间轴连接法兰处测得的偏移和曲折超出了表所测定的范围，如超出数值不大，而且各轴承温度与轴的振动仍属正常的情况下，可以不必调整。否则要采取调节中间轴承的位置的方法进行校正，使法兰处偏移与曲折值处在允许范围内。实际上常要求曲轴轴线稍高于艉轴轴线，应使总曲折调整为负值（下开口）。

三、轴系的拆卸

根据规定，凡进行小修以上的修理，船舶都应进坞检修轴系，螺旋桨等。对于轴系的重大修理，一般在轴系修理前的检验完成之后，就可进行轴系的拆卸工作。轴系拆卸分为两个阶段：水上拆卸和进坞后的拆卸。

1. 水上拆卸阶段

水上拆卸阶段是指船舶进坞前，停在海面上进行的拆卸工作。首先拆去轴系附件，如法兰连接处护板、外罩、管系等。然后加设临时支承和拆去所有的法兰连接螺栓。法兰连接螺栓的松开和拨出应按对角顺序进行，以免法兰扭曲；螺栓可用紫铜锤敲出，或用液压千斤顶顶出；切勿损伤螺纹。上述方法均不能奏效时，可采用气割或机械方法除掉。

在此期间，除进形中心线状态的检验外，还应测量艉轴法兰端至艉轴管前端面（或后舱壁）之间的距离L_1，并制作样棒和记号，以便在安装时进行艉轴的轴向定位用。最后是将中间轴吊出,送到车间进行修理。

2. 坞内拆卸阶段

船舶进坞后的拆卸工作包括:拆下艉轴管填料函和密封装置,拆下螺旋桨,抽出艉轴,必要时压出艉轴管衬套。在此阶段中主要是测量和螺旋桨的拆卸。

在拆去艉轴管填料函前密封装置后,测量螺旋桨前端面与艉轴管后端面或人字架后端面之间的间隙,此时艉轴的位置应保持轴系拆卸前的位置。

在取下螺旋桨和艉轴管填料函之后,测量艉轴与艉轴管艄、艉端轴承之间的间隙。

艉轴抽出后,测量艉轴工作轴颈的直径和其艄、艉轴承内孔直径,以确定艉轴和艉轴轴承的磨损量。

螺旋桨的拆卸是一项繁重而又细致的工作,尤其是拆卸过程中的安全工作更不可忽视。

拆卸前,打上螺旋桨在艉轴上紧固时的位置标记,作为重新安装依据。随着螺旋桨的安装方法不同,螺旋桨的拆卸方法也不一样。对于键连接的螺旋桨,采用过去的方法进行拆卸,劳动强度大,费时多。近年来采用液压千斤顶拆卸螺旋桨,可以有效地减少劳动量,提高效率。对于无键液压套合连接的螺旋桨,其拆卸工作就更为简单,用其专用液压工具使桨毂锥孔胀大后拆下螺旋桨。

四、轴系修理方案的确定

在轴系检验后,除轴系零件损坏的要进行修理和更换外,对于轴系中心线的状态,根据测量和计算检验结果与船舶轴系修理标准比较,从而确定其修理方案和修理范围。

在测检中,轴系挠度测量,轴系各对法兰上的 δ 和 φ 均符合表 1-7 规定;轴系同轴度测量,轴系的 $\delta_{总}$ 和 $\varphi_{总}$ 符合表规定,则说明轴系中心线状态合格,无需进行调整。

当轴系的 $\delta_{总}$ 和 $\varphi_{总}$ 符合表规定,而仅有个别法兰上的 δ 和 φ 超过表 1-7 规定时,应采取调整中间轴位置的方法,使超规范法兰上的 δ 和 φ 在许可范围之内。

当轴系的 $\delta_{总}$ 和 $\varphi_{总}$ 超过规范要求,也就是轴系的同轴度误差过大时,必须采用改变两端轴心线的相对位置调整其同轴度,具体修理方案有以下三种。

(1)偏心镗削艉轴轴承或艉轴管来借正两端轴的相对位置,使之同轴。但是应该保证镗削后,艉轴轴承或艉轴管的壁厚尺寸必须保证达到技术要求定值。

(2)如果两端轴的同轴度误差过大,采用偏心镗削艉轴承或艉轴管的方法也不能借正轴系中心时,则需移动主机位置,改变主机曲轴的中心线,从而使其符合规范要求。

(3)当采用移动主机位置借正轴系中心线时,如果主机在高度上变化较大,以致使主机机座垫厚度增大,超过允许值时,则就采用既移动主机位置又偏心镗削艉轴管的方法,同时改变两端的中心线,达到两端轴同轴的目的。

在实际运转中,往往两端轴同轴度误差在允许范围内,而中间轴中某个法兰上的偏差超过规定,但又不影响正常运转,没有发生轴承发热、磨损过大和振动等异常现象时,则可不必调整而继续使用。

五、轴系修理后验收

1. 轴系安装验收

(1)当轴与轴承经换新或修理,其装配间隙应符合规范要求;轴与轴承接触部位贴合,左右两侧间隙应各自为装配间隙的 40%~60%。

(2)当艉轴经换新或修理后,应检查艉轴与相邻中间轴法兰,使之符合规范要求;

(3)艉轴填料函和密封装置,在轴系装置全部安装后须进行液压试验,并符合规范要求,不允许有泄漏。

2. 试航验收

(1)航行试验中,水润滑的艉轴管艏端填料函允许有微量流滴;油润滑的艉轴密封装置应满足规范要求;

(2)试航中,整个轴系及轴承工作应平稳,无特殊敲击、摩擦声和振动;

(3)推力轴承,中间轴承和艉轴管艏端密封或填料函装置应无过热现象,其稳定温度应符合规范要求,某部位温度超过规定,但不高于其原始使用温度时,经验船师等同意,可以使用。

3. 轴系修理后船厂应提交下列数据记录:

(1)轴承间隙原始测量记录和换修后的安装记录;

(2)轴的校调和加工后的测量记录;

(3)轴系中心线的原始记录和修理测量记录;

(4)船轴更换后的材料牌号,化学成分和机械性能等合格证明;

(5)进出厂试航轴系温度记录。

六、轴系中螺旋桨的修理

(一)螺旋桨的检修

1. 航行中螺旋桨的异常现象

由于螺旋桨的材料不佳,铸造缺陷,桨叶受到严重的海水腐蚀,穴蚀和海洋生物的污损,或者碰到礁石、缆绳等,导致桨叶的剥蚀,变形,甚至桨叶丢失,使得螺旋桨各桨叶的质量不等,螺旋桨失去平衡。螺旋桨失去平衡就会在艉轴承处产生敲击,轴系和船体产生异常振动,甚至使得主机转速不稳等。例如,某轮航行在海上,时值海面平静,主机以 100 r/min 的转速正常运转。突然,船体发生剧烈振动,值班轮机员立即采取降速航行。主机以 70 r/min的转速运转时,振动和敲击声大部分消失。由此初步判断是螺旋桨出现问题,抛锚停机检查发现 4 叶螺旋桨有 1 个桨叶自根部断掉,造成螺旋桨的严重不平衡。船舶进坞时应注意检查螺旋桨各个桨叶,必要时进行静平衡试验。

2. 桨叶裂缝及断裂的检修

桨叶由于受到海水的腐蚀和冲击,或者与硬物相撞会产生裂纹,甚至使部分桨叶或整个桨叶折断。

对于桨叶裂纹,在确保焊补质量的条件下,选用与母材成分相同的焊条可以进行以下裂纹的焊补:

(1)大于 $0.7R$ 桨叶上的裂纹,或者在 $(0.4 \sim 0.7)R$ 之间的桨叶上的裂纹,但其长度不超过该处叶宽的 1/4,一般是指直径 $D > 2$ m 的螺旋桨;

(2)直径 $D \leqslant 2$ m 的螺旋桨桨叶根部短小裂纹,长度不超过该叶宽的 1/8;而直径 $\leqslant 1.2$ m 的螺旋桨,桨毂上的短小裂纹,其长度不应超过桨毂厚度。

对于桨叶裂纹一般采用焊补,焊前应先将裂纹加工处理,特殊情况下允许采用钻止裂孔的办法作为临时修补措施。

螺旋桨有严重裂纹而引起桨叶折断的应该换新。铜质和钢质螺旋桨桨叶折断的长度不超过桨叶长度的1/3(最长不超过400 mm),最大厚度不超过50 mm时可采用焊补或接补的方法进行修理,在图1－77所示的桨叶0.7*R*以外的断裂处,将其切除后焊一相同材料接补部分,使之恢复使用。

螺旋桨长期使用或经过多次焊补修理,材料性能已发生变化(如产生脆化或裂纹),再经修补很难保证质量时,应考虑更换新的螺旋桨。

3.桨叶弯曲变形的检修

铜质螺旋桨因长期使用或碰撞等使桨叶变形。轻者使桨叶螺距变化,重者使桨叶在2/3*R*以外处发生弯曲或卷边。桨叶变形会引起船体振动和轴承磨损加剧等问题。桨叶边缘弯曲较小(20 mm以内)。弯曲处的厚度较薄(厚度15～20 mm)的变形,可以进行冷态矫正;若超过上述范围应采用热态矫正。

(二)螺旋桨检修后的检验与方法

凡桨叶经过弯曲矫正,裂纹和剥蚀的焊补,折断的焊补与接补的螺旋桨,在完工后应仔细检查修补附近有无产生新的裂纹,桨叶表面是否光洁等。除此以外,还应进行以下的检验。

1.螺旋桨螺距的检验

测量螺旋桨螺距时,把螺旋桨桨毂置于平整的场合。然后将螺距规安装于桨毂的锥孔中,调整螺距规的中心线使之与桨毂端面垂直,并将螺距规固定其上。此检验方法也适用于新的螺旋桨。

用测螺距仪的具体测量方法:

如图1－77所示,将螺旋桨放在平板上,使锥孔小端向上(即压力面向上),把测螺距仪的锥体1垂直地架在锥孔上。测螺距仪各部分的构造和作用时,在锥体的杆子2上有分度盘,其上有按圆周分成360°的刻线。横尺4用圆套套在杆子上,并能绕杆子做任意角度的转动。在横尺上刻有度量螺旋桨半径的刻度,在圆套上刻有准线(向下指的箭头),可以将横尺绕杆子转动的角度从分度盘上读出。设在横尺上的滑块5内插着刻有尺度的圆杆滑尺6,滑块可以沿螺旋桨径向固定在任意的半径上。圆杆滑尺可用作划出圆弧和测量桨叶任意位置的垂直高度。

测量桨叶螺距时,一般要在0.3*R*,0.4*R*,0.6*R*,0.8*R*,0.9*R*等5～6个截面处分别测量不少于3个局部螺距值。测量局部螺距的方法是:在某一先定的截面上选三点a,o,b。先将量杆5与面上o点接触,记下读数l_0,然后将水平尺绕心轴转过一个角度α,使量杆5与叶面上a点接触,记下量杆读数l_1,则该半径处相邻oa两点的局部螺距为

$$h_1 = \frac{360^\circ}{d}(l_0 - l_1)$$

同样方法测出量杆5与b点接触时的读数l_z,可求出ob两点的局部螺距为h_2。

a角度可从刻度盘1上读出。一般均取a为360°的因数,以便于计算。

将桨叶同一截面上几个测量点上测得的h_1,h_2等局部螺距求出,计算其算术平均值,即得到半径上的截面螺距h_1。

用同样方法测量并计算出桨叶各半径截面上的截面螺距h_1,计算它们的算术平均值就得到该桨叶的平均螺距H_1求出后再求其算术平均值,就获得螺旋桨的总平均螺距H。

螺旋桨修理后,其各项偏差值应小于其技术规定。

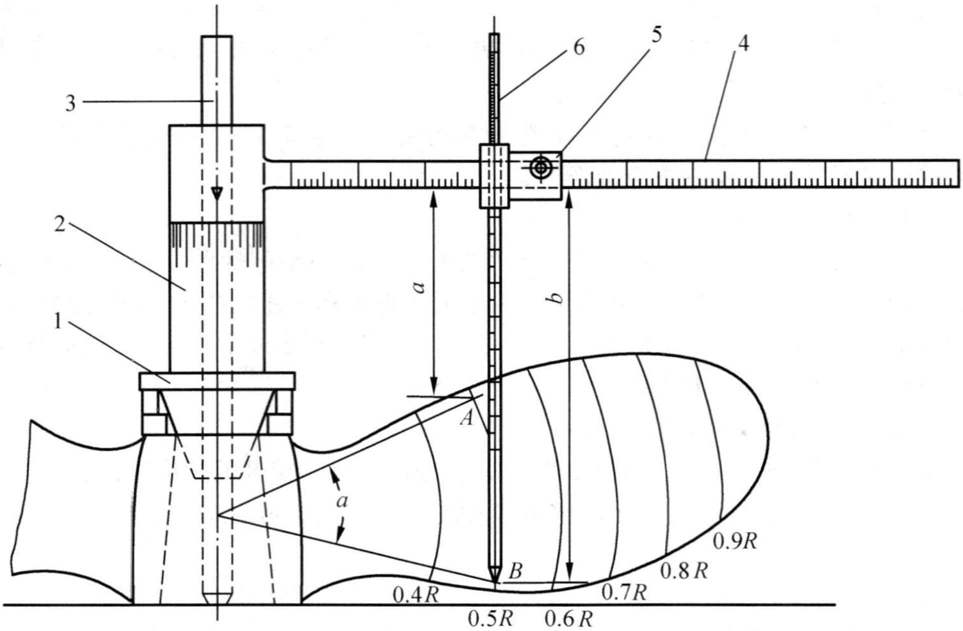

图 1 – 77　用测螺距仪测量螺距图

1—锥;2—分度盘;3—杆子;4—横尺;5—滑块;6—圆杆滑尺

船舶进坞后,可以不将螺旋桨自艉轴上拆下来,而在原位直接测量螺距,这对于不需修理的螺旋桨来说,省去了拆装螺旋桨的工作量。各修船企业均有其具体的简便方法,在此不多介绍。

螺旋桨螺距的计算公式

$$H = \frac{360°}{\alpha}(b - a)$$

式中　H——$AB(0.5R)$之圆弧上的“H”,mm;

α——夹角,°;

a——A 点之垂直高度,mm;

b——B 点之垂直高度,mm。

2. 螺旋桨静平衡的检验

营运中的螺旋桨由于各桨叶的剥蚀,变形情况不同,或修理后的螺旋桨几何尺寸的误差较大,均会造成各桨叶质量不等。当螺旋桨回转时,桨叶不平衡质量就会引起离心力和不平衡力矩的产生,造成螺旋桨的不平衡。

螺旋桨不平衡造成艉轴和艉轴承磨损严重,而且还会引起整个轴系和船体的振动。因此转速较低的大型螺旋桨修理后应进行静平衡检验,将桨叶的不平衡质量限制在一定的范围内。

检验时,把螺旋桨安装在一专用的平衡心轴上,然后将带桨的心轴置于试验支架上,如图 1 – 78 所示。用手转动螺旋桨,待其自行停止转动时,视其停在下方的桨叶是哪号桨叶,几次转动若总是某号桨叶,则说明该桨叶比其他桨叶的质量大。生产中为了测得不平衡质量的大小,一般常用重物(可用橡皮泥,铅块等材料)粘于较轻桨叶的叶尖处,然后使其回转,直至使螺旋桨各桨叶质量平衡出现随机平衡为止。最后称得叶尖处挂重的质量 P,使其最大值 P_{max} 不超过技术规定要求。

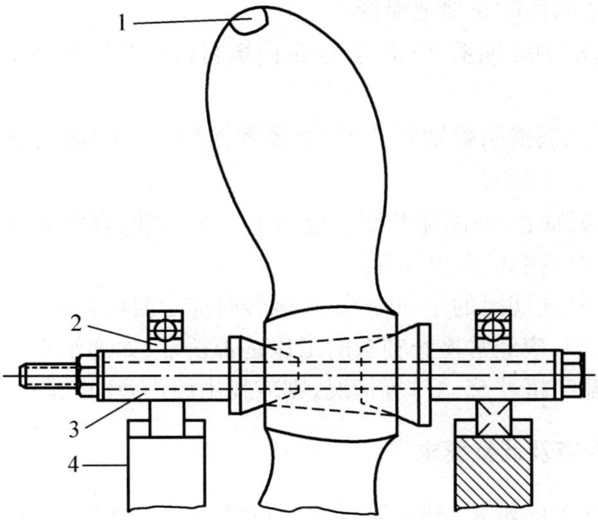

图 1-78　螺旋桨静平衡检验示意图

1—挂重;2—球轴承;3—静平衡检验器;4—支架

D 桨叶叶尖处允许的不平衡质量(P)由下式计算出:

$$[P] \leqslant K\frac{G}{D}$$

式中　$[P]$——允许的不平衡质量,kg;

G——螺旋桨质量,t;

D——螺旋桨直径;m;

K——系数(按表选取)。

当桨叶叶尖处所加的不平衡质量超过允许$[P]$时,通常对质量较大的桨叶要进行修正,应在桨叶叶背离边缘距离不少于叶宽的1/10处铲削桨叶金属,但铲削后桨叶截面厚度应在允许范围内,铲削后再进行静平衡检验,直到符合要求为止。以上检验适用于各类螺旋桨。

对中、高转速及大马力柴油机所带动的螺旋桨,还必须做动平衡试验,以确保其运行的可靠性。

第六节　轴系的维护管理

一、轴系的维护

轴系与柴油机一样,也应经常进行维护才能保证可靠地运转。轴系的维护主要包括:日常维护、定期检查和调整等。

(一)在船舶开航前应检查各轴系及联轴器法兰的固定螺栓是否松动,如有松动应及时固定,以确保运转时的安全。

(二)对于用水进行润滑的艉轴系,其艏部填料式密封装置,在船舶开航前应适当地松开填料压盖,以保证轴颈得到润滑而不致发热,船舶在停航时,应将填料压盖压紧防止海水漏入舱内。(用油润滑的则防止滑油泄漏。

(三)对于用油润滑的艉轴系,应定时、定量向填料密封装置加注适量润滑脂,以保证轴系能得到良好的润滑。

(四)采用重力式油润滑的艉轴管装置,要经常保持油箱的液面在一定范围内,以保证艉轴承的润滑。

设有手摇泵油的艉轴管,在船舶开航前应用手摇泵压油,直到有机油从回油管流出,然后将三通阀转至与重力油柜相通的位置。

(五)对于采用油杯式润滑的中间轴承,在运转时应定时向各轴承中加注滑油。

(六)在轴系运转中,应经常检查轴系的工作是否正常,如遇轴系发生振动、不正常的运转声音或轴承发热(温度超过 65 ℃)等情况,则应找出原因及时消除。

二、定期检查的内容及调整要求

船舶在营运中,轴系的轴颈、轴承等运动部位都会发生磨损,中间轴承推力轴承,齿轮箱和主机的位置都会发生不同程度的相对位移等,这都能使轴系的中心线发生变化,因此应定期检查轴线使轴系保持在良好状态下工作。

轴系定期检查与调整主要内容如下:

(一)检查轴系中各轴的偏移和曲折,如果偏移和曲折值超过营运中的允许范围时,应按照轴系找正的方法进行调整,使之符合要求。

(二)检查各中间轴承和推力轴承的间隙,如间隙超过允许范围应进行调整,使之符合规定要求。

(三)检查各轴承的滑油质量,如发现有金属粉末变质、黏度降低等应及时更换滑油。

(四)检查艉轴管密封装置的填料或油封环,如发现磨损过大,失去密封性能应及时更换。

轴系的定期检查可以单独进行,也可以结合主机的维修或船舶修理同时进行。大多数地区都是按后一种办法做的。船舶在营运中,除了按定期进行检查轴线外,凡遇下述情况,都要及时检查轴系中心线有没有变动,如发现有变动且超出允许范围时,应及时调整:

1. 在运转中轴系润滑正常,而中间轴承或推力轴承温度升高超过正常温度(65 ℃);

2. 螺旋桨的桨叶发生断裂或者严重变形;

3. 船体发生严重的碰撞或搁浅后。

总之,在对轴系管理维护时,要有对主、辅机等动力装置的重视程度一样的要求。因为轴系管理操作失误,一旦发生故障,就会影响整船的正常航行。因此历来对船舶轴系装置的管理维护和可靠性的要求都很高。

在轴系管理时,还应考虑其他因素对船舶轴系的影响。例如船舶轻重装载状态的影响;船舶航速状态的影响;海洋上风浪状态的影响;以及船舶自身船体的总体与局部变形的影响等。

习　　题

1. 什么叫船舶轴系装置,轴系的功用是什么,对轴系的要求有哪些?

2. 你知道船舶推进的传动形式有哪几种,各适用于哪些船舶?

3. 直接传动的船舶推进形式,具体组成包含哪些部件?

4. 船舶上轴系的布置,是根据什么来布置的,轴线的含义是什么?

5. 什么叫船体基线,具体在什么位置,船体基线在施工中的作用是什么?

6. 轴系线与船体基线一般呈哪两种情况?

7. 推力轴承和推力轴的作用是什么?

8. 艉轴管内的轴承有什么功用,它一般采用哪两种材料制成,其中采用铁梨木作为材料,有哪些优点?

9. 螺旋桨采用什么制成,在修理后,安装前应作哪两方面的检验,检验是如何来进行的,并可达到什么目的?

10. 轴系施工时,对船体应做好哪几方面的基本要求?

11. 轴系在安装时,其工艺中应包含哪四个方面的工作内容?

12. 确定轴系中心线(轴线)的常用方法有哪两种,拉线时,先要确定基准点,那么基准点哪里来的,它的高低,左右位置是如何确定的?

13. 拉线时,某点的钢丝线下垂量 y 是怎样来计算的,公式是什么?

14. 什么叫轴系的合理校中法(最佳对中法),它与传统的直线校中法,有什么本质区别?

15. 轴系的直线校中法,它可用哪两种方法进行校中,此两种方法是如何来进行的?

16. 回答轴系装置中主要部件的安装顺序和基本要求?

17. 轴系装置在检修时,要对其轴系中心线的实际状态做检验,问轴系的弯曲度和同轴度是如何进行检验的?

18. 轴系在运行中,应注意哪些方面的管理工作和内容?

第二章　船舶舵系

船舶舵系是实现船舶转向、直航等操纵的重要装置。

任何船舶都必须有良好的操纵性能，以便在航行中停靠、离开码头时，能随时维持其改变航向，使船舶能正常运用。操纵性能的丧失，轻则使船舶失去活动能力，重则会造成事故引起船体破损，甚至倾覆。

舵系装置是由那些将舵机动力传递到舵叶产生舵效的装置与构件所组成。因此，广义的舵系含义，即指的是维持和改变船舶航向的设备。

舵设备一般由舵、转舵机构、舵机以及操纵系统等组成，如图2－1所示。

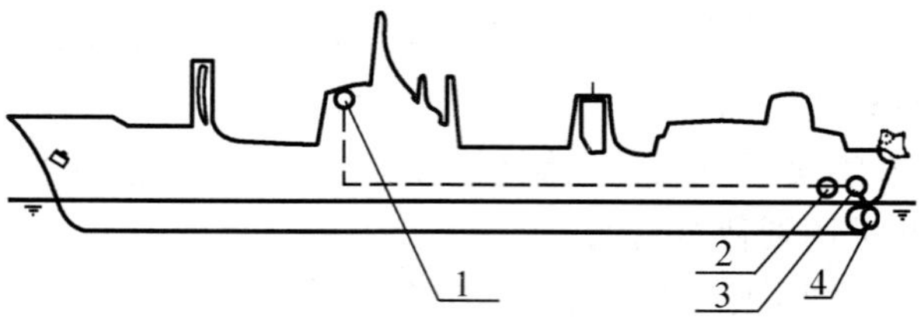

图2－1　船舶操舵装置布置示意图

1—远距离操纵系统；2—舵机；3—转舵机构；4—舵

舵系可分为单舵系和双舵系两种。航行中以稳定航向为主的船舶，如我国建造的远洋商船，多采用单舵系为主，并且布置在船尾的船中纵剖面的位置上。双轴系大部分布置在军用船舶、客轮和特种工程船舶上。

第一节　舵系的功用和组成

一、舵系的功用与舵设备

操纵船舶航向改变的方法，因船舶装备情况不同而异，例如，装有艏侧推进器的船舶，可利用它的正、倒转产生侧推力使船实现转向；也可利用导流管舵的偏转来实现船舶转向。但是目前船舶上应用的是直接用以使船舶变向的舵（叶）和舵传动装置，它们一般布置在螺旋桨的后面，当它们转动某一角度时，能直接改变船舶的航向。

1.组成舵系设备的各主要部分功用如下：

舵——用于直接保证船舶的操纵性能；

舵转机构——用于把舵机产生的力，传递给舵杆带动舵转动；

舵机——是由一整套转舵机械和电动机组成，把作用力加在舵杆上，使舵转动；

舵机操纵系统——为了使舵机能按照驾驶者的意图，及时地进行转舵，并使舵准确地转动所需要的舵角上，以确保船舶操纵性，就必须有一套由驾驶者（室）控制、操纵舵机的系统。

舵系设备对保证船舶的安全航行是至关重要的。在汹涛海洋中或滩多流急的航道中，舵系设备如有失灵,必将影响船舶的正常航行。

舵系设备与船舶的操纵性有着密切的关系。舵系设备的作用不仅可以保证船舶的回转性,同时也保证船舶航向的稳定性。

2. 舵系装置的基本组成

舵系装置是保证船舶操纵性能的一种重要装置。它的设计和安装质量优劣对其可靠性起着决定性关系,故船企、船东对其予以高度重视。

完整的舵系装置由以下几部分组成,如图 2-2 所示是其设备的布置图。

远距离操纵系统,由设在驾驶室(通常位于船舶的最高处)的信号发送器和设在舵机舱室内的信号受动器等组成,它是操舵的指挥系统。驾驶人员能按照指定航向操纵操舵手轮盘,并通过系统中信号传送或传动机构由驾驶室到达舵机舱室。以前传动机构有机械式、液压式和电动式等。此外,还有一种能将操纵系统与电罗经联系起来的自动操舵装置。电罗经是一种指示船舶航行和测量目标方位的电力仪器。这种装置可以自动纠正船舶航行时出现的航向偏差,使船舶按照预定的航向航行。自动操纵装置是一种比较先进的装置,目前在远洋客、货船上,得到广泛应用。

舵机是转舵的动力机械,它是用于控制舵叶偏转的重要机械设备。舵机通常设在船舶尾部的舵机舱室内。舵机的类型很多,以前采用的有人力、蒸汽、电机式。人力式只用于小船,有些船舶则将它作为备用设备。

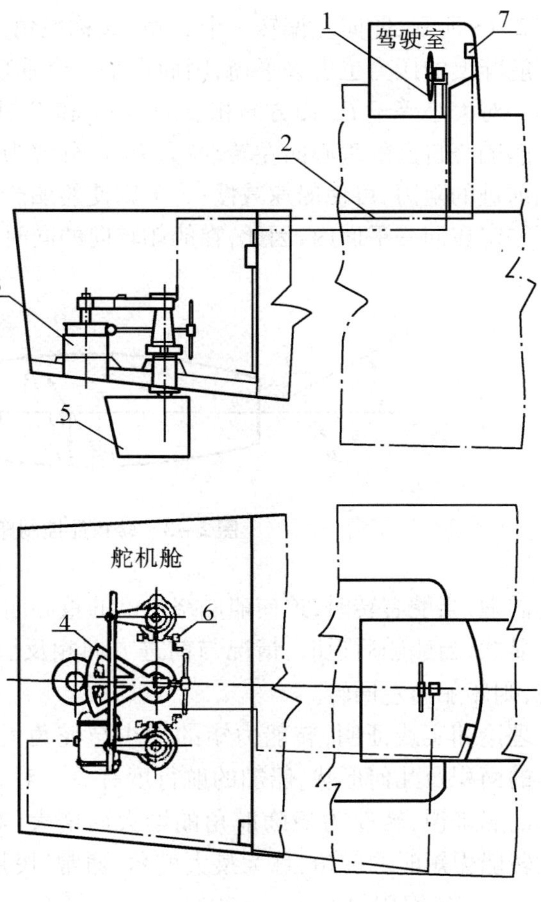

图 2-2　舵系设备布置图

1—操纵盘;2—传动机构;3—舵机;4—转舵机构;5—舵;6—止舵器;7—舵角指示器

转舵机构介于舵机与舵叶之间,它是将舵机产生的动力,转化为转矩并传给舵使其转动的一种设备。转舵机构的型式以前主要有铰链式、齿轮式和螺杆式等机械型式,目前以液压油缸式为多。

舵主要是由舵杆和舵叶组成。根据不同舵的型式还由舵板、舵柱、舵承(有上、中、下舵承之分)和舵销等构件组成。舵叶设在船尾螺旋桨后面水中,通过舵机的带动而左右偏转,产生转船力矩。

此外,舵系装置中还设置有舵角指示器来显示舵转动角度的反馈情况,使驾驶人员掌握船的实际位置，以及最大舵角限位装置和应急操舵机构等。

二、舵的工作原理与布置

直接使船变向的是舵。它一般位于船纵剖面上，用舵机使它转动。

舵由舵叶和舵杆组成。舵叶通过舵杆垂直安装在船尾的螺旋桨后面。在船舶航行时，若舵叶处于正舵位置，由于作用于舵叶两侧面的水流速度相等，所产生的压力也相等，因而舵对船舶的航向基本上无什么影响，也就是说船是沿直线航行的。但是如舵叶发生偏转，如图 2 – 3 所示，舵向左偏转一个 α 角（又称舵角），这时，舵叶两侧的水流速度不再对称，作用于舵叶上的压力也失去平衡，因而产生一个垂直于舵面的法向力 P_N。如在船舶的垂心 O 点加一对大小等于 P_N 而方向相反的力 P_1 和 P_2，则 P_1 和 P_2 所形成的力偶矩，即转船力矩，迫使船舶绕自己的垂心向左转动；力 P_2 可分解为船舶纵向分力 R 和横向分力 T，其中构成船舶前进的阻力，可使船速减慢；力 T 则使船舶产生横向飘移。此外，由于 P_N 与船舶垂心 O 并不一定在同一平面内，因此，在船舶转向的同时，还伴有纵倾和横倾的现象。

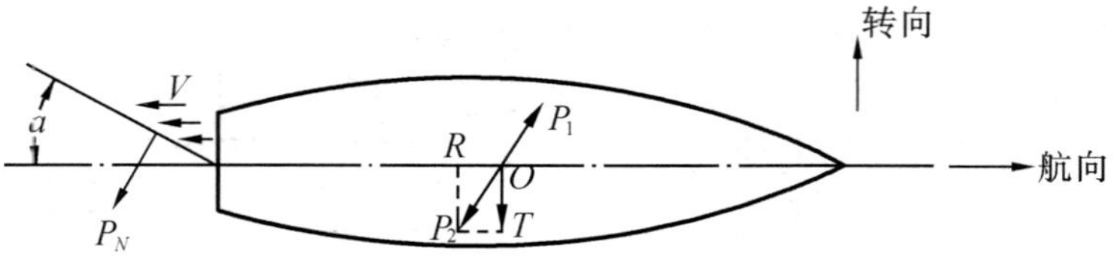

图 2 – 3　转角舵控制船舶航向原理图

同理，当舵右转时，迫使船舶绕自己的重心向右回转。

显然，当船舶后返时，情况与前进方向相反。舵向左偏转，船舶则向右回转；如舵向右偏转，则船舶向左回转。

理论和实践证明，转船力矩的大小与舵角大小、舵叶的面积及几何形状、船舶的航行度有关。对于已造好的船来说，转船力矩随舵角的增大而增大，对于最大转船力矩时的舵角，称为最大舵角，通常，民用船舶 $\alpha_{max}=35°$，军用船舶 $\alpha_{max}=30°$。

舵叶的面积增加，转船力矩增大。船舶航速增快，转船力矩增大。若无航速则无舵效（不产生转船力矩）。

对于最大舵角的转船力矩（额定航速下），也是舵机需产生的最大转舵力矩，它是确定舵机结构尺寸和工作参数的基本依据，通常称之为额定转舵力矩。

1. 舵的型式

舵的型式是根据船舶性能要求来决定的。所以它的型式很多，主要的型式如图 2 – 4 所示。

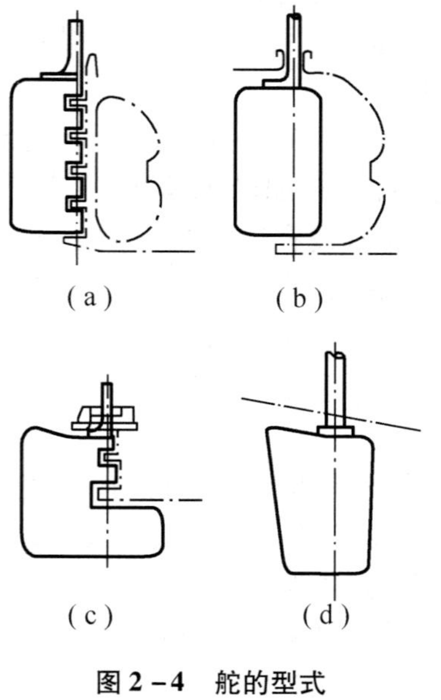

图 2 – 4　舵的型式

(a)支承式不平衡舵；(b)支承式平衡舵；(c)半悬挂式半平衡舵；(d)悬挂式平衡舵

(1)支承式不平衡舵（图 2 – 4(a)）安装在船体内、外的支承点上，它的整个舵面积分布在舵杆的后方,因而舵的水压力中心距离舵杆中心较远,转舵时,需要较大的转舵力矩。因此,舵机的功率也要求相应大些。目前,该类舵在新建船舶上已很少采用。

(2)支承式平衡舵(图2-4(b))同样安装在船体内、外的支承点上,它的一部分舵面积分布在舵杆的后方,但另一部分舵面积(称为平衡面积约占整个舵面积的20%~30%)则沿着舵高分布在舵杆的前方。这种舵的水压力中心距舵杆中心的距离,要比不平衡舵小,因此,需要的转舵力矩较小。即可在转舵时水流作用所产生的扭矩,两者可以抵消很大部分,从而减轻舵机的负荷。目前,这种型式的舵被广泛应用在许多船舶上,包括大型船舶。

(3)半悬挂式半平衡舵(图2-4(c))的一部分舵面积分布在舵杆的后方,另一部分舵面积分布在舵杆的前方,但不是沿着整个舵高方向分布的,而仅集中在舵的下半部,因此它的转舵力矩要比平衡舵大。另外,这种舵在船体外的支承点设置在舵高的中部,舵的下半部呈悬挂状。这种舵型式只适用于无艉柱的船舶上。

(4)悬挂式平衡舵(图2-4(d))是另一种型式的平衡舵。它与支承式平衡舵主要区别是仅在内部设置有支撑点,外部无支承点,其舵好像悬挂在船体艉端一样。它的优点是转舵力矩小,缺点是与船体连接牢固性较差。这种舵适用于多个螺旋桨的船舶或无艉柱的船舶上。

此外,在一些单螺旋桨的船舶上,采用了整流帽舵,又叫导流罩舵。整流帽舵是在流线型舵上加添了一个流线型的整流帽,使螺旋桨做功时后面的水流情况得到改善,从而增加了螺旋桨的推力,提高了船舶的推进效率,如图2-5所示。有些特殊用途专业船舶,如"远望号"航天测量船的舵上,安装了由电动机带动一个小型螺旋桨,达到船能侧向运动,这种舵叫主动舵,如图2-6所示。

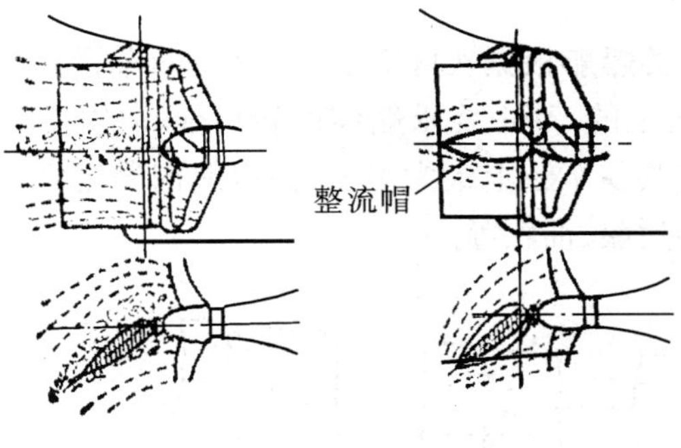

图2-5　整流帽舵的作用示意图

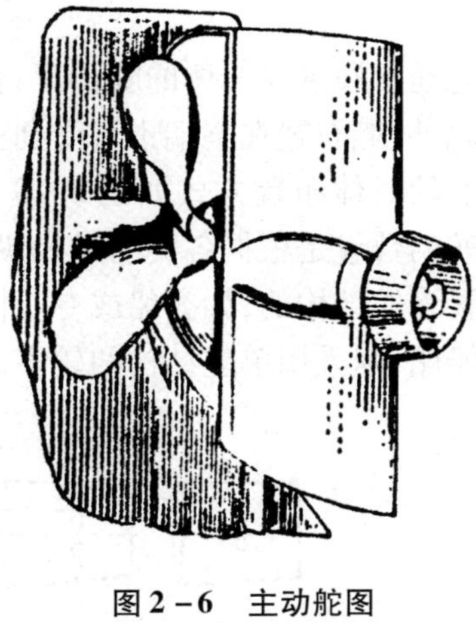

图2-6　主动舵图

2.舵的构造

舵的构造按其截面形状之不同,有平板舵与流线型舵两种。

平板舵由舵板、舵臂、上舵杆、下舵杆的舵销和连接法兰等构件组成,如图2-7所示。

流线型舵由舵杆和舵叶两部分组成。舵杆是舵叶的转轴。舵叶由舵板、水平隔板和垂直隔板等构件组成,如图2-8所示。

流线型舵的构造虽然比平板舵复杂,但它有阻力小、水压力小和强度高的优点。为了提高其舵效和推进效率,大多采用由钢板焊接而成的空心舵。这种舵由于水平截面呈对移机翼形，故又称流线型舵。

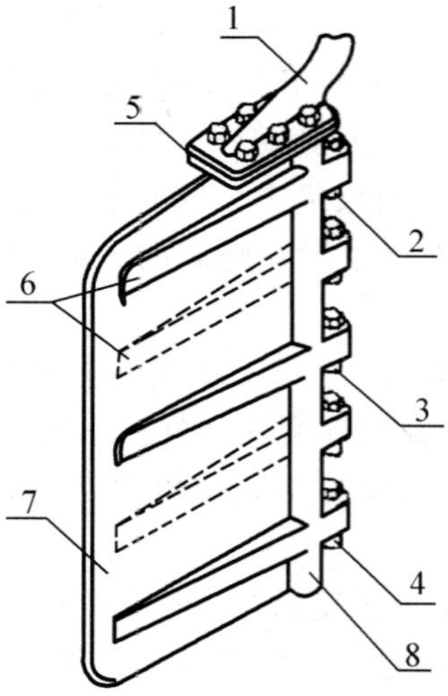

图 2－7　平板舵结构图

1—上舵杆；2—上舵销；3—中间舵销；4—下舵销；5—联结法兰；6—舵臂；7—舵板；8—下舵杆

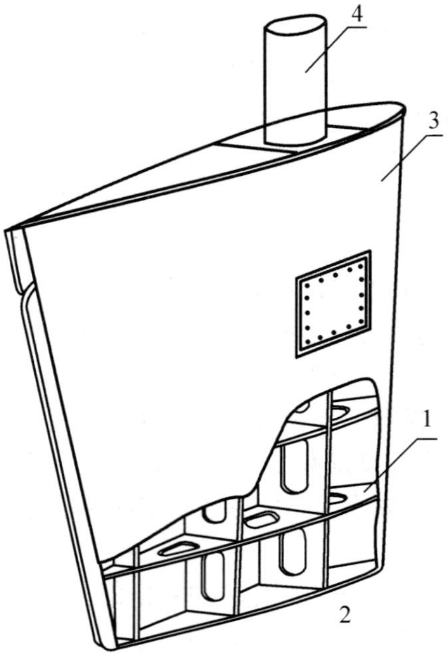

图 2－8　流线型舵结构简图

1—水平隔板；2—垂直隔板；3—舵板；4—舵杆

舵通常布置在船体的艉部下，由于舵离开船舶重心较远，这样可以获得最大的转船力矩。此外，舵布置在艉端也可受到良好的保护。

舵的具体布置方式如图 2－9 所示。各类船舶根据实际需要，选择舵的布置和舵的数量。舵的数量是根据各类船舶操纵性要求而定的，其中要求船体回转性能高的船舶，通常是设置多舵结构的，如客船或专业性船舶，尤其在军舰上最为多见；而以航向稳定性要求为主的船舶，则采用单舵结构的较多，如大中型货船、油轮等。

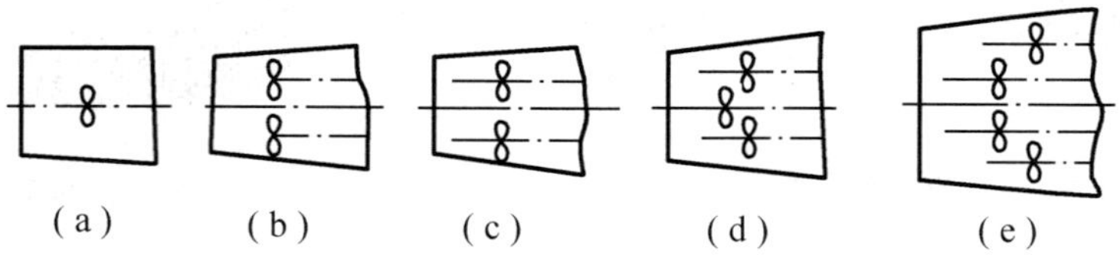

图 2－9　舵的布置方式图

(a)单桨单舵；(b)双桨单舵；(c)双桨双舵；(d)三桨三舵；(e)四桨四舵

实践证明，舵所产生的转船力矩大小，与船舶航速、舵叶的剖面形状以及舵角有关。但最大舵角应受到限制、否则会使转船力矩减少，因此舵角一般取 ±35°以下为宜。舵所产生的转船力矩不同于转舵的力矩。

三、舵的类型

舵是舵设备中的关键部件，它对船舶的操纵性关系很大。舵通常是由舵叶和舵杆所组成。

舵叶与舵杆的连接形式大多是采用法兰连接的。

舵叶的作用是产生舵压力。舵杆的作用是转动舵叶并承受舵扭矩。

舵是设置在船舶艉部的，所以舵型必须与艉柱和船底形状，包括螺旋桨等有关。现代舵的种类较多，分类方法也往往不同。

舵一般可按其材料、形状（侧面和剖面）、舵杆中心线位置、支承舵的型式等进行分类。

由于篇限关系，这里仅介绍造船业中，最常见的钢质流线型、平衡式或半平衡式的舵类。

四、典型舵装置

1. 支承式平衡舵装置

支承式平衡舵就是除了在船体内设有支撑点以外，在艉柱上也有支承点的平衡舵，如图 2－10 所示。它是由舵叶和舵杆两部分组成的。舵叶的作用是产生舵压力，舵杆的作用是转动舵叶并承受舵扭矩。舵叶用两块钢板构成，剖面做成空心的结构，内有水平和垂直隔板所组成的构架，支撑剖面形状呈流线型，所以这种舵叶称为流线型舵叶。

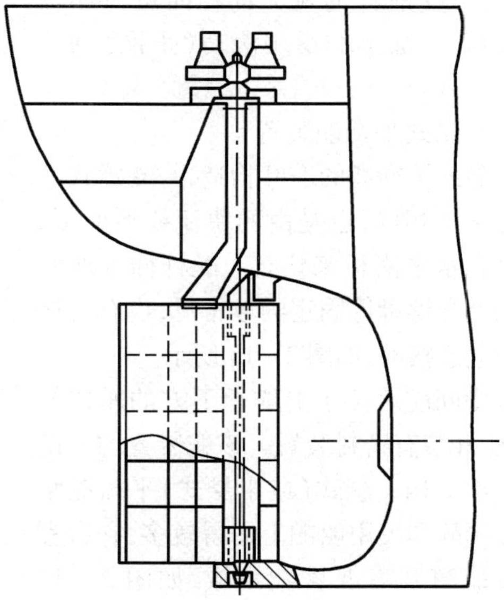

图 2－10　支承式平衡舵装置示意图

舵系是由那些将舵机动力传递到舵叶产生舵效的装置与构件组成。它包括运动部件——舵叶、舵杆、穿心舵轴轴承和舵销；固定部件——舵杆轴承（上舵承和中间舵承）、穿心舵轴和舵销轴承（又称下舵承）。在具有艉柱的大型船舶上广泛采用此种三支承点平衡舵或穿心舵轴平衡舵装置两种型式。

穿心舵轴是一固定轴。在舵叶内装有上下两个铁梨木的中间轴承。穿心舵轴上端与艉柱上的法兰连接下端装在舵斗上的舵轴衬套中，穿心舵轴中供舵叶绕其转动。这种三支承点式的穿心舵轴平衡舵的形式，在以前建造船舶中较为多见。

舵叶为最通用的舵叶，它主要由舵板、垂直隔板、顶板、底板、艉材、放水塞、穿绳孔等组成。

舵叶装焊好后，应进行水压试验，其试验水柱高度为船舶满载时吃水的 1.5 倍。目前船厂把水柱高度换算成气压进行试验。气密试验较水密试验更为方便省事。

舵承是舵杆在船体上的支承点。它一般可分为上、下舵承。其中，下舵承是保证舵杆按其旋转；上舵承除了上述作用外，并承受舵杆和舵叶的质量。舵承上承受的作用力可以根据水压及舵杆、舵叶的面积进行计算。

图 2－11 的(a)为一种常用的上舵承。它的结构中主要采用双列向心滚柱轴承,来承受径向、轴向负荷。这种滚柱轴承是有自动调心的性能,故当舵杆在上下舵承不同心情况下仍能照常转动。但其价格较高。

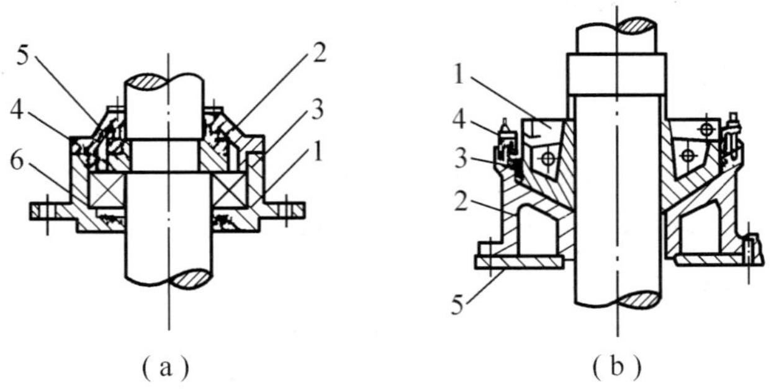

图 2－11　上舵承的结构图

图 2－11 的(b)为一种下舵承。它的结构较上舵承简单。它一般设在船体艉柱上,并用钢质轴承衬套来代替。

图 2－12 所示为穿心舵轴平衡舵,舵叶在舵杆轴线两侧非对称布置。舵叶上端与舵杆用法兰连接,并可跟随舵杆左右转动。舵杆支承在船体内的上舵承和中间舵承中。上舵承置于舵机房平台处支承舵叶的部分质量,并承受舵杆的较大的径向负荷和轴向负荷,一般上舵承用滚动(止推)轴承结构型式。

2. 悬式平衡舵装置

悬式平衡舵的舵叶构造,与支承式平衡舵基本相同,也是由两块流线型曲板、垂直和水平隔板来代替。舵杆插入舵叶并用键和螺母等固定的较常见,也有直接用法兰连接的,如图 2－13 所示。

中间舵承位于上舵承下方的船体外板处,并装有密封装置。该舵装置均不设下舵承结构。悬式(或半悬式)平衡舵装置在军舰和民用船舶上用得较多,它适宜于浅航道及海况繁杂水域,如图 2－14 所示。

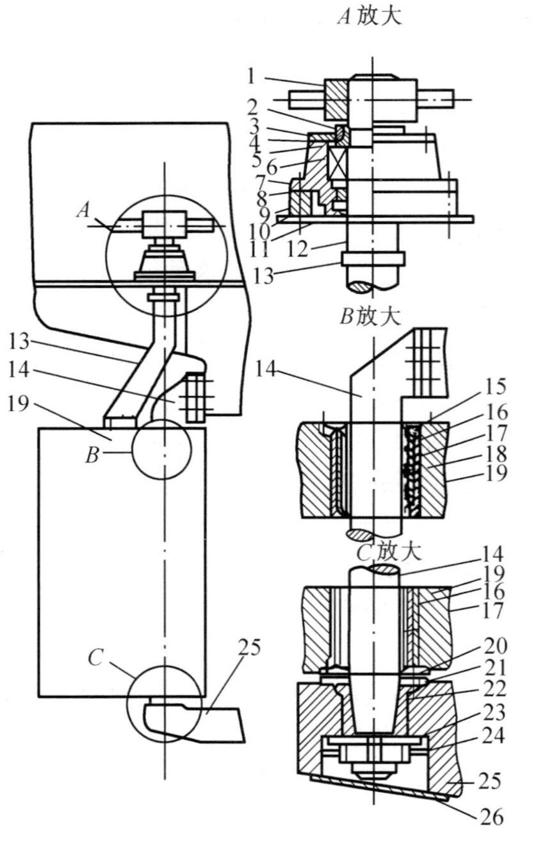

图 2－12　穿心舵轴平衡舵装置图

1—舵柄;2—压紧杆;3—套环;4—承压环;5—压盖;6—滚动轴承;7—压板;8—上舵承体;9—垫片;10—衬环;11—密封圈;12—衬套;13—上舵杆;14—舵;15—压板;16—外衬套;17—铁梨木;18—内衬套;19—舵叶;20—上摩擦片;21—下摩擦片;22—舵轴衬套;23—垫圈;24—止动板;25—舵斗;26—下封板

五、舵机动力形式

船舶在航行过程中,要经常转动舵。在小船上,由于舵比较小,船的航速较低,所以舵扭矩不大,依靠人力也可把舵转动。但是在大船上情况就完全不同了,扭矩很大,不用机械力量,根本无法把舵转动,因此必须设置专用转舵机械。这种转舵机械称为舵机,目前有电动液压舵机和电动机械舵机。

当前,绝大多数船舶上,都主要采用电动液压动力形式,尤其是大型高航速船更是如此。由于这种舵机工作平衡,噪音小,结构紧凑坚固,在同样的舵转矩下,质量轻,外形尺寸小,而且效率高,所以获得广泛应用。但由于液压零件的制造精度要求较高,故在中小型船舶上还是有采用电动机械舵机的。

1. 电动液压舵机

电动液压舵机,一般是由电动机,变量泵和转舵液缸等部分组成。按转舵液缸的结构型式来分,电动液压舵机有柱塞式和转叶式两大类。

(1)柱塞式电动液压舵机

柱塞式是一种传统的结构型式。由于它具有密封性好,工作可靠,制造和维护方便等优点,故应用广泛。这种舵机又有双柱塞和四柱塞两种型式。双柱塞结构一般用在小功率舵机上;四柱塞结构则多用于大功率舵机。通常万吨级海船上,均采用四柱塞电动液压舵机。

图 2-15 所示为双柱塞式电动液压舵机的结构简况。从图中可以看出,液缸对向

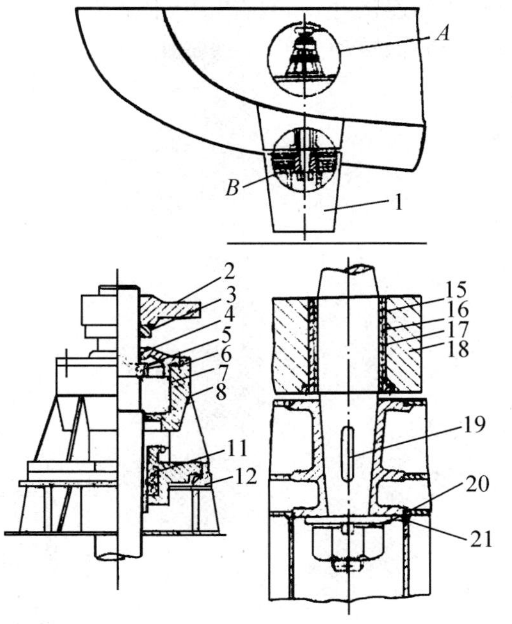

图 2-13 悬式平衡舵结构图

1—舵叶;2—舵柄;3—挡圈;4—上压盖;5—套环;6—承压环;7—滚动轴承;8—挡油圈;9—上舵承体;10—下压盖;11—填料;12—垫片;13—上舵承座;14—衬套;15—舵杆;16—下舵承钢套;17—衬套;18—下舵承本体;19—键;20—垫圈;21—止退垫圈

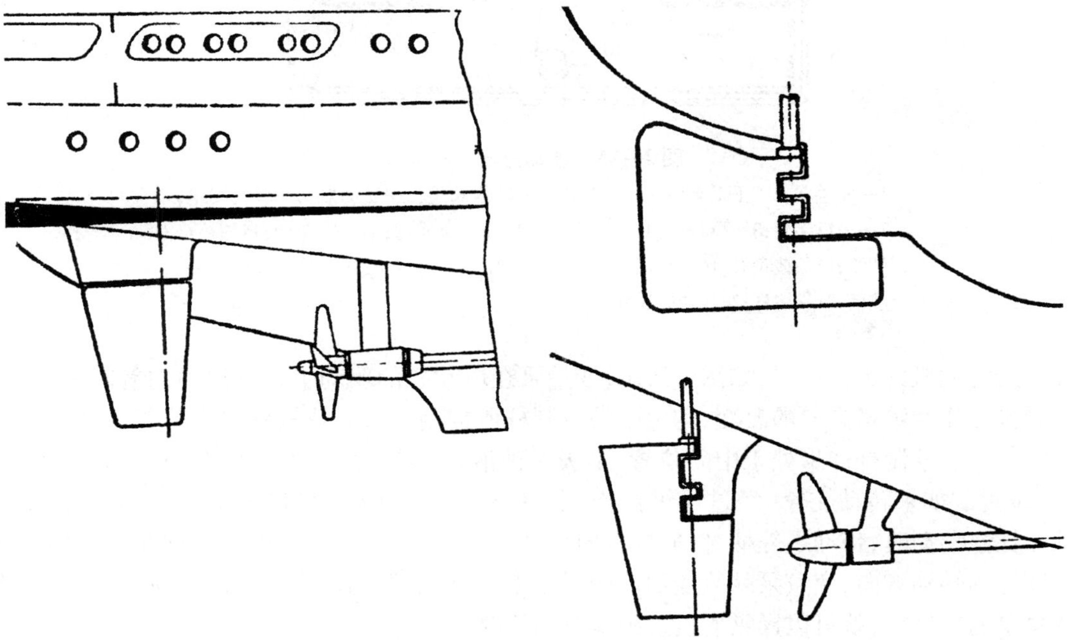

图 2-14 悬式(半悬式)平衡舵示意图

地固定在基座上,柱塞(多为空心结构)在液缸中作往复运动。液缸用填料保持密封。在两根柱塞的连接处,环抱着一个十字头装置。这个十字头可以在柱塞上的轴承内移动,灵活地带动舵柄转动。

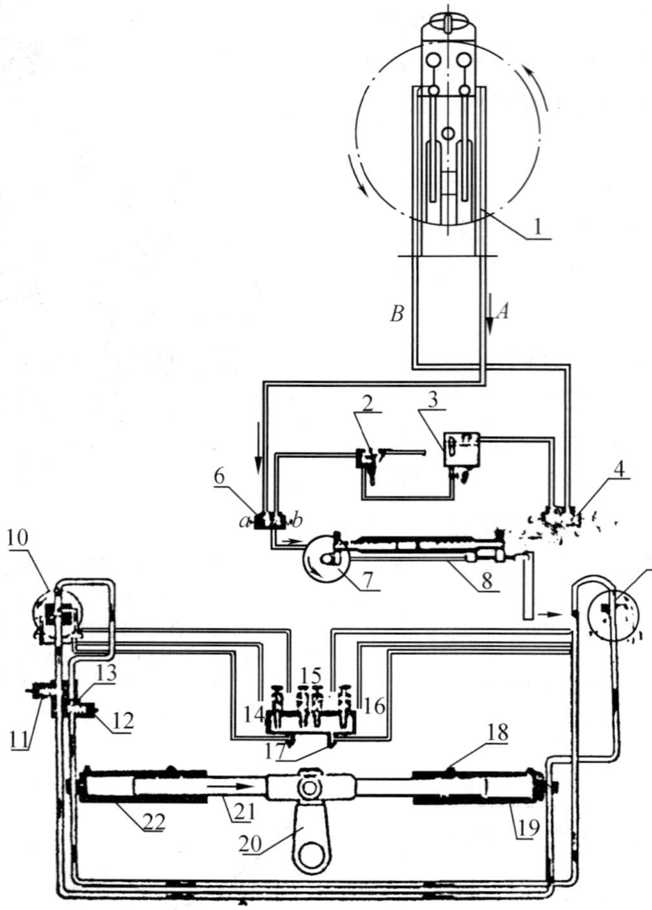

图 2-15　电动液压舵机简图

1—发送器;2—手动泵;3—补给油箱;4—转换阀组;5—受动器;6—转换阀组;7—操纵手轮;8—拉杆;9、10—安全阀;11、12—旁通阀;13—安全阀;14—补给油箱;15—截止阀;16—止回阀;17—放油;18—空气螺塞;19—转舵油缸;20—舵柄;21—撞杆;22—转舵油缸

这种舵机的工作情况,如图中所示,变量泵在电动机的驱动下始终以恒向旋转着,油液的吸排工作和吸排方向的改变,均由泵的控制杆所控制。每只液缸各引出管路通至变量泵的吸排口。控制杆如果处于中间位置,不吸排油液。所以,舵机静止不动,舵亦处于0°(正舵)位置。如果转动舵轮(经过操纵机构)就使变量泵产生作用,将送至液缸,迫使柱塞移动。柱塞移动时,带动了舵柄,使舵按方向转动,舵便停留在所要求的某一舵角上。如果改变舵轮的转动方向,变量泵就改变油液的吸排方向,使舵按相反方向转动。所以,只要操纵变量泵的控制杆,就可以操纵舵机达到操舵的目的。

至于四柱塞电动液压舵机的结构情况与上述相似,只是多了一对液缸。其工作原理也是与双柱塞电动液压舵机的布置及其操舵装置相同。变量泵的动作是由液压接收器所控制的。操纵设在驾驶台的舵轮或手柄,通过遥控装置使液压接收器动作,并通过传动杆来控制变量泵的动作,使一管路进油,另一管路排油。这组管路经过阀箱,又各分成两支,并分别与液压缸连接起来。液缸单数进油,液缸双数排油,柱塞运动推动舵柄使舵转动。当液缸双数进油,液缸单数排油,柱塞就向反方向运动。当遥控装置的线路或变量泵电动机发生故障时,可以通过机械操纵台或另一套泵来操纵舵转动。

(2)转叶式电动液压舵机

转叶式电动液压舵机是应用于船上的新型舵机。它不是依靠柱塞推动舵柄使舵转动的,而是由转叶直接带动舵转动的。由于从油缸到舵杆无任何传动机构,同时又使舵杆仅承受扭矩而无侧向力作用。因此,与柱塞式液压舵机比较,转叶式液压舵机具有结构简单紧凑,尺寸小,质量轻,机组安装方便等优点。转叶式液压舵机由于密封比较困难,在一定程度上就限制了它的应用。以往它仅用于舵转矩在几十吨米以下,油压不超过 400 N 的小功率舵机上。近几年来,随着科学技术的发展,舵扭矩高达 600 t·m、油压 1 500 N 的转叶式液压舵机已应用于大型油船上。

转叶式转舵油缸,可做成单叶、双叶和三叶。图 2-16 所示为三转叶式液压舵机转舵示意图。从图中可以看出,转舵液缸由缸体和转子两部分组成。缸体内设有三定叶,把缸体分隔成三个腔室,转子上也有三片转叶。每一转叶均处于各腔室的正中位置,即把各腔室又分成两小室。转子下端用键或联轴节与舵杆相连。这样,当转叶的一小室进油时,另一侧小室就排油。把三个腔室中相应三个小塞通过管路各分成一组。当一组进油,另一组就排油转叶在油压的作用下按一定的方向转动,并且带动舵杆运动。转变油的吸排方向,转叶的转动方向也就相应改变。所以,只要操纵变向泵来控制油的吸排方向,就能达到操舵的目的。

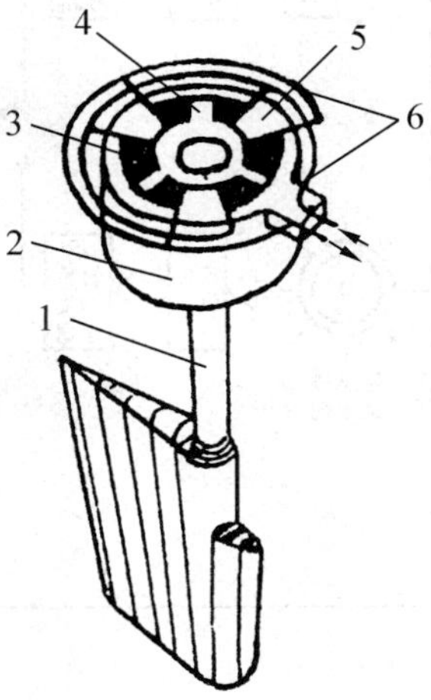

图 2-16 转叶式液压舵机图

1—舵柱;2—缸体;3—转毂;4—转叶;5—定叶;6—油管

液压舵机将在以后章节里做详细介绍。

2. 电动机械舵机

中小型船舶上舵机,多采用电动机械舵机型式。按其传动机构特点不同,有齿扇传动和杆传动两种。

前面的图 2-2 所示为齿扇传动的电动机械舵机。原理是当电动机转动并经减速齿轮箱减速通过缓弹簧能推动舵叶,使舵转动。

如果电动机转向改变,舵叶就按相反方向转动。所以,只要控制电动机的转向,就可达到操作的目的。

六、舵机操纵机构

舵机通常设在船舶尾部的舵机舱内,而操纵(操舵)机构则设在驾驶室内,两者相距很远。

为使舵机能按驾驶者的意图,及时地进行转舵,并使舵准确地转到所需的舵角上,以确保船舶的操纵性,就必须有一套由驾驶者控制操纵的舵机操纵机构。

舵机操纵机构可分为电力式、液压式和机械式等多种。

电力式操纵机构操作轻便、动作灵敏并不受船体变形及气候的影响。它还可以与自动操舵等现代技术设备配套使用,大有发展前途。图 2 – 17 所示为典型自动操舵系统图,它常在大中型船舶上应用。

液压式操纵机构多用在一些早期船舶中。

机械式操纵机构一般都是采用链、索、杆等传动件来操纵舵机的,因而大多用在小型船舶上。舵机操纵机构现在大多采用电力式为主。它常与电动液压舵机配套使用。

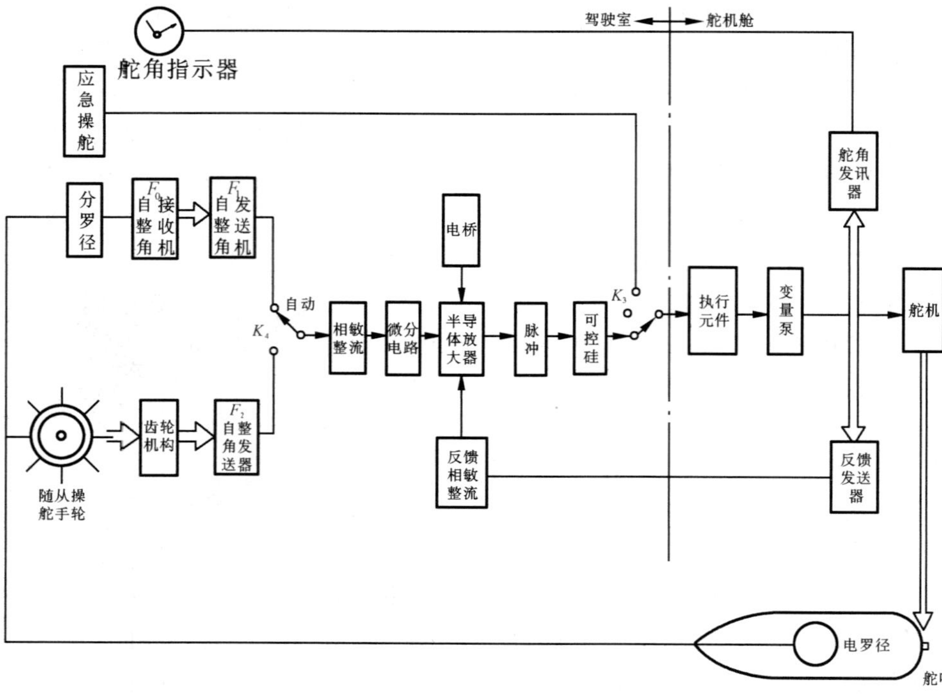

图 2 – 17　典型自动操舵系统方块图

K3—应急,自动(随从)选择开关;K4—自动、随从选择开关;→—电气联系;机械联系

第二节　舵系的安装工艺

船舶舵系的安装质量直接影响着船舶的航行性能,因此必须引起足够的重视。舵系的安装工艺与轴系的安装工艺相似,可分为如下几个工艺程序。

一、舵系中心线的确定

在确定舵系中心线之前,船体艉部结构焊接工程和矫正工作必须结束,艉部隔舱的水密试验应交验完毕,船体基线也已进行复校调整,舵叶与舵柱在内场平台上,已校中并配制好紧固螺栓。此时,轴系理论中心线已经基本确定。

舵系中心线的确定大多采用拉线法。因为舵系中心线是垂直方向的,不存在因钢丝自重而产生挠度问题,精度容易保证;另外,舵系比轴系短得多,而且支承的数量也少,所以简单方便的拉线法被普遍采用。

要确定舵系中心线，必须先确定基准点；而舵系上、下基准点的确定，首先按施工图纸舵系布置图定出其坐标位置。一般单舵的上基准点在舵机舱甲板的船中线上，下基准点设在下舵承端面（如无下舵承则在船台）的船中线上。按图规定，用钢直尺量取距规定肋位若干距离即可。图 2 －18 示出，A 点为上基准点，B 点的下基准点；通过 A，B 两点拉的钢丝线即代表舵系中心线。

由于钢丝线要通过舵系的上、下甲板，设有中舵承时还要通过船体艉部的船壳板，故拉舵线之前还必须先在相应的位置预先开孔，孔的位置按设计位置大致放到位，拉线时钢丝要从其中穿过。

舵系拉线可与轴系拉线或光学法定位同时进行，亦可单独施工，但轴系中心线钢丝不能拆除，因为要检查两钢丝线的相互位置是否正确，如图 2 －19 所示。

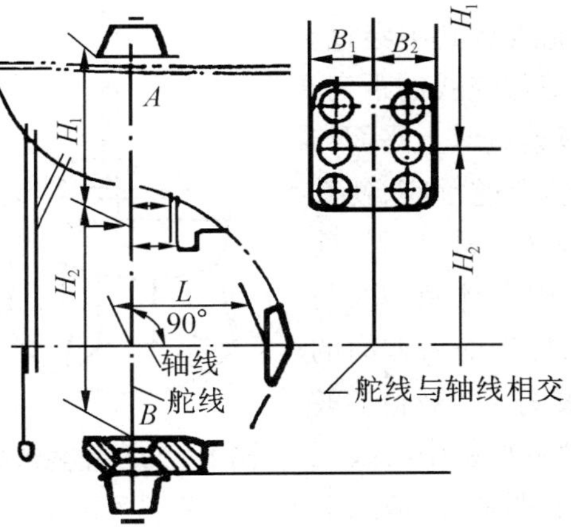

图 2 －18　拉线法确定舵系中心线图

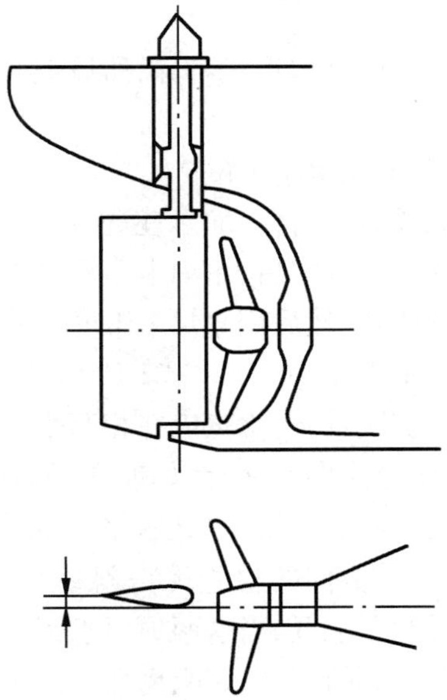

图 2 －19　舵系中心线与轴系中心线的相对位置偏差图

检查轴系中心线和舵系中心线的相互位置，主要是为了判明这两条中心线是否相交（在设计要求相交的情况下）或两者的距离（在设计要求不相交情况下）是否符合设计要求；同时还要检查舵线与轴线所组成的角度是否符合要求。如果不符合，应在不影响质量的情况下进行调整或采取必要措施。对于单桨单舵的船舶，两线的距离（在设计要求不相交的情况下）允许偏差 $\delta \leqslant 0.01\sqrt[3]{L}$（式中 L 为船长，单位为 m）。对于多舵船舶的各舵线中心前后位置及相互位置偏差均应不大于 5 mm。另外，还应检查各加工圆线的各部位尺寸，以供确定舵柱长度尺寸和计算螺旋桨与舵叶之间安装间隙，是否满足设计要求。

在确定了舵系中心线钢丝之后，即可在舵机舱甲板及舵柱上、下端面（如没有艉柱则在其他要加工部位）画出镗孔加工圆线和检查圆线，其方法同确定轴系理论中心线一样。

当船舶在水平船台上建造，且轴系中心线平行于船体基线的情况下，舵系的拉线工作就简单得多，只需按上基准点挂一根重锤线即可定出舵系中心线。当船舶在倾斜角为 α 的船台上建

造时，采用拉线架进行拉线。若要用挂重锤时，则应按船台斜度进行修正。修正值 I 可按下式计算（参见图 2 － 20）

$$I = \tan\alpha \cdot H$$

式中，H 为上基准点到船体尾柱之间的距离。

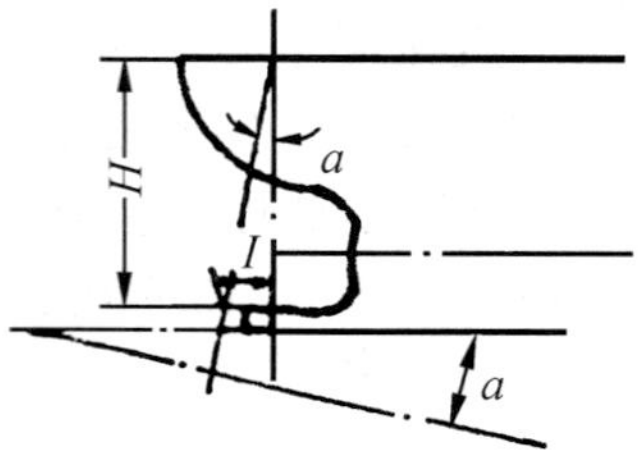

图 2 － 20　斜船台舵系拉垂线图

二、舵柱轴承中心孔镗削

在大型船舶上，舵系各中心孔均应采用垂直安装的镗排进行镗削，以达到各舵承孔同轴宽的要求。其镗削方法与轴系艉轴毂相似。镗排按舵系上、下基准圆线找正。粗镗时留余量 1 ～ 1.5 mm，待校对中心之后精镗到规定尺寸。镗削前后各中心孔的圆度不大于 0.25 mm，柱度不大于 0.05 mm，表面粗糙度达到 $R_a3.2$。

三、舵系的安装

由于舵的结构形式各异，所以舵系的安装方法也不同。下面以普通三支点舵为例，介绍舵系的安装工艺。

（一）上舵承座定位

拉舵线时，应将上舵承座先大致放置到位，舵线从其中穿过。等待舵线位置确定后，用内卡钳测量上舵承座孔壁与舵线的距离，调整座的位置。然后用直尺 4 和角度尺 3 或水平仪检查其上平面与舵线的不垂直度，如图 2 － 21 所示。用小楔铁调整上舵承座，使其上平面与舵线垂直。检查应在相互垂直的两个方向（通常是船的前后，左右两个方向）进行。如船在倾斜的船台上，则需预制一块与船台斜度相同的垫铁，放到水平仪和直尺之间来检查前后方向的垂直度（左右方向的检查无需斜垫）。垂直度调整好后，复验上舵承座前后左右位置。当这两项要求都合格以后，测量轴系中心线至上舵承上平面的距离，该距离数值大于规定数值的那部分，应从上舵承座下部割去。考虑了上平面的加工余量后（如上平面要加工的话），将划针盘的划针高度调到要切割的高度上，以舵机甲板为准，在舵随座下部划高度线，用气割就地按线切割。然后将已割准高度的上舵系座重新找正位置（左右前后位置及上平面与舵线的垂直度）点焊固定，复验位置无误后，即将上舵承焊牢在舵机甲板。焊缝冷却之后，根据舵线画出舵承座内孔的加工圈线和检验圆线。

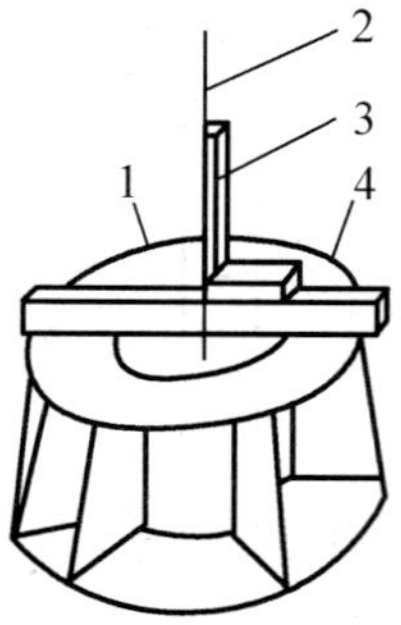

图 2 － 21　上舵承座定位示意图

1— 上舵承座；2— 舵线；3— 水平直尺；4— 直尺

（二）舵承镗孔加工及“不镗孔”工艺介绍

舵承孔用镗排加工方法与艉轴管孔加工类同。这里介绍一种“不镗孔”工艺，这种工艺对于成批生产中小型船舶的舵系安装有一定的意义。

“不镗孔”工艺是将舵承孔预先在车间按成品尺寸加工好，然后依舵线将舵承座焊在规定位置上。办法是边焊接边测量舵线与舵承孔内圆左右前后的距离，控制焊接变形使舵承孔与舵线同轴。为了迅速方便，一般用假轴来代替钢丝舵线。

舵承孔加工或定位好以后，压入各挡轴承铜套，即可用长木条制成的样棒量取下舵承端面至上舵承座上平面的准确的尺寸，供轮机车间确定上舵杆环槽的轴向位置时使用。

（三）上舵杆与舵叶的组装

上舵杆与舵叶在车间组装的目的是校准上舵杆轴心线与舵叶销轴轴心线的不同轴度，用拂磨法加工连接平面，并铰紧配螺栓孔以及进行键与键槽的研配，使校准后的位置固定下来。

校准工作一般在平板上进行。如舵杆、舵叶较长，也可用拉线法进行，校准之前，需先将上舵杆与舵叶的连接法兰端面预先用平板拂磨，要求每 25 mm × 25 mm 内有 1 ~ 2 个色点。

将上舵杆与舵叶放置于平台上，用临时固定螺栓固紧。先将上舵杆轴心线校准与平台平面平行，用划针求出舵杆轴心高度后，再用划针求舵叶销轴的轴心高，要求相差在 0.5 mm 之间。然后将舵杆、舵叶一起绕舵杆轴心线转 90°，再测量舵叶舵杆的轴心高，要求与未转动前相差亦不得大于 0.5 m。如检查出舵叶销轴与舵杆轴心线之间相差过大，可拂磨连接法兰端面进行修正。如两者的平行偏移超差，则可松动临时固定螺栓予以校正，如图 2 – 22 所示。

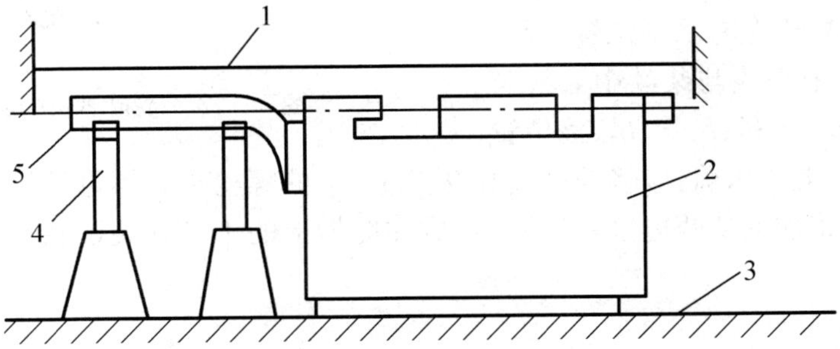

图 2 – 22　舵系运动部件同轴度检查图

1— 钢丝线；2— 舵叶；3— 平台；4— 支架；5— 舵杆

连接法兰端面刮配后，要求结合面周长 85% 以上插不进 0.05 mm 的塞尺，其余部位，塞尺插入深度应小于外缘至螺孔距离的一半。

对于有键连接的法兰，在组装前，舵叶上的键槽先加工出来，宽度方向留 0.10 mm 左右的刮配余量。车间组装至舵叶与舵杆轴心线同轴后，根据舵叶上键槽的实际位置，在舵杆连接法兰上画键槽的加工线。铰完紧配螺栓孔后再加工舵杆上的键槽。键与键槽两侧面 85% 以上部位，用 0.05 mm 塞尺插入深度应小于 1/5 键槽深，键与键槽顶面间隙在 0.20 ~ 0.40 mm 之间。

（四）上舵杆与舵叶的安装

上舵杆运到船台后，将中舵承的压盖及密封橡胶圈套到舵杆。在上舵杆上端拧入起吊螺栓，上、中舵承孔内放下一钢丝绳与起吊螺栓连接后，扶正上舵杆，即可将舵杆吊进中、上舵承。要求将上舵杆尽量往上吊，使其下面让出尽可能高的空间位置供吊装舵叶用。经测量得知舵叶仍不能到位，则舵叶销轴进入下舵承孔时，需将上舵杆的法兰转位 90°（相对舵的 0° 位置），使舵叶再吊高，让舵叶销轴能插入下舵的铜套内。

舵叶装到位后，转正上舵杆，放下传动键，落下上舵杆，使两法兰端面靠住，打入紧配螺栓和固定螺栓并将其固紧。然后将上舵杆连同舵叶一起吊起一定距离，在下舵承端面垫以一定厚度的垫片。解除上舵杆上的钢丝绳，将上舵承体、套环等。再装上钢丝绳，将整个舵吊起，取出下舵承的垫片后，把舵放下，拆除钢丝绳，装上压盖。检查舵叶与下舵承铜套端面的间隙，应在设计规定的范围之内。

安装完毕后，用手推动舵叶，检查其转动是否灵活。对于舵杆直径小于360 mm的舵叶，在2 ~ 5人推动下能灵活转动，即表示安装良好。然后，安装中舵承的密封橡胶圈并用压盖压紧。装上舵柄之后，即校正舵叶的零位。对于中小型船舶，可在舵叶的叶尖中心线上挂一根重锤线，以重锤顶尖对准船台上的船体中心线即为舵叶之零位；此时，应在上舵承处做出零位记号，以供舵机调整定位依据之一。

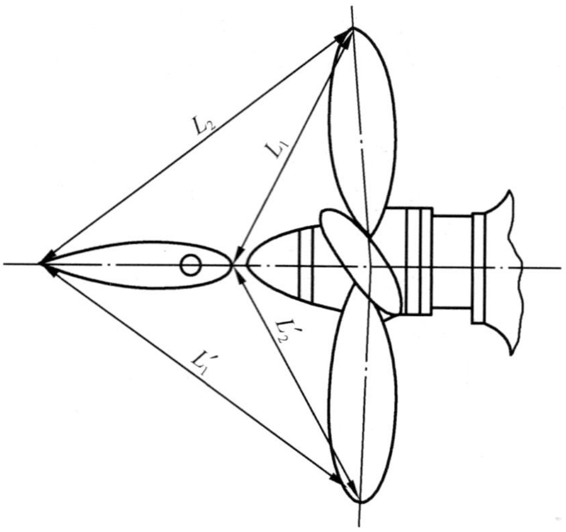

图2 － 23　舵叶零位的测定

对于大型船舶的舵叶零位，可按螺旋桨中心来校正，如图2 － 23所示。将螺旋桨叶中心线盘车置于左右水平位置，板动舵叶并测量舵叶中心线与桨叶中心线与桨叶尖距离，使 $L_1 = L_1'$，$L_2 = L_2'$，该位置即为舵叶之零位。船下水前，应将舵叶连接法兰上、下的螺栓头和螺母处用水泥敷设，并应用钢丝绳或螺栓将舵柄从两边拉紧后固定，或在舵柄上的十字处装设临时固定支架，防止下水时转动。

第三节　舵系检修与管理

一、舵系的检修

舵系除因海损事故等需要修理外，一般情况下，舵系使用期较长。舵系的检修可随同轴系检修进行。

舵系的修理范围，一方面待船舶进坞后的勘验结果而定，另一方面根据舵系的实际运转情况而定。举例如下：

（1）转舵是否灵敏。一般转舵较重的原因往往是舵叶内进水使负荷加重；舵系中心线不正引起单面卡紧；滚动轴承碎裂等。

（2）转舵时有无声音异常。舵系严重的敲击，大多是由于各舵承与舵杆或舵销的配合间隙过大造成的，或由于舵承松动，脱落引起。对于上舵承采用滚动轴承的舵承，一旦滚动轴承破裂，不但转舵沉重，而且还发生异常声响。

（3）转舵是否准确。舵叶撞击硬物时，使舵杆扭曲而造成变化，使舵叶的实际位置与舵角指示器的读数不吻合，或舵安装不正，或舵角指示器等机构失灵等，都会使舵角不准。

（4）舵系密封装置有无泄漏。密封装置失效或间隙过大都会造成海水漏入舵机房。

船舶进坞检修期间，应对舵系进行检验。一般情况下应检验测量：舵的下沉量、舵叶与艉柱底骨或舵钮与舵钮之间的平面间隙，各舵承的轴承间隙等。对舵系主要零件进行外部检查。检查舵系主要零件有无腐蚀、裂纹等损坏。

倘若舵系运转中有转舵沉重、严重的敲击声、舵叶在船中剖面时舵机上舵角指示器不在零位及舵系明显下沉不正常情况时，则要拆下舵叶及舵杆等进行检查。并根据检查测量记录进行分析以确定修理范围。

1. 舵承的检修

为保证舵杆与上舵承、穿心舵轴与轴承舵销在使用中工作正常，其配合间隙不应超过规定值。

当舵杆（舵轴或舵销）与舵承的配合间隙超过极限值时，要检查舵杆（或舵轴、舵销）的磨损情况和舵承的磨损情况，需要时应换新舵承。

上舵承为双列向心球面滚动轴承或为平面止推滚动轴承时，若发现滚动轴承内外钢轭圈碎裂、腐蚀严重；滚柱或滚珠发生严重磨损、锈蚀麻点、碎裂；护圈破裂及滚动轴承转动不灵活时，应予以换新。小型滚动轴承可用标准备件更换，而对于大型特制的滚动止推轴承则采用加工修理或者更新。

上舵承为平面止推滑动轴承时，如上、下滑动平面磨损严重，咬痕较深，应采用光车加工下滑动平面进行修理。两支承表面应刮配，以使之均匀接触。轴承内孔与舵杆紧配部位不得有松弛转动现象。

衬套式中间舵承常常由于轴承工作表面严重磨损，而使衬套厚度过分减薄，或者使舵承配合间隙过分增大。当衬套厚度或间隙超过极限值时，应换新衬套，或光车衬套，并在内表面拉横浇铸白合金，可继续使用。

当舵承衬套与本体配合松动时，应进行修理或换新衬套。在修理时亦可采用涂刷黏结剂的办法进行黏结装配。

2. 舵杆的检修

(1) 舵杆磨损后，其圆度与柱度误差不超过技术规定。但当舵承间隙符合规定时，则舵杆工作轴颈磨损的误差可不受规定限制。只要消除舵杆工作轴颈表面的不均匀磨损，和腐蚀等缺陷后，配合间隙合格，并能保证在较长时间正常工作即可。舵杆经多次车加工后，直径仍应大于非工作轴颈，否则应换新。

当舵杆工作轴颈过度磨损后，可采用不锈钢焊条堆焊磨损部位，光车后继续使用。但大面积堆焊修补应注意退火消除内应力。舵杆（舵轴或舵销）工作轴颈处具有铜护套时，如铜套磨损后其厚度超过规定的极限厚度，应予以换新。

(2) 舵杆扭转变形后，必须仔细检查发生扭转变形部位，有无裂纹损伤和弯曲变形。在确认无裂纹、无弯曲变形后，检查舵杆扭转程度。

当所测量的舵杆扭转角度小于以下公式计算时，该舵杆可以继续使用。见下面公式

$$\alpha \leqslant L/2d$$

式中 α—— 扭转角，°；

L—— 舵杆长度，自舵杆的上舵承支点至下端连接法上表面间的距离，mm；

d—— 舵杆最小直径，mm。

当舵杆扭转角小于10°时，应堆没旧键槽，在舵杆上重开新键槽或将旧键槽加宽后继续使用；舵杆扭转角大于10°时，除堆没旧键槽重开新键槽外，还应进行退火处理以消除内应力；当舵扭转角大于30°，应换新舵杆。

(3) 舵杆弯曲变形的检修

舵杆弯曲变形是用舵杆弯曲处的径向圆跳动量误差来衡量。舵杆回转一周，千分表指针读数的变化量不得大于0.5 mm/m；当舵杆的弯曲量（径向圆跳动量）小于0.3 mm/m时，

允许用冷压校直。如采用热压校直的加热温度不应超过650 ℃。

(4) 舵杆裂纹的检修

修理舵杆时,应仔细检查舵杆变形部位有无裂纹,尤其是应力集中的部位。

舵杆工作轴颈上的长度不超过轴颈1/4的纵向裂纹,数量不超过2 ~ 3条。而且不在同一母线上的短小裂纹允许存在,轴颈工作表面上的细小裂纹及分散锈蚀不超过轴颈工作表面总面积的20% ~ 30%,可经局部锉削后继续使用;轴颈上不允许存在任何横向裂纹。

允许采用焊补修复裂纹。对于大面积堆焊,修复前后应进行预热和退火处理。对数量仅有2 ~ 3条的短小裂纹,焊补可不作退火处理。

二、舵系中心线的检验与调整

因海损或其他原因使舵系工作不正常时,应检查舵系中心线。一般需要拆卸舵系,对舵系中心线进行检查测量后方可确定修理范围。

舵系中心线的检查一般采用拉线法,分别检查舵系固定件,检查舵系中心线与轴系中心线的垂直度和相对位置偏差。

1. 舵系固定件同轴度的检验

以三支点舵系固定件的同轴度检验为例,如图2 - 24所示。拉线时是以上下舵承为基准,拉出舵系中心线以检查上中下舵承孔的同轴度。钢丝是以上下两道舵承孔为基准,用内卡钳或内径测微计测孔壁至钢丝前后、左右的距离并使之相等。钢丝拉好后检查中间舵承孔的上、下部位的前、后、左、右4个位置数值,舵承孔中心与钢丝线的最大偏差值不得超过中间舵承的装配间隙。

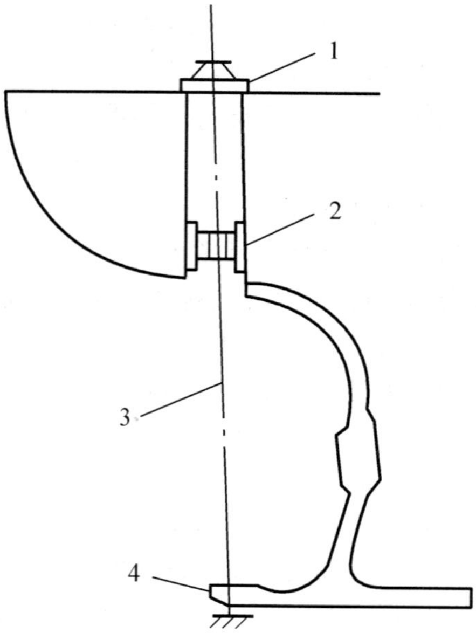

图2 - 24　舵系固定件同轴度检查图

1—上舵承孔;2—中舵承机;

3—舵系中心线;4—下舵承孔

当舵系固定件同轴度误差超过规定时,可采用偏心镗削舵承衬套的方法。镗削后衬套最小厚度应满足新制衬套最小厚度的75%,且必须防止衬套转动。

2. 舵系运动部件同轴度检查

舵杆与舵叶组装后,应检查舵杆与各道舵销(或舵叶内的轴承)的同轴度。将此运动部件置于平台上,用螺栓固定好。以舵杆工作轴颈和下部舵销工作轴颈外圆为基准拉钢丝线,检查中间舵销工作轴颈或舵叶的轴承相对于钢丝线偏差。然后将舵杆与舵叶一起绕转90%再测量舵销工作轴颈相对于钢丝线的偏差。最大偏差值应小于规定的安装间隙。以上操作可按图2 - 22所示的方法进行。

舵系运动部件同轴度误差不符合要求时,可采用舵销衬套偏心镗削的办法来纠正。偏心镗削衬套最薄部位的厚度应满足新制舵销衬套最小厚度的75%。偏心衬套必须有可靠的定位措施,以防止衬套转动,或修磨舵杆与舵叶连接法兰端面来纠正。

3. 舵系中心线位置的检查

舵系中心线是以上舵承和舵底承为基准用0.3 ~ 0.5 mm的钢丝线拉出,并保持钢丝的

直线状态。检查舵系中心线与轴系中心线的相对位置偏差δ。其偏差值δ不得超过下式计算值:

$$\delta \leqslant 0.001\sqrt[3]{L}\ (\mathrm{mm})$$

式中,L为船长,m。

检查舵系中心线与船舶基线的垂直度,偏差不得大于1 mm/m(即角度偏差 < 4′)。

三、舵系修理后的检查

1. 舵系修理安装后,必须分别在坞内修船时和在系泊与航行试验中检验舵系主要零件安装的准确性,各个舵系间隙,舵下垂或向上移动的间隙,舵叶转向左右舷至另一制的可能性舵叶位置与舵角指示器读数的一致性等。

在舵系与舵机传动装置脱开后,检查转舵至最大舵角的轻便性(转动时无卡滞现象)。转舵方式由船舶大小而定,如船舶的舵杆直径 ≤ 360 mm,在舵系与舵机脱开后,可用2 ~ 5人推动舵叶使之转动;舵杆直径 > 360 mm,可用辅助操舵装置使舵转动。

2. 舵系在系泊试验时,在主要的、备用的和应急的传动装置工作时,在连续从一舷至另一舷舵1.5 ~ 2 h内检查舵系工作情况。

舵叶实际检查和舵角指示器读数吻合,偏差不得超过0.5°;检查船舶在左右舷时的最大舵角,转舵限制器是否良好;在整个舵角范围内。转舵应灵活、平稳,无卡滞和振动现象;舵系的全部密封装置不允许有泄漏。

3. 舵系在航行试验时检查舵系的工作,应完全达到安全可靠的运转才可验收。舵系在修理后,船厂应向船方提供下列技术文件,轮机员应注意验收。

(1) 舵系修理的原始安装间隙记录,舵杆校调记录;

(2) 舵系中心线经过检修时,其原始及安装记录;

(3) 换新舵杆,舵杆等重要零部件时,应提交其材料化学成分,机械性能等合格证明;

(4) 舵系的性能验收记录等;

注:以上舵系维护工作,在船厂中统一安排进行。而船上由于分工,舵杆、舵轴及舵机等设备由轮机部门负责;舵叶及舵柱等由驾驶部门维护。

4. 舵系维护管理的要求

舵系装置用来改变或保持船舶航向,保证其航行安全,是船舶中至关重要的航行设备,所以必须满足下列基本要求:

(1) 工作可靠。在任何航行工况下,能够不间断工作;

(2) 生命力强。保证它应能在所处地点进行操舵,并用备用操纵机构可迅速地代替主操纵机构,另外,对有些船还需设置备用的舵动力设备;

(3) 保证有一定的转舵速度;

(4) 操作方便、准确。保证能及时准确地把舵操转至所要求的舵角上;

(5) 管理维护方便。

在对舵系装置维护管理前,应严格检查舵系中主要构件的质量问题。因为这些构件在下水后、出坞后,长期处于海水中工作,无法进行日常管理检查,应格外注意。

习　　题

1. 什么叫舵系装置,舵系的功用是什么,对舵系有哪些要求?

2. 舵系装置主要由哪四个方面设备所组成,它们的功用是什么?

3. 试述舵在水中转动的工作原理,并用图表示出来。

4. 舵的类型有哪几种,为何船上的舵数量有多有少?

5. 典型舵装置中的支承式平衡舵,它可分为哪两种结构的舵装置,并回答其构件名称有哪些?

6. 典型舵装置中的悬挂式平衡舵适用什么船舶上使用,特点是什么?

7. 舵机有哪几种动力型式,各有什么特点,各应用在什么船上?

8. 液压舵机优点有哪些,目前常见的液压舵机有哪些主要形式,其特点是什么?

9. 舵系装置安装施工的内容有哪些?

10. 舵系中心线是如何来确定的?两个准点位置在船上什么部位,确定时方法有哪两种?

11. 舵系拉线时,它的垂直度和相交度与轴系中心线呈什么关系,要求是什么?

12. 大型船舶上舵柱轴承孔的镗削技术要求是什么?

13. 什么叫舵承“不镗孔”工艺?这种新工艺是如何来操作施工的?

14. 舵系检修时,对其固定件的同轴度的检验是用什么方法?这种方法是如何进行的?

15. 对舵系的维护管理,应满足哪些基本要求?

第三章　液压舵机

第一节　转舵机构

船舶上目前应用的转舵机构主要有往复式和回转式两大类型。根据它们在传动上的不同特点,具体有以下几种。

1. 滑式转舵机构

它主要由转舵油缸、柱塞及与舵柄连接的十字头式滑动接头等组成。对转舵力矩要求大的船舶,则多采用四油缸、双柱塞的结构形式,如图 3－1 所示。柱塞的往复运动与舵柄的摆动,是通过十字头式接头连接来实现的。

滑式转舵机构的柱塞多采用锻造结构,而转舵油缸则采用铸造而成,现在也有采用焊接方法制造柱塞和油缸的。

由图可见,在左右油缸中滑移的两个柱塞 3 通过叉形端部,并用螺栓连在一起,形成上下两个轴承 6。两个轴承 6 环抱着十字头的两耳轴 7,以十字头能绕耳轴回转。而舵柄 8 则从与耳轴垂直的方向,横伸在十字头的中间轴承中。这样,当舵叶处于正舵时(0°),因舵柄 8 垂直于油缸中心线,这时的舵杆 4 与十字头之间的距离最小。而当柱塞 3 移开中间位置时,则舵杆 4 与十字头之间的距离必然要随舵角 α 的增大而增加。由于舵柄 8 能使十字头绕耳轴 7 回转,而且还可以十字头中间轴承 6 中轴向移动,因而可适应将柱塞的往复运动转变为舵柄摆动的要求,最终实现舵叶的转动。

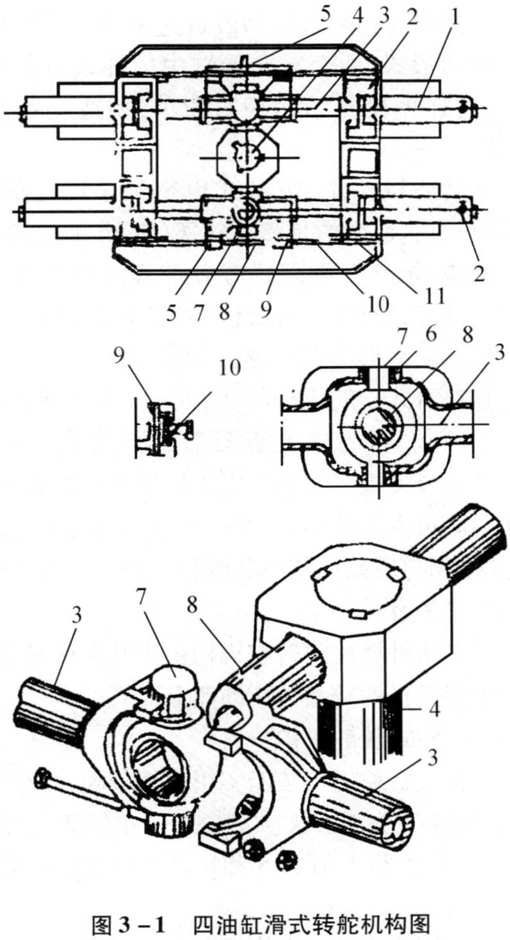

图 3－1　四油缸滑式转舵机构图

1—油缸;2—底座;3—柱塞;4—舵杆;5—机械式舵角指示器;6—十字头轴承;7—十字头耳轴;8—舵柄;9—滑块;10—导板;11—行程限位器;12—放气阀

为排除油缸中的空气,使其舵机的正常工作,在各油缸的顶部均设有泄气阀 12。

柱塞的极限行程,由行程限位器挡块 11 加以限制。而柱塞在不同位置上所对应的舵角,则由机械式舵角指示器5来显示。它能在舵角超过最大舵角1.5°时限制柱塞继续移动。这时油缸底部的空隙应不小于10 mm。CB9 72—84(海洋船舶液压舵机)规定转舵机构也可以在油缸内部设置挡块,以限制舵转角度不超过±36.5°。

上述的滑式转舵机构具有以下特点:

(1)扭矩特性良好,承载能力大,能可靠地均衡柱塞所受的侧推力,可干转舵扭矩很大的船舶上。

(2)柱塞和油缸之间的密封,大都采用V型密封圈。这种密封圈由夹有织物的橡胶制成。其密封可靠,能随工作压力越高,从而更加紧贴密封部位。磨损后还具有自动补偿能力。

(3)油缸为单作用式,必须成对使用,故尺寸、质量较大。而且柱塞中心线得按垂直于船舶艏艉线方向布置的,故占地较大。

(4)安装、检修比较费时。

2.拨叉式转舵机构

它是滑式转舵机构型改进过来的。使用此种拨叉形滑动形式,两个对向油缸中的柱塞可制成整体结构,这样可使其结构相对简单,制造安装较为方便,如图3-2所示。

在转舵机构中,拨叉式也得到了广泛的应用。如图所示,它使用的是整根柱塞(杆),并在其中部带有圆柱销,销外套则配置有方形或圆形的滑块。当柱塞移动时,滑块一方面绕圆柱销转动,而另一方面则在舵柄的叉形端部中滑动或滚动。

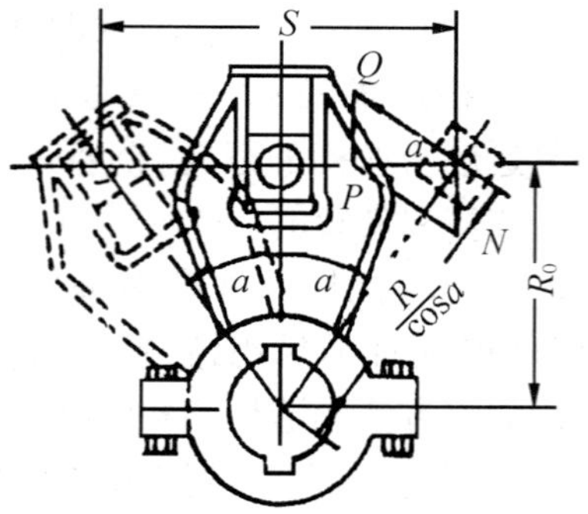

图3-2 拨叉滑动结构简图

它与滑式转舵机构相比,其转矩特性相同,但结构较为简单,可省略导板等部件所承受的侧推力。加工及拆装都极为方便。由于以拨叉结构来代替十字头式结构,柱塞(杆)轴心线至舵杆轴之间距离可大为减小,柱塞的最大行程也大为减小。在相同的转舵扭矩和的工作油压情况下,其体积与质量可减小和减轻。但是,当需转舵扭矩较大的转舵机构,则仍以采用十字头结构形式为宜。

以上两种滑枕式转舵机构由于其工作可靠,密封性能好,具有良好的转矩特性,可适用于大中型舵机的较大转矩的船上。

3.滚轮式转舵机构

滚轮式转舵机构装船实用时间较晚,其结构如图3-3所示。它以装于舵柄端部的滚轮2来代替十字头或拨叉。滚轮通过销轴3与舵柄9连在一起,且可绕其转动。左右两柱塞12和10由板簧4、耳板5和螺柱6连接在一起,构成弹性连接结构。它可避免转舵时出现的撞击现象。

此种滚轮式转舵机构具有如下特点:

(1)柱塞与舵柄之间无约束性的机械连接,工作时无侧推力,故整个机构较为简单、易加工、拆装方便。

(2)油缸与其柱塞自成组件,故可根据实际需要,分别采用单列式、双列式或重叠式等不同的布置形式。

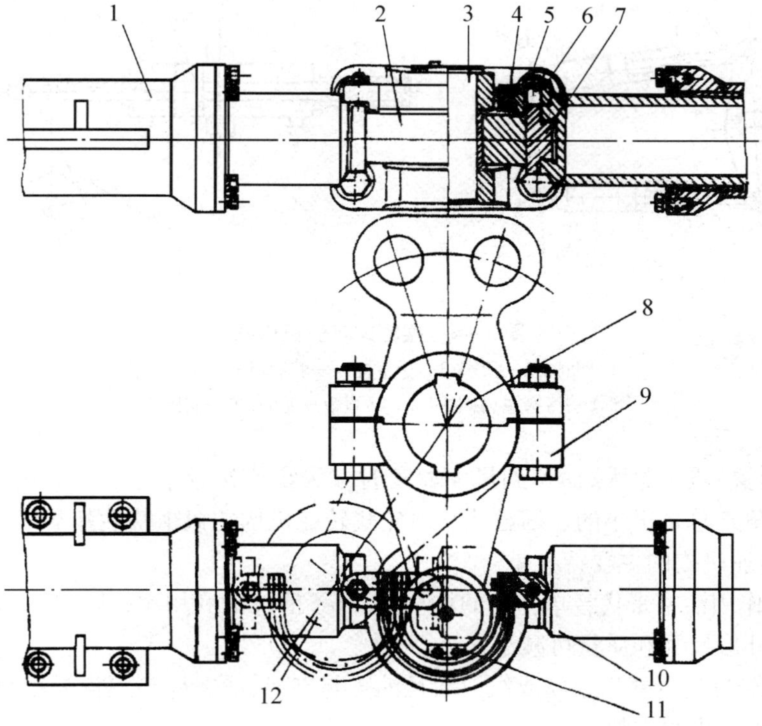

图 3-3　滚轮式转舵机构图

1—油缸;2—滚轮;3—销轴;4—板簧;5—耳板;6—螺柱;
7—柱塞头;8—舵柱;9—舵柄;10、12—柱塞;11—压板

(3)滚轮与柱塞之间的磨损可自行补偿,不会像滑式或拨叉式转舵机构那样因接头磨损、间隙增大而产生撞击现象。

(4)扭矩特性差。必须采用更大的结构尺寸或工作油压,故限制了它在大扭矩舵机中的应用。

(5)当舵叶在负扭矩作用下转动时,液压系统有明显漏液。在稳定舵转时因油路锁闭不严的现象而导致敲击。为此,滚轮式转舵机构中,在滚轮与柱塞的端部之间需增设板簧拉紧结构。

4. 摆缸式转舵机构

图 3-4 所示为摆缸式转舵机构。其中图 3-4(a)为端铰式双缸双作用摆缸式转舵机构,图 3-4(b)为中铰式单缸双作用式转舵机构示意图。

它们的基本结构油缸 1 与支架 5、舵柄 4 与活塞杆 3 等均为铰接形式,故油缸在工作中可随舵柄的转动而做一定的摆动。活塞 2 为双用式构造。

当活塞在液压作用下做往复运动时,活塞杆便拉动或推动舵柄,使舵叶得到偏转。由于活塞杆受舵柄牵连,所以在转舵的同时,油缸也会做相应的摆动。为了适应油缸的摆动,必须采用高压供油软管。这种转舵机构在国内外船舶应用上较为普遍,装船使用效果较佳。

由图可见,摆缸式机构转舵时,油缸摆动角 β(即任意舵角时,油缸中心线与舵叶处于船中位置时的舵柄垂直线间的夹角)将随舵转角 α 而变化。一般设计时常将油缸摆动角 β(舵

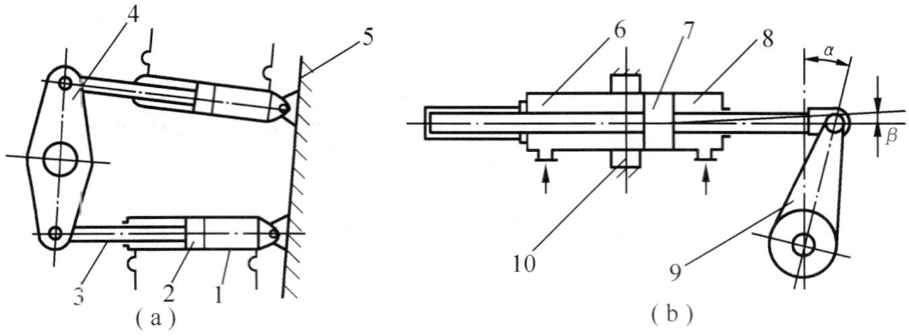

图 3－4　摆缸式转舵机构图

1—油缸;2—活塞;3—活塞杆;4—舵柄;5—支架;
6,8—活塞左、右空间;7—活塞;9—舵柄;10—铰接座

叶处于船中位置)设为最大,而达到最大舵角时 β 为零或接近于零。但无论舵角 α 如何变化,油缸摆动角 β 总是很小的。摆缸式与滚轮式转舵机构的扭矩特性基本相同。

摆缸式转舵机构的主要特点是:

(1)用双作用活塞来代替单作用的柱塞,提高了油缸的利用率,故在扭矩及工作油压相同的情况下,外形尺寸和质量可减小;

(2)各油缸与其活塞均独立成组。而且油缸与支架、活塞杆与舵柄采用铰接形式,故结构较为简单,安装也很方便;

(3)采用双作用的活塞,故对油缸内表面的加工精度、活塞杆与油缸的同轴度,以及活塞与油缸之间的密封等都有较高的要求;

(4)当活塞的密封性因使用久而变差时,转舵速度就会变慢,运行的经济性、可靠性也将降低。

5. 转叶式转舵机构

回转式的转舵机构是把承压与其传动部件组合在一起,利用油压直接使舵杆产生回转的设备。根据回转运动部件结构形式的不同,有转叶式与弧形柱塞式两种。

转叶式转舵机构是目前常见的设备。图 3－5 所示为三转叶式转舵机构的原理图。图中缸体 2 是一圆柱形壳体,外部有支座并通过橡胶缓冲器以弹性方式固定在船体的基座上。缸体的内表面是经过精加工的圆柱工作面,其间装有三个定叶 5。在轮毂 3 上镶装着三个转叶 4,把油缸内分成六个小腔室。舵杆 1 用键固定在轮毂 3 上可一起转动。由于转叶与缸体内壁及上、下端盖之间,以及定叶与转毂外缘和上、下端盖之间均设有密封结构,可保证各个工作小腔室的密封性。

当舵机油泵以油管 6 中分别将相通的其中三个小腔室吸油,并把油压输入另外三个腔室,如图中箭头所示的方向,转叶 4 的两边形成压力差,转叶在液压压力

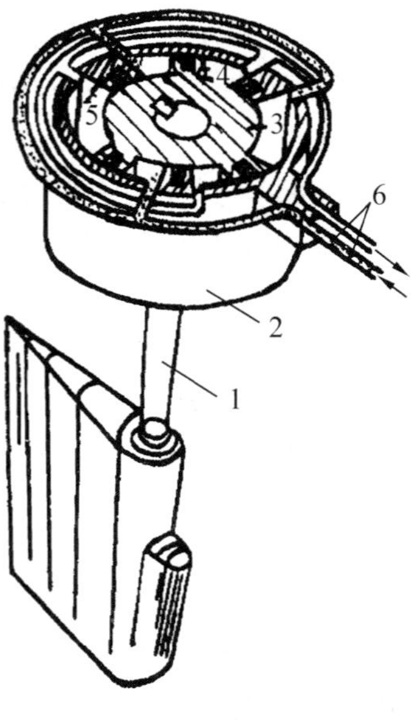

图 3－5　三转叶式转舵机构原理图

1—舵杆;2—缸体;3—转毂;4—转叶;
5—定叶;6—油管

差作用下,通过转毂所带动的舵杆和舵叶的偏转(顺时针方向转动)。

当油管6的吸油方向改变时,转叶则带动舵叶做逆时针方向的偏转。因此只要改变其进、出油方向,就能实现舵叶的左右转动。

若不计机械摩擦损失,转叶式转舵机构的转舵扭矩可用下式表示

$$M_a = \frac{1}{2}(D - D_0) \cdot H \cdot R_0 \cdot P \quad (\mathrm{N \cdot m})$$

式中　D——油缸的内径,m;

D_0——转毂的外径,m;

H——转叶的高度,m;

P——转叶两侧的油压力差,$\mathrm{N/m^2}$;

R_0——转舵力臂(转叶的压力中心至舵杆轴心线间的距离),m。

上式表明,转叶式转舵机构所能产生的转舵扭矩 M_a 与舵角 α 无关。其扭矩特性在坐标图上是一条与横坐标平行的直线,如图3-6所示。它仅随工作油压大小而变化,也就是说转矩的大小与油压成正比。

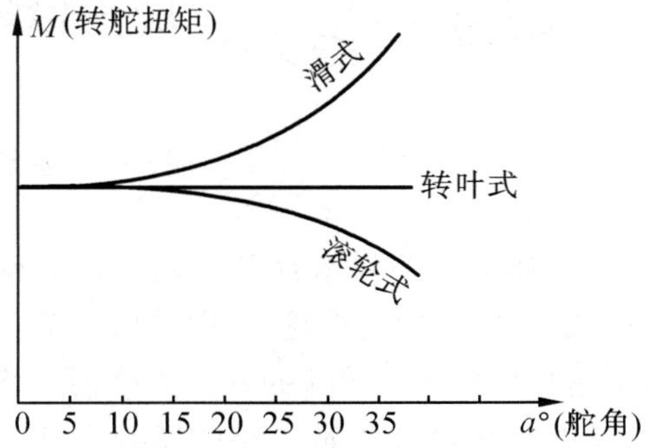

图3-6　转舵机构的扭矩特性图

转叶式转舵机构,目前主要有翻边式和端盖式两种类型。

转叶式转舵机构的主要特点是:

(1)结构紧凑、安装方便;

(2)由于整个转毂、转叶处在油液中,润滑条件良好,有利于提高使用寿命;

(3)缸体与船体基座之间的缓冲连接,有效地减小了冲击负荷和振动;

(4)转舵工作时,舵杆只承受扭矩而无侧向推力,这样可减轻舵承的磨损;

(5)内泄问题突出,密封是薄弱环节。如果油压过高,限制它在大转矩的舵机中的应用。

转叶式转舵机械的内部密封问题是其不足之处。以往所用的工作油压都不超过4 MPa,故限制了它在大功率舵机中的应用。近年来,随着密封材料和密封形式的不断改进,其最大工作油压可达15 MPa,转舵扭矩可达5 MN·m以上。所以此种转舵机构的发展前途很大。

然而,普通单缸转叶式机构,一旦当内部密封损坏或发生其他故障丧失操舵能力时,无法将故障部分隔离而迅速恢复转舵能力,现在大型船舶应用其舵柄上、下叠加两个转叶式转舵油缸的结构。

转叶式转舵机构中的定叶与动叶之间,常用的密封结构型式,如图3-7所示。

图(c)是一种橡胶加金属条的密封结构。利用橡胶的弹性使金属条紧贴在密封面上,金属条磨损后,可以得到一定的补偿。但工作油压高时,金属条可能被油压推离密封表面,使密封受到破坏。

图(d)是弹簧加金属条结构。这种结构便于安装,金属条磨损后能自动补偿,但金属条与金属条槽的配合精度要求高。

图(e)是弹簧加填充聚四氟乙烯塑料密封结构。

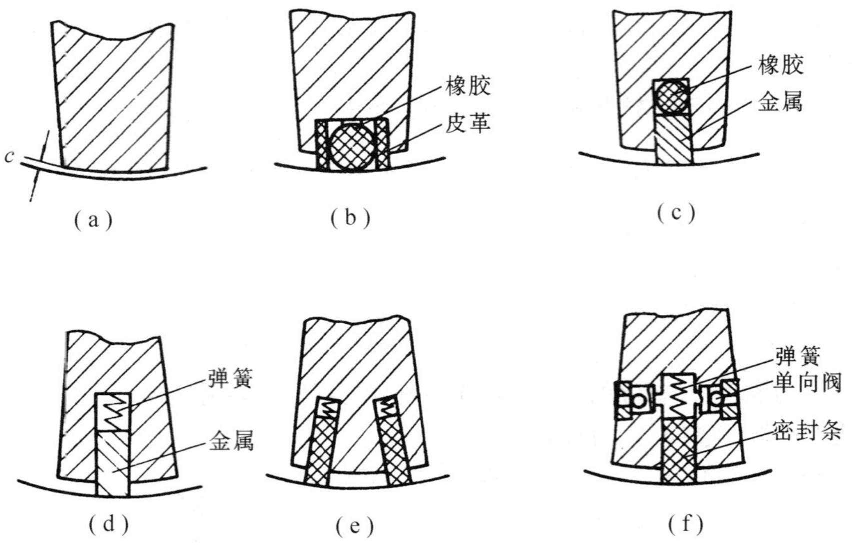

图 3-7　密封结构实例图

图(f)是弹簧和塑料密封条加高压油的密封结构。工作油压越高,密封性越好,但结构复杂。

以上密封形式中,e 和 f 的密封条磨损后均能自动补偿,是近年来设计中常采用的密封型式。而图(a)和图(b)的形式目前已较少采用。

6. 弧形柱塞式转舵机构

如图 3-8 所示是一种特殊形转舵机构——圆弧形柱塞式转舵机构。由于它采用了与舵杆 4 同心的一段圆弧形柱塞 2,并通过插入其中央钻孔内的销子而与叉形舵柄 3 相铰接。在油压作用下,弧形柱塞 2 以舵杆 4 为转轴,直接产生回转运动,宛如一具有圆形承压面积的单叶式转叶油缸那样,带动舵叶偏转。因此这种转舵机构既具有转叶式的优点和相同的转矩特性,又保留了柱塞式密封性好,以及适用于高油压的长处。然而,这种机构加工制造比较困难,必须采用专用机床。

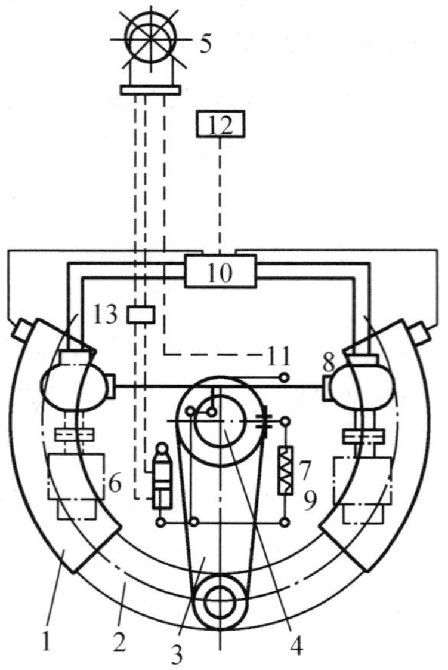

图 3-8　弧形柱塞式转舵机构及系统简图

1—弧形油缸;2—弧形柱塞;3—舵柄;4—舵杆;5—舵轮;6—液压伺服器;7—储存弹簧;8—变量泵;9—电动机;10—阀箱;11—舵角指示器;12—油箱;13—自动锁闭阀

目前,生产的一种圆弧形柱塞转舵机构,正常连续工作油压为 7.8 MPa,允许最大工作油压可达 11.7 MPa,安全阀调定压力为 15.2 MPa。转舵力矩计有 196,314,392,490 kN·m 四种规格。如果采用重叠式布置(即上下布置)的两个圆弧形柱塞,则转矩更可增至 1 225 kN·m。

各类船舶所应用的液压转舵机构的工作原理和安装调试,均有共同之处。下面以转舵机构为例,对其安装的技术要求及方法介绍如下:

（1）舵机的基座应在船台上焊接装配结束。基座的上平面要求水平，并保证焊接强度和控制焊接变形。

（2）船下水前，舵杆、舵柄和舵叶，必须按施工图纸要求安装完毕，并分别于舵承、舵柄上作好舵叶零位的精确记号，作为舵机安装找正的基准。船下水时，应采用夹紧装置将舵叶固定于零位，防止下水时舵叶转动。

（3）吊装转舵油缸时，应以舵杆轴心和舵叶零位为基准，采用对角线相等方法定出转舵油缸轴线位置。如图 3－9 所示，$a=b=c=d$，并调整对置油缸的水平度，使舵柄位于上下拨叉的中心位置。

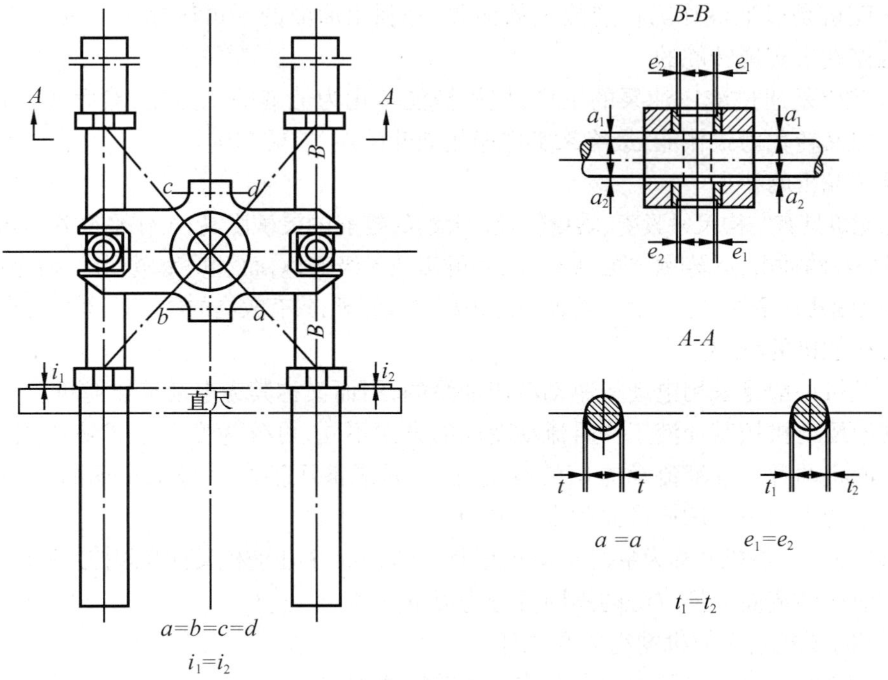

图 3－9　转舵油缸安装方法示意图

（4）测量柱塞在油缸端盖孔中的间隙及滚轮在上、下拨叉口间的间隙，均应符合制造厂提供的平台安装数据。

（5）舵机找正后，按舵机底座与船体基座间的实际高度测量并加工垫片。

（6）按转舵机构底座的孔位置，将垫片与船体基座一起钻孔，并用铰刀完成铰制孔的加工，并按各孔径尺寸精确配制铰制孔螺栓；最后，旋紧铰制孔螺栓及其他螺栓，并装好各螺栓的止退块等防松装置。

（7）连接系统的所有管子必须经内场严格清洗，试压，布置管路时应尽量减少弯道，高位管应设置放气阀。管法兰对接面应保持平行且密封。

（8）安装全过程应做到注意清洁，严防碰伤运动部件的表面。各类阀件均应防护，以免发生损坏。

第二节　液压舵机的组成和原理

随着船舶航速和载重吨位的不断提高，所需的转舵力矩也越来越大。以前大多采用的蒸汽或电动舵机，由于其体积庞大而且使用性能较差，如工作时振动较大，不能很好地缓和风浪对舵叶的冲击，因此在现代化的大中型船舶上，早已广泛采用液压舵机作为转舵的主要动力装置。

一、液压舵机概述

液压舵机是以油液作为传递能量的介质，是利用油液的不可压缩性以及流量、压力和流量的可控性来实现转舵的。

液压舵机是通过液压油泵的工作，把机械能转化为油液的压力能，然后通过转舵机构把油液压力又转化为机械能，最终来实现船舶舵叶的左、右转向的。

1. 液压舵机的特点

液压舵机具有结构尺寸紧凑、质量较轻，寿命长，控舵的灵敏度高、工作平衡安全可靠，能缓和风浪对舵叶的冲击，运转噪音低，振动小，并可实现无级变速，而且功率范围广，扭矩小则几十千牛·米，大则几百千牛·米。另外，它便于远距离操纵管理，具有较高的经济性和发展前途。

2. 液压舵机的种类

液压舵机一般是采用电动机驱动液压油泵的，因而又称其为电动液压舵机。

电动液压舵机按其油液工作时流动变向的方法不同，可分为变向泵式液压舵机和定向泵式液压舵机两种。油液流动方向的改变，前者是靠液压油泵自身来实现的，而后者是靠设在液压系统中的三位四通换向阀来完成的。

变向泵式液压舵机又称为泵控式液压舵机。定向泵式液压舵机又称为阀控式液压舵机。

根据液压油流向变换方法的不同可分为以下两类。

（1）变向泵式液压舵机的组成和原理

图 3 – 10 所示为一典型的变向泵式液压舵机原理图。

图中变向油泵 2 设于船尾舵机舱内，并由电动机 1 带动做单向运转。油泵的吸、排方向，则由驾驶室通过远距离操纵机构（液、气、电动等均可）或自动舵操舵机构来实现其控制。左右舷两台液压变向泵可同时吸油和排油，或者相反排和吸油。该类舵机是用泵来控制的，又称泵控式液压舵机。

从图中可以看出油泵排出的具有一定压力油液，经油管进入转舵机构的左油缸 14 时，柱塞 9 在油压的作用下，向右运动；反之，油泵自左油缸吸油而向右油缸供油，则柱塞会在油压作用下向左运动。由于该舵机的柱塞中间设置有十字头式滑动接头并与舵柄相连接，而舵柄又通过自身上的键与舵杆的上端固连，这样柱塞的左、右运动，可使舵叶得到转动。但是，舵叶的偏转不能无限制地进行，必须要求其转到某给定角度时，舵叶能自行停止转动。为此，在舵机设有一套能随舵叶偏转而产生反馈动作的追随机构，以适时地停止转舵。

在变向泵式液压舵机中，广泛采用如图 3 – 10 所示的三点浮动杠杆式追随机构来实现控舵。它的基本工作过程如下：

当船上驾驶室操舵平轮处于 0°即正舵时，追随机构的三点浮动杠杆也处在图中虚线 *ACB* 的位置，这时两台变向泵 2 虽然始终在运转，但供油拉杆因处于 *C* 点不供油的位置，故

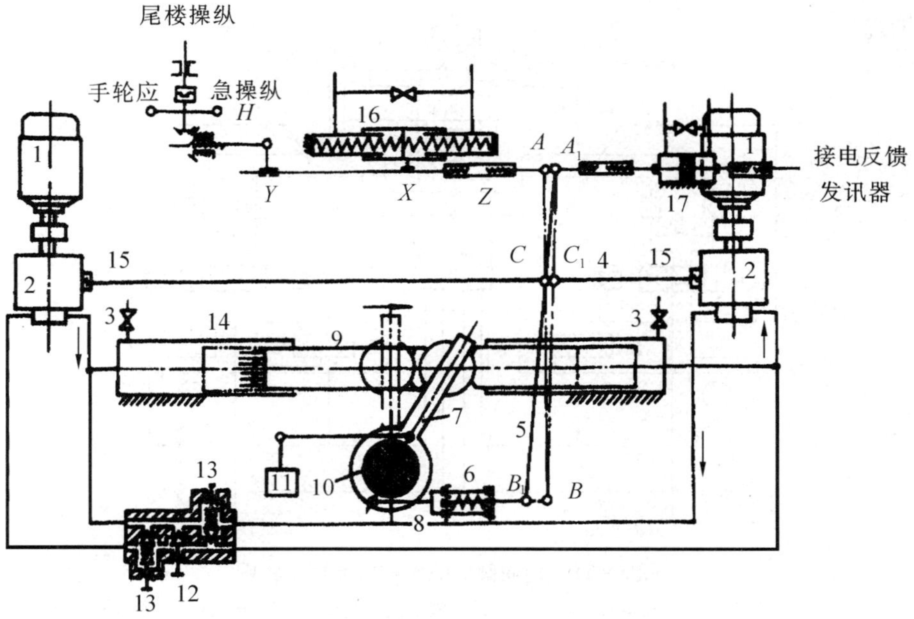

图 3-10 泵控型液压舵机原理图

1—电动机;2—双向变量泵;3—放气阀;4—变量泵控制杆;5—浮动杆;6—储能弹簧;7—舵柄;8—反馈杆;9—柱塞;10—舵杆;11—舵角指示器的发送器;12—旁通阀;13—防浪阀;14—转舵油缸;15—调节螺母;16—液压遥控受动器;17—电气遥控伺服油缸

舵叶也将停止在0°的位置。

如果扳动操舵手轮,由于舵叶尚未转动,所以杠杆 AB 以 B 点为转动中心,A 点被迫移至 A_1 点处,供油拉杆上的 C 点也相应被拉向 C_1 点,这时两台油泵同时右舷油缸吸油并向左舷油缸供油,压力油推动柱塞向右移动,使舵叶得到转动。在舵叶转动的同时,杠杆 A_1B,因 A_1 点这时不动,所以反馈拉杆又将 B 点拉向 B_1 点,C_1 点也向 C 点靠近,C_1 达到 C 点时(即图中 A_1CB_1 的位置)。两台变向泵供油立即停止,舵叶停在所给定的舵角上。

如果操舵手轮反向动作,则三点浮动杠杆追随机构做反向移动,油泵的吸排油也将换向,舵叶往相反偏转达到所要求的舵角位置上。这时追随机构的作用也将自行停止。

安装在舷外的舵叶,常会受到风浪和冰块等冲击,使舵叶的负荷增大而发生变形损坏。液压舵机的主油路上必须设置防浪阀13,可将高压侧的压力峰值,转向低压侧。由此而引起舵叶角度改变,则由反馈装置在风浪消失后通过追随机构迫使舵叶回到原位。这是其他蒸汽、电动舵机所没有的重要功能。

通常在液压舵机中,均设有两台具有各自独立控制油路的油泵机组,以互为备用。亦可并联运行以提高控舵的灵敏性和可靠性。

(2)换向阀式液压舵机

如利用排量及吸排油液方向均不变的定向式油泵,再在系统中配置由可操纵的换向阀来控制进入油缸油液的方向,这种液压舵机称为换向阀式液压舵机,图3-11所示为此种舵机原理系统图。

图示两台定向式主油泵1分别由两台电动机2带动持续运转。并始终按图示的方向吸

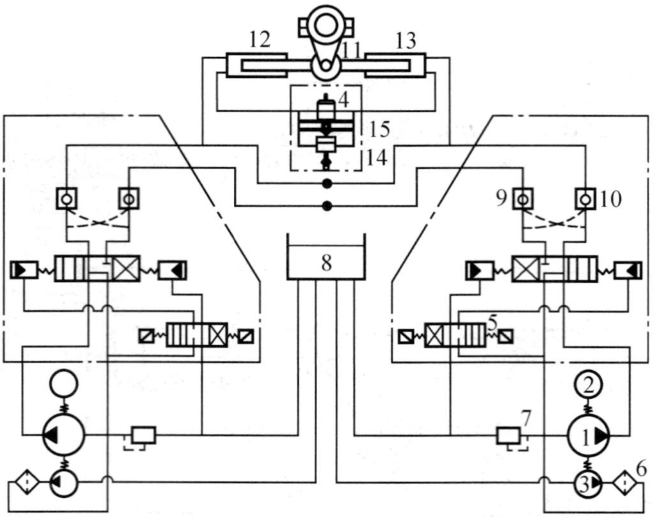

图 3-11　换向阀式液压舵机原理系统图

1—主油泵;2—电动机;3—辅助油泵;4—液压换向阀;5—电磁换向阀;6—滤器;
7—溢流阀;8—油箱;9、10—液控单向阀;11—柱塞;12—左舷油缸;
13—右舷油缸;14—防浪阀;15—旁通阀

排油液。但进入任一侧油缸,则由换向阀 4 来加以控制实现。该类舵机是用阀来控制的,又称阀控式液压舵机。

当换向阀 4 处于图示的中间位置时,主油泵 1 排出的油液,经换向阀 4 后直接回到自己的吸入端,这样形成无压循环,舵叶保持原有位置而不偏转。

如将换向阀 4 的阀芯推至极左位置时,则换向阀中的油路,就会变换为右边方框中箭头所示那样平行沟通,主油泵 1 排出的高压油液在换向阀 4 的引导下,进入转舵机构的左舷油缸 12,并以右舷油缸 13 中吸油,推动柱塞 11 向右运动并推动舵叶向相应的方向偏转。

如将换向阀 4 的阀芯推至极右位置时,则换向阀中的油路变为左边方框中箭头所示交叉沟通,舵叶转向就此相反。

由上可见,只要远距离操纵换向阀 4,使其阀芯分别处于左、右的位置,即可相应地控制油液的流向,达到操舵的目的。

该换向阀 4 的阀芯位置,可用电力或电液的方法实现远距离操纵遥控。

当液压舵机功率较小时,其液压油路通径较小时即换向阀的阀芯质量较小,多采用电力直接操纵。换向阀 4 的两端,各有电磁线圈,用电力远距离操纵机构来加以控制。当扳动操舵手轮接通右边线圈的电路时,阀芯在线圈产生磁力作用下,被推向左端位置。如相反方向扳动操舵手轮,右边电磁线圈失电,而左边线圈通电,阀芯被推向右端位置,换向阀阀芯移动,从而实现舵叶的转动换向。

当液压舵机功率较大时,其液压油路需要较大的换向阀,上述的线圈所产生磁力不足以推动阀芯,应当采用电液间接操纵方法。如图所示,利用电磁换向阀 5,控制由辅助油泵 3 提供的压力油,推动换向阀 4 的阀芯实现左、右位置的移动,达到操纵舵叶转动换向的目的。当扳动操舵手轮时,经电力远距离操纵机构,使电磁换向阀 5 的右端电磁线圈通电,把阀芯推到左端，将控制油液导入液压换向阀4的右方，而其左方的油液则经电磁换向阀5与油箱相沟通，阀4的阀芯在两端油压压力差作用下，被推向左端，主油路转换为图示的平行沟通，推动舵叶做相应方向转动。

如操舵手轮扳动方向与上述相反时，则经电力远距离操纵使电磁换向阀5的左端线圈通电，右端线圈失电，把阀芯推向右端位置，将控制油液引导入液压换向阀4的左方，并使其右方的油液经电磁换向阀5与油箱相沟通，这样在两端的压力差作用下将阀4推向右端，使主油路转变为图示的交叉沟通，转舵的方向也就相反。

当转到给定的舵角时，在电力追随机构的作用下，电磁换向阀5因其两端线圈均处于失电状态而回到图示的中间位置，使液压换向阀4的两端均与油箱相通，这样阀4的阀芯在弹簧作用下，回复到中间位置，停止舵叶的转动。电液间接操纵，实质上是把远距离传来的操纵信号，由电能转变为液能并加以放大。

液压舵机装置中的辅助油泵3由电动机2带动工作。它自油箱8中吸油，持续给电磁换向阀5供给控制油液之外，还要给主油路补油，以补充舵机液压系统渗漏损失的油液。多余的油液经溢流阀7流回至油箱8中去。通过调整溢流阀7的溢流压力，可使补油及控制油液的压力保持在规定的数值上。

为防止舵叶的自由偏转（走舵），使其转舵油缸的油路处于液压锁闭状态，需要在图示的油路上增添两个液控单向阀9与10。当停止转舵时，由于高压油流的消失，液控单向阀9与10，立即会双双自行关闭，使转舵两油缸12和13处于液压锁闭状态，舵叶也就静止在给定的舵角位置。

液压系统中还设置防浪阀14和手动旁通阀15，以便在海浪冲击舵叶时，使油缸中的油压突变增高时，能及时进行旁通，避免舵叶和转舵传动机构受到损坏。

3. 两种形式液压舵机的比较

变向泵式液压舵机和换向阀式液压舵机，均由下列几部分所组成：

(1)转舵机构——是用来将油泵输送的液压能转变为转舵力矩的机械能的装置。

(2)舵机油泵——是舵机的动力源。

(3)控制阀件——是舵机液压系统油液的流量、压力及方向的控制元件，以保证液压舵机的正常工作、管理与安全。

(4)操纵系统——是用传递操舵信号与动作，并以按照驾驶人员的意图，及时准确地将舵叶转动到给定的舵角位置上的专门遥控系统。

换向阀式液压舵机与变向泵式液压舵机相比较，由于不需要采用结构较复杂的变向泵，而它自身质量较轻，外部尺寸也小，制造和管理较为简便，其造价也较经济。但其具有如下缺点：

①由于在其液压系统中必须加设换向阀等阀件，所以该舵机工作的可靠性，取决于换向阀本身性能的优劣。

②换向阀的阀芯位置因工作状况的不同而突然改变，致使液压系统存在液击现象，舵机的工作也较粗暴。

③即使在停止转舵时，其定向泵仍将继续不断地供油，所以运行的经济性较差。

由于以上原因，变向泵式液压舵机，一般多用于转舵力矩较大、功率大的大中型船舶上；而换向阀式液压舵机则适用于转舵力矩较小的中小船舶上。随着设计的改进，换向阀式液压舵机的适用功率范围也正在不断增大。

二、液压舵机实例

(一)156.8 kN·m 型液压舵机

该舵机主要应用于沿海及江河中、下游船舶上。图 3－12 所示为这种舵机的工作原理图。

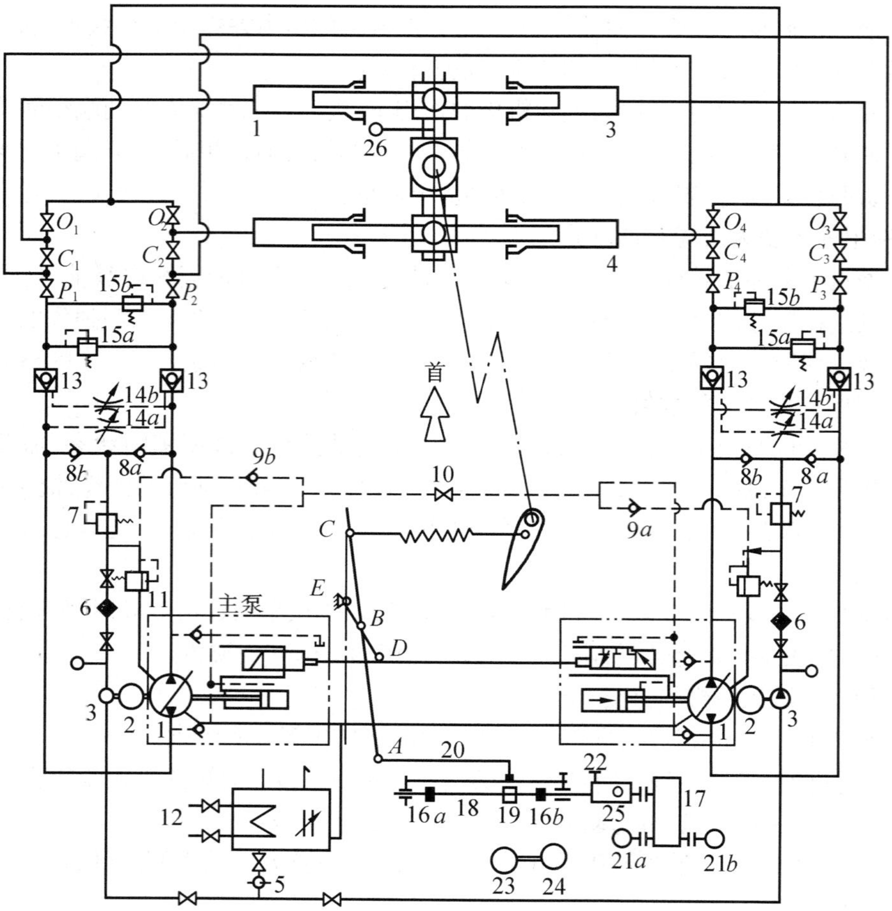

图 3－12　156.8 kN·m 型液压舵机工作原理图

1—主油泵;2—电动机;3—辅油泵;4—油箱;5—粗滤器;6—细滤器;7—减压阀;8b—单向阀;9a、b—单向阀;10—旁通阀;11—溢流阀;12—冷却器;13—液控单向阀;14a、b—可调节流阀;15a、b—安全阀;16a、b—限位螺帽;17—减速器;18—螺杆;19—导块;20—连杆;21a、b—伺服电动机;22—手轮;23—交流电动机;24—直流发电机;25—操舵角反馈装置;26—舵角指示器

舵机的主要技术参数如下:

额定转矩	156.8 kN·m
最大舵角	±35°
舵自一舷最大舵角转至另一舷最大舵角所需时间	15 s
主泵工作油压	8.03 MPa
副泵工作油压	2.45 MPa
电动机功率	13 kW

1. 油泵机组和液压系统

舵机设有两套油泵机组,它们既可交替使用,也可并联使用。每套油泵机组包括主泵1、副泵3和交流电动机2,主油泵机组还设有备用的直流电动机24作为主泵的应急动力,由蓄电池供电。

主泵1为160CY14-1型轴向变向变量柱塞泵,副泵3为普通的BC-80/型齿轮泵。主泵用来产生转舵的高压油。副泵则用来产生主泵的灌注压力,补充液压系统的泄漏,补充主泵的差动活塞跟踪的压力,以及对主泵进行冷却等。

动力系统用闭式回路,主泵1所输送的高压油经液控单向阀3进入转舵油缸,而另一转舵油缸的低压油则经液控单向阀回到主泵的吸入侧。主泵的吸、排管路与油箱无直接联系。辅助系统采用开式回路,副泵3经双联磁性粗滤器5从油箱4中吸油后,经细滤器6分至三路排出。第一路经减压阀7、单向阀8与主泵的吸、排管相通。油液经减压后,其压力由1.96 MPa降为784 kPa。只要吸入管路的油压低于784 kPa,副泵输送的压力油就经减压阀和相应的单向阀自动充入系统。第二路沿辅助油管经单向阀9和截止阀进入另一个主泵的控制机构,作为该泵差动活塞跟踪移动的动力。因为两主泵的伺服滑阀的拉杆刚性地联成一体,而伺服滑阀的移动量靠差动活塞的跟踪移动,才能使伺服滑阀继续移动。左、右两主泵的差动活塞必须同时跟踪,才能保证两主泵的伺服滑阀的拉杆同步运动。第三路油液经溢流阀11进入主泵,对泵进行冷却。从泵壳流出的受热油液回至油箱4中,由冷却器12进行冷却。运转中的主泵差动活塞移动的动力,在主泵不吸排油时,则靠来自排出腔的高压油。

2. 舵机的操纵机构

操纵机构由电气、机械和液压三部分组成。

电气部分包括由发送器和跟踪器组成的AEG式远操纵机构、执行电动机以及电动机-发电机组。AEG式电力远操纵机构按差动励磁的原则,控制电动机-发电机组的励磁,使电动机-发电机组供、断电和改变供电电流方向,以实现对执行电动机的启动、停车和转向的控制、断电和改变供电电流方向,以实现对执行电动机的启动、停车和转向的控制。两台执行电动机中,只有一台能自行跟踪,作为常用,而不能自行跟踪的执行电动机作应急用。

机械部分包括差动齿轮减速器、传动螺杆、导块、杠杆、主杠杆、副杠杆、追随杆以及主泵伺服滑阀拉杆的连接杆等组成三点式追随机构。机械部分的作用是将执行电动机的旋转运动转变为主泵变向变量机构拉杆的直线运动。为了避免两台执行电动机互相牵连,一台电机工作时,另一台不跟随转动,以减少齿轮减速器的转动惯量,从而改善冲舵现象,故采用差动齿轮减速器。

操纵机构的液压部分为主泵的变向变量控制机构,其和三点杠杆式自动操舵追随机构一起在前面已论述过。

(二)FL65型液压舵机

如图3-13所示为FL65型液压舵机工作原理图。其主要技术性能如下:

额定转矩	640/740 kN·m
最大舵角	±35°
舵自一舷最大舵角转至另一舷最大舵角所需时间	30 s
主泵工作压力	9.8 MPa
输泵工作油压	69.5 kPa
电动机功率	40 kW

1. 操纵机构

该舵机采用电力远操纵及三点式操纵-追随机构。如图3-13所示,两台伺服电动机

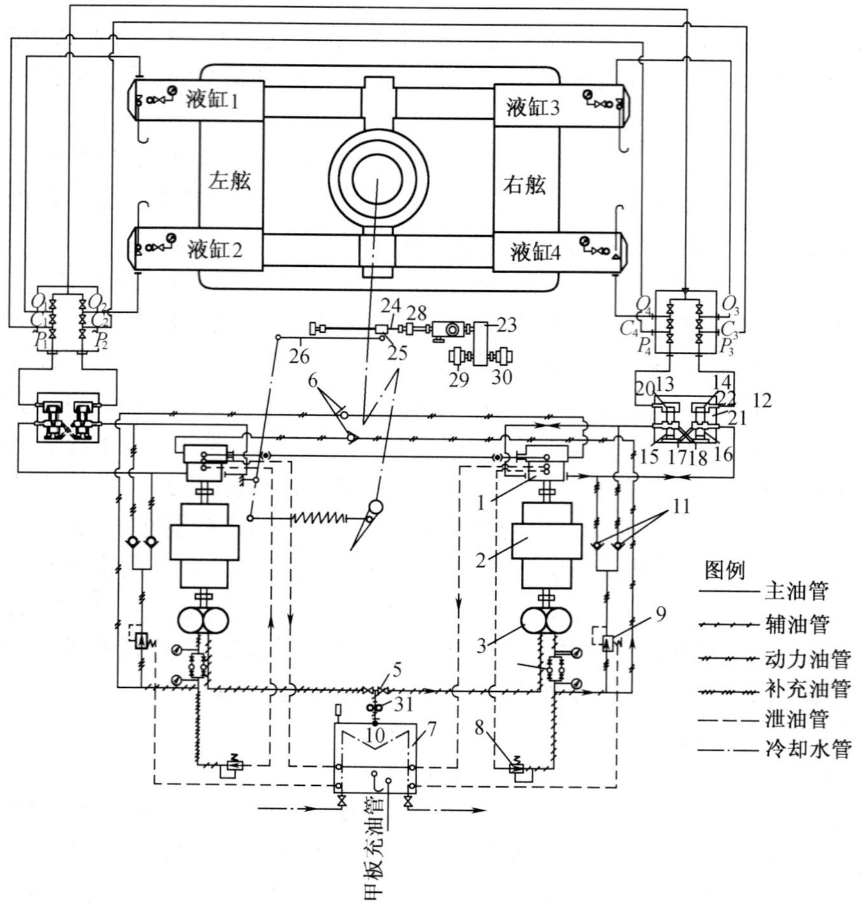

图 3－13　FL65 型液压舵机工作原理图

1—主油泵；2—电动机；3—辅油泵；4—滤器；5—截止阀；6—单向阀；7—油箱；8—溢流阀；9—减压阀；10—盘管式冷却器；11—单向阀；12—液控式单向阀组；13，14—单向阀；15，16—控制活塞；17，18—控制油路；19，20，21，22—油管；23—减速箱；24—螺杆；25—导块；26—连杆；27—手轮；28—定位螺帽和调节螺帽；29，30—伺服电动机；31—磁性滤器；32—压力表

29，30 设于舵机间，并可用电力远操机构进行控制。如果需要操舵，即可启动一台，而另一台作为备用。伺服电动机经减速箱 23 及中间轴而带动螺杆 24 转动。螺杆上套有导块 25，而导块受导杆 9 输出的限制，只能滑移而不能转动。因此，当螺杆回转时，导块就在螺杆上做直线运动，从而拉动与之相铰接的连杆 26，并通过三点式操舵－追随机构，达到操舵的目的。

除上述操纵方式外，为了应急或校对舵机工作的需要，在舵机间，还可利用手轮 27 进行操舵。手轮以锥齿轮与螺杆的传动轴相连，当用其操舵时，为了工作轻便，应设法使螺杆的传动轴与减速箱脱开。此外，为了限制与调整最大操舵行程，在螺杆的两端还装设有定位螺帽和调节螺帽 28。

2. 油泵机组

舵机设有两套互为备用的油泵机组，它们既可单用，又可并联工作。现以右舷机组为例，说明其工作如下：

主泵 1 和辅泵 3 均由电动机 2 所带动。主泵为 ZB_1227 型轴向柱塞泵，它受操纵机构控制而产生高压油液，并进入转舵油缸完成转舵任务。辅泵为一普通的 BC－80/25 型齿轮泵，用来完成补充油压系统的泄漏，并协助操纵主泵以及对主泵进行冷却等任务。

由图可见辅泵经双联磁性滤器 31 从油箱 7 中吸油，而经滤器 4 分三路供出；一路经减压阀 9，单向阀 11 与主油泵的吸排管路相通。如果因系统泄漏，而使主泵的吸入端压力低于 0.7 MPa 时，辅泵的排油就会顶开相应的一个单向阀 11，而补入系统中。另一路则沿着控制油路经单向阀 6，进入左主泵的伺服油缸中，使备用油泵的倾斜盘亦能灵活地动作。控制两个主油泵的伺服油缸的伺服滑阀阀杆是刚性联体的，而伺服滑阀阀杆的移动量又是受限制的，必须靠差动活塞的跟踪，才能保证与右主泵保持同步运动。备用泵的差动活塞，则必须靠相邻油泵的供油作为它的动力。

船舶航行中因主泵始终运转，泵壳与泵缸体间的存油，会因搅动等原因而发热，故需对泵加以冷却。为此，辅泵的排油除完成上述任务外的其余油液，经溢流阀 8 通入主泵泵壳与缸体之间，对主泵进行冷却。受热后的油液回流至油箱 7 中，并受到柜中盘管式冷却器 10 的冷却。

3. 液控式单向阀和安全阀

液控式单向阀组 12 装在两主油路中，它专门用来锁闭转舵油缸两工作空间的通路，以便操舵停止时，能使油缸转入液压控制制动状态，阻止舵叶的自由偏转。一般止回阀不能适应这样的要求，因为舵机两工作油管中的油流方向随操舵方向而改变。止回阀不能导出所泄回油泵吸入端的油液，为此，就采用液控式单向阀。

液控式单向阀 13，14 设在公共的阀箱内，分别控制管路 19 和 20，以及 21 和 22 的沟通。阀 13 和 14 通过其下部的导杆而与控制活塞 15，16 相接触。活塞在各自的小油缸中工作，而各小油缸的底部则有油路 17，18 分别与油管 21 和 19 相连通。因此，当操纵油泵使管 19 进入高压油时，单向阀 13 将在高压油液作用下开启，单向阀 14 也会由于控制活塞 16 的作用而开启。这时有部分高压油沿通路 18 进入油缸底部，推动控制活塞 16 及单向阀 14 向上。这样，高压油液就沿管路 20 进入转舵油缸，而回油则沿管 22 经单向阀 14 和油管 21 导出，使柱塞推动舵柄把舵叶偏转。一旦舵叶转至所要求的角度，油泵倾斜盘也就回到自己的中央位置，油管 19 中的高压就将消失，液控单向阀 13，14 就在阀上油压和弹簧的作用下关闭，形成封闭的制动系统。

如转舵方向相反，回油管路中的单向阀 13 将因高压油液对控制活塞 15 的作用，而开启泄油。

安全阀与单向阀 13，14，用来系统的安全卸载，以便在舵叶承受风浪冲击，使缸内油压过高时，能及时旁通，避免舵叶变形及系统损坏。

阀箱中各阀的开启情况，可按表 3－1 进行。

表 3－1

工作油缸 \ 工作油泵 / 阀	左舷泵或右舷泵											
	P_1	P_2	P_3	P_4	C_1	C_2	C_3	C_4	O_1	O_2	O_3	O_4
1－2－3－4	○	○	○	○	○	○	○	○	●	●	●	●
1－2	○	○	○	○	○	○	●	●	●	●	○	○
3－4	○	○	○	○	●	●	○	○	○	○	●	●
1－3	○	○	○	○	○	●	○	●	●	○	●	○
2－4	○	○	○	○	●	○	●	○	○	●	○	●

注：○开启；●关闭。P_1～P_4 代表泵阀；C_1～C_4 代表缸阀；O_1～O_4 代表旁通阀。

（三）VF24 型液压舵机

VF24 型液压舵机是万吨轮舵机的产品之一。它在转舵油缸、油泵以及管路和阀箱的布置上都具有其本身的特点。如图 3－14 所示为 VF24 型舵机工作原理图。

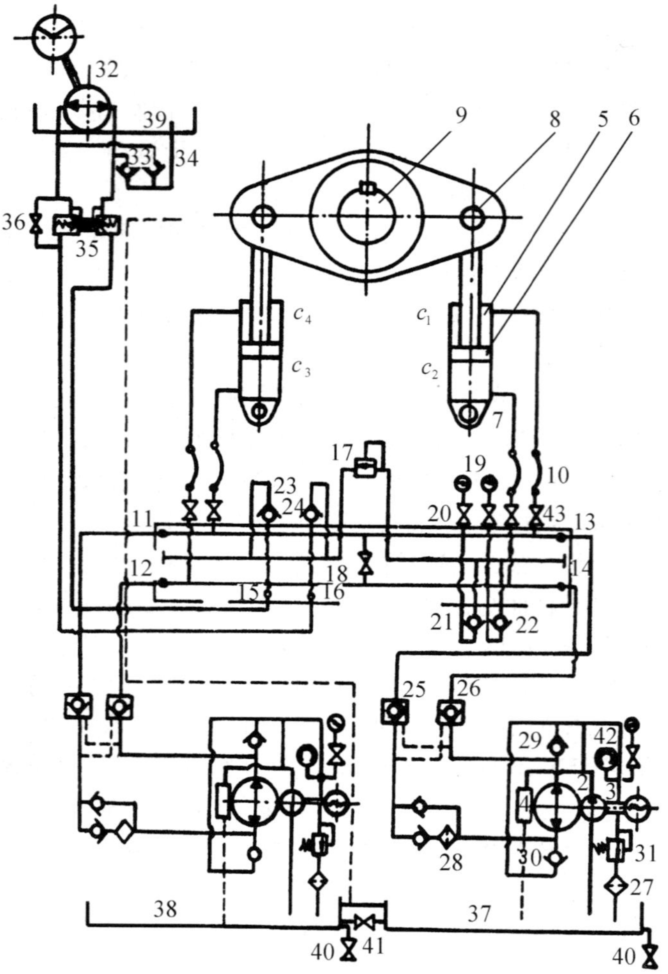

图 3－14　VF24 型液压舵机工作原理图

1—电动机；2—主泵；3—辅泵；4—主泵的变量机械；5—油缸；6—活塞；7，8—销轴；9—舵柱；10—软管；11，12，13，14—主泵吸排管路接头；15，16—手动应急泵吸排管路接头；17—安全阀；18—手动旁通阀；19—压力表；20—截止阀；21，22—高压接通的单向阀；23，24—低压接通的单向阀；25，26—自动锁闭阀；27，28—滤器；29，30—补油单向阀；31—辅泵溢流阀；32—手摇应急泵；33，34—补油单向阀；35—自动锁闭阀；36—旁通阀；37，38，39—油箱；40—放油阀；41—连通阀；42—低油压警报器；43—截止阀

该舵机的主要技术性能如下：

额定转矩	23.6 kN·m
最大转矩	35.3 kN·m
正常舵角	±35°
最大舵角	±37°
转舵（自左满舵 35°至右满舵 35°）所需的时间	≤28 s

工作油压 9.8 MPa

安全阀调定压力 14.7 MPa

电动机功率 17.6 kW

1. 操纵机构

该舵机采用自整角机式电力遥控系统。通过自整角机控制油泵伺服油缸的伺服滑阀，从而控制油泵浮动环的摆动角，改变供油工况，以达到转舵的目的。

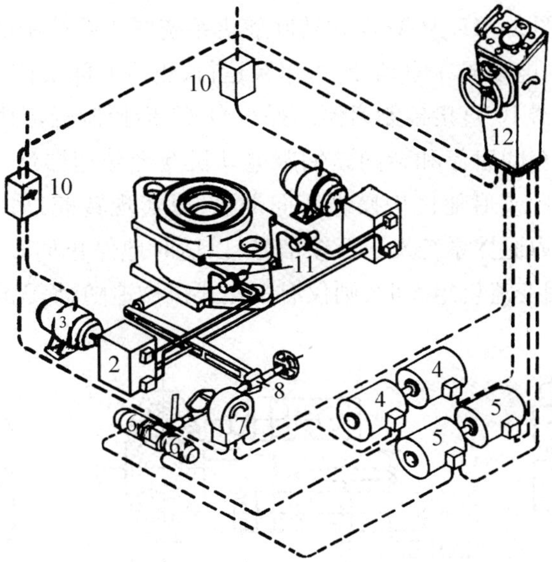

图 3-15 AEG 转叶舵机系统图

1—转叶油缸；2—油泵；3—电动机；4—用于追随控制的变流机组；

5—用于无追随控制的变流机组；6—伺服电动机；7—舵角指示器；8—螺帽；

9—应急操纵手轮；10—启动器；11—自动锁闭阀；12—驾驶室操舵台

2. 柜式阀箱

这是该舵机的一个特点。阀箱上有管接头11,12,13,14和15,16分别连接着两台主泵2和一台手摇应急泵32。单向阀21,22将系统中的高压油通过作用于安全阀17。单向阀23,24则将安全阀17释放出的油液流导向低压管路。此外，阀箱上还装有手动旁通阀18。同时，在阀箱上还装有两只压力表19，以便示出系统中的工作油压。需查看系统工作油压时，把截止阀20打开观察压力。鉴于上述截止阀均为双阀座式的结构，故当切断泵与某一对旁通的油缸工作空间的通路时，可通过该截止阀并借柜式阀箱的内部油路而实现旁通。

3. 转舵油缸

油缸采用的是活塞式油缸结构。左右两油缸5被活塞6分成4个空间，分别以软管10、截止阀43而与柜式阀箱相速。油缸的一端通过销轴7铰接于固定支架上，而另一端则通过活塞杆和销轴8与安装在舵柱9上的舵柄相连。当转舵时，油缸将绕销轴7点而摆动。因此，为了适应这种需要，故在油缸与柜式阀箱间设置了软耐高压油管10。

此外，在该舵机系统中，还设有低油压警报器42，当控制油系统中的压力过低时，及时地向驾驶台报警;而当控制系统中的油压过高时,溢流阀 31 超压时使之泄放,并经滤器 27 而流回油箱。在主动力管路中亦设有滤器 28,以便经常过滤油液,使系统中的油液保持净化。

(四)AEG 式转叶式液压舵机

AEG 式液压舵机是目前船上应用较多的一种舵机。主要特点如前转舵机构之外,还具有电力遥控机构和三点浮动杠杆式控制的变向变量油泵,再经翻边式转叶油缸来实现转舵。该种舵机目前已发展为规格多样且系列化,其中 RDC 系列,具有转舵力矩以 1.6 t·m 至 5.00 t·m 等多种。图 3 - 15 为 AEG 式转叶舵机系统图。系统中的两台轴向变向柱塞泵 2,用作推舵的能源并由电动机 3 驱动,既可单泵运行,也可并联工作。电动机 3 可由驾驶台上的操纵台 12 经启动器 10 直接控制启停。操纵台 12 借控制变流机组 4 中发电机励磁的方法,控制伺服电动机 6 的启停和转向。伺服电动机 6 经减速器带动螺杆 8。螺杆 8 的转动,一方面可经三点杠杆或追随机构操纵变向油泵,以实现转舵;另一方面,还将通过齿弧和电力反馈装置,向电力遥控系统发出反馈信号,以适时地停止伺服电机 6 的转动,从而完成电力追随。而当改用变流机组 5 时,则仅有三点式机械追随,而无电力追随。

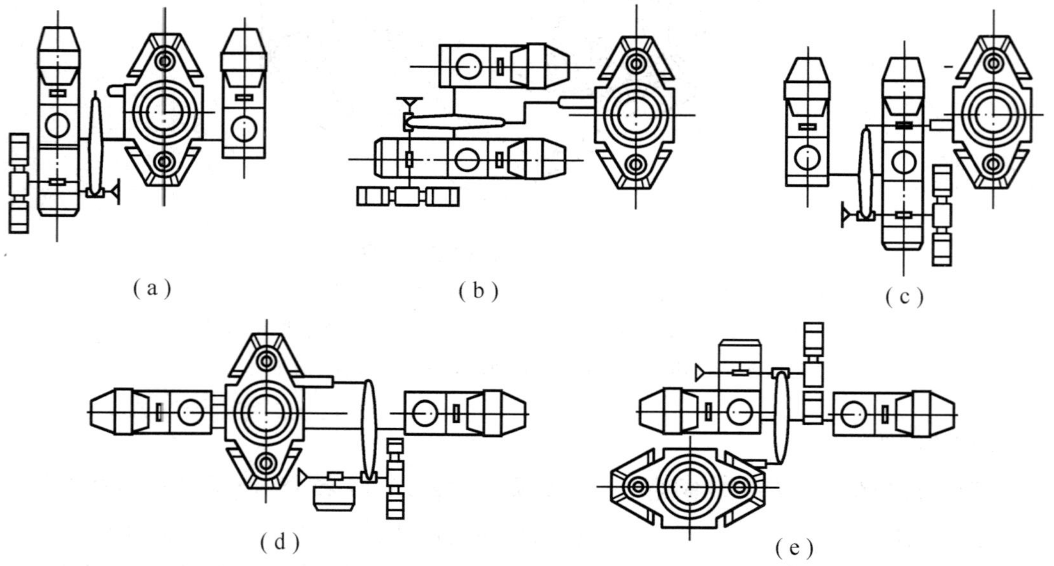

图 3 - 16 AEG 式转叶舵机布置方案图

AEG 式转叶舵机的系统布置,可随舵机房的不同情况和具体需要来进行。图 3 - 16 即为这种舵机的各种不同的布置方案。

除上述外,近年来,AEG 还发展了一种 RB 系列的组装式转叶舵机,如图 3 - 17 所示。它的主要特点是把转舵机构、油泵机组及有关电气设备与附件等,先在车间组装成一个整体,并调试完毕,因而可整体吊装上船,迅速装妥到位,并交付使用。至于该系列转叶舵机的主要数据。见表 3 - 2,供选用参考。

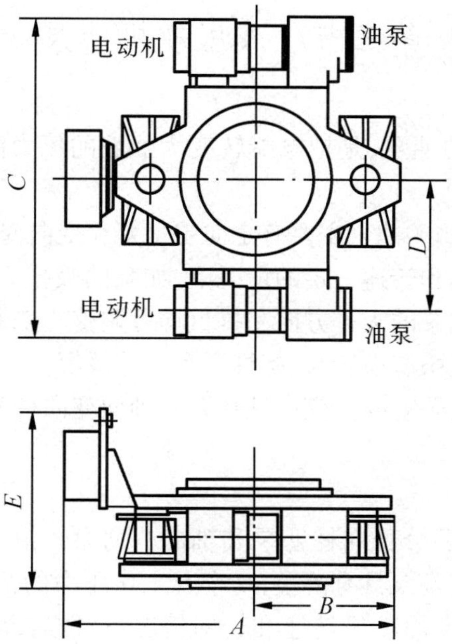

图 3－17　组装式转叶舵机图

表 3－2　RBT 系列组装式转叶舵机的主要数据表

型　式	最大转矩 /(×10⁴N·m)	舵柱直径 /mm	电动机功率 /kW	主要尺寸 A /mm	B /mm	C /mm	D /mm	E /mm	组合装置的质量 /kg
RB40/6.3MGK①	7.5	220	3.5	1 335	590	1380	495	730	1 200
RB63/10MGK	12	260	6	1 450	650	1 465	535	925	1 500
RB100/16MGK	20	300	8	1 840	780	1 895	748	960	2 300
RB160/25MGK	30	350	12	1 850	800	1 900	750	965	3 050
RB160/25MG②	30	350	12	1 835	800	2 020	820	910	3 400
RB200/31.5MG	40	370	18	1 940	830	2070	855	1 040	4 100
RB250/40MG	50	410	23	2 035	915	2 070	840	1 055	5 100
RB250/50MG	55	410	24	2 035	915	2 070	840	1 055	5 100
RB315/50MG	60	440	24	2 205	940	2 345	930	1 180	6 100
RB315/70MG	80	440	28	2 205	940	2 345	930	1 180	6 500

①RB－MGK 型采用定量泵。

②RB－MG 型采用变向泵。

第三节　液压舵机油泵

液压舵机装置中所用的油泵，是把电能转变为油液的压力能，为液压舵机提供动力的重要设备。

目前，在液压舵机中应用的油泵主要有定向定量泵和变向变量泵两种型式。

在电动机带动旋转方向和转速一定的情况下，如泵的吸排方向和排量均为一定而不变的，称之为定向定量油泵；如泵的吸排方向和排量均可调整改变的，称之为变向变量油泵。

液压舵机用的定向定量泵有齿轮泵、螺杆泵和叶片泵等。

液压舵机用的变向变量泵有径向变向柱塞泵和轴向变向柱塞泵等。

一、径向变向柱塞泵

回转泵中的柱塞泵，主要分径向柱塞泵和轴向柱塞泵。由于结构和布置上的原因，前者已被后者所取代。回转柱塞泵具有流量，功率及工作压力的范围大，结构紧凑体积小，操纵灵活，特别是具有在不改变原动机转速和转向情况下，能实现变向、变量的功能，是其他泵所无法相比的。因此，在液压舵机中，回转柱塞泵的应用相当广泛。

（一）径向变向柱塞泵的工作原理

图 3－18 所示为径向柱塞泵的工作原理图。外圆代表能左右移动的浮动环，中间的圆盘又代表油缸本体。在缸体 2 中径向地安置着若干个柱塞 3，每个柱塞顶部带有滑履 4，而滑履安装在浮动环 7 的环形滑轨内，并可沿环形滑轨滑移。缸体 2 由原动机驱动，绕配油轴 5 回转，而在配油轴上沿轴向钻有互不相通的油路 1 和 5。

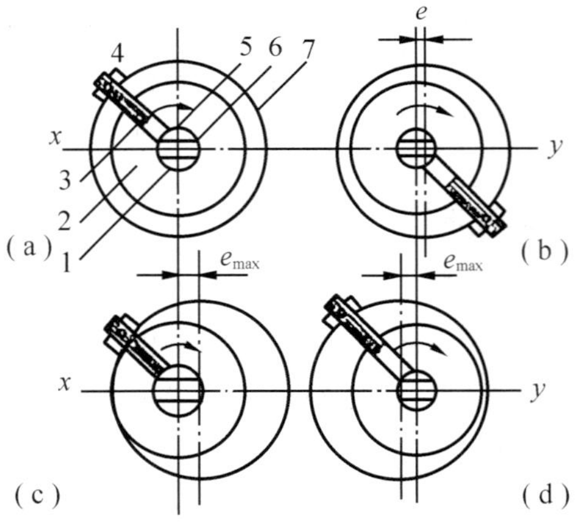

图 3－18　径向变向柱塞泵工作原理图

1，5—吸排油路；2—缸体；3—柱塞；
4—滑履；6—中央阀；7—浮动环

假设原动机驱动缸体作顺时针方向回转，那么，当浮动环处于中央位置时（图 a），由于浮动环与缸体同心，所以，随缸体一起转动的柱塞因无往复运动而没有吸排油液动作，即排量为零，舵机不转动。

如果通过某种操纵将浮动环推向右侧（图 b，c），那么，吊挂于浮动环滑轨上的柱塞，就会在转过上半周时，不断自油缸中退出，自配油轴油路 5 吸油；而当柱塞转过下半周时，则又不断地被压入油缸，并将油液从油路 1 中排出。显然，浮动环偏离中央位置越远，即偏心距 e 越大，柱塞的行程就越长，泵的排量也就越大。而当浮动环向相反方向偏离中央位置时（图 d），则泵的吸排方向与图 b、c 所示方向相反，即自油路 5 中吸油，而从油路 1 中排出。

径向柱塞泵的上述工作原理，还可通过泵的排量 Q 的表达式加以概括，即

$$Q = \frac{\pi}{4}\cdot d^2\cdot 2e\cdot Z\cdot n\cdot \eta_V \quad (\mathrm{m^3/min})$$

式中　d——柱塞直径，m；

　　$2e$——柱塞行程，m；

　　Z——柱塞数量；

　　n——泵的转速，r/min；

　　η_V——泵的容积效率，一般在 0.85 ~ 0.95 之间。

上式表明，对尺寸既定的径向柱塞泵，在转速恒定时，只要设法改变浮动环的位置，即改变偏心距 e 的正负及大小，就可改变泵的吸排方向和流量的大小，来实现舵叶的左右转向或停止不动。

（二）径向变向柱塞泵工作原理图

图 3－19 所示为径向变向柱塞泵的工作原理图。操舵时，如使电磁换向阀右侧的电磁铁 11 通电，滑阀 10 即被推向图示左端位置，这时活塞 14，16 左侧空间的油液被卸入油箱，而由齿轮泵 1 排出的压力油，则经管 2 不断供入活塞 21 的右侧空间，压力增多推动浮动环导架 23 向左移动，直到调节杆 15 的左端抵住手轮 12 螺纹杆的右端时为止。这时，因浮动环相对于缸体来说，已向左移动了一个偏心距 e，故油泵将由管路 17 排压力油，从管路 18 内吸油。

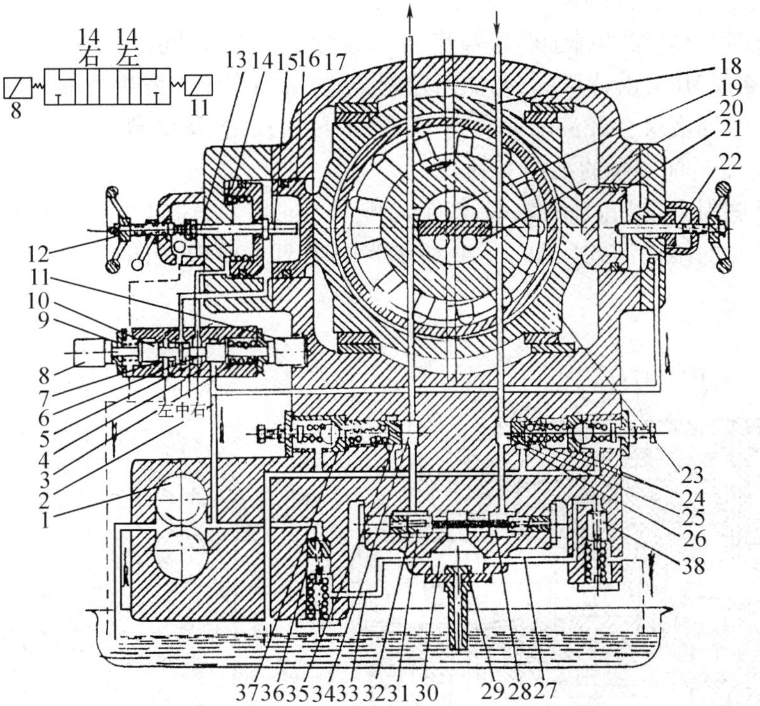

图 3－19　型径向变向柱塞泵工作原理图

1—齿轮泵；2—油路；3—弹簧；4、5、6、7—环形腔；8—电磁铁；9—弹簧；10—阀芯；11—电磁铁；12—手轮；13—调节螺母；14—活塞；15—调节杆；16—活塞；17、18—吸、排油管；19、20—中央阀上、下腔；21—活塞；22—调节杆；23—导架；24—安全阀；25—油路；26—环形腔；27—油路；28—环形腔；29—单向阀；30—油腔；31—换向阀；32—环形腔；33、34—油路；35—环形腔；36—溢流阀；37—安全阀；38—背压阀

当舵转至给定角度时，由于电力反馈装置将使电磁铁 11 断电，所以滑阀 10 在两端弹簧 9 和 3 的作用下，被平衡到中央位置，切断活塞 14 的泄油通路，并使其与辅助油泵的排出管路联通。由于活塞 14 的面积大于活塞 21，于是浮动环导架 23 被推向右，直到杆 15 上的螺母 13 抵到泵壳时为止，此时浮动环中心与缸体回转中心重合，油泵停止吸排油，舵叶停止转动。

如果驾驶台反向操舵，使电磁铁 8 通电，则滑阀被推向右端位置，切断活塞 16 的泄油通路，并使控制油液经油路 4，5，6 进入活塞 14，16 的左侧，由于活塞 16 的面积也较右端活塞 21 大，故导架 23 被推向右端，直到活塞 21 触及杆 22 时为止。这样，因浮动环相对于缸体来说，已向右移动了一个偏心矩 e，所以油泵的吸排方向也就与前述相反，并使舵叶反向偏转。

当舵叶转至给定角度时，电力追随系统使电磁铁 8 断电，滑阀因而回到中位，使活塞 16 左侧泄油，于是在活塞 21 右侧油压作用下，浮动环又被推向左，直到活塞 16 抵到调节杆 15 的右端为止。这时，浮动环恰好在中央位置，泵油停止，舵叶也不再转动。

油泵的排量，取决于浮动环偏心距 e 的大小，可借助调整手轮 12，螺母 13 以及杆 22 的长度来加以调节。

采用上述操纵方式，油泵浮动环的移动速度，比三点杠杆式操舵机构速度快，整个转舵过程中，油泵始终保持最大排量，所以转舵速度也快。但油泵在最大排量迅速减为零，给舵机的液压系统带来冲击。

齿轮泵除供给操纵浮动环的控制油液外，也还兼有补充系统内油被泄漏的任务。当主油泵停止吸排时，齿轮泵的排油将经溢流阀 36、油路 23 进入油腔 30，其中的油压，一般保持在 0.2 MPa～0.3 MPa，由背压阀 38 加以控制。这样，当系统因发生泄漏而形成更低的压力时，油腔 30 中的油液就会经液动换向阀 31 自动补入，反之，则经背压阀 38 泄入到油箱。

（三）径向变向柱塞泵的结构实例

为减少摩擦阻力，提高泵的效率，使泵的排量趋向均匀，径向变向柱塞泵已广泛采用多列柱塞和无滑履的结构形式。图 3－20 所示为国产 JT－13 型径向变向柱塞泵的结构简图。

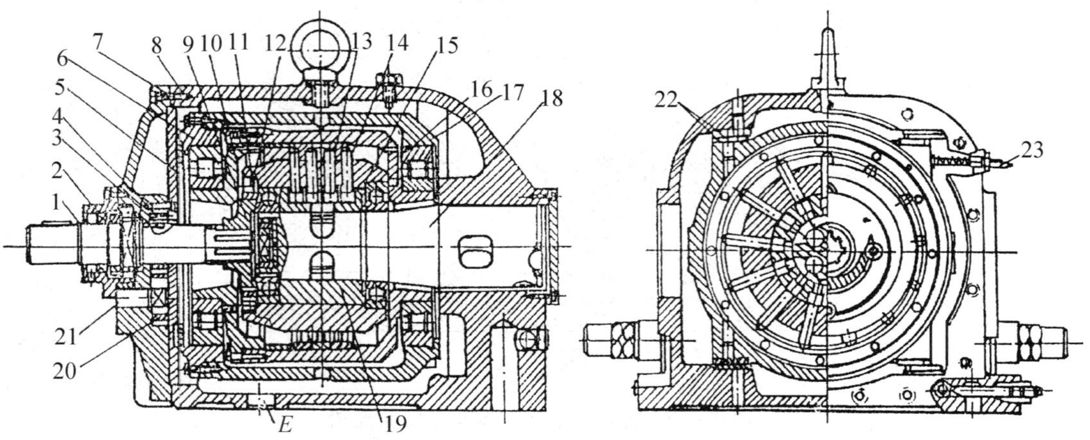

图 3－20　JT－13 型径向变向柱塞泵结构简图

1—主轴；2—密封圈；3—键；4—齿轮油泵；5—圆盘；6—盖；7—侧盖；8—泵壳；9—法兰盘；10—盖；11—滚子；12—中间环；13—反作用环；14—柱塞；15—缸体；16—浮动环；17—导架；18—中央阀；19—套筒；20—球轴承；21—轴；22—导轨；23—偏心指示杆

二、轴向变向柱塞泵

(一)轴向变向柱塞泵的工作原理

图3－21所示为轴向变向柱塞泵原理图。

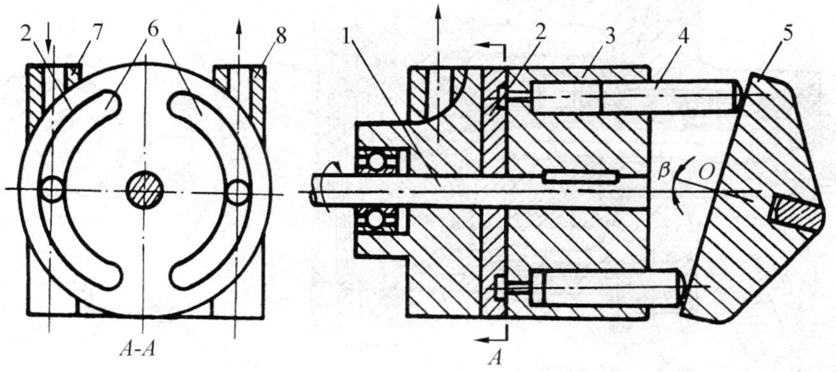

图3－21　轴向变向柱塞泵工作原理图

1—泵轴;2—配油盘;3—缸体;4—柱塞;5—倾斜盘;6—配油窗口;7、8—吸排管口

泵轴1用键与缸体3相连接,在缸体3上,沿着轴向均匀地布置着一圈油缸(一般为6～12个)。各缸中的柱塞4靠作用于其底部的油压或用机械的方法,始终贴紧在倾斜盘5上,而倾斜盘5则可像图示那样绕O点偏转。其轴线相对于泵轴线的倾角β可以改变。缸体3的右端面紧贴在配油盘2上,配油盘2固定不动,其上开有两个半月形的配油窗口6,它可使各相应的油缸分别与泵的吸排管口7和8相沟通。

当原动机经轴1带动缸体3做顺时针方向(自倾斜盘方向看)回转时,倾斜盘处在图示的位置,那么当柱塞自下而上转过左半周过程中,就必须同时自油缸中渐次退出,使柱塞底面的封闭容积逐渐增大形成真空,油液经左侧配油窗口吸入;而当其自上而下转过左半周时,柱塞又渐次在压入油缸,促使柱塞底面的密封容积逐渐缩小,油压增高,并将油液经右侧配油窗口排出。

由于轴向柱塞泵在结构尺寸和转速既定时,泵的排量大小仅取决于柱塞行程的长短,即取决于倾斜盘的倾角β的大小,因此改变倾斜盘的倾角β的大或小,油泵的油量会随之改变。β大油量大,β小油量小;如果$\beta=0$时(此时倾斜盘与泵轴线相垂直)泵旋转工作并不泵油;如果改变倾斜盘的倾斜方向,泵的吸排方向随之互换,从而实现变向变量的目的。

(二)斜盘式轴向变向柱塞泵

如图3－22所示为斜盘式轴向变向柱塞泵的结构图。它主要由泵的立体部分和伺服变量变向机构部分所组成。

该泵的主体由定子及转子组成。安装于泵壳1中的缸体2,支承在滚子轴承3上,由空心传动轴4经花键26、心轴5带动回转。在缸体口上,沿轴向均匀地布置着7个油缸,每缸中的柱塞9都以自身的球头与滑履10相铰接。

滑履由弹簧12经铜球铰13、压盘11紧贴在斜盘14上,且在盘上做周向滑移。

采用滑履10作用是不使柱塞头部与斜盘直接接触,不仅改善了它们的接触状况,减少接触应力,增大油泵承受高压的能力,还可在吸油阶段借以弹簧12、压盘11将柱塞从缸体

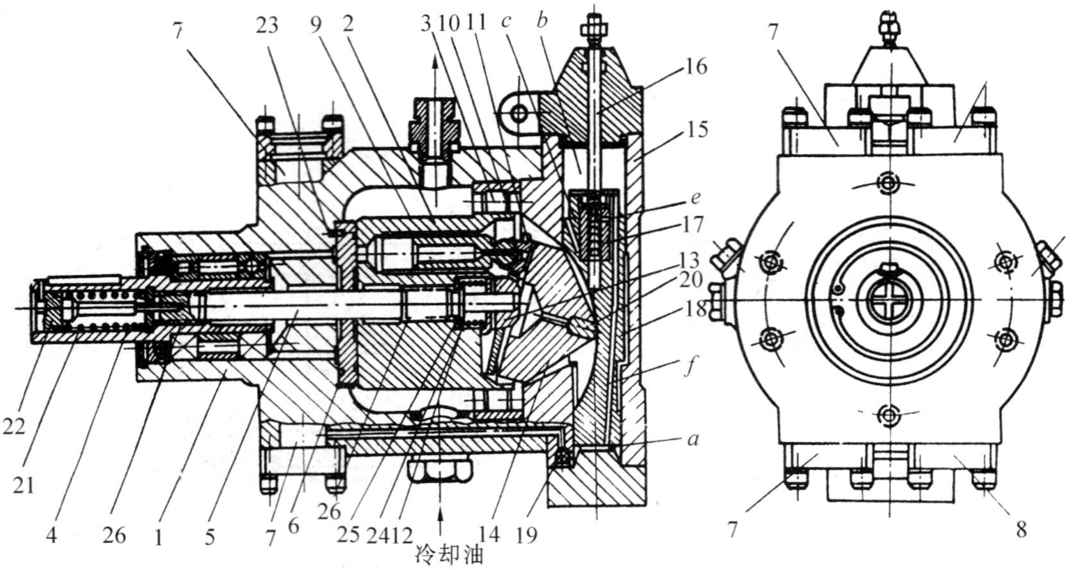

图 3－22　斜盘式轴向变向柱塞泵图

1—泵壳;2—缸体;3—滚子轴承;4—转动轴;5—心轴;6—配油盘;7、8—吸排管接头;9—柱塞;10—滑履;11—压盘;12、21—弹簧;13—铜球铰;14—斜盘;15—控制机构本体;16—拉杆;17—伺服滑阀;18—差动活塞;19—单向阀;20—销轴;22—螺钉;23—定位销;24—凸肩;25—环圈;26—花键

中强制拉出,从而使油泵具有较大的自吸力。

图 3－23 示出柱塞与滑履的结构和受力情况。由图可见,在滑履和柱塞的中心都钻有小孔,它可使压力油经小孔通到柱塞与滑履及滑履与斜盘之间的摩擦面上,从而起到润滑和静压支承作用。滑履底部呈圆台形分布的油压撑开力 P_c,抵消大部分柱塞传给滑履的法向力 N(N 比 P_c 约大 10%～15%),这样既可大大减小比压,使磨损和功耗减小,又可以使滑履较好地压紧在斜盘上,防止产生过大的泄漏损失,从而使油泵在压力和功率都达到很高的情况下,仍有较好的使用性能和效率。

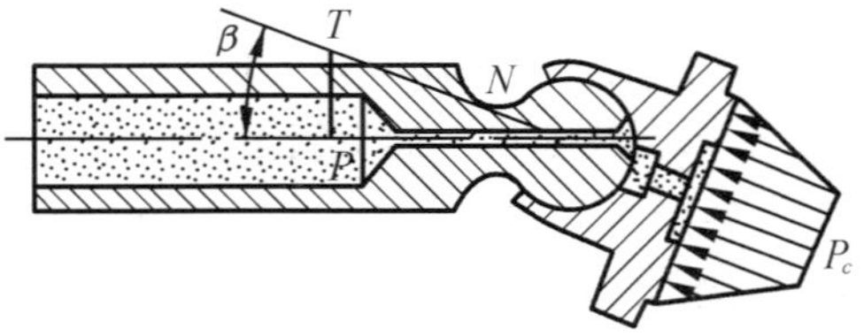

图 3－23　柱塞与滑履的静力平衡图

倾斜盘 14 其两侧带有耳轴,支承在伺服变量机构本体 15 的支承座内,并可通过变量机构,经销轴 20 来拨动,使之绕铜球铰偏转。其倾角可达 ±(18°～20°)。

泵的变量变向控制机构部分,主要由拉杆 16、伺服滑阀 17、差动活塞 18、单向阀 19 及销轴 20、倾斜盘 14 及本体 15 等组成。

例 ZB_1227 型轴向变向变量柱塞泵的理论排量为 $227cm^3/r$,额定工作压力为 13.7 MPa,最大工作压力为 23.5 MPa,额定转速为 1 500 r/min,最大转速为 2 000 r/min。

图 3－24 所示的为带压力补偿器的恒压式斜盘柱塞泵。

目前,以柱塞式变向变量泵使用最为广泛。这种泵可在原动机不改变旋向和速度下,可改变吸排方向和排量之外,还具有效率高、密封性能好,运转平衡,寿命长,噪音小,便于

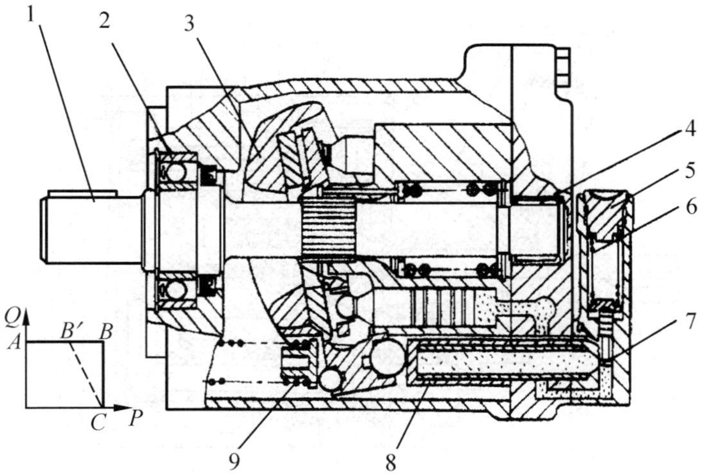

图 3-24 带压力补偿器的恒压式斜盘柱塞泵图

1—传动轴;2—轴承;3—斜盘;4—轴承;5—调节螺栓;6—压力补偿器弹簧;7—压力补偿器阀芯;8—变量柱塞;9—斜盘复位弹簧

操纵管理等优点。它的工作压力可达 49 MPa ~ 68.6 MPa 以上,排量已达到 1 370 L/min 以上。缺点是其结构较为复杂,加工制造和安装精度要求高,价格较贵。

三、斜轴式轴向变向柱塞泵

(一)斜轴式轴向变向柱塞泵的工作原理

斜轴式轴向变向柱塞泵的工作原理如图 3-25 所示。电动机驱动传动轴 5,带动与传动轴盘组成球绞的连杆 4(连杆转动时做小角度摆动)。通过连杆 4 锥形表面与柱塞 3 内壁表面的接触,驱动缸体 2 转动,使柱塞的底腔容积发生变化,于是通过配油盘 1 的相应配油窗口和泵体内的油路,即可完成吸、排作用。

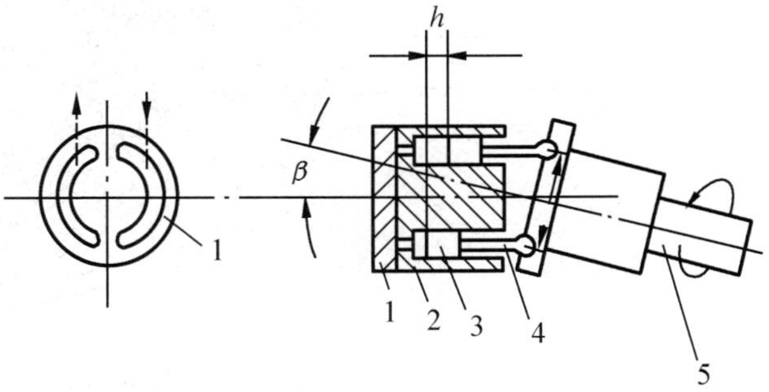

图 3-25 斜轴式轴向变向柱塞泵的工作原理图

1—配油盘;2—缸体;3—柱塞;4—连杆;5—传动轴

(二)斜轴式轴向变向柱塞泵结构实例

图 3-26 示出斜轴式轴向柱塞泵的结构。图中油缸体 11 装在后泵体 6 内的滚动砂上,靠蝶形弹簧 15 与配油盘 12 紧压在一起。蝶形弹簧的预压缩量,则可通过安装在缸体轴线位置的调节螺杆 14 加以调节。后泵体 6 左端带有两个耳轴,借两个滚动轴承 5 安装在外壳 13 上,并可借另外的变机构控制,绕轴承 5 的轴线 $a-a$ 相对前泵体 3 左右摆动,以调整油缸体的倾角 β,从而改变油泵的流量和吸排方向。传动轴 1 装在前泵体 3 内,右端带球窝圆盘。在缸体沿轴向装有七个柱塞 10,柱塞 10 通过连杆 7 与传动轴 1 连接。连杆左端球头借压板 4 和垫圈、螺钉等传动轴球窝圆盘铰接,而连杆右端的球头,则通过卡瓦 8 和销子 9 与柱塞内孔铰接。配油盘的两个配油口 e、d 分别经过泵体内的油道 c、b 连通油泵的两个进

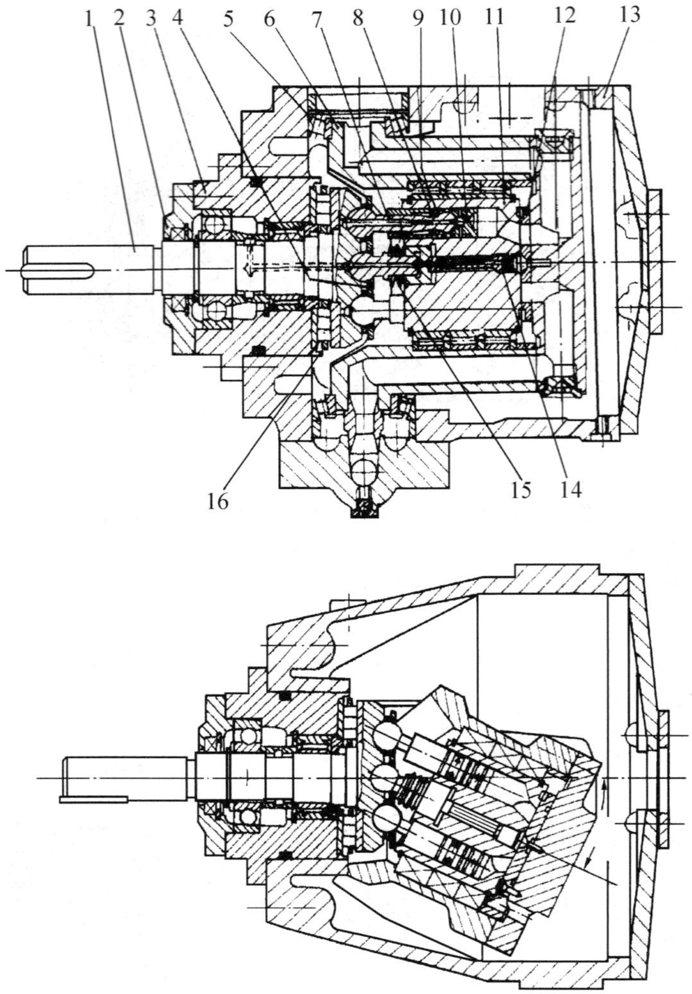

图 3－26　斜轴式轴向变向柱塞泵结构图

1—传动轴;2—压盖;3—前泵体;4—压板;5—轴承;6—后泵体;7—连杆;8—卡瓦;9—销子;
10—柱塞;11—油缸体;12—配油轴;13—泵壳;14—调节螺杆;15—蝶形弹簧;16—推力轴承

出油口。而从各密封位和润滑部位泄漏到泵壳 13 中的油液,则经泄油管回油箱。

与斜盘泵相比,斜轴泵具有以下特点:

(1)斜轴泵用铰接柱塞球头的方法替代了斜盘泵中的滑履和斜盘,提高了结构的强度和耐冲击性。

(2)斜轴泵工作时,因连杆轴线与柱塞轴线之间的夹角不大,故柱塞与缸壁间的侧压力也就比斜盘泵要小得多,所以工作时不仅磨损小,而且倾角 β 也可加大到 25°～30°(斜盘泵 β 一般不大于 20°),从而扩大了流量的变动范围。

(3)斜轴泵驱动轴不穿过配油盘,可使缸体直径相应减小,泄漏和摩擦损失因而减小,泵的吸入性能也因油缸圆周速度的减小而有所改善。

(4)斜轴泵滤油精度比斜盘泵要求低,一般为 25 微米(斜盘泵为 10～15 微米)。

由于上述优点,致使斜轴泵在液压机械中应用日趋增多。但这种泵靠摆动缸体来变量，外形尺寸较大；结构和工艺比较复杂；造价也较高。

（三）柱塞式液压泵的使用和管理

柱塞式液压泵属精密机械，正确地使用和管理对保证泵可靠地工作，延长使用寿命至关重要。主要应注意以下几项。

（1）泵轴与电动机应用弹性联轴节直接相连，轴线同心度误差不得超过 0.1 mm。

（2）柱塞式液压泵内流道复杂，虽然多数有一定的自吸能力，但允许吸上真空不大，有的型号则不允许自吸，故吸入管上不应加设滤器。轴向柱塞泵吸入端推荐采用辅泵供油。

（3）为使泵内各轴承和润滑面得以充分润滑，对初次使用或刚经拆修的泵启动前必须向泵壳内灌油；安装时，应使泵壳泄油管向上行，如需要减少泄油阻力及避免虹吸现象，泄油管出口可置于油箱液面之上；对用油经泵壳强制循环冷却的泵，必须注意泵壳内的油压，通常不得大于 0.2 MPa，以保证泵壳的密封和变量机构的正常工作。

（4）禁止在关闭排出阀的情况下启动。

（5）不宜使泵在零位长时间运转。因为泵空转时，各摩擦面也就得不到泄漏油液的润滑和冷却，容易增加磨损，使泵发热。

（6）必须采用适当品种的工作油，不能改换掺用。工作时，油压和油温（黏度）应不超出规定。

（7）必须注意保持油液清洁，轴向柱塞泵因采用间隙自动补偿的端面配油方式，油膜很薄，滤油精度一般比径向柱塞泵要求高，如油中含有固体杂质，不仅会使磨损加剧和容积效率降低，而且可能阻塞泵内通道，或造成卡阻及变量机构失灵等故障。

（8）泵内零件多经淬火，硬度很高，且经研配，拆装时不应用力捶击和撬拨，应防止换错零件，装配前各零件应用挥发性洗涤剂清洁并吹干，而不宜用棉纱等擦洗。

四、螺杆泵

螺杆泵是一种利用螺杆的旋转，使充满其螺杆槽内的油液产生轴向移动，来达到吸、排作用的机械。

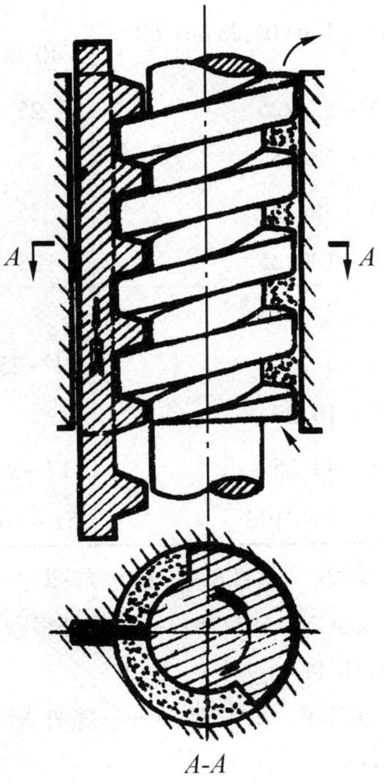

图 3－27 螺杆泵工作原理

（一）螺杆泵的工作原理

如图 3－27 所示为螺杆泵工作原理简图。

当图中的螺杆按箭头排出的方向旋转时，处在齿槽内的油液与齿条一起从下端向上端移动，油液由上端被挤压排出，而下端螺杆槽内的真空产生又不断地吸入油液，从而形成泵的下吸、上排的作用。

实际的螺杆泵是采用一根或多根辅螺杆来代替图中齿条的用途，这就形成了双螺杆、三螺杆泵等类型的泵。

表 3－3 所列为国产螺杆泵主要性能。

表 3－3　国产螺杆泵主要性能表

型　　号	工作压力 $\times 10^5$ Pa	排量 m^3/h（L/min）		转速 r/min	功率/kW		吸油高度 /m
		公称	理论				
LB－B_8		（8）	（10.5）				
LB－B_{16}		（16）	（20.3）	1450			
LB－B_{25}①	25	（25）	（34.8）				
LB－B_{40}		（40）	（55.8）				
LB－B_{63}		（63）	（69.8）	2900			
LB－B_{1000}		（100）	（111.6）	2900			
3GY－0.8/10,25,40,60	10,25,	1.0,0.8,		2900	0.5,1.1,1.5,2.5		6
3GY－1.5/25②	25	1.5		2860	2.7	4	4
3GY－1.6/10,25,40,60	10,25,40,60	2.0,1.6		2900	1.1,2.2,3.0,5.1		5
3GY－5.4/25	25	5.4		2900	6.2	7.5	4
3GY－22/25	25	22		1500	23	22	4
3GY－36/25	25	36		1500	40	40	4
3GY－100/25	25	100		1500	83	100	4
3UY－2.4/25③			2.4	2900		3	
3UY－5/25	1～25		5.26	2900		7.5	5.5
3UY－10/25			9.8	2900		10	
3UY－40/25	17～25		39.8	1450		40	4.5
3UY－2.4/100	51～100		2.4	2900		10	5.5

①LB－B_{25}：LB——螺杆泵；B——压力分级，B 级＝25×10^5 Pa；25——流量，L/min。

②3GY－1.5/25；3——螺杆根数；GY——螺杆油泵；1.5——工作压力下的流量，m^3/h；25——工作压力，$\times 10^5$ Pa

③3UY－2.4/25；3——螺杆根数；UY——螺杆油泵；2.4——理论排量，m^3/h；25——工作压力，$\times 10^5$ Pa

（二）三螺杆泵的结构组成

用三根螺杆互相啮合进行输送油液的泵，称为三螺杆泵。

如图 3－28 所示为三螺杆泵的结构图。它主要由固定在泵体 9 中的缸套及安装在其中的主动轴杆 1，与主轴杆相啮合的两根从动螺杆 2 与 3 组成。

主动螺杆如图示的旋转方向，带动两根从动螺杆一起旋转，促使每根螺杆上的螺旋槽按每个导程形成一个个密封腔，而每个密封腔均在螺杆的下端形成，并随着螺杆的旋转而螺旋上升，直至螺杆的上端结束。泵壳体的下端有吸口，上端开有排口。

由于密封腔内充满油液并做自下而上的螺旋移动，从而达到了泵输送液体的作用。又因密封腔的形成和消失是连续地，所以螺杆泵的流量与前两种泵相比更趋向均匀，振动

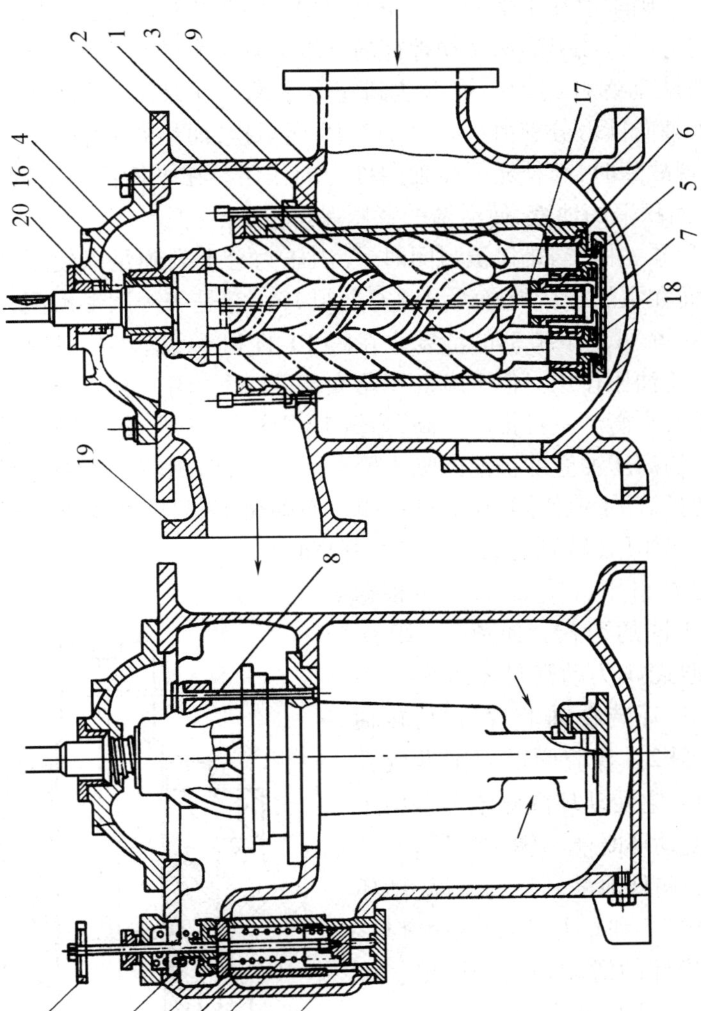

（a）　　（b）

图3—28 三螺杆泵

1—主动螺杆；2，3—从动螺杆；4—平衡活塞；5，6—衡轴套；7—盖板；8—回油管；9—泵壳衬套；10—安全阀；
11—防转滑销；12，14—弹簧；13—手轮；15—调节螺杆；16，17—推力垫圈；18—推力垫块；19—泵壳；20—轴封

也小。

泵在工作时，因主动螺杆与两侧的从动螺杆对称啮合，故主螺杆上所受的轴向力能自动平衡，并不发生弯曲变形。而处在两侧的从动螺杆则有单侧的径向力，沿着从动螺杆的全长分布，由泵缸的内表面来支承，故从动螺杆也不会弯曲变形。但其与缸体的内表面工作时摩擦，因而螺杆泵不能断油工作。

图 3－28 所示的三螺杆泵为单侧吸、排泵，必然对螺杆在工作时产生轴向推力指向吸入端。为了平衡轴向推力，在主动螺杆的排出端设平衡活塞 4，以平衡大部轴向力。而对两从动螺杆向下的轴向推力，则采取在主螺杆中心钻孔，把排出端的压力油引至螺杆下端，通过盖板 7 上的小孔，分别将压力油引到两从动螺杆的下端面的平衡轴套 5 与 6 内，并产生一个向上推的压力油面，使从动螺杆的轴向推力达到完全平衡。在泵工作初期尚未建立油压时，各螺杆上的不平衡轴向推力分别由垫圈 16，17，18 所承担，而垫圈 16，17 和 18 的另一个作用是当液压系统出现故障时，起补充平衡轴向推力的作用。在平衡活塞的背面设有回油管 8，用来导出因泄漏而积聚的油液，使活塞的背压保持稳定。

螺杆泵同其他容积泵一样，当排口被封闭时，泵内压力会上升到足以使泵破损，或电机过载的危险程度。因而在泵的排口处必须设置安全阀 10。它是一个圆形滑阀，下端插入端盖 11 的套筒上，形成一个可上下滑动的活塞。在阀 10 的上部钻有小孔，将高压油引至阀内，而阀的上下两端均受油压作用。但上端面积略大于下端，使阀只有一个向下的作用力，而此力由背压弹簧 12 所平衡。一旦排压升高，弹簧 12 则被压缩，促使阀 10 下移，沟通泵的吸排空间，于是排出侧的高压油立即被泄到吸入侧。安全阀的工作压力可通过手轮 13 来调节。如果排压减少，则弹簧 14 迫使阀 10 上移关闭。而弹簧 12 只能在阀下移时起作用，而弹簧 14 只对阀上移时起作用（特别是吸入侧压力升高时）。

螺杆泵的轴封，通常采用机械轴封，并可根据工作压力的高低采取不同的型式。如图 3－29 所示为机械轴封的一种型式：1 为动密封环，5 和 6 为静密封环，4 是弹簧。动环装在轴上，在它与转轴之间还装有耐油橡胶圈 2。橡胶圈的外围做成锥形，压紧在动环的内周。它受动环内侧锥形壁面压缩，紧抱在转轴上，以使动环既能与轴一起回转，又能防止油液沿转轴表面向外泄漏。另一方面，动环 1 还由弹簧 4 紧压在静环 5 和 6 上，形成端面密封，以防止油液从动环与静环的滑动表面处漏出。这样也就在泵的出轴端形成良好的密封。

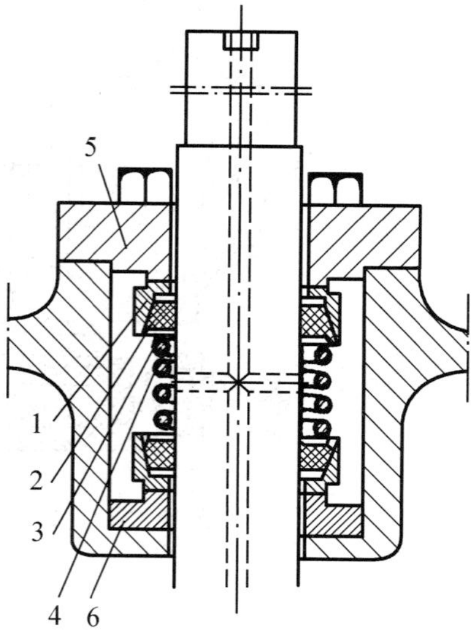

图 3－29　螺杆泵的机械轴封图

1—动密封环；2—弹性垫圈；3—弹簧座圈；4—弹簧；5、6—静密封环

五、齿轮泵

齿轮泵、螺杆泵、叶片泵及轴向柱塞泵、径向柱塞泵等，都是利用泵内的回转部件的转动，造成泵的工作容积的变化，从而达到吸排并输送油液的目的。所以上述几种泵又称回转泵，均属容积式泵类。

齿轮泵、螺杆泵、叶片泵等常作为定向定量泵或作为辅泵的居多，而柱塞泵则常用来作为变向变量泵等主泵的最为常见。

（一）齿轮泵的基本结构和工作原理

齿轮泵结构简单，如图 3－30 所示，主要由两侧具有吸、排口的泵壳 1 和泵盖组成泵的定子；在泵腔内有一对齿数、模数相等的渐开线齿轮 3 和 4，其与泵体及盖之间为精密配合。齿轮 3 用链装在主动齿轮轴 2 上，故称为主动齿轮。齿轮 4 用键装在从动轴 5 上，故称从齿动轮。主、从动齿轮又组成泵的转子。在一对齿轮的啮合处，将泵腔分隔为吸油与排油两部分。

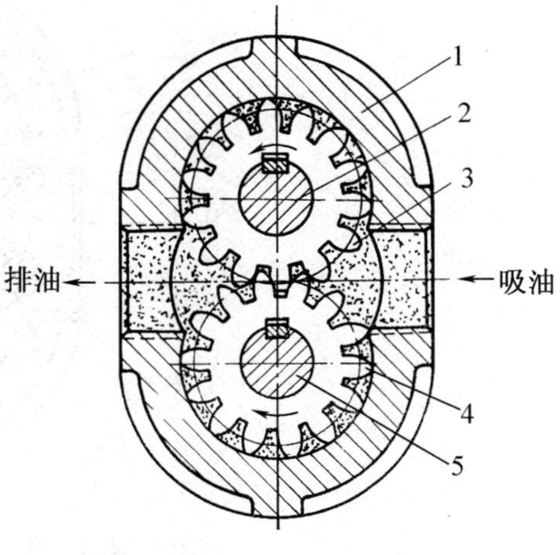

图 3－30　齿轮泵结构简图

1—泵壳；2—主动齿轮轴；3—主动齿轮；4—从动齿轮；5—从动齿轮轴

齿轮泵的工作原理是，主动轮以图示方向带动从动轮回转时，吸油侧的轮齿逐渐分离，使齿间（工作室间）容积增大，并形成真空，油液被吸入泵内并充满齿间，此为齿轮泵的吸入过程。而排液过程是，由于齿轮的旋转，充满齿间的油液被带到另一侧，由于齿轮的轮齿不断地投入啮合，而使处于齿间的油液被迫挤出，油压升高并由排油侧排出。泵连续地运转，不断地吸排油液，达到输送作用。

（二）齿轮泵的工作特点

1. 齿轮泵的吸排作用是由齿轮的啮合回转所产生。轮齿退出啮合一侧为吸入侧，投入啮合的另一侧为排出侧。泵的吸排口方向由主动轮转向所决定的。

2. 齿轮泵的工作容积是靠齿轮与齿轮，及齿轮与泵体、泵盖之间的密封性能来保证。密封性能好，油液泄漏就越少，而泵的工作压力、容积效率也越高。这给泵的加工精度、装配质量提出了较高的要求。但质量再高总是有间隙而泄漏，故排出压力不及往复泵高，一般为 30×10^5 Pa 左右，最高可达 $(60 \sim 70) \times 10^5$ Pa。

3. 齿轮泵虽具有干吸力，但因齿轮与泵壳间间隙极小，不宜干转，否则磨损严重。

4. 齿轮泵排比较均匀。但也有脉动现象，其不均匀度与齿轮的齿数、形状有关。

5. 齿轮泵不需设吸入、排出阀。主动轮轴可直连电动机，不需减速装置，因此齿轮泵结构简单、紧凑。

6. 齿轮泵的工作压力大小和其流量无关，只要泵的强度允许和原动机能带动，压力可增高。

7. 齿轮泵工作时产生不平衡的径向力。齿轮泵工作时，作用在齿轮圆周上的液压力，吸入侧最低（通常为真空状态）而排出侧最大，如图 3－31 所示。作用于两齿轮上的合力分别为 P_1，P_2，合力的大小取决于工作压力的高低。高压齿轮泵中，这个不平衡力很大，促使轴承及齿顶与泵壳间的磨损加剧，减少泵的使用寿命。所以在高压齿轮泵中，可采用缩小排口直径的方法来降低高压区面积，减小不平衡径向力，以提高泵的使用寿命。

以上技术性能可查表 3－5。

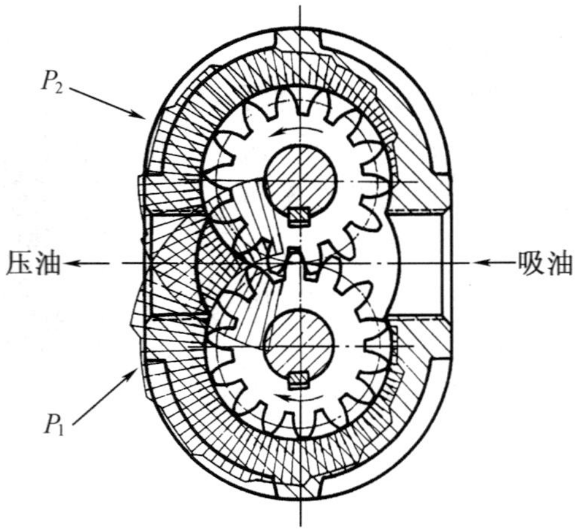

图 3-31　齿轮泵径向力分布图

表 3-5　国产齿轮泵部分产品的技术性能

型　号	吸排管径英寸/mm	排量 m^3/h /(L/min)	排出压力 $\times 10^5$ Pa	吸高水柱/m	转速/(r/min)	总效率/%	电机	
							功率/kW	型号
2CY-1.08/25-1①	3/4″	1.08	25	0.5	1 450		2.2	JO_2-31
2CY-2.1/25-1	1″	2.1	25	0.5	1 450		3	JO_2-32
2CY-3/25-1	1″	3.0	25	0.5	1 450		4	JO_2-41
2CY-4.2/25-1	1¼″	4.2	25	0.5	1 450		5.5	JO_2-42
2CY-7.5/25-1	1½″	7.5	25	0.5	1 450		7.5	JO_2-51
2CY-1.1/14.5-1	¾″	1.1	14.5	5	1 430	42	2.2	JO_2-31-4
2CY-2.1/14.5-1	¾″	1.2	14.5	5	1 430	42	3	JO_2-32-4
2CY-3.3/3.3-1	1″	3.3	3.3	3	1 430	42	3	JO_2-32-4
2CY-5/3.3-1	1½″	5	3.3	3	1 430	42	3	$JO_2$32-4
2CY-18/3.6-1	(70)	18	3.6	6.5	955	45	5.5	JO_2-51-6
2CY-29/3.6-1	(70)	29	3.6	5	1 450	45	10	JO_2-52-4
2CY-38/2.8-1	(100)	38	2.8	7	970	43	10	JO_2-61-6
CB-C10C-FL②		(9.84)	100		1 800		4.8	
CB-C18C-FL		(16.0)	(以下同)		(以下同)		8.1	
CB-C25C-FL		(23.45)					11.3	
CB-C32C-FL		(30.40)					14.5	
CB-D32C-FL		(30.32)					20.5	
CB-D45C-FL		(42.00)					28.1	
CB-D57C-FL		(53.60)					35.7	

表 3－5(续)

型　号	吸排管径英寸/mm	排量 m^3/h/(L/min)	排出压力 $\times 10^5$ 帕	吸高水柱/m	转速/(r/min)	总效率/%	电机	
							功率/kW	型号
CB－D70C－FL		(65.92)					43.2	
CB－E70C－FF		(56.80)					31.8	
CB－E105C－FF		(87.60)					48.3	
CB－E140C－FF		(119.00)					64.8	
CB－E175C－FF		(151.00)					81.3	
CB－E210－FF		(183.50)					97.8	
CB－F10C－FL		(10.61)					6.9	
CB－F18C－FL		(17.41)					11.2	
CB－F25C－FL		(24.25)					15.5	
CB－F32C－FL		(31.25)					19.8	
CB－F40C－FL		(38.35)					24.1	
CB－H50C－FL		(48.10)					32.3	
CB－H60C－FL		(57.70)					38.5	
CB－H70C－FL		(67.60)					44.7	
CB－H80C－FL		(77.70)					51.0	
CB－H90C－FL		(87.90)					57.1	

为防止齿轮泵的工作压力过大,在泵体上安装可调式安全阀。安全阀是一个圆柱形带有凸肩的差动活塞,开阀压力的大小,可通过调节杆的旋转为改变弹簧的压缩量来实现,在调好后用螺母锁紧。

齿轮泵上安全阀的安装位置决定齿轮泵的吸、排口方向,及主动轴的旋转方向。通常齿轮泵轴的旋转方向及吸、排口均用明显箭头和标志。

(三)齿轮泵的典型结构

按齿轮的齿型不同,可分为直齿、斜齿和人字齿轮泵。如图 3－32 所示为国产 2CY－$\frac{18}{29}$/3.6－1 型齿轮泵的结构,其型号意义为:

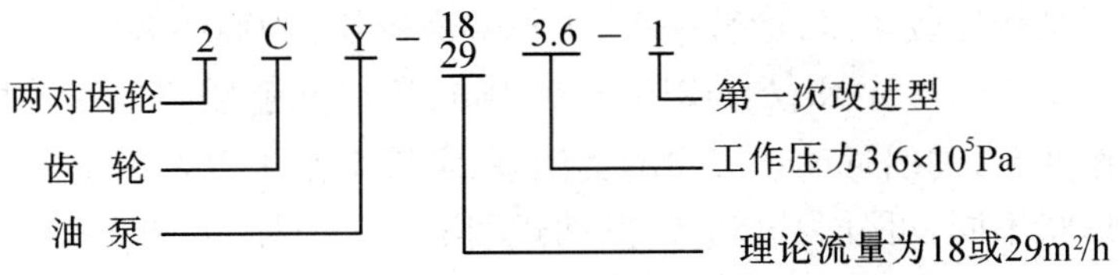

2CY－29/3.6－1 是国产较大排量低压齿轮泵中的一种。它的主、从动轮分别由两个右旋斜齿轮 2 和 4 及上左旋斜齿轮 3 和 5 组成的人字齿轮。齿啮合接触面积较大,工作效

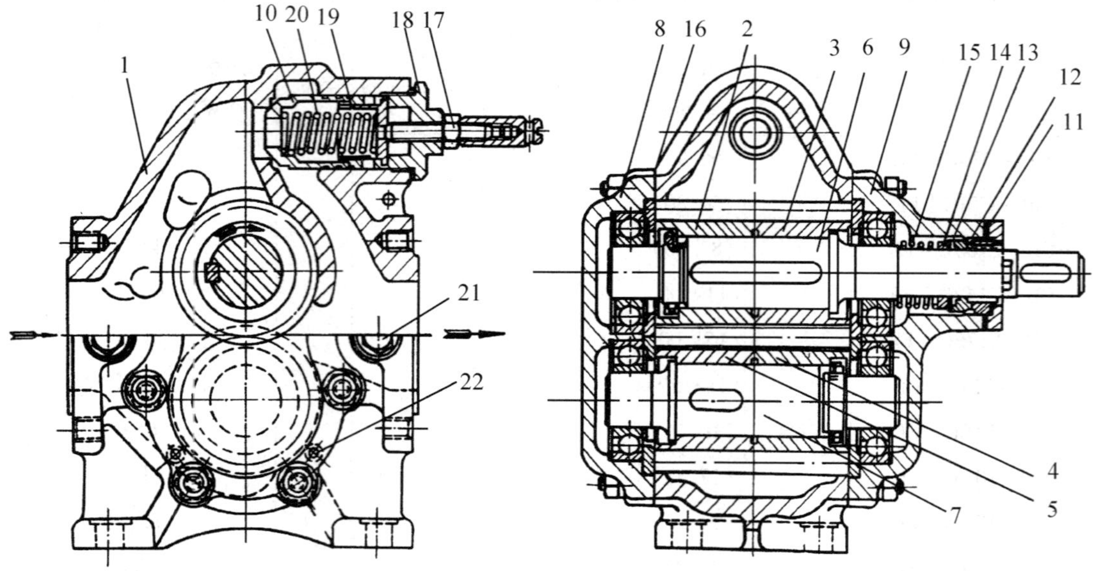

图 3 - 32　2CY - $\frac{18}{29}$/3.6 - 1 型齿轮泵结构图

1—泵体；2、3—主动齿轮；4、5—从动齿轮；6—主动轴；7—从动轴；8、9—端盖；10—安全阀（调压阀）；11—静密封环；12—动密封环；13—密封圈；14—弹簧座；15—弹簧；16—垫片；19—弹簧座；20—弹簧

率高，运转较平衡。

主动齿轮 2 和 3 用平键固定安装在主动轴 6 上，从动齿轮 4 和 5 安装在从动轴 7 上。这样构成了一个既能承受较大负荷又可避免产生轴向推力的人字齿轮泵。从图中可看出从动齿轮 5 用键装在轴 7 上，而从动齿轮 4 则空套在轴 7 上，其主要目的是用以补偿安装中可能出现的误差，在传动中具有一定的自位能力。各齿轮在轴上的轴向位置，由轴上凸肩加固定螺母固定，使齿轮在传动中更加平稳。加工精确的泵腔，前后盖板 8 和 9，均与齿轮顶面、端面保持良好的接触，以防工作液体泄漏严重。两根泵轴均支承在单列向心球轴承上，两轴中心线平行及中心距的准确，均由精确的加工来保证。

在主动轴输入端，为防止泄漏，设有机械密封。其构造是安装在轴封盖上的静密封环 11，和安装在轴上的动密封环 12、密封圈 13、弹簧座 14 和弹簧 15 组成的轴封。同时在泵体与前后端盖 8 与 9 之间加有垫片 16，既可防漏又可通过改变垫片的厚度，来调整泵的轴向工作间隙。

六、叶片泵

叶片泵由于结构比较紧凑，运转平衡，工作寿命较长（7 000 ~ 80 000 h），流量和压力适用范围较广（$Q = 2.4 \sim 60\ m^3/h$；$P_2 = 210 \times 10^5$ Pa），所以在船舶中广泛采用，主要用来作为液压系统的工作油泵，油船货油系统中的货油泵，常用工作压力为 $60 \times 10^5 \sim 700 \times 10^5$ Pa。

按照叶片形状不同，可分为滑动式、摆动式和滚动式三种，如图 3 - 33 所示。

按照结构，叶片泵可分为单作用，双作用；定量泵和变量泵，单级和双级；低压和高压等多种类型。

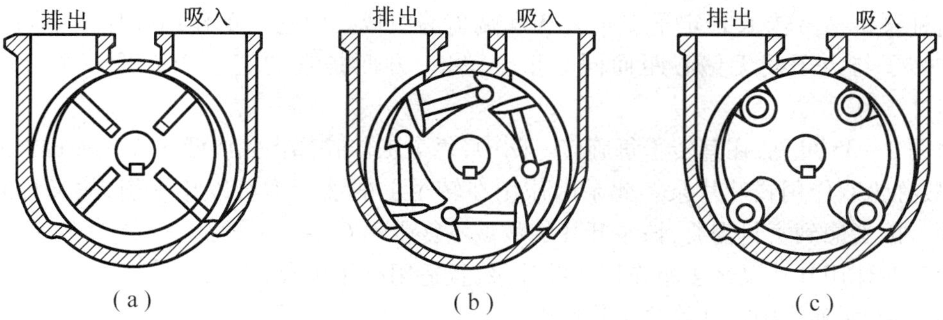

图 3-33 叶片泵形式图

(a)滑动式;(b)摆动式;(c)滚动式

(一)叶片泵的工作原理

1. 单作用式叶片泵

单作用叶片泵的工作原理如图3-34所示,泵由转子1、定子2、叶片3以及端盖等组成。在圆筒形的定子内腔中偏心地安装开有很多滑槽的转子,槽内装有叶片。当转子回转时,叶片受离心力的作用,一方面随转子转动,另一方面紧顶在定子内腔壁上。这样,在定子、转子、叶片和端盖之间就形成若干个封装的工作空间。因转子与定子间有偏心距,所以叶片在转过如图中右半圈时就逐渐伸出,密封空间逐渐增大,产生吸入作用;当叶片转过如图中左半圈时,叶片会被定子的内壁逐渐推回槽中去,而所形成的密封空间逐渐缩小,将液体挤出。为了保证泵能正常地吸排,在吸入腔和排出腔之间,必须有一段封油区,把吸入腔与排出腔分隔开。由上可见,这种泵在转子每一转中,每个工作腔均完成一次吸入和排出,故称为单作用式叶片泵。

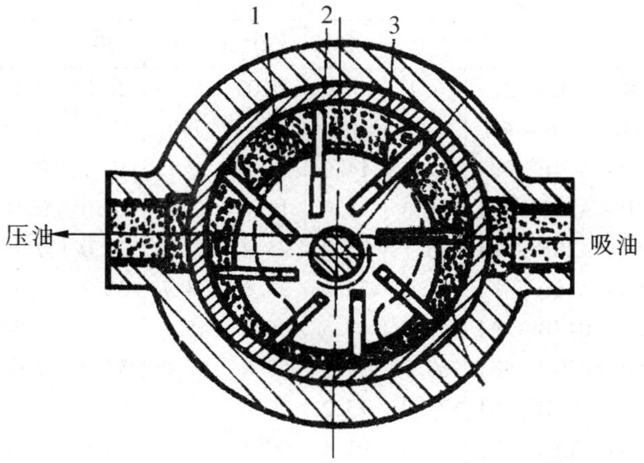

图 3-34 单作用叶片泵工作原理图

又因为其工作时承受来自排出腔侧的单向压力,使轴承负荷较大,所以又称非卸荷式叶片泵。单作用叶片泵不适用于高压油泵。

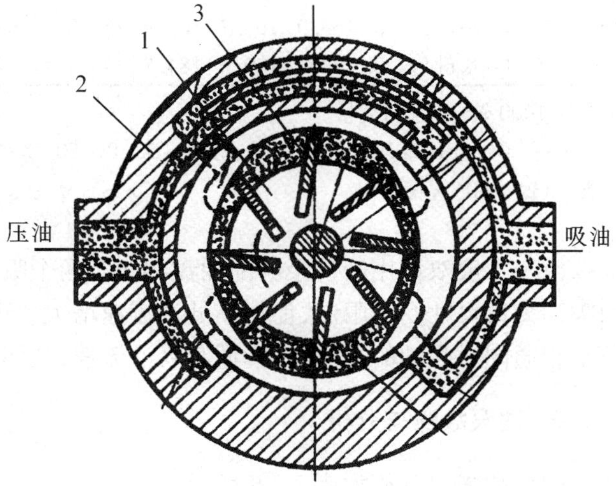

图 3-35 双作用叶片泵工作原理图

1—转子;2—定子;3—叶片

2. 双作用式叶片泵

双作用式叶片泵的工作原理如图

3－35 所示。

这种泵也是由转子 1、定子 2、叶片 3 和端盖等组成。但它与单作用叶片泵不同。一方面它的转子与定子间无偏心距而同心重合；另一方面是它的定子内腔是一个近似椭圆形腔。

由图 3－35 可见，在其转子每旋转一圈中，每个工作腔都将完成两次吸入和排出的工作过程，故称为双作用式叶片泵。此泵因作用在转子上的液压力可以相平衡，故又称卸荷式叶片泵。因考虑到密封需要，该泵叶片的数量不得少于 6 个。

由于双作用叶片泵优于单作用式叶片泵，且适用高压场合。

表 3－5 所列为国产叶片泵工作性能。

表 3－5　叶片泵工作性能表

型　　号	流量[①]/(L/min)					功率/kW					转速 /(r/min)	
	压力($\times 10^5$ Pa)					压力($\times 10^5$ Pa)						
	0	10	30	50	70	0	10	30	50	70	最高	最低
YB－A6B－※L[②]	6.4	6.2	6.0	5.7	5.2	0.13	0.33	0.58	0.86	1.08	2000	800
YB－A9B－※L	8.9	8.7	8.3	7.9	7.3	0.15	0.40	0.71	1.04	1.35	2000	600
YB－A14B－※L	14.3	14.0	13.5	13.0	12.1	0.16	0.49	0.98	1.57	2.05	2000	600
YB－A16B－※L	16.3	16.0	15.7	15.3	14.6	0.16	0.53	1.08	1.69	2.30	1800	600
YB－A26B－※L	26.1	25.0	25.4	24.8	24.0	0.23	0.74	1.63	2.61	3.57	1800	600
YB－A36B－※L	35.8	35.4	34.6	33.7	32.2	0.25	1.00	2.28	3.54	4.85	1500	600
YB－B48B－※L	48.0	47.5	46.8	45.7	44.1	0.50	1.58	3.33	4.92	6.92	1500	600
YB－B60B－※L	60.5	59.8	58.9	57.6	55.6	0.62	1.83	4.00	6.00	8.33	1500	600
YB－B74B－※L	74.0	73.2	72.2	70.5	68.0	0.75	2.17	4.83	7.42	10.17	1500	600
YB－B92B－※L	92.5	91.5	90.1	88.1	85.0	0.80	2.58	5.83	9.08	12.33	1200	600
YB－B113B－※L	113.0	111.8	110.1	107.6	103.9	0.86	3.00	7.00	11.00	15.00	1200	600
YB－C129B－※F	129.0	127.7	125.7	122.9	118.6	1.23	3.58	8.00	12.50	17.17	1200	600
YB－C148B－※F	148.0	146.5	144.3	141.0	136.1	1.41	4.33	9.25	14.17	19.58	1200	600
YB－C171B－※F	171.0	169.0	166.7	162.9	157.0	1.65	5.24	10.67	16.42	22.75	1200	600
YB－C192B－※F	194.0	192.0	189.0	184.5	178.4	1.84	6.17	12.17	18.67	24.67	1200	600

①系指 1000 转/分时的流量。

②YB——单级叶片泵；A——系列号，分 A－50；B－50；C－250；6——每转的排量，mL/r；B——压力级，B 级为(25～80)$\times 10^5$ Pa；

由于一般双作用叶片泵的配油盘共开有两个吸油和两个排油窗口，具有 4 个封油区，因而吸油窗口尺寸受到限制，促使该处油流速增大。可采用使两侧的配油盘吸油窗口与吸油管都相通同时吸油的方法，来降低其吸油流速，从而实现双侧配油，如图 3－36 所示。

七、油泵故障与分析

油泵故障与分析如表 3－6 所示。

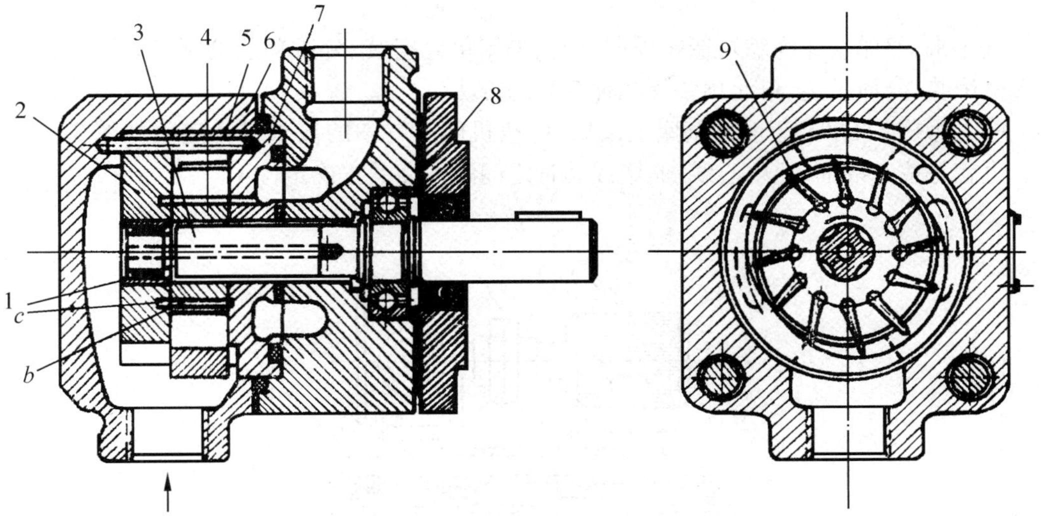

图 3－36　双作用叶片泵的结构图

1—滚针轴承；2—配油盘；3—传动轴；4—转子；5—定子；6 泵壳；7—配油盘；8—球轴承；9—叶片

表 3－6　油泵的故障分析表

故　　障	原因分析	排除方法
1. 启动后不排液或流量不足	(1)泵油流速太低，真空度不好 (2)吸入阀未开足 (3)滤器及吸入管阻塞严重 (4)吸入管道漏气 (5)吸口露出液面 (6)泵的转向不正确 (7)泵磨损间隙增大泄漏严重 (8)泵的安全阀泄漏严重	(1)增加转速，检查吸入口漏气 (2)开足吸入阀 (3)清洗滤器，排除阻塞 (4)排除漏气 (5)增加吸入液面高度 (6)更正转向 (7)修复或更换转子 (8)修复或调整安全阀
2. 泵的工作噪音大	(1)泵与原动机不对中 (2)泵轴弯曲，或轴承松动 (3)安全阀跳动严重 (4)吸口漏气严重 (5)吸口真空度过高	(1)重新校正、安装 (2)拆修、或更换器件 (3)检查弹簧并调整 (4)排除漏气 (5)滤器阻塞清理，吸入阀开足；降低吸入高度
3. 电动机过载	(1)液体黏度过大 (2)轴封填料过紧 (3)转子与定子间摩擦严重，或转子与定子接触表面拉毛	(1)加热降低黏度 (2)调整填料 (3)拆装、调整间隙，或研刮拉毛部分
4. 泵的磨损太快	(1)输送液体机械杂质过多 (2)装配不合要求，或连接管与吸排口 不对中、使泵体产生变形 (3)超高压工作； (4)泵经常发生干转	(1)加强过滤杂质 (2)拆开重新找正按技术要求安装 (3)检查安全阀或换泵 (4)泵安装位置要低于吸、排管，或在吸入管上加止回阀，加强管理

八、液压油泵定位装配的技术要求

近年来，船舶企业为缩短造船周期，相应采用单元组装、分段预装的新工艺。它们具体有整机吊装、分体吊装、单元预装等几种安装的方法。

（1）液压油泵吊装于船体基座上以后，应按机舱布置图的要求进行定位如图 3－37 所示。也就是按基准面、船中心线、舱壁或肋骨之间距离使其正确定位。

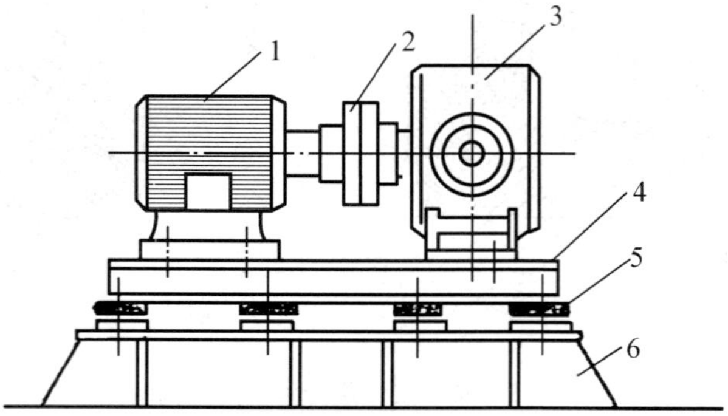

图 3－37　泵组的安装方法示意图

1—电动机；2—联轴节；3—泵；4—共同机座；5—调整垫片；6—基座

（2）液压油泵泵组应根据泵与电动机之间两轴联结的构造不同而异。但要求曲折值和偏移值在允许范围内。一般转速小于 1 000 r/min，曲折值≤0.05 mm，偏移值≤0.06 mm；转速大于 1 000 r/min，曲折值应≤0.03 mm，偏移值应为≤0.03 mm。

（3）油泵的吸、排口与连接管道安装时，必须保证同心度，其不同心偏差应≤±5 mm。避免在偏差大时，强制连接造成泵壳体发生变形或产生较大安装应力，影响泵的工作性能，甚至损坏。

（4）油泵的吸、排管安装时，严防机械杂质进入泵腔，使油泵磨损加剧，使用寿命降低。

（5）回转泵虽具有干吸力，但泵的转子与定子间配合间隙小，且靠它来密封液体，所以油泵在启动时不宜干转，以免磨损严重。

（6）泵启动前应先将吸、排阀全部开启，严防油泵在封闭受力状态下工作，造成机件损坏。

（7）定期清洗系统中的过滤器，以防油泵过快磨损失效。

第四节　液压舵机的控制元件与辅助元件

一、液压控制元件介绍

液压传动是根据液体静压力传递原理，以液体的压力能进行能量与信息传递。与电动甲板机械相比，其共同的优点是动作灵敏、便于自动控制和远距离操纵，采用标准化元件；适合于大功率传动。其优点如下：

(1)执行机构可以微速运动和无级调速,频繁启停、换向对电网冲击很小,故操作性能良好。

(2)启动转矩最高可达额定转矩的98%,便于带负荷启动。

(3)易于实现过载保护,且液体介质本身有一定的抗冲击的吸振能力。

(4)执行元件除转动外可直接做成摆动或直线运动,且可与动力元件分开布置。由于两者之间的机械传动和减速机构可省略,故液压结构紧凑。

(5)液压油能防锈蚀和有润滑性,管理良好则使用寿命长。但是液压装置对油液和系统清洁以及元件的精度要求很高,泄漏会造成污染,管理维护的技术要求高。

液压传统是由4个主要部分组成:

(1)动力元件　液压泵,其功用是将泵的机械能转换为液压油的压力能(液压能)。

(2)执行元件　液压缸,其功用是将液压能转换成机械能以带动工作部件运动。

(3)控制元件　各种方向、流量和压力控制阀,其功用是控制液压系统中液压油的流动方向,流量大小和压力的高低,以满足工作部件对运动方向、速度和力(扭矩)的要求。

(4)辅助元件　油箱、滤油器、蓄能器、压力表、热交换器、油管、管接头等。

液压控制阀

液压系统中使用的液压控制按其用途的不同可分为三类:

(1)方向控制阀　用于控制系统中的油流主向,包括单向阀、换向阀等。

(2)流量控制阀　用于控制液压系统中的流量,包括节流阀、调速阀等。国内外液压控制阀的生产都已标准化、系列化,并规定了各自的图形符号。

(3)此外,在液压舵机和其他液压甲板机械中,还使用一些专用的组合阀;即将若干控制阀和截止阀组合在同一阀体内,以省去它们之间的管路连接,从而使结构更为紧凑。

上述大量使用的普通液压控制阀都属于开关式的控制。随着液压技术的发展,能依靠电气信号的变化对压力、流量及流向进行连续的远距离比例控制的比例阀,以及适合于大流量系统集成化的逻辑阀等,也早已开始进入船舶液压系统。

(一)方向控制阀

1. 单向阀

单向阀的功用是使油液只能单向流过。图3－38所示为采用直角式锥阀结构的单向阀。阀中弹簧2在没有液流通过或油液倒流时,可以帮助阀芯迅速关闭。为了减少阀阻力和通流阻力,弹簧一般都做得较软。普通单向阀的开启压力为0.035～0.05 MPa,全流量的压力损失也不会超过0.1～0.3 MPa。单向阀有时也装设在回油管路中作为背压阀用,以油保持一定的压力。

如需要单向阀在一定条件下允许油流反向通过,则应采用如图3－39所示的液控单向阀。由图可见,当控制油口无压力油供入时,该阀仅相当于一普通单向阀;而当通过控制油口供入压力油液时,则经控制活塞6就会将阀芯1顶开,而使油流得以由 B 向 A 反向流过。

2. 换向阀

换向阀的功用是利用阀芯对阀体的相对位移,来改变阀中油路的沟通情况,以变换油液的流通方向。根据控制方式的不同,换向阀有手动式、机动式、电磁式、流动式和电液式之分;如按阀芯工作位置和控制油路的数目来分,则有二位、三位和二通、三通、四通等。

下面就以电磁换向阀和电液换向阀为例、说明换向阀的基本结构和工作性能。

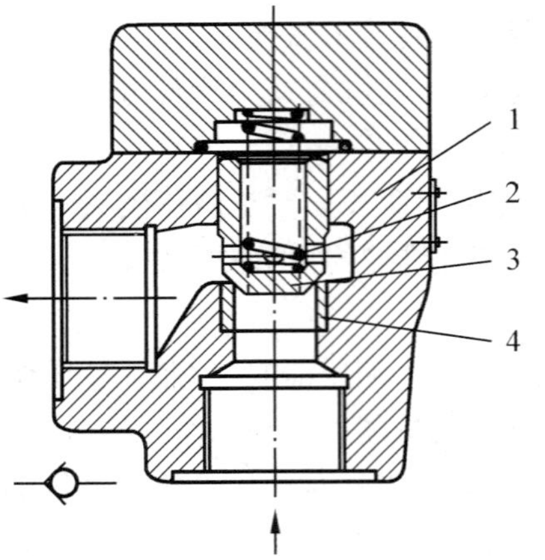

图 3 -38　单向阀结构图

1—阀体;2—弹簧;3—阀芯;4—阀座

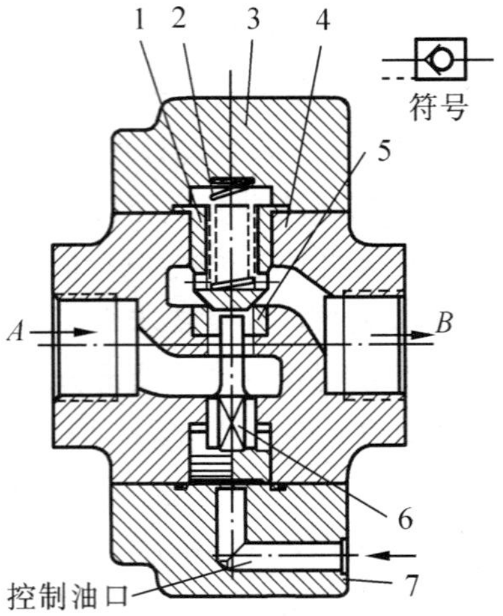

图 3 -39　液控单向阀图

1—阀芯;2—弹簧;3—上盖;4—阀体;

5—阀座;6—控制活塞;7—下盖

(1)电磁换向阀

图 3 -40 示出一种三位四通电磁换向阀的结构。图中,压力油进口用 P 表示,通油箱或油泵吸口的回油口用 T 表示,而通油缸或油马达等执行机构的工作油口则用 A,B 表示。

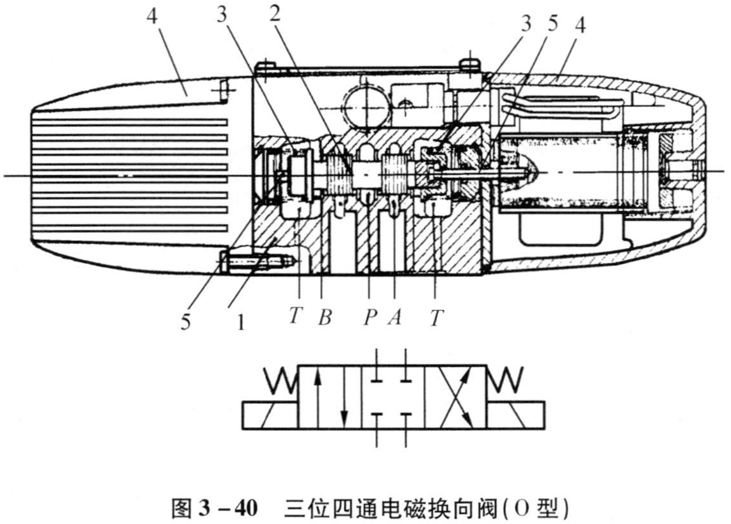

图 3 -40　三位四通电磁换向阀(O 型)

1—阀体;2—阀芯;3—弹簧;4—电磁铁;5—推杆;

P—压力腔;T—回油腔;A、B—连通执行机构的工作腔

换向阀的三个工作位置是:

①当左、右电磁线圈都断电时,阀芯 2 即在两侧弹簧 3 的作用下处于如图所示的中间位置,此时如符号的中间方框所示那样,各油口 P,T,A,B 互不相通。

②当右端电磁线圈通电而左端断电时,电磁铁的铁芯就会被吸上,压动推杆 5,克服左端弹簧转力将阀芯 2 推到左端位置,油变换为符号右边方框所示那样,P 与 B 相通,A 与 T 相通。

③当左端电磁线圈通电而右端断电时，阀芯就会克服右侧弹簧的张力，被推到右端位置，这时油路的沟通情况就如符号左边方框所示那样，P 与 A 通、B 与 T 通，于是通往执行机构的进排油方向也就随之改换。

根据阀芯处于中位时的油路沟通情况，换向阀除 O 型外还有其他多种类型，不同的“中位机能”用不同的大写英文字母表示。如图 3－41 所示。凡中位使 P,T 油口相通的（如 H,M,K 型）能使油泵卸荷；凡中位油口 A,B 相通的（如 H,P,Y,V 型），能使油缸“浮动”，不通的则使执行机构“锁闭”。电磁换向阀因电磁铁的吸力有限，致使滑阀的尺寸不宜过大，流量也因而受到限制。而当要求流量较大时，可采用电液换向阀。

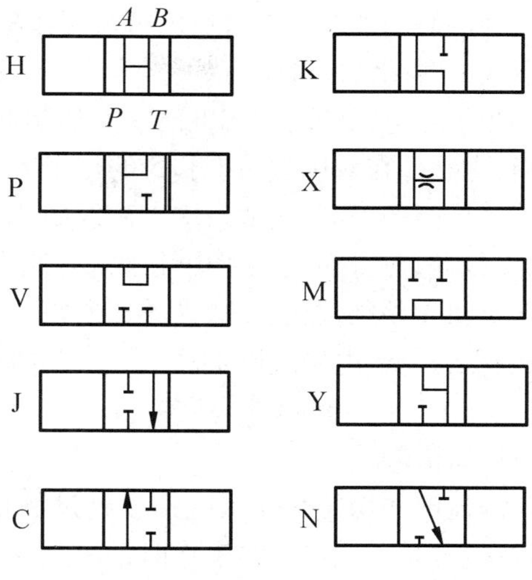

图 3－41 三位四通阀机能图

（2）电液换向阀

图 3－42 示出电液换向阀的结构实例（图 a）及其图形符号（图 b）和简化符号（图 c）。液动换向阀是 O 型三位四通阀，控制主油路、称为主阀，通径较大。主阀两端控制油是进油

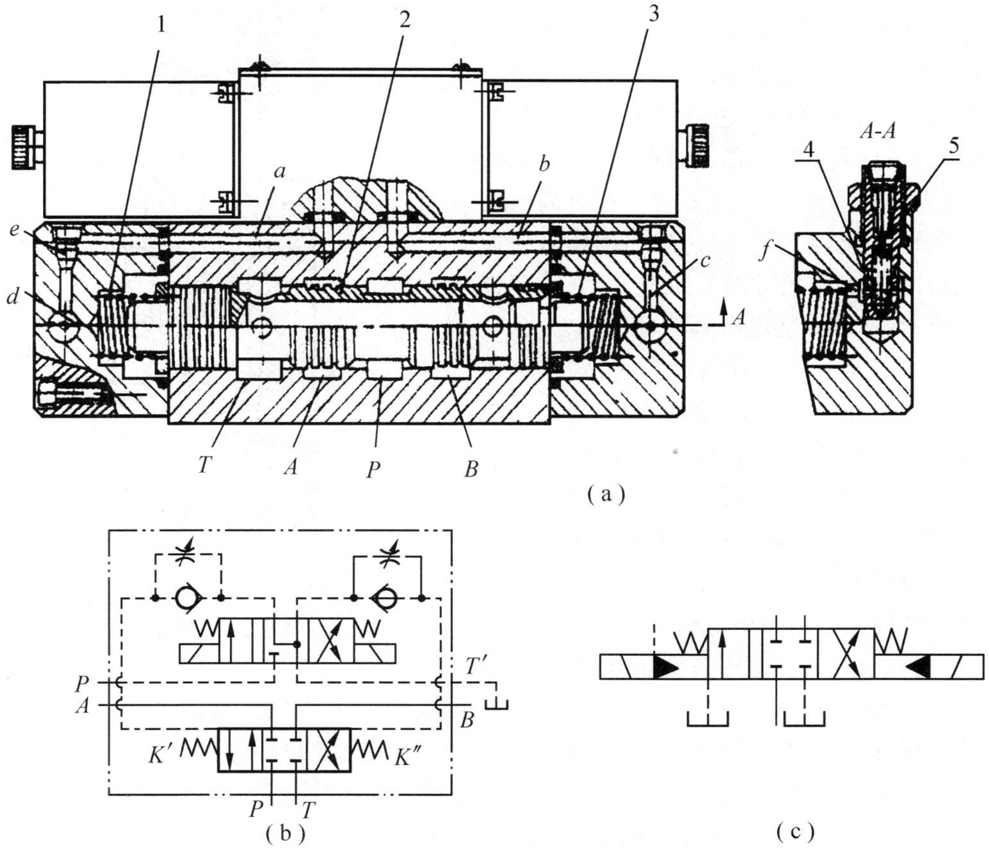

图 3－42 电液换向阀

1、3—对中弹簧；2—液动阀阀芯；4—单向阀；5—节流阀

或泄油，由三位四通电磁换向阀控制，后者称为导阀，通径较小。在这种结构中，通主阀两端控制油腔的油路上装有单向节流阀作阻尼器（见 $A-A$ 剖面），以调节主阀芯的移动速度，减少换向时的液压冲击。

当先导电磁阀的两端电磁线圈都断电时，Y 型的导阀使主阀阀芯 2 两端的控制油注入油箱，主阀即在对中弹簧 1 和 3 的作用下回到中位。

当导阀的一端，例如右端电磁线圈 2DT 通电时，导阀左移，来自 P'的控制油即通 B'，经 b 和 c 油路，顶开单向阀 4 由孔进入主阀右端，而主阀左端的控制油则经左端单向阀，由油路 e，a 和 A'注往油箱，主阀芯移至左端。

反之，左端电磁线圈 1DT 通电，则主阀芯移至右端。

（二）压力控制阀

1. 溢流阀

溢流阀的功用是在系统油压超过额定值时注入油压。根据它在系统中的作用可分为两种：一种是在系统正常工作时常闭，仅在系统油压超过其开启压力时打开，亦即作为安全阀来使用；而另一种则是在系统工作时保持常开，并借其改变开度来调节溢流量，以保持阀前系统油压的基本稳定，即作为定压阀使用。

根据动作原理的不同，溢流阀可分为直动型和先导型两类。图 3－43 示出一种采用滑阀结构的直动型溢流阀及其图形符号。压力油以进口经阀芯 3 中的阻尼小孔 a 作用在阀芯底部端面（面积为 A）上，当进油压力升高，以致使底部端面的油压作用力 PA 超过弹簧 2 的张力 F_s 时，阀芯就被抬起，使进油口与回油口相通而溢油，从而阻止阀前系统中油压进一步升高。阻尼孔 a 用以防止油压脉动时，阀芯动作过快而产生振动，以使阀工作平稳。调整螺母，改变弹簧 2 的弹力，即可改变溢流阀的额定压力。

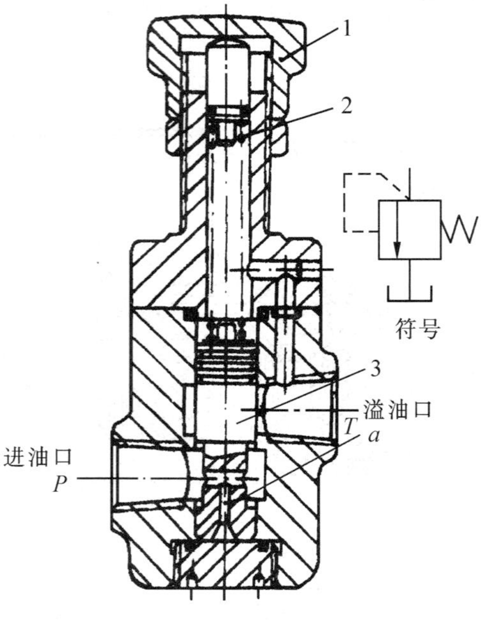

图 3－43　直动型溢流阀

1—螺母；2—弹簧；3—阀芯

当溢流阀处于稳定开启状态时，阀芯上下的作用力是互相平衡的。因此，如果阀芯的质量和摩擦力忽略不计，则 $PA=F_s$，即系统中的油压 $P=F_s/A$。然而，弹簧的张力 F_s 将随阀芯升程而增大。图 3－44 示出溢流阀处于稳态在开启时的流量 Q 和系统压力 P 的关系，即溢流阀的稳态特性曲线。图中，整定压力 P_r 与开启压力 P_0 的差值称为稳态压力变化量，它表明溢流阀工作稳定时，可能出现的压力变动范围，是溢流阀的重要性能指标之一。稳态压力变化量越小越好。直动型溢流阀仅适用于低压场合，最大整定压力为 2.5 MPa。如果系统的工作油压较高，并希望压力变化量相对较小时，需采用先导型溢流阀。

图 3－45 所示的为一种先导型溢流阀。

2. 减压阀

减压阀的功用是使流经阀的油液节流降压；以便从系统中分出油压较低的支路。使用最普通的是定值减压阀（简称减压阀），它根据阀出口压力的变化的开度，以使阀后油流减压并保持压力稳定。定值减压也有直动型和先导型之分，后者性能较好，最为常用。还有进出口的压差或压比保持恒定的定差或定比减压阀，这些通常都采用直动型。

图 3 –46 示出先导型定值减压阀的结构实例（图 a），直动器型和一般减压阀的图形符号（图 b）和先导型定值减压阀的图形符号（图 c）。

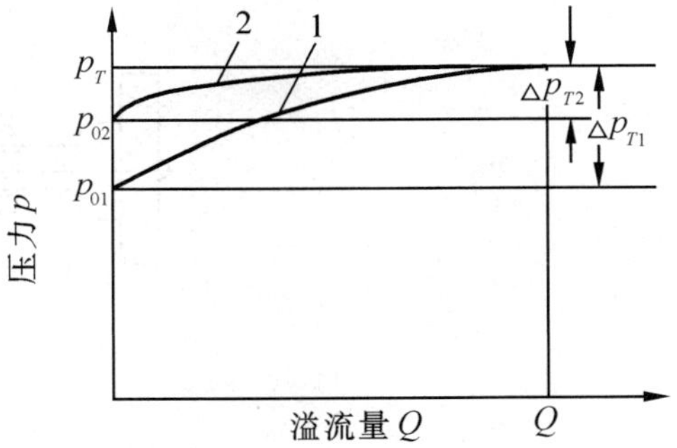

图 3 –44　溢流阀的稳态特性曲线

1—直动型溢流阀；2—先导型溢流阀

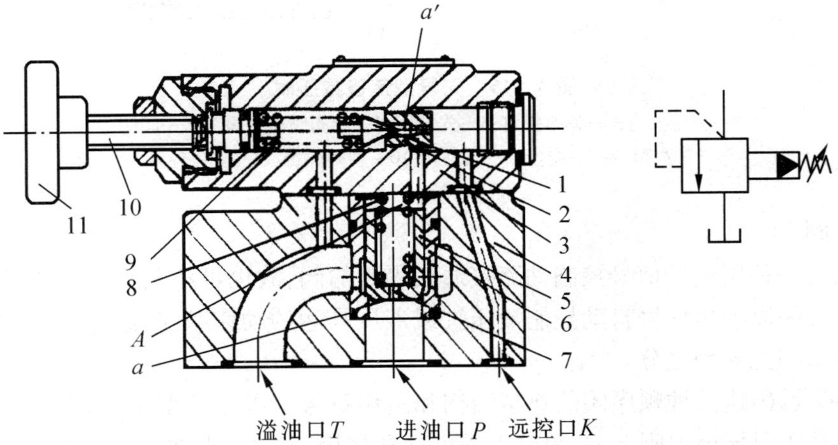

图 3 –45　先导型溢流阀

1—导阀；2—导阀座；3—阀盖；4—阀体；5—主阀芯；6—阀套；7—阻尼孔；8—主阀弹簧；9—调节螺钉；10—调压手轮轴；11—调压手轮

这种阀也由主阀和导阀两部分组成。从进口来的压力为 P_1 的高压油流。经主阀 7 的减压口节流后，压力降为 P_2，由出口流出。出口端已经降压的油液，经阀内通道被引到主阀下方的油腔，再通过主阀中心的阻尼孔 9，到达主阀上方的油腔，然后经上盖中的通孔引至导阀 3 的右腔，该处油压为 P_3。正常工作时，压力 P_3 超过导阀开启压力，导阀被顶开，少量油液经阻孔 9 和导阀 3 向泄油出口泄油。由于阻尼孔 9 的节流作用，主阀下腔的油压 P_2 高于上腔油压 P_3。由于导阀较小，其弹簧 11 较弱，故 P_3 的压力变化量较小。如果 P_2 升高，主阀上下的油压差随之增大，主阀就会克服弹簧 10 的张力而关小，以阻止 P_2 增加；反之，如果 P_2 降低，则主阀就会开大，以阻止 P_2 的降低。主阀弹簧 10 仅需帮助主阀克服移动阻力，而无需与液压力 P_2 平衡，故则开度也不大。这样依靠主阀自动调整节流口的开度，即可使出口压力基本稳定在调节压力附近。转动手轮，改变导阀弹簧 11 的张力，即可改变减压阀的整定压力。

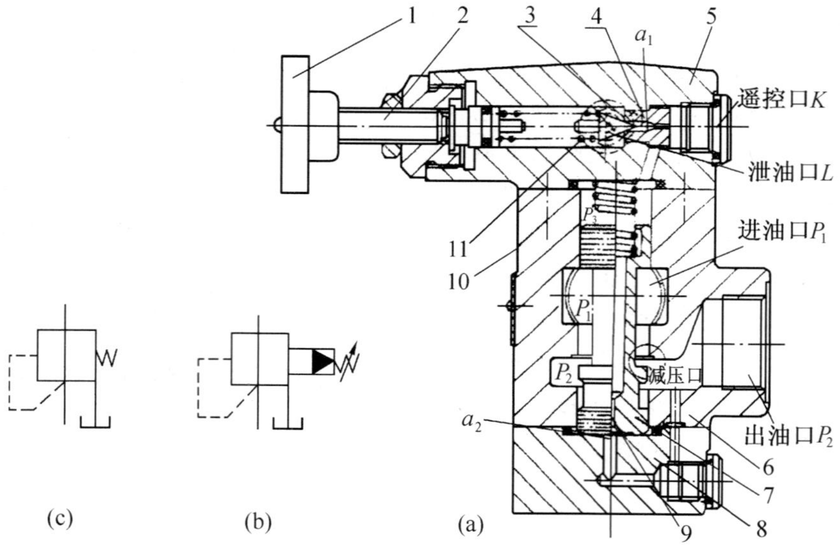

图 3-46　先导型定值减压阀

1—调压手轮;2—调节螺钉;3—先导阀;4—导阀座;5—阀盖;6—阀体;7—主阀芯;8—端盖;9—阻尼孔;10—主阀弹簧;11—调压弹簧

3. 顺序阀

顺序阀是一种用油压信号控制油路接通或隔断的阀,故也可将其看成一种液动的二位二通阀。这种阀以油压信号自动控制液压缸或液压马达的动作顺序,故称为顺序阀。顺序阀也有直动型和先导型之分。

图 3-47 示出这两种顺序阀的典型结构和图形符号。以先导型为例,进口油压经控制油路 a 阻尼孔 2 引导至主阀上方,再经上盖的通孔作用于先导阀,当其压力超过导阀弹簧张力时,先导阀即被顶起,进口压力进一步增加,主阀全开,进出口油路即被接通。这种控制油压信号直接来自顺序阀,进油压力的内部压力控制方式也称直控顺序阀。如果将盖转 90°安装,以便把 a 油路堵住,同时卸除控制油口 K 的螺塞,并从该处接其他油压信号,以控制阀的开闭,则该阀就成为外部压力控制(外控顺序阀)。

由以上分析可见,顺序阀与溢流阀颇为相似。如使外控顺序阀的出口直通油箱,则该阀就成为可用外加信号而使系统卸荷的卸荷阀。卸荷阀的图形如图 3-48 所示。

(三)流量控制阀

1. 节流阀

节流阀是一种可借移动或转动阀芯的方法,直接改变阀口的通流面积,从而改变流阻的阀。节流阀装在定压液压源后的油路中或定量液压源的分支油路上,便可以起调节流量作用。图 3-49 示出可调节流阀的结构实例、图形符号以及节流阀与定压液压源配合使用时的情况。

对节流阀的主要要求是:

①流量调节范围宽,调速比(最大流量与最小流量之比)一般要在 50 以上;

②调节后流量受负载(出口压力)和油温的影响要尽可能小,小流量时也不易堵塞;

③阀口的通流面积最好与阀的升程成正比,以便调节。节流阀虽可通过改变节流口大

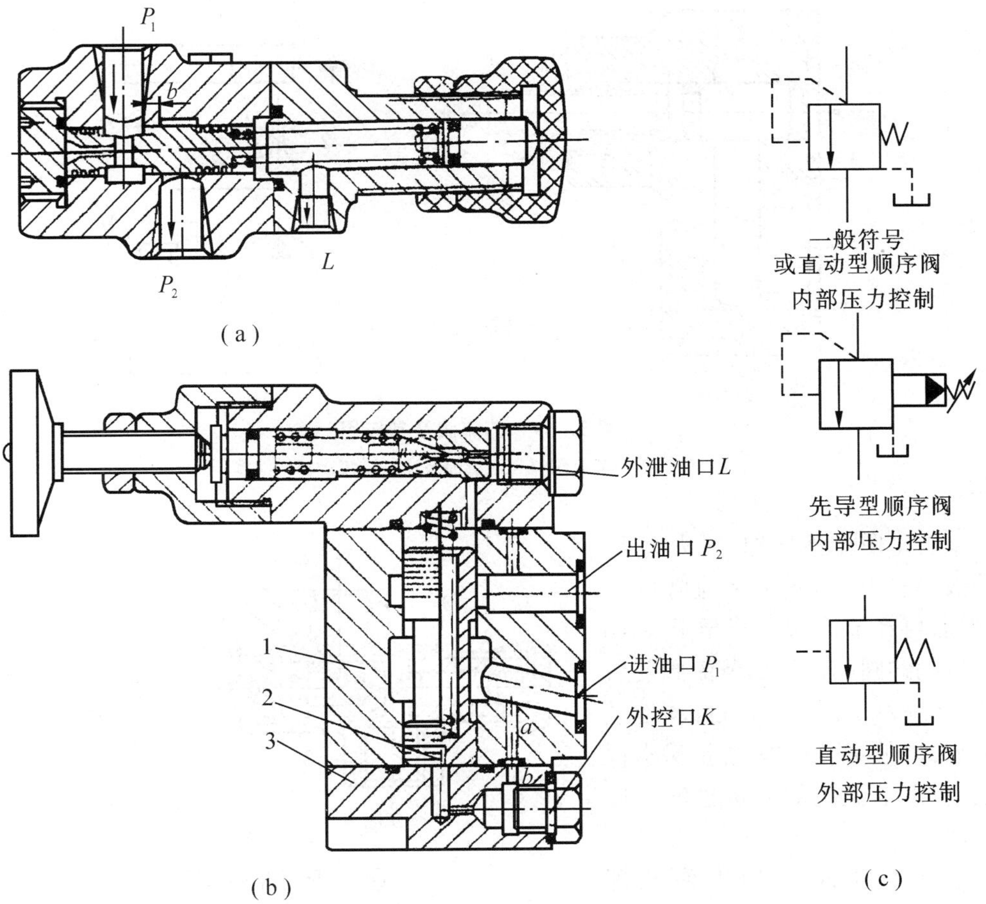

图 3－47　顺序阀

(a)直动型;(b)先导型;(c)图形符号

1—阀体;2—阻尼孔;3—阀盖

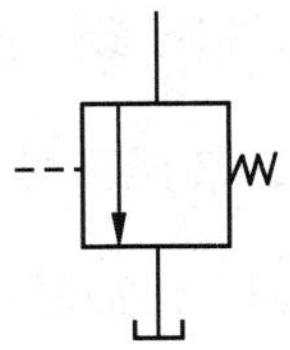

图 3－48　卸荷阀的图形符号

小的办法来调节流量,但阀的前后压差可能变化,以致调节后并不能保持流量稳定。所以对速度稳定性要求的执行机构,就不能以普通节流阀来作为调速之用。如果把定差减压阀和节流阀串联,则使节流阀前后压差会近似保持不变节流量的流量即可基本稳定。

有时,为能单方向控制流量,也采用如图 3－50 所示的单向节流阀。当压力油从油口 P_2 流入时,油压克服弹簧 6 的张力,顶开阀芯 4,从油口 P_1 流出,这时阀仅相当于一个单向阀。而当压力油自 P_1 流出时,油液必须先经阀芯上的三角形沟槽进行节流,然后,才能从油口 P_2 流出,这时,则相当于一个节流阀。至于节流口的大小,则可通过转动帽盖 1 来加以调节。

以上两类都属于压力补偿式调整阀。

2. 普通型调整阀

普通型调速阀是由定差减压阀和节流阀串联而成的。图 3－51 示出其工作原理图及图

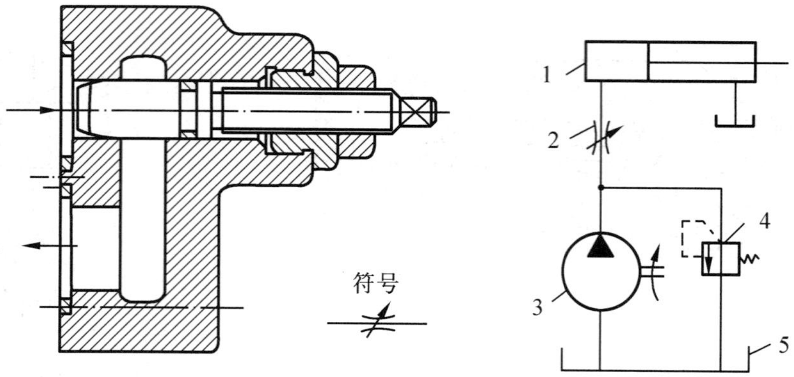

图 3-49　节流阀及其应用

1—油缸;2—节流阀;3—定量油泵;4—溢流阀;5—油箱

形符号。

来自定向压液压源,压力为 P_0 的油液,先经减压阀 1 节流降压至 P_1,然后再经节流阀 2 降至 P_2。如果减压阀的阀芯开度依节流阀前后压差(P_1-P_2)的变动,而自动地进行调节,以使 P_1 和 P_2 之差基本保持恒定,则节流阀的流量也就大体保持稳定。

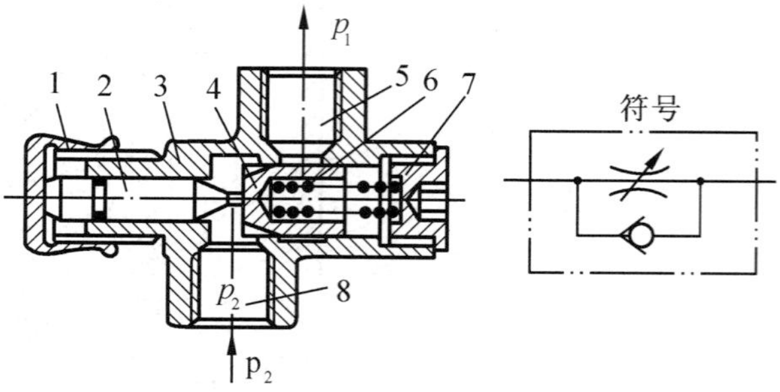

图 3-50　单向节流阀

1—调节帽盖;2—顶杆;3—阀体;4—阀芯;6—弹簧;
7—调节螺塞;5、8—进、出口管接

定差减压阀 1 的工作原理如下:

阀芯上端的油腔 b 经孔 a 与节流阀 2 后面的油腔相通,压力为 P_2;而油腔 c 和 d 则分别经孔 f 和 e 与节流阀 2 前的油腔相通,压力为 P_1。当载荷 R 增大以致使 P_2 升高时,减压阀阀芯 1 即会因上端油腔 b 中的油压增加而下移,使减压阀阀口开大,于是 P_1 增加;反之,如载荷 R 减小以致使 P_2 降低、则阀芯 1 就会因上方油压减小,而在 $c-d$ 油腔油压 P_1 的作用下上移,将阀口关小,P_1 也就随之减小。

二、液压系统的辅助元件

液压系统除了液压泵、液压马达(液压缸)液压控制阀之外,辅助元件的作用也是非常重要的。它们包括滤油器、油箱、蓄能器、热交换器、油管、管接头、压力表以及密封件等。下面介绍滤油器、油箱和蓄能器。

(一)滤油器

滤油器的作用是在工作中,不断滤除液压油中的固体杂质,保持液压油的清洁度,降低液压元件的故障率,延长液压油和装置的使用寿命。

1. 滤油器的性能参数

(1)过滤精度

国际标准化组织以过滤比来评定过滤精度。过滤比 β_x 是滤油器上,游油液单位容积

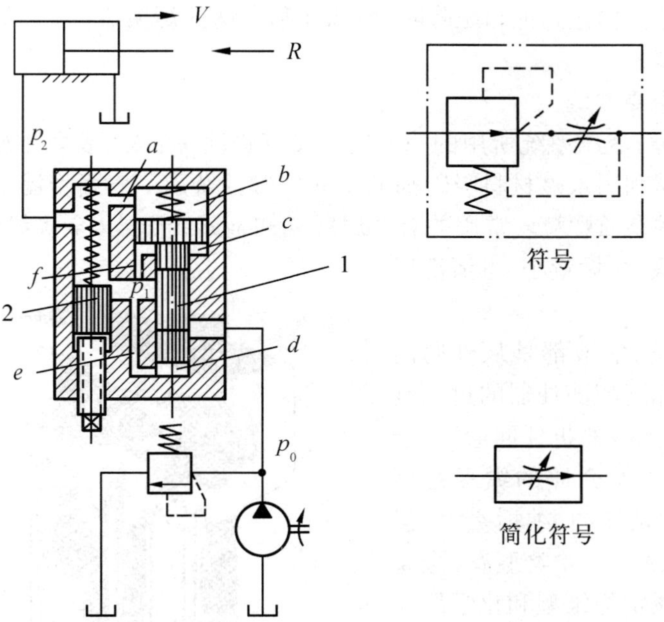

图 3－51　普通型调速阀

1—定差减压阀;2—节流阀

中,大于某一给定尺寸 x 的颗粒数与下游油液单位容积中,大于同一尺寸的颗粒数之比,即

$$\beta_x = N_a / N_d$$

式中　N_a——滤油器中,游油液中大于某一尺寸的颗粒浓度;

N_d——滤油器中,游油液中大于和上游相同的某一尺寸的颗粒浓度。

当对某一尺寸 x 的过滤比 β_x 值为 20 时,则 x 可认为是滤油器的公称过滤精度。若对于某一尺寸 x'的过小比 β'_x值为 75 时,x'即为滤油器绝对过滤精度。

(2)额定流量和额定压力

额定流量是指滤油器在压降不超过额定值时,所允许通过的最大流量。滤芯的有效过滤面积越大,则额定流量越大。

额定压力是滤油器所允许的最大工作压力。它取决于滤油器外壳及其密封装置的耐压能力。

(3)压力降

滤油器通常标示以额定流量通过指定黏度、密度的油液时的初始压降。随着使用时间的增长和累积的污垢量增加,压降从初始压降逐渐增加,在达到饱和压降后,继续使用,则压降将急剧增加。因此达到饱和压降时,应清洗或更换滤芯,发信装置在此时,应发出堵塞信号。滤油器带安全旁通阀时,其开启值比饱和压降约大 10%。一般来说,过滤精度高,则压降较大。

滤芯的强度应能承受饱和压降和可能的液压冲击,但只要不是完全堵塞,就无须承受系统最大的工作压力,故强度较低的,如纸质滤芯,也可用于高压系统。

(4)纳垢量

纳垢量是指滤油器达到饱和压降时,所滤除和容纳的污垢量(g)。显然,纳垢量越大,滤器的工作寿命越长。

2. 滤油器的主要类型

按工作原理分,液压系统所用的滤油器主要有磁性滤油器、表面型滤油器和深度型滤油器。磁性滤油器利用永磁材料吸附油液中的铁磁性杂质。表面型滤油器靠介质表面的孔隙阻截液流中的杂质颗粒。常用的有金属网式和金属线隙式(金属线绕在框架上)。其特点是过滤精度低、纳垢量小,可清洗后重新使用。

为了便于清洗,油液都是从外向内流过过滤材料。深度型滤油器的过滤具有一定厚度,内有无数曲折迂回通道,杂质的滤除发生在过滤介质的纵深范围内,其特点是过滤精度高,纳垢量大,但压降较大,不易清洗。主要类型有(金属粉末)烧结式、不锈钢纤维型和化学纤维型等。纸质滤油器可认为是介于表面和深度之间的中间型,也有粗糙地将其划为深度型的,深度型滤油器具体结构主要有折叠圆筒式,如图 3－52 所示。圆柱筒式,如图 3－53 所示。前者过滤材料可用浸树脂的木浆纤维纸或化学纤维品。有的还夹以玻璃纤维或不锈钢纤维复合使用。后者滤芯可采用金属粉末烧

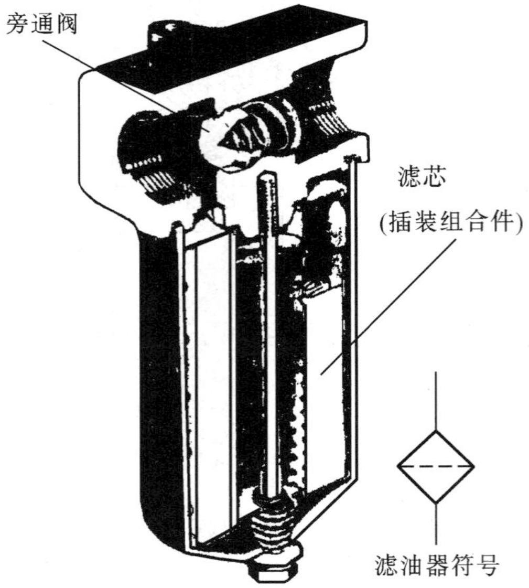

图 3－52　折叠圆筒型滤油器

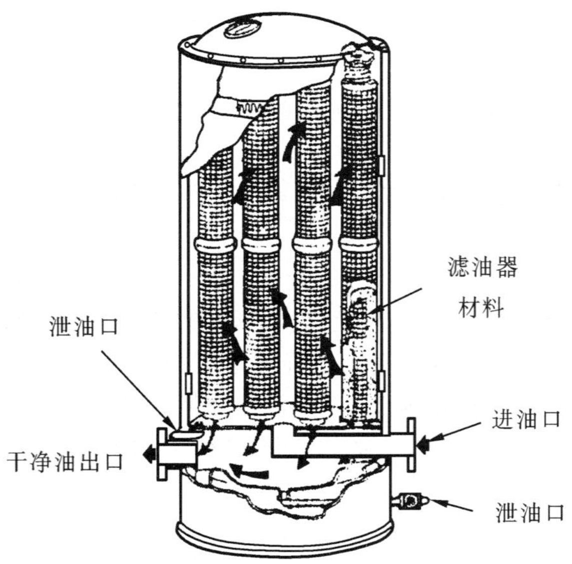

图 3－53　圆柱筒型滤油器

结、微孔塑料或纤维做成。主要滤油器的类型和特点,见表3-7。

表3-7 主要滤油器的类型和特点

类型		过滤精度/μm	压降/MPa	纳垢量	清洗性	使用情况
表面型	网式	80(200目) 100(150目) 180(100目)	<0.025	小	易	吸油滤器
	线隙式	30~100	0.03~0.06	小	不易	低压滤器
深度型	纸质	5~30	0.07~0.2	中	一次性	精滤(广泛使用)
	烧结式	10~100	0.09~0.2	中	不易	精滤(强度好,耐高温)
	化学纤维	1~20	0.05~0.3	大	不易	精滤(大流量)
	不锈钢纤维	1~20	0.006~0.055	大	易	精滤(大流量),价高,少用

3. 滤油器的选择和使用

按滤油器在液压系统中,布置的位置如图3-54所示,有吸滤器、压滤器、回油滤器、分支油器和独立油路滤器等几种。吸油滤器,如图3-54设在液压泵通油箱的吸入管上,保护液压泵。为防止泵吸入压力过低而发生“气穴现象”,吸油滤器使用中,最大压差不大于0.02 MPa。因此,多使用过滤精度不太高(100~150目)的网式滤油器,其额定流量约取泵流量的两倍。

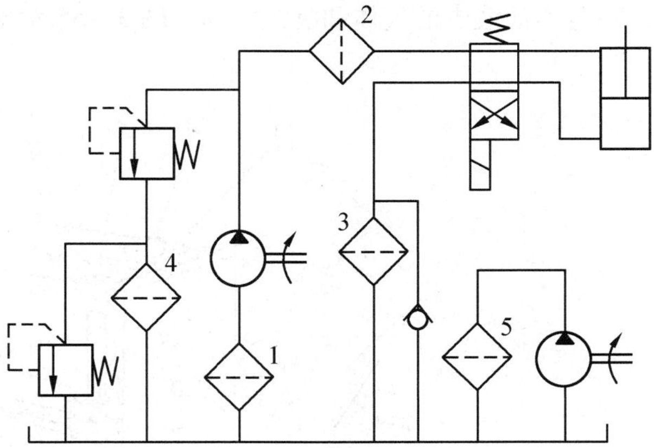

图3-54 滤油器在液压系统中的位置

压油滤器设在液压泵排油管路上,保护除液压泵上的其他液压元件,最好使用单向阀,作安全旁通阀的滤器,可防止滤芯堵塞时,压降过大,损坏滤芯,并防止液压泵排压过高。这时它可设在溢流阀上方,同时,保护溢流阀;不带旁通阀的滤油器,应设在溢流阀的下方,如图3-54中的2。液压甲板机械工作压力高、流量大,液压冲击大,其主油路很少。设压油滤器,只在为闭式主油路补油的辅泵排油管路上,设压油滤器。

在执行机构的回油管路上,设回油滤器比较好(图3-54中的3),这样,其工作压力无需太高,也能控制回油箱或油泵的油的清洁度。但它不能滤除侵入油箱的污垢,因此,应注意油箱的清洗和防止污垢进入油箱。回油滤器承受的压力等于回油背压,一般不超过1 MPa,初始压降一般为0.035~0.05 MPa,允许压降为0.2~0.35 MPa,过滤精度很高,应满足系统要求。

压滤器和回油滤器要求流量较大,(稍大于液压泵流量),而且系统中,流量和压力的波动会使其过滤性能降低。因此,有的液压装置将滤油器设在分支油路上(图3-54中的4),或专设在独立的过滤系统中(图3-54中的5)。专设过滤油路中辅泵的每分钟排量取为油箱容积的5%~20%,过滤压力一般为0.2~0.35 MPa,过滤精度应满足系统要求。船用液压系统,现常用便携式滤油车,作为多装置共同的独立过滤系统,不失为一种经济实惠的方法。

液压甲板机械阀控型开式系统,通常设吸油滤器和回油滤器,闭式系统设回油滤器;泵控型闭式系统在补油的辅泵油路上,设吸油滤器和压油滤器,半闭式系统在泄放管路上设油滤器。有的液压系统有独立的滤油系统。

选择滤油器时,应根据其使用的系统和位置,选择合适的额定流量、压力、过滤精度和压降。

油液黏度越大,通过滤器的压降越大。要防止冷态启动时,油黏度过大,而压降过大,损坏滤芯。细滤器一般都有起安全保护作用的单向阀,能在压降过大时,自动旁通。有的还有压降过大时的指示或发信装置。在滤油器压降达到饱和压降时,要及时清洗或更换。

(二)油箱

油箱在液压系统中,主要功能是:

(1)储存系统所需的足够油液;

(2)散发系统工作中产生的一部分热量;

(3)分离油液中的气体和沉淀污物。图3-55示出常用的带隔板的油箱。

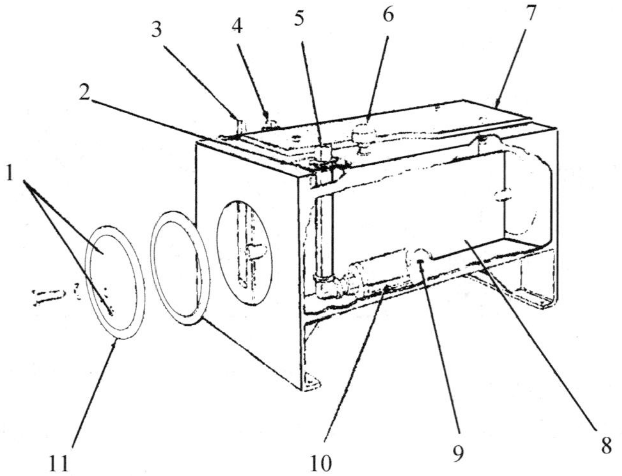

图3-55 液压系统的油箱

1—油位镜;2—密封垫片;3—回油管;4—泄油回油管;5—泵吸油管;6—空气滤清器及加油口;7—电动机及泵的安装平面;8—隔板;9—放油塞;10—粗滤器;11—侧盖板

为了确保液压系统的正常工作,油箱必须满足如下要求。

(1)油箱容积应能储存足够的油液以满足液压系统正常工作的需要,应便于箱内元件的拆装和检修。为利于油液冷却和分离污垢,希望油箱大些,一般为泵每分钟吸油量的2~5倍。系统停止工作时,油箱中的油位高度应超过油箱高度的80%。

(2)整个油箱内壁应涂有防锈保护层,因潮气会使油箱生锈。所采用的保护层应与所用油有相容性。

(3)在油箱内部要加隔板,其高度通常为油面高度的2/3,以使油液能在其内部平稳地流动,从而,有利于油液散热及油液中气体的分离和污垢的沉淀。

(4)油箱的通气孔应有空气滤网及孔罩,管接头的密封要良好,应能防止外部污物的渗入,保证泵的正常工作。

(5)油箱底部宜做成凹形,最底处设有防油塞。箱盖应易于拆卸,以便清洁油箱。油箱应设有玻璃油面计或油尺,以供检查油位。

(6)泵的油管和回油管管口应在油面之下的适当深度,否则油会混入空气和起泡沫。然而,如有必要避免泄油通道增加阻力或产生虹吸现象,泄油管出油口可放在油面之上。吸油管与箱底距离应大于管径的2倍,与侧于管径的3倍,管口装滤油器。回油管出口与箱底距离应大于管径的3倍,端头切成45°角,斜切口的方向通常使出油流向箱壁,而背离泵进油管。

第五节　液压舵机的管理、安装和调试

一、液压油的管理

在液压舵机设备中,液压油不仅起着传递动力的作用,也起着润滑、散热和防锈作用。其性能好坏对液压舵机的正常工作性能和使用寿命及安全性有重要影响。为此平时应加强对液压油的维护管理。

1. 液压油质量恶化的原因

液压油质量恶化的最主要原因是氧化和污染。

(1)液压油氧化的因素及危害

油液通常在小于40 ℃温度范围内和空气接触时,其理化性质变化很慢。但其温度升高至55 ℃以上时,则氧化速度相应加快。油温每升高8 ℃其使用寿命约降一半。油液氧化会产生有机酸和污渣沉淀物,使油液的黏度增大,而润滑性和抗蚀性变差,氧化产物会造成管系和液压元件阻塞。

(2)液压油污染的因素及危害

液压油污染主要是受到固体杂质、水分和空气等掺入的因素有关。据资料统计,液压系统的故障约有70%是由液压油污染所引起的。

固体杂质的污染造成液压元件卡死,液缸运动副和密封件磨损,滤器阻塞,油液快速老化等问题。据研究,各种液压油泵的磨损很快,主要是那些粒径在10~30 μm杂质造成的。

水在油中的溶解度很少,仅为200~300 ppm。当水分在液压油中含量稍多会使油液呈乳状液,并使元件机件锈蚀,润滑能力降低,磨损加快。

空气在液压油中溶解量为8%~10%。当油液中空气超过2%时,油液开始变浑浊。空气过多造成设备的噪声和振动增大。

从以上可见,污染和氧化彼此会形成恶性循环,使液压油质量恶化。

2. 液压油的管理要点

(1)控制液压油污染

控制液压油的污染程度应主要抓住以下几个环节：

①新装后或大修后的液压系统要彻底清洗。实践证明，新造船舶的液压系统同样存在严重污染的情况。为此，船厂在安装时对该液压系统是大为关注的。

清洗时可利用液压系统中的液压泵和油箱，也可以采用临时的清洗泵对系统进行循环清洗。清洗液的采用已在以前部分说明过。清洗时尽可能采用大流量，使油液在管路中呈紊流状态并需添设高效能滤油器投入清洗（经验表明，使用绝对精度为 5 ~ 10μm 的滤油器）可获得很好的清洗效果，直至滤油器上再无微量污染物为止。以上工作，在船厂中称为“投油”。此作业须得到船东和船方的认可，才可投入系统的运用。

②防止污染侵入

防止固体杂质的主要措施是注入系统的新油必须经过特殊（据查新油有相当大的部分清洁程度不符合要求）过滤，过滤精度不得低于系统自身过滤精度；定期清洗油箱；采用性能可靠的油缸柱塞密封装置等。

防止水分混入的途径是将油箱置于干燥的舱室内；防止海水冷却盘管的锈蚀而渗漏等。

防止空气进入系统的方法是初次注油时应驱尽系统油液中的空气；要使油箱内油位保持在要求范围之内以免吸空；防止管路泄漏等。

③要优质油液过滤

优质过滤对液压系统可靠性起重要作用。过滤精度一般按系统中杂质敏感度最大的元件来选择。初次使用的系统，过滤器应及时清洗或更换清洗，以后仍应按其技术说明书要求的周期或按过滤器前、后压差值偏大的程度来进行。

④定期检查液压液质量

液压油长期使用质量会恶化，必要时应予以过滤或更换。有些船舶上添置分油机对其进行油的分离，效果是相当好的。

更换油液过早会造成经济上的浪费，换油过晚将影响液压舵机系统的性能和使用寿命，使故障发生率显著增加。两者须权衡利害得失。

船舶液压机械要确定液压油的使用期限是困难的，因为它随工作条件如压力、温度、负载以及液压设备和系统的类型及所用材料等差异甚大。一般对其使用期限只作大致估计，具体可根据油样检查和化验结果决定。取样检验下面将另做介绍。

(2)控制工作油温

液压舵机设备在不同油温的使用情况可如表 3 – 8 所示。工作时液压油最合适的油温是 30 ~ 50 ℃。冬季油温太低时黏度太大，油泵吸入困难，流动损失大，还可能使油泵排出压力过高，使电动机过载，甚至管路或接头爆裂。因此，油温在 – 10 ℃下不允许启动，应先加热使油温上升，并使油液在系统中空载循环，待油温升至 10 ℃以上方能加载投入正常工作。

夏季使用时应防止油温过高而黏度下降，不仅容易降低效率，而且会造成润滑不良，甚至使零件因热而卡死。另外，油温高则氧化加快，使用寿命缩短。在油温超过 50 ℃时，应使液压油冷却器投入工作。要求油箱进口处油温一般不应超过 30 ℃的环境温度。液压舵机运转时通常将最高工作油温控制在 70 ℃以下。超过极限温度使用，不仅使液压油很快变质,而且液压舵机设备得不到良好的润滑,属于破坏性使用。船舶航行在不同区域,外界环境温度升降会干扰油温的大小,故操作人员应予以适当的关注。

表3-8 液压设备在不同油温的使用情况

油温/℃	区域	使用情况
100、90	危险区	禁止使用
80、70	极限区	尽量避免使用
60	警戒区	冷却使用
50、40	理想区	最佳状况
30、20	常温区	可以使用
10、0	低温区	空载启动,使油循环升温至10℃以上
-10	禁动区	先加热至油温到-10℃以上

液压装置工作时损失的功率,转换成的热量大部分被液压油所吸收,再通过其散热冷却降温。当损耗功率与散热量平衡时,油温稍高于环境温度一定值便稳定下来。

液压油油温过高失控的原因,是散热不好或损失功率太大。主要是:

①液压油冷却器效能低;

②系统的油箱太小或油量不足散热差;

③系统的换油量太小;

④“气穴现象”也会使油液发热;

⑤液压油泵或油缸柱塞等机械摩擦损失大,以及液压元件内部泄漏严重(油液每经10 MPa压差的节流泄漏,可使其温度升高约6℃);

⑥系统设计不合理或调节不当;

管路阀件压力损失大,执行机构停止或低负荷的油泵卸载不好,溢流阀整定值过高等。

⑦油液黏度选择不合适或受到污染,其中有水分和空气。

(3)防止液压油的泄漏

液压油的成本较高,加上船舶在航行途中如遇到液压油缺少而影响舵机工作,是应该引起关注的事情。故平时管理中应做好控制液压油泄漏(每艘船舶在航行时所携带液压油数量有限)。

泄漏能使整个舵系装置效率降低,执行机构速度下降,甚至在负荷较大时不利动作;池泄漏还会使油液发热,加快氧化速度和空气侵入;外漏还会使油液损失和环境受到污染。

定期检查执行机构在额定负荷下的工作速度,可判断整个装置的泄漏程度。检测液压油泵、液压油缸在额定负载和转速下其壳体上的泄油管流量,也可发现其漏油程度,超过要求应及时修理更换。装置中的密封件有一定寿命,其老化时应予以更新。检查工作油箱的油位变化,也可以判断液压油泄漏情况。

3. 液压油的检验与指标

液压油一般每半年至一年应取样检查一次。采样时应首先备妥干燥、清洁的瓶子和耐油塑管,并在回油管路的压力表接头上接上一个可与塑管相连接的螺纹接头,以备取样。采样前应先使设备空转一段时间,待液压油已被搅匀,油温升至正常温度后才可采样。应该注意，从采样管中最初流出的油液不宜留作油样。供检验用的油样通常约需 1L，采样时可取 2 ~ 3L。取样后，应将瓶子盖严，贴上标签，并注明采样地点、设备名称和编号、采样部位、油的品种和牌号、液压油开始工作日期和采样日期等。

对油样是否污染和变质的现场简易判断法：首先是进行外观检查，察看颜色与新油有无差异，有无水分和沉淀；有无异常臭味；与新油比较，看摇动后泡沫消失的快慢。表 3 – 9 列出液压油污染变质情况的外观判断方法与处理措施，可供参考。

表 3 – 9　液压油污染变质的外观判断与处理措施

外观颜色	气味	状态	处理措施
透明，无变化	正常	良	照常使用
透明，但色变淡	正常	混有别种油液	检查黏度，如符合要求，可继续使用
变浑浊	正常	混有空气和水	分离除水，换一半或全部油
变深发黑	有异味	氧化变质	全部换油
透明但有小黑点	正常	混入杂质	过滤后使用或换油
透明而闪光	正常	混入金属粉末	过滤或换油

对油样进行污染鉴定还可以用两块透明玻璃夹住油滴试样，透光观察。此外，也可采用滤纸滴油法，即用金属丝将油样沾起并滴在 240 目滤纸上，待滤纸吸干油滴后，看其所形成的滴痕。由于油液在滤纸上将从中心向周围渗透、扩散，并将固体粒子积留在中心部位，故中心部位颜色较深，而扩散出去的部分则颜色浅。显然，若油液并未变质，整个滴痕的颜色就较均匀，否则就会生成颜色明显有别的环形斑痕，而且斑痕越明显，变质的程度就越严重。如果滴痕呈现棕色或灰色，则表明油中已生成胶质、沥青或炭渣，具体的判断方法可以参见表 3 – 10。

表 3 – 10　滤纸滴油法判断油液污染

滤纸的滴痕	污染程度
中心部位色较浓，环形分界线清楚	大粒子多，污染程度大
中心部位扩展很宽	小粒子多，污染程度大
无明显中心，只见扩散	污染程度小

至于油中是否有水溶性酸、碱的判断，则可用少量水与油样一起搅拌、摇荡，并待其静置分层后，再用 pH 试纸验水层的酸碱性。油中是否含水还可用以下方法判断：滴油于赤热的铁块上，如有“哧哧”声，即表示油中含有水。

以上都属简易大致判断方法，至于精确的指标则只能交化验室化验后才能确定。表 3 – 11是我国 1992 年 11 月颁布的船舶液压系统换油指标，已于 1993 年 5 月开始执行。在实际工作中如有 1 项指标超过表中的规定，可继续使用并加强监督；如有 3 项指标超过规定值，就应立即换新油。

表 3-11 船用液压油换油指标(CB/T 3436-92)

<table>
<tr><th colspan="2" rowspan="2">测定项目</th><th colspan="3">理化性能变化极限指标</th><th rowspan="2">测定方法</th></tr>
<tr><th>L-HV 液压油</th><th>L-HM 液压油</th><th>L-HL 液压油</th></tr>
<tr><td colspan="2">40 ℃时运动黏度允差%</td><td>±10</td><td>±15</td><td>±15</td><td>65-88</td></tr>
<tr><td colspan="2">酸值增加 mgKOH/g</td><td colspan="3">0.3</td><td>GB 264—83</td></tr>
<tr><td colspan="2">水分%</td><td colspan="3">0.2</td><td>GB 260—77</td></tr>
<tr><td colspan="2">闪点(开口)下降℃</td><td colspan="3">-8</td><td>GB 267—88</td></tr>
<tr><td rowspan="3">污染度等级</td><td>伺服系统</td><td colspan="3">18/15(ISO)
104(NAS)</td><td>计数法
重量法</td></tr>
<tr><td>中高压系统</td><td colspan="3">20/17(ISO)
107(NAS)</td><td>计数法
重量法</td></tr>
<tr><td>低压及一般液压系统</td><td colspan="3">21/18(ISO)
108(NAS)</td><td>计数法
重量法</td></tr>
</table>

注:国际标准化组织(ISO)的污染等级标准分别标示第 100 mL 油中尺寸大于 5 μm 和 15 μm 杂质颗粒数等级标准(由少到多按等比级数递增分为 24 级)。美国航天学会按固体颗粒数多少分为:NAS00、01~12 共 14 级;又按污染物重量分为 NAS100、101…108 共 9 级。

经验表明,油液氧化后应全部更换,如保留其中的 10% 的旧油,将会使新换的液压油的寿命缩短一半。此外,液压泵、油缸等主要构件损坏而换新后,如不彻底清洗整个系统和换油,其寿命将不超过 6 个月。

二、液压舵机的安装、调试和管理

目前各类船舶应用的液压舵机、转舵机构和操纵系统等装置种类繁多,但它们的安装、调度工作,均有共同之处。下面以拨叉式转舵机构为例,对其安装、调试的技术要求及方法等操作管理介绍如下。

(一)液压舵机与转舵机构的安装程序

1. 舵机和转舵机构的基座应在船台上就位焊接装配结束。要求其座的平面呈水平状,并保证其有足够焊接强度和支承刚度。

2. 船在下水之前,必须将舵杆、舵柄和舵叶等大件按图要求安装完毕,并分别在上舵承、舵柄处作妥舵叶零位的准确标记,作为舵机安装找正的基准。船下水时,得用夹紧装置将舵叶牢固地暂时处于零位,防止船下水时舵叶转动而发生事故。

3. 吊装转舵油缸时,应以舵杆轴心和舵叶的零位作为定位基准。可采用对角线相等的方法来决定转舵油缸的轴线位置。这里可参见第三章之 P88 内容,如图 3-9 所示:$a=b=c=d$。并调整对置油缸的水平度,使舵柄位于上下拨叉的中心位置。

4. 用塞尺测量柱塞在油缸端盖孔中的间隙及滚轮在上、下拨叉口间的间隙,应符合制造厂提供的安装数据为准。

5. 上述工作结束后,测量机座与基座间垫片的厚度,并研磨到位,经钻孔后对部分的螺孔进行铰孔,配制精制螺栓,最后紧固全部螺栓和止退块。

(二)液压舵机的调试

1. 液压系统的清洗

为确保船舶航行安全和舵系装置的操纵性能的良好,就必须在液压舵机系统安装完毕后,首先向其系统内注入专门的清洗油进行清洗并将油加热到 30 ~ 40 ℃,以达到良好清洗效果。系统清洗时应使用临时油泵或辅泵,将系统内的油液作循环清洗过滤,并定时清洗专门的滤器,直至滤器不再有污染存在为止。以上工作我们称为"投油"或"窜油"。清洗工作包括事先对液压油柜和油管等的清洁。清洁油柜时,不得使用易残留纤维的织物或泡沫塑料来擦抹,油柜的内壁也不得涂敷可能的油漆。船厂实践经验告诉我们,用生面粉团来吸粘其内的污物,尤其是对金属微粒等的清除效果是不错的。上述系统的清洗工作要达到有关检验部门和船东方面认可后方可进行下一步调试。

清洗油的要求是,黏度应低一些,并需加热使用,以求对脏物有较强的溶解和冲洗能力,一般选用 30 ~ 40 ℃时黏度为(13 ~ 25) $\times 10^{-6} m^2/s$ 的环烷基油较为适宜。

系统清洗工作结束,应尽可能把清洗油液从系统里放尽,否则需在其中添加防锈剂和抗氧化剂,并注意它和液压油的相容性。

总之,液压系统的清洗工作是十分重要的,不得有丝毫马虎和疏忽,否则会对舵系装置日后长期的使用带来影响和隐患。

2. 液压系统的充油

系统的充油,应根据不同液压舵机的具体情况,并按其技术说明文件的要求来进行。

液压舵机系统中使用的液压油,一般应符合下述要求:

①油的黏度要适当。黏度过大会造成其工作流动阻力加大,黏度过小则会使系统泄漏严重。液压油的黏度指数(Ⅵ)应在 90 以上。

②润滑性要好,能形成良好的油膜,减小液压阀件、机件的磨损。防锈性要好,不会锈蚀金属;

③不含水溶性的酸类或碱类,以免阀件、机件和密封装置遭到侵蚀与破坏。

④为满足防火及低温工作条件方面的要求,液压油的闪点要高,至少要高于 135 ℃。而凝固点要低,至少要比环境温度低 10 ~ 15 ℃。

⑤质地纯净,水分和杂质少。

⑥要有良好的化学稳定性。即在工作中或储存时,不易氧化并能适应系统的内部温度、压力和流速的变化,保持其原有的性质。

⑦抗乳化性和抗泡沫性好,与常用材料相处的相容性要好。

常用的液压油有合成锭子油、汽轮机油和航空液压油三大类,而后者价格较贵。

按照制造厂推荐的液压油品种向系统内注油。

系统的充油一般步骤如下:

①开启系统中的各放气阀、旁通阀及其他截止阀,松开油缸顶部的接头。

②用滤器将液压油充入至循环油箱或补油柜,使达到最高液位。如主、辅油初次投入使用的,应必须事先向泵内注入洁净的工作油。以上充油可用辅泵和启动主泵进行,但尽可能采用小流量充油,并随时注意油箱补油。

③在机旁操纵主油泵,将油液间断地轮流向左、右两侧转舵油缸(这时舵柄、舵叶上固紧装置应事先拆除),并反复开启压力侧的放气阀泄放系统中残留的空气,直至转舵平稳无异常噪声为止。在确认无问题后可改换自动舵遥控操纵,同时校正舵角与舵的偏差。

④液压舵机应在充油后,以1.25倍的设计压力对转舵油缸和主轴路系统,进行液压密封性试验。

3. 液压系统的调试

(1)液压元件的调节

①安全阀的调节。操舵至机械限位角(37°)时,调节安全阀起跳压力为额定工作压力的1.25倍。

②溢流阀的调节。检查转舵油缸的压力表,调节溢流阀压力为系统额定工作压力。

③变量泵的调节。调节其追随杆在任何舵角时它的偏心均能回至零位。

④压力继电器的调节。调低工作压力在规定值以下时,其应起报警作用。

⑤校对任一舷舵角35°转至另一舷30°舵角时转舵时间应小于28 *s*。

⑥测定所有的电动机启动电流、工作电流、电压、转速和绝缘电阻。

⑦核对系统的液压油位报警动作。

⑧检查各运动部件的润滑情况,并注入润滑油脂或液压油。

⑨调节自动舵跟踪反馈讯号的准确度。

⑩连续作半小时以上的操舵试验和换泵试验。

(2)系统调试的要求

根据"液压舵机通用技术条件"(GB 3129—82)对舵的控制及舵角指示、限位有以下要求。

①电气舵角指示器的指示舵角与实际舵角之间偏差应不大于±1°,且正舵时须无偏差。

②采用随动方式操舵时的要求同上。

③不应有明显跑舵现象。拨叉式转舵机械的舵机的跑舵速度不得超过0.5°/min。

④采用液压或机械方法操舵的舵机,其滞舵的时间应不大于1 s。

⑤电气和机械的舵角限位必须可靠。实际的限位舵角与规定值之差不得大于0.5°。

以上如有不符的,应及时彻底予以调整。

4. 液压舵机的使用管理事项

舵机是直接关联着船舶可操纵性的重要辅机之一,如一旦失灵,轻则影响航行安全,重则可能肇事,从而造成生命财产的重大损失。所以舵机的使用维护要求非常严格。

(1)舵机的机械部分,应经常保持清洁,并禁止在运动部件及其工作表面上堆放杂物。各运动摩擦表面保持良好的润滑,滑油的黏度应该较大(一般不低于8°E),而且不含水分。各连接螺栓和固定部分要保持安装的准确及牢固性,且在每次开航前应一一检查。

(2)舵机的液压系统要保证不漏油,不漏气和不剩气。各控制阀门,均应处在所要求的位置上,而且工作可靠。对系统内的滤器要定期进行严格的清洗。运行中应经常注意滤器的前后压差。

(3)加入系统的工作油液,必须符合要求。它们的黏度应适中(3~4°E 50 ℃),黏温性要好;凝固点要低于航区的最低温度;此外尚需具有足够的化学稳定性和防腐蚀性;并保持纯净。

(4)补充油液时,必须注意核对所充油液是否与系统中的油液性质相符,以免掺合后,引起油质变化而影响工作。

(5)对液压系中的安全阀、溢流阀等,要定期作检查,以免发生泄漏或不能开启的现象。对安全阀的开启压力和液压系统各处的油压,也应定期加以核对,如有不符应立即加以调整。

(6)油泵的电动机及其启动设备,应注意经常清洁,保持干燥,电机和各电器的绝缘性也应作定期检查。水密部分要保持完好。对炭刷、轴承等部分,应根据预防检修条例和实际情况进行维修保养。

(7)为保证舵机的正常工作,舵机中的温度不低于 10 ℃,而运行时系统中的油温不应高于 65 ℃。(当油温超过 70 ℃时,油液的氧化变质加快,一般应查明原因才可投入运转。)工作时最合适的油温是 30 ~ 50 ℃。油温高于 50 ℃时应启用液压油冷却器加以冷却降温。当油温低于 10 ℃时,可让油泵在油路旁通空载运转或实行小舵角操舵,直至油温升至 10 ℃以上再正常使用。

此外,在使用管理时还得做好三个"控制"工作。

(1)控制液压油泄漏

泄漏使得装置效率降低,执行机构速度性能迅速下降,甚至在负荷较大时便不能动作;泄漏还会使油发热;加快氧化速度;外漏还会造成油液损失和船舶环境污染。

定期检查执行机构在额定负荷下的工作速度,可发现装置泄漏程度。检测液压泵和液压元件与机件在额定负载和转速下,壳体漏油管流量,也可判断其漏油程度,超过要求时,应及时修理更换。密封件有一定的寿命,老化时应更换。检查工作油箱油位可以判断外泄漏程度。

(2)控制装置负荷

要注意观察装置的工作油压和电流是否超载。除外加负荷不应超过额定值外,应检查空载油压和电流,如超过正常值,可能是执行机构(包括传动机构)机械摩擦损失过大或液压管路空载循环损失过大。管路压力损失一般不应大于额定工作压力 5%~6%。小流量、简单管路约 0. 2 ~0. 5 MPa,大流量、复杂管路约 0. 5 ~1. 5 MPa。

(3)控制噪声和振动

异常的噪声和振动包括液体噪声和机械噪声,主要由以下原因引起:(1)系统进空气,产生"气穴现象"。(2)油泵磨损或损坏,泄漏严重也会增加噪声。(3)溢流阀或其他控制阀产生噪声。(4)其他机械原因:如管路、设备固定不牢,联轴节校中不良等。

5. 液压油的选用

根据我国国际标准"液压油的分类、符号和命名"(GB 7631. 1—87)的规定,适用于船舶液压机械的国产液压油主要有:L – HH,无添加剂或加有少量抗氧化剂的精制矿物油,质量比机械油(L – AN)高,抗氧和防锈性比汽轮机油差,用于低压或简单机具的液压系统。

L – HL(相当于原产品 YA – N),加入抗氧、防锈、抗泡沫等添加剂的精制矿物油,使用寿命比机械油长 1 倍,主要用于低压齿轮泵系统,适用环境温度为 0 ℃以上,最高使用温度为 80 ℃。

抗磨液压油 L – HM(相当于原产品 YB – N),在 L – HL 油基础上增加了抗磨添加剂,在中、高压条件下能使摩擦面油膜强度增高,降低摩擦和磨损。它适用于各种液压泵的中、高压系统,适用环境温度为 –10 ℃至 +40 ℃。

低温度液压油 L – HV(相当于原产品 YC – N),在 L – HM 基础上改善其粘温性,适用于环境温度变化大和工作条件恶劣的低、中高液压系统。每种产品符号后附带的数字为黏度等级,相当于 40 ℃的名义黏度(mm^2/s)。

选用液压油时应根据压泵的种类、工作温度和工作压力来选用各种合适的品种和黏度等级。推荐范围如表 3－11 所示。

表 3－11　常用液压泵使用黏度(mm^2/s)范围

液压泵类型	工作压力 MPa	工作温度			
		5～40 ℃		40～80 ℃	
		37.8 ℃黏度	50 ℃黏度	37.8 ℃黏度	50 ℃黏度
叶片泵	≤7	30～50	17～29	43～77	25～44
	>7	54～70	31～40	65～95	35～55
齿轮泵	10～32	30～70	17～40	110～184	58～98
螺杆泵	2～10.5		19～29		25～49
径向柱塞泵	14～35	30～128	17～62	65～270	37～154
轴向柱塞泵	14～35	43～77	25～44	70～172	40～98

一般液压装置使用说明书常推荐有合格的液压油品种，可参照执行，或选用性能相近的液压油。机械油在环境温度为 0～40 ℃，工作压力低于 7 MPa 时，可代替液压油，价格较低，但精炼程度差，使用寿命短。透平油也可代替液压油用，它比机械油价格高，但酸值低，杂质少，抗乳化性和抗氧化安定性好，使用寿命比机械油长。它和机械油的凝固点都较高一般在－15 ℃～－10 ℃之间，不适用于环境温度低的场合。

三、液压舵机常见的故障原因分析

液压舵机经过性能调试后，无论是在船舶航行中，还是在锚泊时，都必须经常加强检查。如对油箱的油位、系统的油温加到 30 ℃左右时油缸的压力、异常噪音和振动、螺栓的松动、系统的泄漏和电机工作电流等的检查。如发现反常现象，应首先停泵检查并查明原因，并采取相应的修理措施，以排除故障。

1. 压力不足，不能转舵或不能单侧转的原因分析：

(1)油泵转向不对，定向油泵反转，则不能吸油，并不产生油压。

(2)油泵磨损严重，内泄漏较大，且有过热现象。

(3)系统内管路接头泄漏严重。

(4)系统截止阀未开，旁通阀未关，造成通路阻断或旁通。

(5)换向阀的液流通路阻塞、或电路不通，复位弹簧损坏，导致无动作或单边动作。

(6)追随机构中的贮存弹簧能力不足，促使泵的变量偏心不动。

(7)执行油缸的密封单向或双向损坏。

(8)溢流阀和安全阀有泄漏现象或弹簧损坏等。

2. 发出舵令后产生空舵或停止舵令后发生跑舵的原因分析：

(1)储油箱内油位过低，油液补偿不足，系统内存有空气或吸入大量空气。

(2)补油阀失灵，油液倒流入油箱中。

(3)柱塞、阀件、接头等处密封件损坏，引起泄漏严重。

(4)管路安装不对，弯头太多或弯角过小，不但流阻增大，而且在弯头处产生气体。

(5)换向阀阻塞或复位弹簧过软、过硬。

(6)双向液压锁失灵,安全阀阻塞,溢流阀产生偏漏等。

3. 转舵迟缓或出现爬行现象的原因分析

(1)伺服系统压力不足,或油泵吸空,油液中混入大量空气。

(2)追随机构工作不正常,主泵变量偏心拉不到位,流量小或不回零位。

(3)安全阀阻尼孔不畅通,开启压力低,溢流阀失灵,有间断的提前泄油现象。

(4)主泵闭式回路混入大量气体。

(5)局部密封不良,或系统的工作温升过高。

4. 噪音严重或间歇振动的原因分析:

(1)油泵严重磨损,间隙过大或局部因拉毛而出现卡住现象。

(2)油液黏度过高,滤器阻塞,或混入气体。

(3)油管直径过大或过小,弯曲半径的大小取的不适当,引起冲击或吸空。

(4)安全阀或溢流阀工作时抖动,从而引起工作的共振。

(5)换向阀阻尼失效,换向有冲击波。

(6)机械本身振动或机座基础强度不足等。

5. 转舵速度太慢的原因分析:

(1)主油泵供液不足,滤器严重阻塞、溢流阀调节不当。

(2)转舵油缸因密封装置失效而泄漏严重。

(3)主泵电动机因压降而造成转速下降。

6. 转舵直冲到机械舵角限位器的原因分析:

(1)主泵的变量机构不能回到中间位置。

(2)遥控伺服油缸的换向阀不能回到中间位置。

(3)遥控伺服油路锁闭不出。

(4)主油路锁闭不严。

(5)控制系统的反馈部分有故障。

7. 舵角超差的原因分析:

转舵停止后,实际舵角与指令舵角误差 $> \pm 1°$。

液压舵机工作中出现的故障是多方面的,需具体进行分析后,有针对性地采取修理措施来排除。以上可以参见本章节中的液压舵机的调试和使用管理部分。

四、舵机的基本技术要求

舵机是保持或改变船舶航向,保证安全航行的重要设备,一旦失灵,船即会失去控制,甚至发生事故。因此我国《钢质海船入级与建造规范》(1996)根据《国际海上人命安全公约》(SOLAS 公约)的规定,对舵机提出了明确的要求,其基本精神就是要求舵机必须具有足够的转舵扭矩和转舵速度,并且在操舵部分发生故障时,应能迅速采取替代措施,以确保操舵能力。基本要求如下。

①必须具有一套主操舵装置和一套副操舵装置;或主操舵装置有两套以上的动力设备,当其中之一失效时,另一套应能迅速投入工作。

主操舵装置应具有足够的强度,并能在船舶处于最深航海吃水以最大营运航速前进时,将舵自任一舷 35°转至另一舷的 35°,并且于相同的条件下自一舷的 35°转至另一舷的

30°所需的时间不超过 28 s。此外，在船以最大速度后退时应不致损坏。

辅操舵装置应具有足够的强度，并能在船舶处于最深航海吃水，并以最大营运航速的一半但不小于 7 km/h 前进时，能在不超过 60 s 内将舵自任一舷的 15°转至另一舷的 15°。

在主操舵装置备有两台以上相同的动力设备并符合上列条件时，可不设辅操舵装置。10 000 t(载重吨)以上油船、化学品船、液化气体船和 70 000 t(载重吨)以下其他船必须如此。对于客船，当任一台动力设备不工作时，或对于货船，当所有动力设备工作时，应能满足对主操舵装置的要求。

②主操舵装置应在驾驶台和操机室均设有控制器；当主操舵装置设有两台动力设备时，应设有两套独立的控制系统，且均能在驾驶室控制。

③对舵杆直径大于 230 mm 的船上。应设有能在 45 s 内向操舵装置提供的替代动力源。这种动力源为应急电源位于舵机室内。其容量至少应能符合辅操舵装置要求，提供足够的能源。此独立动力源只准专用。对 10 000 t 载重吨以上的船舶，它应至少可供工作 30 min，对其他船舶为 10 min。

④操舵装置应设有有效的舵角限位器。以动力转舵的操舵装置，应装设限位开关或类似设备，使舵在到达舵角限位器前停止。

⑤对 10 000 t 载重吨以上的油船、化学品船、液化气体运输船尚有如下一些要求：

当发生单项故障(舵柄、舵叶损坏或转舵机构卡住等故障除外)而丧失操舵能力时，应能在 45 s 内重新获得操舵能力。

为此，舵机可由两个均能满足主操舵装置要求的独立的动力转舵系统组成。或至少有两个相同的动力转舵系统，在正常运行时同时能满足主操舵装置要求。其中任一系统中液压流体丧失时应能被发现，有缺陷的系统能自动隔离，使其余动力转舵系统安全运行。

有的转舵机构虽不能分隔成两部分，但如经过严格的应力分析(包括疲劳和断裂分析)、密封设计，材料选用的试验，则也可允许用于 10 000 t 载重吨以上的、100 000 t 载重吨以下的油船、化学品船、液化气体运输船。

⑥动力源或外力作用产生压力的液压系统任何部分，均应设置安全阀。安全阀开启压力应不小于 1.25 倍最大工作压力；安全阀能够排出的量应不小于液压泵总流量的 110%，在此情况下，压力的升高不应超过开启压力的 10%，且不应超过设计压力值。

第六节　液压舵机操纵系统

现代船舶的舵机，一般都同时装有可有驾驶台操控的随动操舵系统和自动操舵系统。所谓随动操舵系统，是指在操舵者发出舵角指令后，不仅可使舵按指定方向转动，而且在舵转到指令舵角后还能自动停止操舵的系统。

自动操舵系统，则是在船舶长时间沿指定航向航行时使用，它能在船因风、流及螺旋桨的不对称作用等造成偏航时，靠罗经测知并自动发出信号，使操舵装置改变舵角，以使船舶能够自动地保持既定的航向。

此外，一般还同时设有非随动操舵系统，它只能控制舵机的起停和转舵方向，当舵转至所需要的舵角时，操舵者必须再次发出停止转舵的信号，才能使舵停转。非随动操舵系统通常既可在驾驶台，也可在舵机室操纵，以备应急操舵或检修、调试舵机之用。

根据从驾驶台到舵机室传递操舵信号方法的不同，舵机的遥控系统可分为机械式、液压式和电气式等几种。现代船舶大多采用电气遥控系统。下面就介绍典型的电气遥控系统。

一、伺服油缸式遥控系统

图 3－56 示出典型的伺服油缸式遥控系统原理图。这种遥控系统用于浮动杆追随机构的泵控型舵机。

本装置启动后，油 7 连续转动，定向定量地排出压力油，经单向阀 6、旁通型调速阀 4 供至电磁换向阀 3。阀 3 的阀芯位置取决于向驾驶台经电气遥控系统控制的电磁线圈 S_1 和 S_2 的通电情况（必要时也可用手动应急控制），压力油经 P_A 或 P_B 导入伺服油缸 1 的相应空间，使伺服活塞向相应方向移动。伺服活塞杆的一端经浮动杆及追随机构操纵舵机变量油泵。活塞杆的另一端与电反馈装置（自整角机）相连，随时将活塞位置的信号反馈到驾驶台的操舵设备。此外，在活塞杆的相应部位还有最大操舵角的机械限位器。

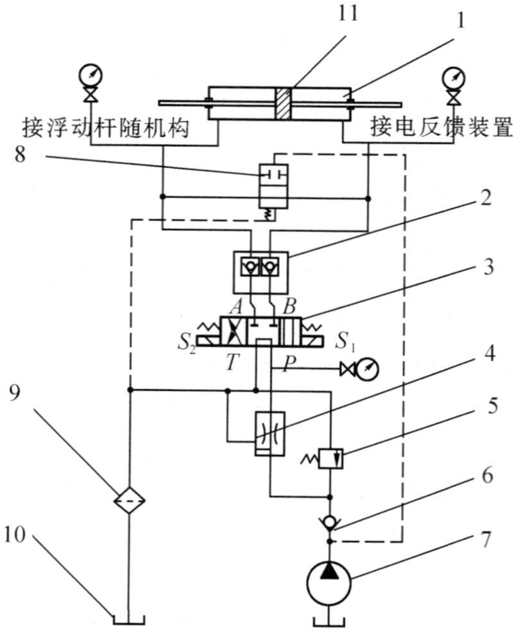

图 3－56　伺服油缸式舵机遥控系统原理图

1—伺服油缸；2—油路锁闭阀；3—电磁换向阀；4—旁通型调速阀；5—安全阀；6—单向阀；7—油泵；8—液控旁通阀；9—滤器；10—油箱；11—伺服活塞

当阀芯处于中位时，P，T 相通，油泵卸载，A，B 油路不通，油缸锁闭，伺服活塞不动。

当驾驶台发出指令舵角，与伺服活塞位置所代表的操舵角相比偏右舷时，需向右操舵（包括转右舵和从左舵回舵）。这时电磁线圈 S_1 通电，阀 3 被推至极左位置，来自油泵的压力油经 PB 供入油路锁闭阀 2 右端，顶开右端锥阀，进入油缸 1 的右侧，同时还使油路锁闭阀的左端锥阀被顶开，使油缸左侧油液经锁闭阀 2 和换向阀 3 的 AT 油路，回到油箱 10。这样伺服活塞在两侧油压差作用下左移，一方面操纵舵机油泵使舵向右偏转；另一方面，则输出电反馈信号。当活塞行至相当于指令舵角的位置时，由于电反馈装置送回的信号正好与舵角指令信号相抵消，电磁线圈 S_1 断电，换向阀 3 回中，阀 2 的两锥阀关闭，形成液压锁，将伺服活塞 11 锁住。于是舵叶在浮动杆追随机构的作用下，将自动地把舵转到并稳定在与指令舵角一致的舵角上。

如果要求向左操舵（包括转左舵和从右舵回中），则电磁线圈 S_2 通电，油路 P 与 A 及 B 与 T 相通，伺服活塞右移。

系统中一些阀件的作用如下：

油路锁闭阀 2——当伺服活塞位置与指令舵角相对应时换向阀回中。阀 2 锁闭伺服油缸油路（换向阀中位密封可能不够严密），防止浮动杆传来的反力使活塞移动。在装有两套使用同一伺服油缸的遥控系统的装置中，它能把备用系统的换向阀和油缸隔断，减少换向阀泄漏对工作的影响。

旁通型调速阀 4——控制输往伺服缸的流量,使伺服活塞有合适的移动速度。

安全阀 5——当油泵排出压力整定值时,将油泄回油箱,防止油泵过载。

液控旁通阀 8——它靠油泵排油压力截断油缸旁通通路使之投入工作。因此,当改用其他控制方式(例如机旁控制)操纵浮动杆时,则因泵 7 停止排油,油缸通过阀 8 旁通,柱塞即可自由移动,不致妨碍其他控制机构工作。

单向阀 6——启闭压力为 0.6 ~ 0.8 MPa,保证工作时即使换向阀在中位,单向阀前的油压仍能使液控旁通阀截断。

二、伺服电机式遥控系统

以伺服电动机为执行元件的舵机遥控系统,可以采用直流伺服电机,也可采用交流伺服电机。图 3 - 57 是用平衡电桥控制的直流伺服电机式遥控系统的原理图。它也用于带浮动杆追随机构的泵控型舵机。

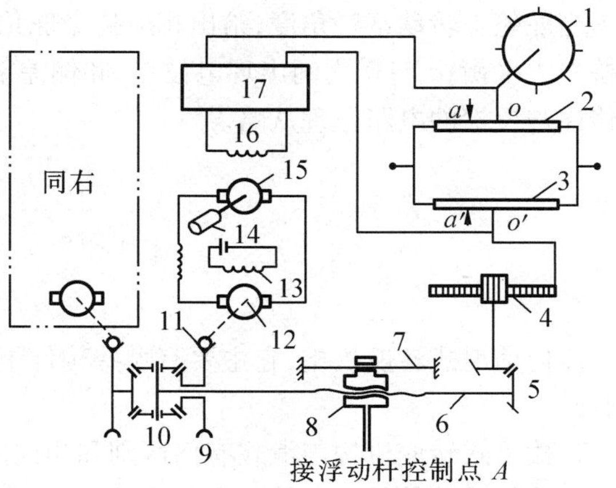

图 3 - 57　直流伺服电机式遥控系统原理图

1—舵轮;2—操舵电位计;3—反馈电位计;4—齿轮齿条机构;5—锥齿轮副;6—丝杆;7—导杆;8—滑块螺母;9—蜗轮;10—行星齿轮;11—蜗杆;12—直流伺服电动机;13—直流电动机激磁绕组;14—交流电动机;15—直流发电机;16—直流发电机激磁绕组;17—放大器

舵机室设有交流机组:交流电动机 14 驱动直流发电机 15,发出直流电,再去驱动直流伺服电动机 12。伺服电动机 12 经蜗杆 11、蜗轮 9 及行星齿轮 10,带动丝杆 6 转动。丝杆上所套滑块 8 流过定向的电流,直流发电机 15 产生定向的电压,于是伺服电动机 12 转动,并移动浮动杆操纵点 A。

当 A 点移动到 5 指令舵角相应的位置时,反馈机构带动反馈电位计 3 的滑动触点从 o'移动到 a'。因为 a'与 a 是电位点,电桥重新平衡,偏差信号消除,电动机 12 因励磁消失而停止转动。

另外,浮动杆机械追随机构将使舵叶转到与 A 点位置相应的舵角上。

当舵轮带动操舵电位计触点反向移动时,绕组 16 的激磁电流方向相反、电动机 12 将接受发电机 15 产生的反向电压而反转,带动 A 点作与上述操舵方向相反的运动。操纵点 A 偏离中位的方向和大小,始终准确地与舵舵给出的指令舵角的方向和大小相对应,再通过浮动杆追随机构将舵转到相应的舵角,这就是直流伺服电机遥控系统的工作原理。

上述两种泵控型舵机遥控系统都是与浮动追随机构工作的,这类舵机的电反馈信号发送器均由遥控系统在舵机间的执行元件(伺服活塞与伺服电机)带动。

当执行元件的直线位移或角位移与舵角指令相符时即停止操舵。这类舵机的追随作用是分两部分完成的伺服活塞或由伺服电机控制的滑块,通过反馈系统追随驾驶台的舵角指令;而舵叶则通过浮动杆机构追随伺服活塞或滑块所定操舵角信号。

较先进的泵控型舵机遥控系统采用了交流伺服电机和由自整角机发讯的无触点电气控制系统,并取消了浮动杆追随机构,电反馈信号发送器直接由舵柄带动。

阀控型舵机的遥控系统与此类似,只不过用电磁换向阀直接控制主油路的转舵油缸而已，电反馈信号发送器直接与舵柄相连，反馈舵角信号。

上面介绍的只是遥控系统设在舵机间的液压伺服装置，驾驶台与舵机室之间操舵电气信螺母 8 因受导杆 7 的限制不能转动，但可在丝杆上移动，从而拉动浮动杆的操纵点 A（见前面图 3 – 10），去控制变量泵，使其向相应方向排油转舵。

同时，丝杆 6 的转动还经锥齿轮副 5 和齿轮齿条机构 4 使反馈电位计 3 触点移动，向遥控系统送出电反馈信号。

当操舵电位计 2 和反馈电位计 3 的触点处于相应的位置（例如 0 与 0′）时，直流发电机的激磁绕组 16 没有电流通过，输出电压为零，伺服电动 12 则不动。

当舵轮 1 转动某一角度，给出相应指令舵角时，操舵电位计上滑动触点从 0 移到 a 点，电桥失去平衡，a 与 0′之间出现电位差，此偏差信号经放大器 17 放大，使发电机激磁绕组 16 号传递与反馈的电路原理从略。

习　　题

1. 何谓滑式转舵机构，它主要有哪些构件组成，它是怎样达到转舵目的的，它的特点是什么？

2. 拨叉式转舵机构与滑式有何区别和相同之处？

3. 滚轮式转舵机构的结构是怎样的，特点有哪些？

4. 摆缸式转舵机构是怎样来转舵的，摆缸式转舵机构特点是什么？

5. 转叶式转舵机构组成有哪些，转叶式转舵机构的工作过程是什么，它有哪些优、缺点？

6. 转叶式转舵机构中的叶片密封结构型式有哪几种，各有何特点？

7. 回答新型弧形柱塞式转舵机构的基本工作原理，其特点是什么？

8. 转舵机构的安装程序是什么，并应注意哪些问题？

9. 液压舵机是以什么原理来实现转舵，液压舵机有哪些优点？

10. 什么叫泵控式液压舵机，什么叫阀控式液压舵机，并根据各自工作原理图、简述它们的工作过程。

11. 液压系统中的主油路上，为何要设置防浪阀？

12. 泵控式与阀控式液压舵机有哪些差别与特点？

13. 什么叫变向变量油泵，什么叫定向定量油泵？

14. 径向变向柱塞泵的工作原理是什么，并简述其主要由哪些构件组成。

15. 轴向变向柱塞泵中主要由哪些组成，简述其工作原理？

16. 简述斜轴式轴向变向柱塞泵的工作过程，有哪些特点？

17. 柱塞泵属于精密的输送油液机械，使用时应注意哪些问题？

18. 螺杆泵是一种什么样的机械，它主要由哪些构件组成？

19. 齿轮泵主要由哪些部件组成？简述其输送油液的过程。

20. 单作用式叶片泵是如何工作的？双作用式叶片泵的结构特点是什么？

21. 螺杆泵，齿轮泵和叶片泵同属回转式泵，它们的共同特点是什么？

22. 回转式泵如果产生启动后不排液或流量不足的故障，其原因何在？

23. 液压控制阀按用途分为哪三类,每类有哪些阀?

24. 液压系统中的滤油器作用是什么,按其工作原理分有哪几种类型滤器?

25. 液压系统中的油箱有何要求?

26. 液压油质量恶化很快原因是什么,液压油在管理中应注意哪些问题?

27. 如何来判别液压油的污染和变质情况?

28. 液压系统为何要清洗,清洗的过程是怎样进行的?

29. 液压系统在注入油液(充油)时,应注意哪些技术要求,并简述充油操作过程。

30. 液压舵机在工作中,产生转舵速度慢的原因是什么,转舵时直冲到机械舵有限位装置的故障原因何在?

31. 典型的伺服油缸式的舵机遥控系统适用什么样的液压舵机,它是如何来控制舵机转舵的?

32. 伺服电动机式的舵机遥控系统由哪些基本构造组成?

33. 对舵机有哪些基本技术要求?

第四章　轴舵系主要设备与要求

第一节　轴系传动类型的选择和推力轴承及调整

选择传动方案时要考虑的因素主要是船舶的大小、用途和航区，发动机类型的发展，经济性能、安全可靠性能和运转管理性能等。一般远洋和沿海航行的货船、油船多采用直接传动，以提高装置的经济性。航行的船舶，为使主机和轴系不致因螺旋桨卡住而损坏，在采用低速柴油机时还加上液力耦合器。对于机舱尺寸要求严格的滚装船、集装箱船和客船，选用大功率中速机，其传动方式为间接传动。对于破冰船，由于希望在破冰时获得较大的机动性及螺旋桨被卡住时有较大的扭矩，多采用电力传动。内河船舶由于受吃水的限制，常采用中、高速柴油机和齿轮减速传动。此时，在主机和齿轮减速器之间一般置设弹性联轴器，以吸收扭矩的冲击和减轻因轴线校中偏差造成的影响。

对于工况多变的渔船和推、拖船，则采用调距桨装置更为适宜。双机单桨推进装置因并车和航行中检修主机的需要，必须加装离合器，如摩擦离合器、液力耦合器等。

在考虑经济性时，不但要看传动轴系本身的效率，还要将传动设备的效率、主机效率及螺旋桨效率联系起来考虑。例如，就传动方式本身而言，直接传动的效率比齿轮减速间接传动的效率要高。采用齿轮减速传动后，螺旋桨转速可以降低，直径可以增加，螺旋效率将会提高，因此整个推进装置的效率可提高。

在进行选型决策时要考虑生产发展情况。在满足船舶航行性能要求的情况下，尽量使成本降低，使设备供应、损坏后的修理及技术等比较方便。

一、船舶推进装置的传动方式

按传动功率方式的不同，船舶推进装置可分为以下几种。

1. 直接传动方式(见图 4－1、图 4－2 所示)

图 4－1　采用双轴系的双体客轮

图4-2　采用直接传动的超级油轮

直接传动是主机功率直接通过轴系传给螺旋桨的传动方式。在这种传动方式中，主机和螺旋桨之间，除了传动轴系外，没有减速和离合设备。运转中，螺旋桨和主机始终具有相同的转向和转速。

直接传动方式的主要优点：

(1)维护管理方便，与其他传动方式相比，结构简单；

(2)经济性好，除轴系的传动功率损失外，没有其他功率损失，因此，传动功率高，而且主机多为大型低速柴油机，油耗率低，螺旋桨转速也较低，螺旋桨效率较高；

(3)工作可靠，寿命长。因此，这种传动方式在商船上，应用最广泛。

直接传动方式的缺点是：整个动力装置的质量和尺寸大，要求主机有可反转性能，非设计工况下，运转时经济差，微速航行受到限制。

2. 间接传动方式(见图4-3)所示

图4-3　采用间接传动的大型油水补给船

间接传动是主机和螺旋桨之间的功率传递除经过轴系外，还需经过某种特设的中间环节(离合或减速器等)的一种传动方式。

根据中间传动设备的不同，间接传动又可分为只带齿轮减速器，只带滑差的离合器，同时带有齿轮减速和离合器等三种形式。

间接传动方式的主要优点如下。

(1)主机转速可以不受螺旋桨低速要求的限制。只要适当选择减速比,就可使主机的转速适应螺旋桨的转速要求。

(2)轴系布置比较自由。根据需要,主机曲轴和螺旋桨轴可以同心布置,也可以不同心布置,以适应螺旋桨的工作条件。

(3)在带有正、倒车离合器的装置,主机可不设换向装置。使主机结构简单,管理方便,整个装置操纵灵活,机动性能好。

(4)有利于多机并车运行及设置轴带发电机。

间接传动的主要缺点:结构较复杂,传动效率低。

间接传动多应用于中小型船舶以及以大功率中速柴油机、汽轮机和燃气轮机为主机的大型船舶上。近年来,由于动力装置节能的需要,提高螺旋桨的推进效率越来越为人们重视。而采用大直径低转速螺旋桨,则是提高螺旋桨效率的有效途径。多年前,低速柴油机还都与螺旋桨直接连接,转速多在 100 r/min 以上,中速机通过减速箱减速,一般也不低于 90 r/min。近年来减速齿轮装置已扩大到低速柴油机的领域,低速机经减速螺旋桨转速仅为 43 r/min。螺旋桨直径为 11 m 的节能型船舶,以中速柴油机为主机时,为了进一步降低螺旋桨转速,减速齿轮箱的减速比也相应加大,螺旋桨转速有的已降至 60 r/min。

随着动力装置节能技术的进一步发展,轴带发电机装置应用也越来越多。这是因为以效率高,烧重机的主机带动发电机后,不仅可以降低燃油、润滑油费用,而且维护费也降低。由此可见,间接传动方式的应用范围,将会进一步扩大。

3. 特殊传动方式

特殊传动是指与直接和间接传动不同的一种传动方式。它通常指可调螺距螺旋桨传动、电力传动、Z 型推进、液压马达传动和同轴对转螺旋桨传动等。

(1)可调螺距螺旋桨传动推进装置(图 4-4)

图 4-4　采用可调桨传动的豪华邮轮

这是通过改变螺旋桨的螺距来改变船舶航速和正倒航向的一种传动方式。在这种装置中,螺旋桨的桨叶相对其轮毂可以转动,只要转动桨叶,便可改变螺距,从而改变桨的推力大小和方向。

根据可调桨的工作特点,它与定距桨相比,有以下优点:在部分负荷下,能有较好的经济性;能适应船舶阻力的变化,充分利用主机的功率;有利于驱动辅助负载。

但同时也有以下缺点:机构比较复杂,整个装置制造安装及维修保养困难,造价高,桨毂尺寸较大,在设计工况下,效率比定距桨低。

(2)电力传动推进装置(图 4-5)

电力传动是主机驱动发电机,再由电动机驱动螺旋桨的一种传动形式。它有以下优点:

图4－5　采用全电力传动的国产火车滚装渡轮

①机组配置和布置比较灵活、方便、舱室利用率高；

②便于遥控，机动性好；

③发电主机转速不受螺旋桨转速限制，可选用中、高速机，并在恒定转速下工作，使主机处于最佳状态；

④正、倒车具有相同功率和运转性能，并具有良好拖动性能。

其缺点是：能量经过二次转换，损失多，传动效率低；由于增加了发电机和电动机，使装置总的质量、尺寸增大，而且造价和维修费用较贵。

由于电力传动近年来发展较快，多在渡轮、破冰船、潜艇及特种作业船上广泛使用。

(3)Z型传动

Z型传动装置又称悬挂式螺旋桨装置，图4－6所示为Z型传动装置的结构原理图。主

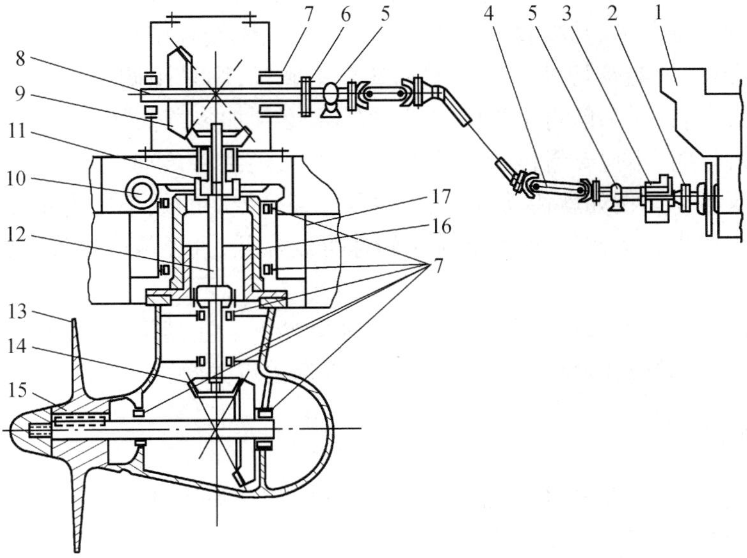

图4－6　Z型传动装置结构原理图

1—主柴油机；2—联轴器；3—离合器；4—带有万向节的传动轴；5—滑动轴承；6—弹性联轴器；7—滚动轴承；8—上水平轴；9—上部螺旋锥动齿；10—蜗轮、蜗杆装置；11—齿式联轴器；12—垂直轴；13—螺旋桨；14—下部螺旋锥齿轮；15—下水平轴；16—旋转套筒；17—支架

机 1 的功率经联轴器 2、离合器 3、带有万向节的传动轴 4、上水平轴 8、上部螺旋锥齿轮 9、垂直轴 12、下部螺旋锥齿轮 14 及下水轴 15 传递给螺旋桨 13,从而推动船舶航行。

Z 型传动方式最显著的特点:螺旋桨可绕垂直轴 360°回转。当启动一个电动机带动蜗轮蜗杆装置 10 运动时,蜗轮带动旋转套筒 16 在支架 17 中回转,同时,使螺旋桨 13 绕垂直轴 12 在 360°范围内作平面旋转运动。由于螺旋桨可绕垂直轴作 360°回转,因此它具有以下优点。

①操作性能好。螺旋桨的推力方向可以自由变化,使船舶操纵性能优于其他传动方式,特别是采用两台主机,而每台分别带动一个 Z 型传动装置时,可以使船舶原地回转、横向移动,快速进退,以及微速航行等。

②可以省掉舵、艉柱和艉轴等结构,使船尾形状简单,船体阻力减少。

③可以使用质量轻,体积小的中、高速柴油机,而不需要单独减速齿轮装置,主机不需要有换向机构,可以延长柴油机使用寿命。另外,由于这种传动装置是垂直悬挂在船尾,可由船尾部甲板开口处吊装置,检修不用进坞,可大大缩短修理时间。

尽管如此,由于结构上的原因,使传动功率受到一定限制,因而仅适用于小型船舶,特别是用于港作船和在狭窄航道中航行的船舶。

4. 传动方式的应用

选择传动方案时要考虑的因素主要是船舶的大小、用途和航区、发动机的类型和发展,经济性能、安全可靠性能和运转管理性能等。一般远洋和沿海航行的货船、油船多采用直接传动,以提高装置的经济性。而在冰区航行的船舶,为了使主机和轴系不致因螺旋桨卡住而损坏,在采用低速柴油机时,还用上液力耦合器。对于机舱尺寸要求较严格的滚装船、集装箱船和客船,一般选用大功率中速机,其传动方式为间接传动。对于破冰船,由于希望在破冰时,获得较大的机动性及螺旋桨被卡住时有较大的扭矩,多采用电力传动。内河船舶由于受吃水的限制,常采用中、高速柴油机和齿轮减速传动。此时,在主机和齿轮减速器之间一般设弹性联轴器,以及吸收扭矩的冲击和减轻因轴线校中偏差造成的影响。对于工况多变的渔船和推、拖船及特种工程船舶和各类军舰等,则采用调距桨装置更为适宜。双机单桨推进装置,由并车和航行中检修主机的需要,必须加装离合器、液力耦合器等。

在考虑经济性时,不但要看传动轴系本身的效率,还要将传动设备的效率、主机效率及螺旋桨联系起来考虑。例如就传动方式本身而言,直接传动的效率比齿轮减速间接传动的效率要高。但采用齿轮减速传动后,螺旋桨转速可以降低,直径可以增加,螺旋桨效率将会提高。

另外,在进行选型决策时,要考虑生产发展实际情况。在满足其性能要求的前提下,尽量使成本低,使备件供应和损坏后的修理及技术咨询比较方便。

二、传动轴系的布置

由于轴系的工作条件很差,因此轴系必须精心布置,以延长使用寿命。对于设计、施工,必须认真了解轴系的布置,以便在实际工作中,针对与轴系有关的某些问题,采取正确的措施。

1. 轴系的布置方案

传动轴系通常是由位于同一直线上的轴连接起来的,这种位于同一直线上的轴中心线称为轴线。商船轴线的数目一般不超过三根。远洋货轮往往采用一根,一些船速较快、经常进出港口的客船或集装箱往往采用两根。单桨船的轴线布置在纵向中剖面上,双桨船的轴线常对称地布置在两舷。由于机舱位置不同，轴线的长度差别很大，艉部机舱的轴线较短，有的不用中间轴而使推力轴直接和艉轴相连。船中机舱的中间轴段数目较多，轴线往往很长。

在主机位置和螺旋桨位置确定之后，后面一个是螺旋桨中心。理想的轴线位置最好与船体的龙骨线（基线）相互平行。而在多轴线时，轴线还应保持与船中剖面相对称。但是这种理想的轴线有时很难实现，因为它的艏艉位置必须服从于主机的位置和螺旋桨的位置。如主机位置比较高，而船舶吃水比较浅时，为了保证螺旋桨能浸入水下一定距离，有时不得不使轴线向艉部倾斜一定角度。如图 4 –7 所示，图中 α 为倾斜角。有些双桨或多桨船的轴系，为了使螺旋桨叶的边缘离开船的外板，并留有一定的空隙，允许轴线在水平投影面上与船舶纵中垂面偏斜一个角度，如图 4 –7 所示，图中 β 为偏斜角。当轴线出现倾斜和偏斜时，螺旋桨输出的推力将受到损失。这一方面由于此时，螺旋桨推力与船舶运动方向变得不一致。另一方面，轴线倾斜使轴系质量产生方向朝后的轴向分力，抵消了桨的一部分推力。为了使桨的推力不致损失太多，以及保证主机工作可靠，一般 α 角不超过 5°，β 角不超过 3°。

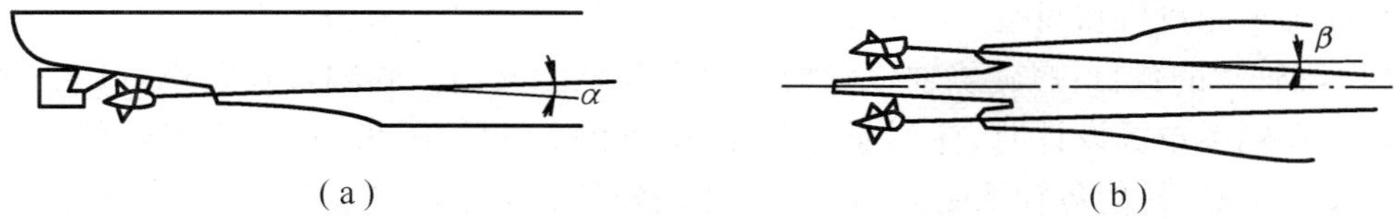

图 4 –7　轴系的倾斜角和偏斜角

2. 推力轴承的位置

船用推力轴承是船舶装置中不可缺少的重要组成部分，它承受螺旋桨产生的轴向推力，并将其传给船体，使船舶产生前后运动。同时，它也承担一部分径向负荷。

对于直接传动的新型低速柴油机主机，推力轴承一般由主机自带，设在曲轴箱内。对于带有减速箱的推进装置，推力轴承往往设在其减速箱中。对于有些船用主机，尤其是中速柴油机，因机构上的需要，推力轴承往往单独设置。

3. 中间轴承的位置和间距

中间轴承用来支承中间轴并给予径向定位。每根中间轴多由一个中间轴承支承，少数也有设两个甚至三个的。中间轴承的位置数量和间距，对轴系工作的可靠性有很大影响，在轴承布置时必须认真考虑。由于装载量的变化，航行中波浪的冲击，船体发生不同程度的变形是不可避免的。若把中间轴承置于刚性较差的位置，当船体变形时，会使轴承受到很大的附加负荷，造成发热和迅速磨损，有时甚至使轴在轴承中咬死。所以应尽量使中间轴承布置在船体刚性较强的部位（例如隔舱壁附近）。

中间轴承的间距和数量直接影响着轴承对轴线变形的作用。由于船舶总是存在着船体变形和轴承位置的安装误差，致使各轴承的实际中心线不在一条线上。所以轴系在运转时，轴颈和轴承的接触会产生附加轴承负荷，轴承的间距越小，它对轴线变形的牵制作用越大，附加负荷也会越大。理论和实践都证明，轴承间距太小是不利的，特别船体结构比较弱的船。为提高其轴系对船体变形的适应性和增加轴系的柔性，轴承间距应该大一点。但是轴承的间距也不能太大，因为过大的间距会给轴系的制造安装带来一定的困难；轴的挠度过大将造成轴承负荷不均匀，还易使轴产生回转振动和横向振动，且由于这些振动固有频率是随轴承的跨距的增大而降低的,容易造成在轴系工作转速范围内出现临界转速。轴承的间距一般由经验公式估算。

轴承的间距确定以后,布置轴承时,应注意尽量不使两轴段连续法兰的位置处于两轴承间距的中间。不然,易使相应的轴段产生过大的挠度,造成法兰校中安装困难。中间轴承应安置在靠近法兰处,并尽可能使轴承中心到连接法兰端面的距离等于0.2L,如图4-8所示,(L为一根中间轴的长度)。这样,轴系对中时,在距另一端法兰端面0.2L也装一个临时支承A,使中间轴因自重产生的弹性变形,对两端法兰的偏移影响很小。

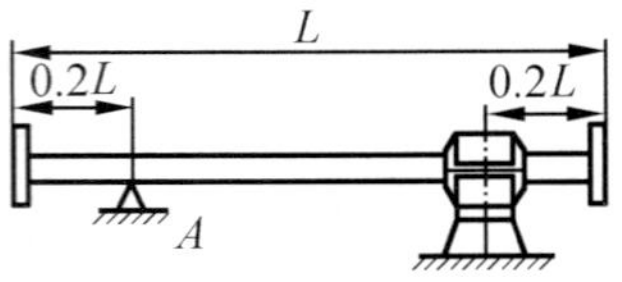

图4-8　中间轴承位置

4. 轴承负荷

一般轴承负荷的大小用轴承比压P表示,在进行轴承布置设计时,必须使轴承的比压在许可范围内,并力求使各轴承的负荷分配均匀。轴承负荷过重(指比压超过许可范围),将其很快磨损或导致其他事故;轴承负荷是负值会使邻近的轴承负荷过重;轴承负荷为零,则表示这道轴承可有可无。因此,轴承负荷或比压过大、为负值或零都不适宜的。一般情况下,每个轴承所承受正压力应大于相邻两跨轴的质量的20%。

5. 艉轴承的数目和间距

(1)艉轴承的数目:螺旋桨轴一般均用两个艉轴承支承。艉轴过长时也可用三个艉轴承支承。在轴系布置设计时,应尽量避免采用三个艉轴承,因为,它使船体艉部结构复杂化。如安装不好,易使各轴承受力不均。对于较短的艉轴也可以采用一个艉轴承。

(2)艉轴承的间距:在船舶中,中间轴承很少发生事故,而艉轴承却因工作条件恶劣,较易于受到损坏。其中的原因之一,就是它受到螺旋桨的干扰力比较剧烈,较易于出现回旋和横向振动。且损坏后修理困难。故对艉轴承的间距要求比中间轴承严格,其L/D值(L—艉轴承间距,D—艉轴基本直径)推荐以下数据:

$D=400\sim650$ mm($L/D\geqslant12$)

$D=230\sim400$ mm($L/D\approx14\sim25$)

$D=80\sim230$ mm($L/D\approx16\sim40$)

对于某些艉机舱的油轮或货船,因受地位限制,容许L/D值小于上述数据。

6. 轴承高低位置的确定

轴线的位置由轴承的位置来决定。各轴承孔中心的连线就代表了轴系的中心线。在布置轴承时,对轴承在垂直方向和水平方向的位置也要细心确定。对于中小型船舶,其轴承中心可按直线布置。对于螺旋桨较大的大型船舶,为了减少螺旋桨质量对轴承的影响,使各挡轴承的负荷分配比较均匀,对轴线常采用曲线安装法。这时轴承位置就要根据计算结果来确定。

三、推力轴承的结构与原理

船舶主机通过推力轴、中间轴和艉轴来带动螺旋桨旋转。旋转的螺旋桨桨叶给水的圆周方的和轴向的作用力。而水对螺旋桨叶也产生了圆周向的和轴向的副作用力。螺旋桨上的圆周向所受到的力形成的扭矩,就是主机动力矩所要克服的阻力矩。而作用在螺旋桨上的轴向力就是使船舶前进的推力(或后退的拉力)。螺旋桨的这个推力(或拉力)通过艉轴、中间轴和推力轴作用到推力轴承上,并经过推力轴承作用在船体上。当主机曲轴与推力轴直接连接起来时，主机曲轴由推力轴承作用达到轴向定位目的。

用作船舶主机的大中型低速柴油机，设计制造时常把承受螺旋桨推力的推力轴承设置在柴油机机座艉端的推力轴承座上。其推力轴承座一般与机座焊接或用螺栓组成一体。并通过其底座将螺旋桨的轴向推力传给船体，最终推动船舶的运动。

大中型柴油机上普遍应用的为单环式推力轴承，如图 4－9 所示。

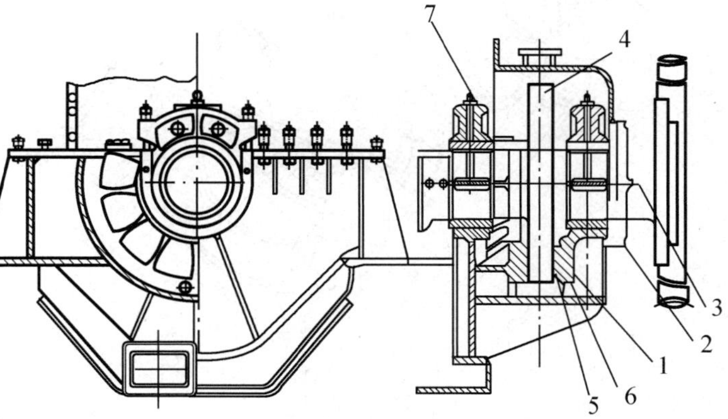

图 4－9　推力轴承

1—推力轴承座；2—支承轴承；3—推力轴；4—推力盘；5—推力块；6—支撑垫片；7—压块

推力轴承座 1 为铸钢焊接结构。其中两个支承轴承 2 承受推力轴 3 和主机飞轮的质量。推力轴用优质铸钢(35 号钢)制成，并用紧配螺栓与飞轮相接。推力轴的中间部分为推力环，与扇形推力块 5 相接触，推力轴的推力就通过扇形推力块传给推力轴承座。扇形推力块有前后两圈，前端一圈承受正车推力，后端一圈承受倒车推力。顶部用压块 7 盖住，预防工作时推力块滑出。

推力块是扇形钢块，用 20 号低碳钢。推力块工作表面浇有白合金，它是通过其块背上的燕尾槽浇铸嵌入槽内，白合金材料通常用的 SbSnSbH－b 锡基轴承合金，它与低碳钢的材料容易胶合。每一个推力面由八块推力块来承受推力。推力块后面的支撑垫片有几种不同厚度的尺寸，使在其磨耗时可进行更换以调整推力环与推力块之间轴向间隙。推力块和推力环的润滑是采用滑油喷入的方法。推力块背面的支承部分，仅占整个扇形角的一半左右。工作时可使它在原地作微量摆动，以有利于滑油进入其工作表面并建立油膜。

图 4－10 示出 L－MC/MCE 型柴油机推力轴承的构造。该机的推力轴和曲轴段为一体，推力环的外圆法兰固定传动凸轮的主动链轮。这种布置使柴油机轴向尺寸减小。推力轴承主要由正车推力块 8、倒车推力块 5、推力盘(调节圈)3，9 和其他一些部件组成。正、倒车推力块各八块，沿圆周方向排列，排成约占 2/3 圆周的扇形图。柴油机正车运转时，螺旋桨的轴向推力通过艉轴和中间轴传到推力环，从而推动船舶克服水的阻力前进。为了防止推力块跟随推力环转动，在正、倒车推力块的上方设有止动器来定位。推力环与推力环之间由滑油润滑，滑油来自主轴承润滑系统。为了使滑油不从轴颈处漏出机外，在轴颈上设有轴封。推力轴在转动中甩油环 2 利用离心力把溅到轴上的滑油甩出，未甩净的油由刮油环刮下。

推力轴承的关键部件是推力块。推力块的结构随机型的不同而不同。图 4－11 示出一

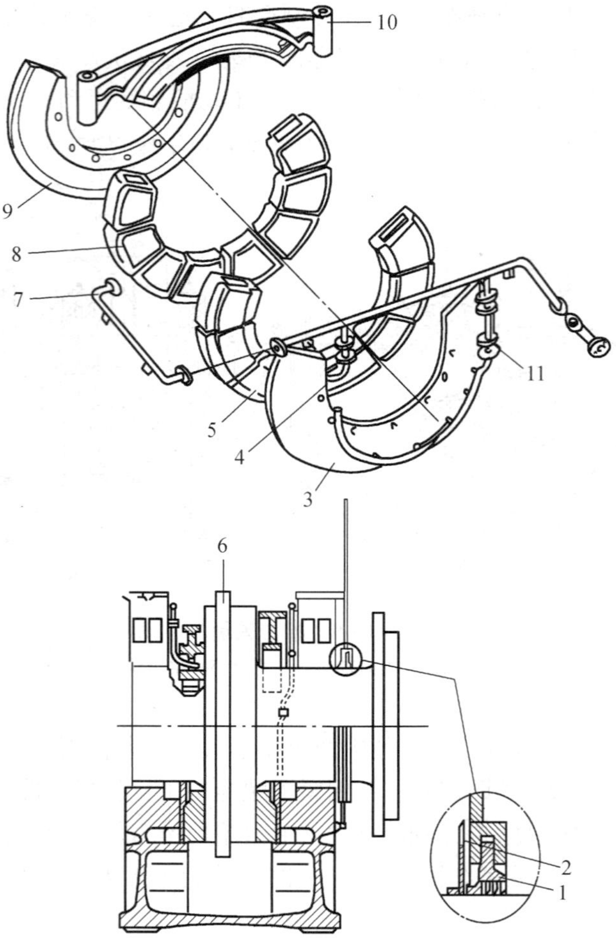

图 4－10　L－MC/MCE 型柴油机的推力轴承构造图

1—刮油环;2—甩油环;3—倒车推力盘;4、7、11—滑油管;5—倒车推力块;
6—推力环;8—正车推力块;9—正车推力盘;10—止动器

种推力块的立体图。推力块为一个扇形块,在靠近推力环的工作面上浇有白合金 5,并在进油边 2 处制有圆角或斜面。在调节圈一侧有高低两个面 3 和 1。高低面相交的棱边 *AB* 为工作时的支持刃,工作时它与调节圈工作面靠在一起。推力块两个侧面上都有凸台 4,起着推力块间支撑和定位的作用。

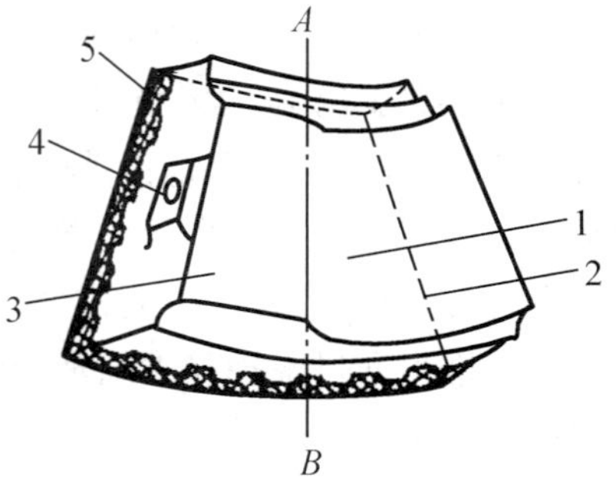

图 4－11　推力块

1—低位面;2—进油边;3—高位面;
4—凸台;5—白合金

推力轴承在正常情况下是在液体动力润滑下工作的。在工作中如图 4－12 所示,推力块 2 绕支持刃偏转一个小角度,使推力块和推力环 3 的工作面间形成楔形空间,滑油被推力环带入楔形空间,产生了动力油压。推力环的推力通过动力油压传到推力块上,再经过支持刃传到调节圈 1 上。

图4－12中的推力块由支持销1支承。图中示出推力块工作面上油的流动情况和压力的分布情况。推力增大时,推力块和推力环间的间隙减小,油的动压增加,传递的推力加大。转速过低时,动力油压变小,可能会因油压不足产生半液膜润滑。为了避免在这种情况下,工作面间发生金属接触,工作面粗糙度等级要很高,否则,推力轴承很容易产生烧损事故。

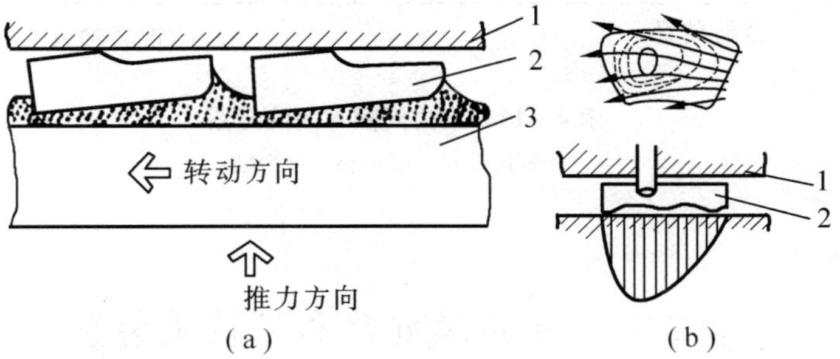

图4－12　推力块的工作原理

1—调节圈;2—推力块;3—推力环

四、推力轴承的调整

图4－13示出一般推力轴承的简图。正、倒车推力块用压板6、7定位。当推力块互相紧靠在一起时,在压板6、7处留有空隙i_1和i_2,两者之和要符合技术的规定,其数值可通过增减压板处的垫片进行调节。这个间隙数值保证了推力块绕支持刃摆动的灵活性。

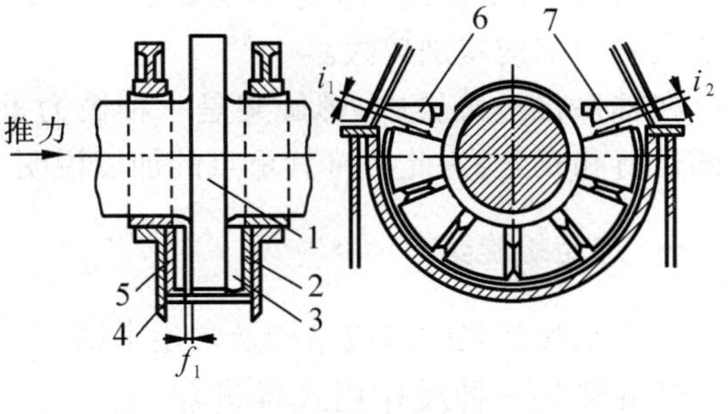

图4－13　推力轴承简图

1—推力环;2、5—调节圈;
3、4—推力块;6、7—压板(止动器)

正、倒车推力块3、4靠在正、倒车调节圈2、5上,正、倒车调节圈用来调整推力块与推力环间的间隙f_1和曲轴与轴承之间的轴向相对位置。间隙f_1是用力把推力环压紧在正车推力块上时,用厚薄规在倒车推力块与推力环间测量出来的间隙。此间隙也可以使轴处在不受轴向力的自由状态下,用厚薄规在正、倒车推力环处,同时测量,然后将这两个数值相加起来而得出。这个间隙值的大小要符合说明书的要求,否则要通过调节圈进行调节。作为临时性的调整措施,可在调节圈后的放置垫片。可在以后修机时,再更换调节圈。在施工时,为提高测量精度,通常用百分表量具来测量推力间隙δ值。一般船舶其值取0.6～1 mm。

在安装推力块时,调节圈应按下述要求进行调整:当推力环与正、倒车推力块之间各为1/2装配间隙时,靠近推力轴承的最后一个曲柄的中心线,应向推力轴承方向偏移一个规定的数值。这样做是为了补偿曲轴在运转中的热膨胀,以尽可能地使各曲柄臂与主轴承之间的轴向间保持匀等。

船用推力轴承是船舶动力装置中不可缺少的重要组成部分,它承受螺旋桨转动所产生的轴向推力之外,同时它还承担着部分径向负荷。

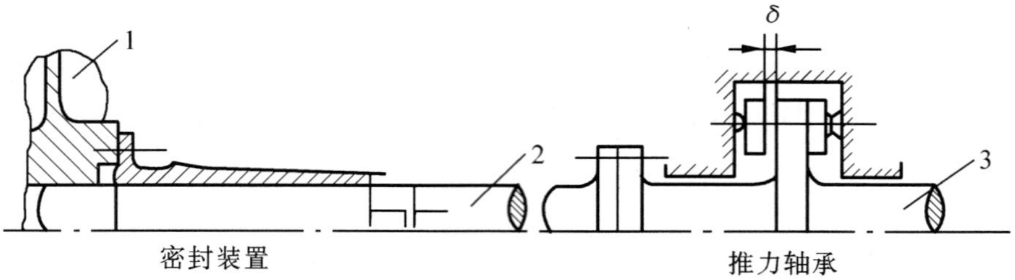

图 4－14　推力间隙 δ 的测量图

1—螺旋桨；2—艉轴；3—推力轴

第二节　定距螺旋桨和可调桨装置

随着船舶工业的发展，为满足各类船舶的要求，轴系的结构种类也越来越多。其中有常规用螺旋桨推进的轴系装置，有可调螺距螺旋桨推进的轴系装置，有直接或间接传动达到正、反转螺旋桨推进的轴系装置，有可回转的螺旋桨推进的轴系装置等。它们不同轴系装置之间的结构差别较大。

在轴系推进装置中，螺旋桨是一种极为重要的部件，它的工作特性优劣将直接影响船舶的运行和安全，为此特将其重点的加以说明。

一、定距螺旋桨

1. 定距螺旋桨的组成结构及常用术语

螺旋桨是一种反作用式推进器，它是由数片桨叶连接在共同桨毂上构成的。若桨叶和桨毂相对位置固定不变，铸造一个整体，称为定距螺旋桨。目前绝大多数船舶上是采用此类螺旋桨。

定距螺旋桨组成结构如图 4－15 所示。

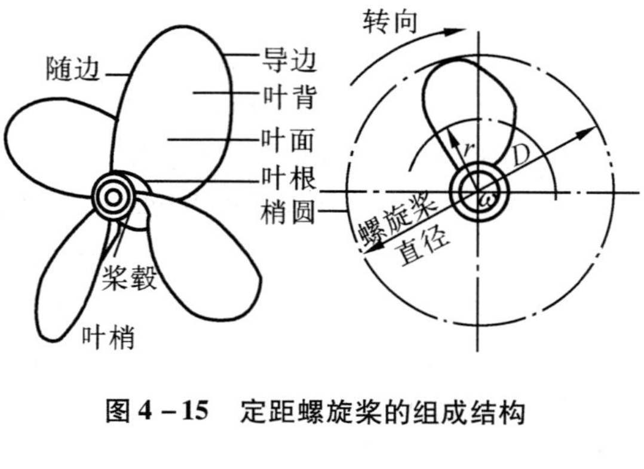

图 4－15　定距螺旋桨的组成结构

叶面——由船尾向前看时，所见到桨叶的一面，又称压力面（推水面）。

叶背——叶面的背面，又称吸力面（吸水面）。

叶根——桨叶与桨毂的连接处。

叶尖——桨叶的最外端处，又称叶梢。

导边——螺旋桨正车旋转时，先入水的叶边。

随边——后入水的叶边。

桨叶面积——各叶片推水面积之和。

螺旋桨直径——桨叶顶尖点的螺旋线轨迹所在的直径，用 D 表示。

螺距——桨叶上的某点,旋转一圈在理论上所作的同移动的距离,用 H 表示。

以上参数中,以螺旋桨 D 和螺距 H 尤为重要。

桨叶的外形通常有对称形和不对称形两大类。如叶尖分中在桨叶的叶轴上为对称形,反之为不对称形。由于对称形桨叶制造方便而且效率也不低,故应用较广泛,多用于中小马力和高转速主机的船舶上。不对称形桨效率较高,多用于大马力低转速主机的船舶上。桨叶的截面形状对螺旋桨效率有很大的影响,一般有弓背式和机翼形两种,后者效率高应用广泛。

桨毂是以凸形曲线为母线的旋转体。为了避免应力集中,桨叶与桨毂连接处必须用过渡圆角相连。

螺旋桨的压力面是一个螺旋面。若与轴线 OO' 或某一固定角度的线段 ABC,以等角速度绕轴线旋转,同时以等线速度沿轴线向下(或向上)移动,此线段在空间划过的轨迹所形成的曲面即是螺旋面,如图 4－16 所示。该线段 ABC 称为该螺旋面的母线。母线上在轴线方向上移动的距离,称为螺旋线的螺距,以 H 表示,如图 4－17 所示。

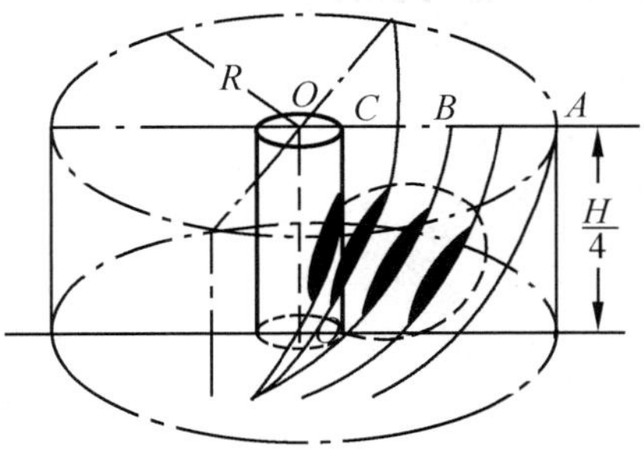

图 4－16　螺旋面的形成

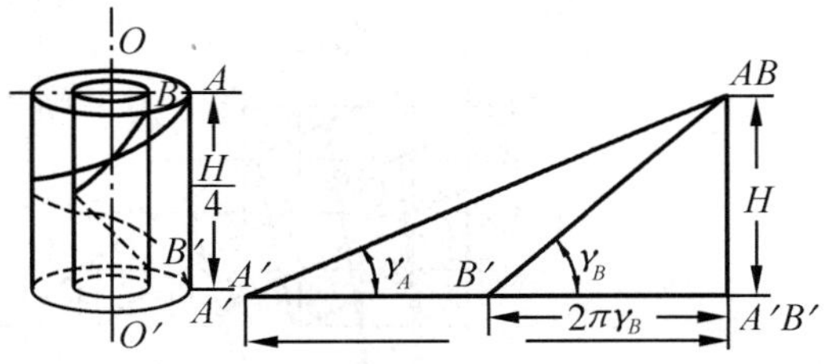

图 4－17　螺旋线的展开

如果母线上的各点以等速旋转,但各点下降的速度不同,这样形成的螺旋面称为径向变螺距螺旋面。大型船舶螺旋桨的压力面大多由径向变螺距螺旋面所构成,其吸力面通常是一个复杂的螺旋面。

径向变螺距螺旋桨的螺距,通常自叶根向叶梢逐渐增加,一般以 $0.7R$(R——螺旋桨之半径)或 $\frac{2}{3}R$ 处的螺距;记作 $H0.7R$ 或 $H\frac{2}{3}R$;此值约等于螺旋桨的平均螺距。它与螺旋桨直径 D 之比,即 H/D(螺距比),它是螺旋桨主要参数之一,其数值的大小直接影响螺旋桨的工作性能。

2. 螺旋桨特性

根据螺旋桨理论,螺旋桨的推力 F_P 和转矩 M_P 与转速平方成正比;螺旋桨吸收的功率 P_D 与其转速立方成正比。即:

$$F_p = c_1 \cdot n_p^2, M_p = c_2 \cdot n_p^2, P_p = c_3 \cdot n_p^3$$

上述三式即为螺旋桨特性,其曲线表示即为螺旋桨特性曲线,如图 4－18 所示。

3. 螺旋桨特性的影响因素

螺旋桨特性的影响因素是多方面的,但主要因素可概括为:

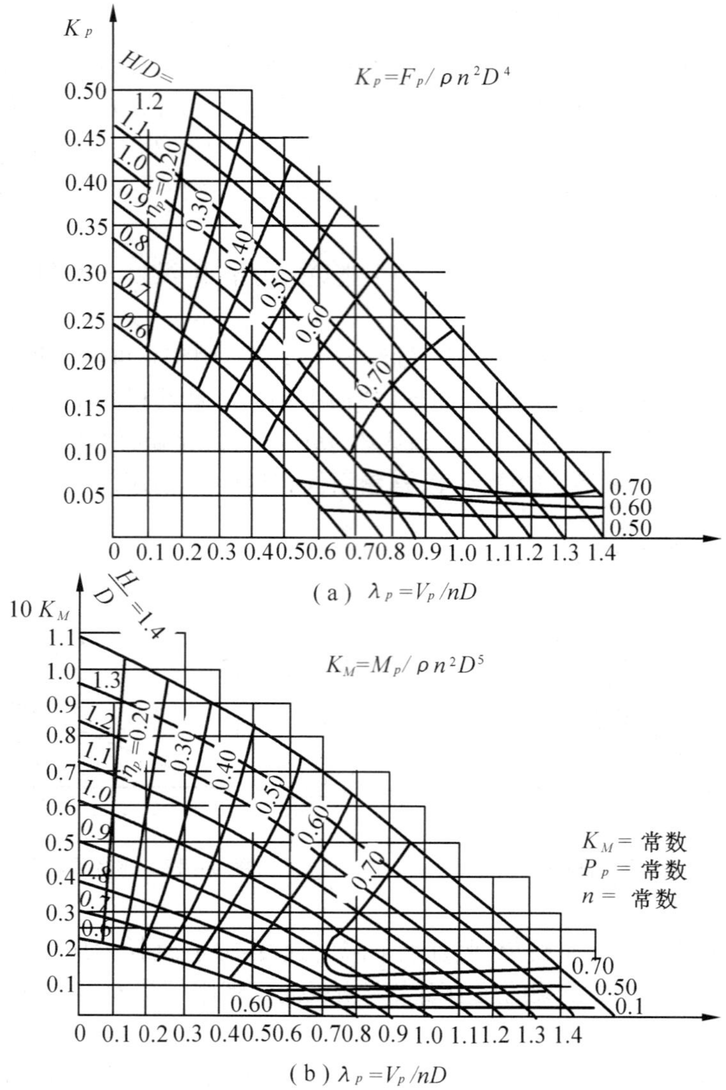

图 4－18　可调桨工作特性曲线

(1)螺旋桨结构参数中主要的螺旋桨直径 D、螺距比 H/D。

螺旋桨直径 D 与螺距比 H/D 的变化,对螺旋桨特性影响显著。以上已在上面章节中作出详细介绍,这里不再重复。

(2)船舶航行工况的影响

船舶航行工况的变化,既包括航行的自然条件变化,如风浪大小、水深的变化等,也包括各种机动操纵时的过渡过程,如船舶的加速、减速和倒航等。当航行工况改变时,船舶航速与螺旋桨的转速之间关系要发生变化,也即进程比的数值要变化。由于推力系数和扭矩系数随进程比而高,因此,螺旋桨的推力和阻力矩也发生变化,所需的功率也发生变化。

二、可调螺距螺旋桨及装置

1. 可调桨的工作特性

可调螺距螺旋桨(简称可调桨)装置,是通过转动桨叶与桨毂的相对位置来改变螺距,来改变船舶航速或正倒航行的一种螺旋桨先进推进装置,如图4－19所示。

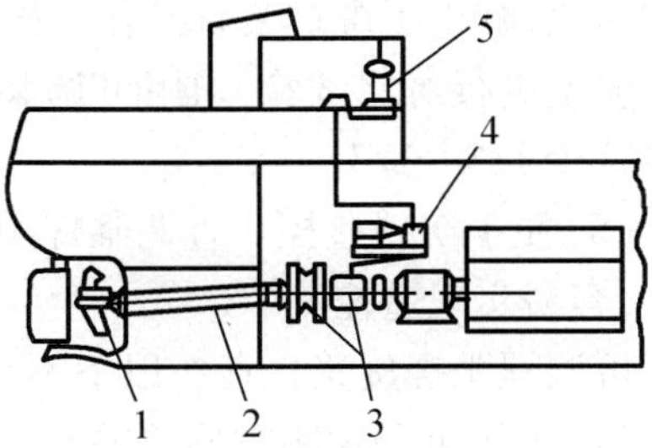

图4－19　可调桨装置的布置

1—可调桨;2—艉轴;3—调距机构;4—液压动力部分;5—操纵台

由于可调桨的螺距是能改变的,因此它在原理上是一系列的定距桨。对于一个定距桨它只有一组水动力特性曲线。当 λ_p = 常数时,它的推力、阻力矩、功率与转速之间的关系曲线都只有一条。而对于可调桨而言,则可以把它视为一系列同直径的具有不同螺距比的定距桨的组合,它的特性曲线是多组共同组成的。由图4－18可见在阻力因素不变(即 λ_p 不变)的情况下,螺距越大,则相同转速下的推力越大,转矩也越大。因而当船舶阻力发生变化时(即 λ_p 变化),只要通过调整螺距比来控制螺旋桨转速、转矩及推力之间的变化,即可满足船舶阻力变化之需要。

在图4－18上还示出了可调桨的等效率线。从图上可以得到可调桨在不同工况时的效率变化情况。

2. 可调桨和定距桨的比较

根据调桨的特性,它与定距桨相比,有以下优点。

(1)部分负荷下的经济性好。当船舶在低于主机标定功率(即部分负荷)下航行时,通过调节主机转速 n 与螺距比 H/D,使机、桨的配合,获得较大的螺旋桨效率和较小的耗油率,从而使船舶在该航速下的每小时燃料消耗最小。这就改善了经济性,而增加续航能力。

(2)能适应船舶阻力变化,充分利用主机功率。当船舶阻力变化时,只要选用适当的螺距比就可使桨的扭矩系数保持不变,从而使主机在转速不变的情况下,所受的扭矩不变,且能发出原定功率。

(3)船舶的机动性提高。采用可调桨的船舶是利用主机转速和螺旋桨螺距来改变航速,可调桨螺距可由正最大值处经过零值变为负最大值处。反之亦然。因此,主机不用改换其转向就可实现船舶的进退。同时,主机如以较高的转速运转,依靠螺距的调节可使船舶获得较慢的航速,也就是船舶可进行无级调速,也不受主机最低稳定转速的限制。

此外,可调桨螺距由正值变为负值的时间极为迅速,且能输出比定距桨更大的反向推力,故停船时间和滑行距离均比定距桨船舶要短,一般仅为定距桨船舶的30%~50%。所以采用调桨的船舶在靠离码头、窄水道航行和紧急避让等情况下,机动性大为提高。

(4)有利于推进装置驱动辅助负载。在主机转速不变的情况下,能使船舶得到全航速范围内的任何航速,因此在不同航速下主机可以恒速运转。这对轴带交流发电机的工作特别有利。

这一优点适用于专门工程船舶,当这些船舶满载航行或全速航行时,主机的功率可全部供给螺旋桨。反之,它可将主机的大部分功率用于驱动辅机发电。

(5)延长主机使用寿命。可采用调桨的动力装置,调节螺距数值可改变船舶航速,改变螺距的正负值可改变螺旋桨推力方向,这就使主机转速固定在适当的位置运转,减少了主机的启动和停止次数,因此减少主机和轴系装置的磨损。另外,主机无须设置换向装置,使结构简化,减少了维护装置工作。据报道,有关方面曾在两艘同样机型的,12 900 kW 柴油机的船上进行对比试验,采用可调桨的船,其柴油机气缸的磨损程度较另一安装定距桨的船要减少 1/8 ~ 1/3。

(6)便于实现遥控。查调桨螺距的调节,一般在驾驶室由专人直接操作,整个系统较为简单,容易实现遥控。

可调螺距螺旋桨也存在以下不足:

(1)采用可调螺距螺旋桨的船舶轴系以及螺旋桨本身构造复杂,且涉及液压技术、自动控制技术、密封和材料应用等技术问题,故成本较定距桨要高。

(2)其桨毂中转叶机构零部件较多且精密,但可靠性不如定距桨。一旦损坏难以维护修理,船舶必须停航进坞检修,给船舶营运带来损失。

3. 可调桨装置的动作原理和组成

可调桨装置的动作原理可用图 4 – 20 说明。驾驶人员发出的指令信号通过信号传递系统传到操纵杆 6,杆 *ABC* 则以 *C* 为支点动作,将控制阀 4 移动使其离开中央位置。此时具有一定压力的油经控制阀 4 进入配油轴套 3,由桨轴中的油道进入伺服油缸 1 的相应工作空间(另一空间回油),推动动力活塞 2。动力活塞移动调距杆(动力活塞杆),继而通过转叶机构将桨叶转动,使螺距发生变化。

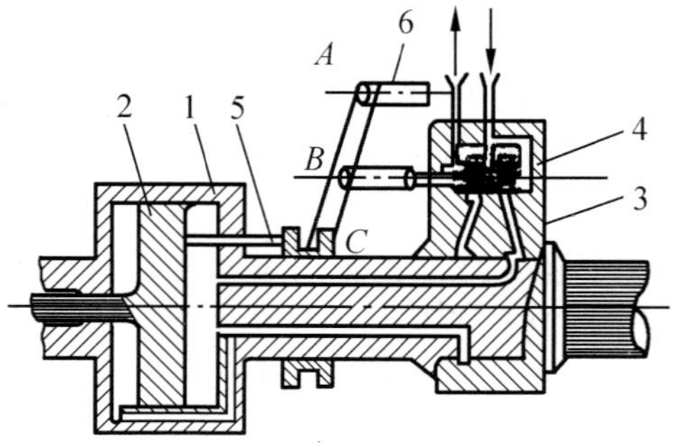

图 4 – 20　调距机构

1—伺服油缸;2—动力活塞;3—配油轴套;4—控制阀;5—反馈装置;6—操纵杆;*A*,*B*,*C*—追随机构

动力活塞的移动同时还带动反馈装置 5 与移动 *ABC* 的 *C* 点此时 *A* 点不动,于是反馈信号传到控制阀 4。反馈信号和驾驶台指令信号进行比较,若两个信号相等,则说明螺距已调到驾驶人员所要求的值,控制阀就回到原来平衡位置,切断压力油和回油。若反馈信号和指令信号不相等,则继续上面调距动作、直至符合要求为止。

调距的时间是短暂的,而使螺距固定在某一要求位置是长期的。如果动力活塞由于某种原因,如液压漏油而偏离所要求的位置,这意味着偏离了所要求的螺距值,图示的调距机构可通过反馈机构,使动力活塞的偏移信号传到控制阀,于是重新开始一个调节过程,使动力活塞也即螺距回复到原来要求的位置上。这种稳距方式是通过调节过程的动作自动完成的,称动态稳距方式。

有的可调桨装置的稳距作用是利用液体的不可压缩性,靠止回阀密封伺服油缸油腔的方式来实现的,称为静态稳距方式。

由以上可调桨的动作原理可以看出,一般调距装置包括五个基本部分:

(1)可调桨。它包括可转动的桨叶、桨毂和桨毂内部装设的转动桨叶的转叶机构等。

(2)传动轴。一般螺旋桨轴和配油轴组成,二者用套筒联轴器相连。这种传动轴和定距桨的传动轴不同,这是中空的,其中装有调距杆,或者当伺服油缸位于桨毂内时作为进排油通道。

(3)调距机构。它包括产生转动桨叶的伺服油缸、伺服活塞、分配压力油给伺服油缸的配油器,桨叶定位和桨叶位置反馈的装置及附属设备等。它的主要任务是调距,稳距以及对螺距进行反馈的指示。

(4)液压系统。主要由油泵、控制阀(换向阀)、油箱管件等组成。它的作用是为伺服油缸提供符合要求的液压油。

(5)操纵系统。主要由操纵台,控制系统组成。它的作用是按预先确定的控制程序同时调节发动机的转速和可调桨的螺距,以获得所要求的工况。

旧式转叶机构如图4－21所示,为曲柄连杆式的。由于这种机构的零件多,结构不紧凑,现已把它简化为曲柄销槽机构。图4－22中(a)为曲柄滑块机构,(b)为曲柄销槽机构。它们均用一滑块代替了连杆,使结构简单紧凑。在可调桨装置中一般设有应急紧急桨叶装置,利用此装置,在应急情况下(如液压系统失灵),可把桨叶固定在一定的正螺距值,把可调桨变为定距桨使用。

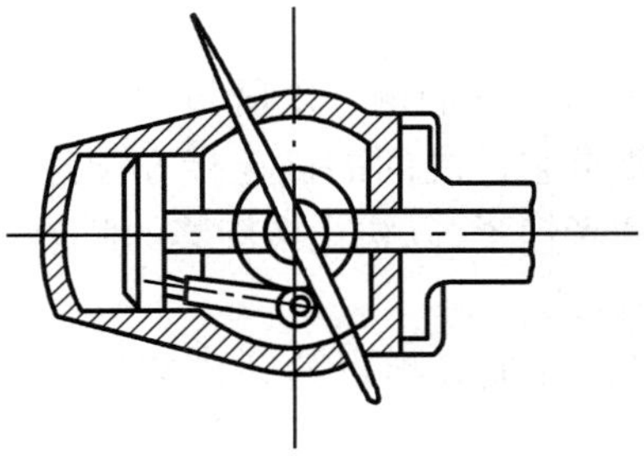

图4－21　曲柄连杆式转叶机构图

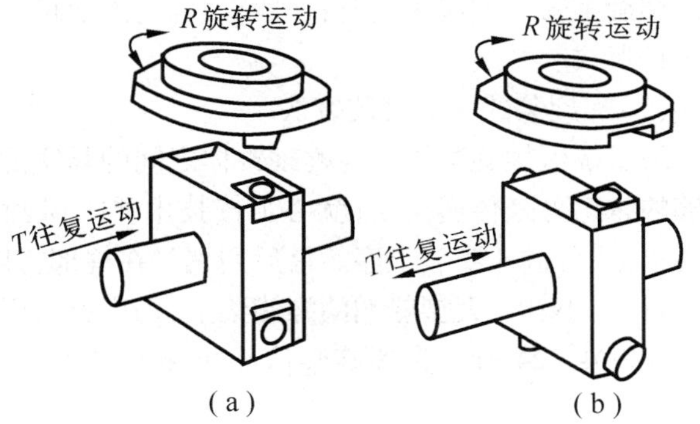

图4－22　曲柄滑块机构和曲柄销槽机构图

4. 可调螺旋桨桨毂结构介绍

在图4－23中,桨叶法兰1通过螺栓14固定在叶根轴承盘3上,组成可旋转角度的可调距桨叶。为了使桨叶能同时旋转同一角度,叶根轴承盘与滑块5接连。当与液压伺服活塞相连接的推杆7作轴向移动时,带动滑块9也作轴向移动。这样滑块9四边上的曲柄销6即使四只桨叶同时旋转一个角度。如果是采用三叶桨的话,那么滑块9可改成三面体即可。

为了改变桨叶的螺距角并能加以锁定,装置中设有螺距控制机构。它的组成部件主要包括伺服油缸、反馈装置和应急锁定机构。

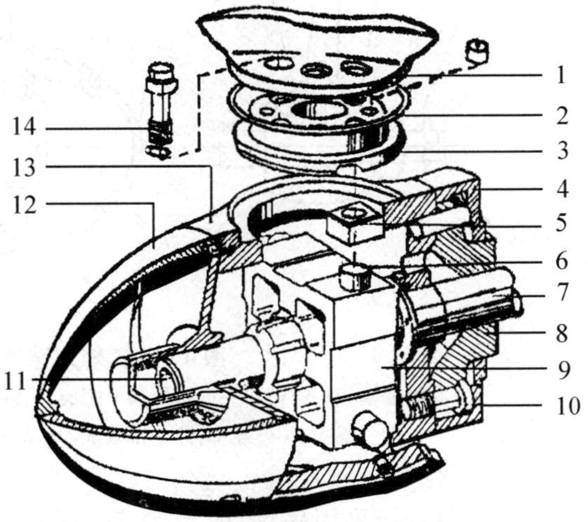

图4－23　可调螺旋桨桨毂结构图

1—桨叶法兰;2—密封环;3—叶根轴承盘;4—防护罩;5—滑块;6—曲柄销;7—推杆;8—艉轴;9—滑块;10—螺栓;11—端盖;12—导流罩;13—桨毂;14—桨叶螺栓

第三节　螺旋桨的安装技术

螺旋桨与艉轴的连接，是采用其锥面的结合并键的连接和螺母的紧固，来达到安装目的。艉轴螺柱上螺母的旋紧方向与螺旋桨的正转方向相反，以便螺旋桨在正转时其螺母自动锁紧。至于倒车，因使用时间较短，主机功率较正转低，所以用止动片等防松完全足够。螺母外还装有导流罩，而且有水密要求。导流罩既可减少螺旋桨的水力损失，又可防止艉轴螺柱和螺母的锈蚀。

1. 螺旋桨常用的安装方式

螺旋桨安装方法主要有：一般安装法，液压螺母安装法；油压套合法和环氧树脂胶合法等多种形式。

(1) 螺旋桨的一般安装方法

为了确保螺旋桨锥孔与艉轴锥体之间的紧密配合，得依靠它们两者之间过盈量以达到足够的摩擦力来传递扭矩，就必须按技术要求研刮，并要求它们之间的键连接亦须达到规定要求，才可进入安装工序。最后用螺母在艉部将以上两者锁紧，以防止螺旋桨的脱落。

目前，小、中、大型船舶的螺旋桨上，仍广泛采用此种方式。

如图 4-24 所示为螺旋桨依靠机械锁紧的三种措施，并加以螺母的防松装置的安装方法。

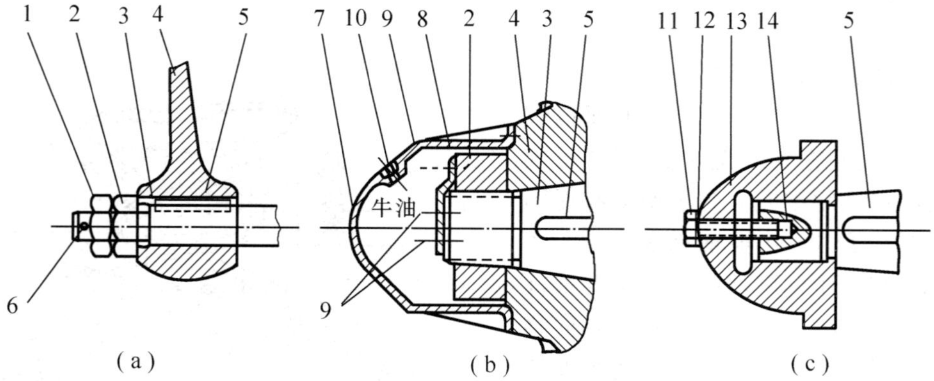

图 4-24　螺旋桨靠机械锁紧的方法

1—并紧螺帽；2—螺帽；3—后锥体；4—螺旋桨；5—键；6—横销；7—导流帽；8—艉螺帽止动块；9—螺栓；10—螺塞；11—锁紧螺栓；12—弹簧垫圈；13—艉螺帽；14—艉螺纹

一般安装是指采用吊具、扳手、大锤及撞柱等工具，把经研刮好的螺旋桨安装在船舶艉轴上，其操作步骤如下：

①装配前，艉轴锥体必须擦干净，密封装置基本到位，待与螺旋桨端面连接。

②螺旋桨锥孔清理干净，在锥孔和艉轴锥体的表面上千万不准涂油，平键两侧接合面可涂上润滑脂。但必须注意的是锥形配合面上不能沾有润滑脂，否则影响螺旋桨与艉轴的紧密配合。

③将螺旋桨吊起，注意艉轴及螺旋桨的键和键槽方向应转向上方，这样便于对准和安装方便。吊螺旋桨时除起重吊具外，再加两个横向拉动吊具，能使螺旋桨顺利地套入艉轴锥体。

④旋上艉轴螺母,应注意艉轴螺母的旋向。螺母的螺旋方向与螺旋桨正常的转向是相反的,如右旋螺旋桨,则用的是左旋螺纹的螺母。(与拆卸时一样不要弄错方向)

⑤旋上螺母后,即可拆除起吊钢索及其他夹具。用枕木垫住螺旋桨的桨叶,使螺旋桨不能转动并防止碰坏,然后用专用扳手和大锤将螺母敲紧。直至达到在车间里刮配时,所作的记号位置。

⑥在螺旋桨上钻孔和攻丝,安装艉轴螺母的止动块并安装防止螺母松动的装置。

⑦安装艉轴艉端的整流帽,小型船舶,艉轴螺母及整流帽是一体的,可涂满黄油,同时装妥。对于大中型船舶,艉轴螺母装妥后,整流帽罩在艉轴尾端和螺母外面,与螺旋桨连接安装好以后一般充满石蜡。将加热融化的石蜡灌入整流帽中,以防海水进入。

⑧最后用快干水泥将螺母或整流帽的凹处填平封好。至此,螺旋桨的安装工作结束。

(2)液压螺母安装法

如图4－25所示,为液压螺母安装螺旋桨的示意图。此种方法是用千斤顶安装螺旋桨发展来的,即将液压千斤顶直接设计在艉轴螺母内,其压力最高可达40 MPa以上。操作时,可先将螺母用专用扳手上紧,然后压油进入螺母内腔凹槽与加压环之间,产生高压以后便使加压环对螺旋桨产生一个轴向推力(对艉轴却是拉力),使螺旋桨与艉轴能紧密配合。将螺旋桨压到预定位置后,即可卸去油压,再用专用扳手(或用锤敲打)将液压螺母旋紧即可,并装上止动片。用液压螺母拆卸螺旋桨,只要用液压螺母方向相反地装上去,并接上油管向螺母内腔压油。在压板、螺栓等工具的配合下,即可拉出螺旋桨如图4－26所示。

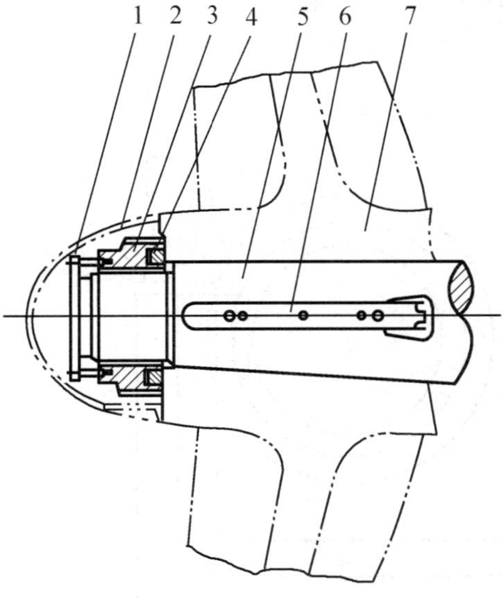

图4－25　用液压螺母安装螺旋桨

1—压板;2—整流帽;3—液压螺母;4—加压环;5—艉轴;6—平键;7—螺旋桨

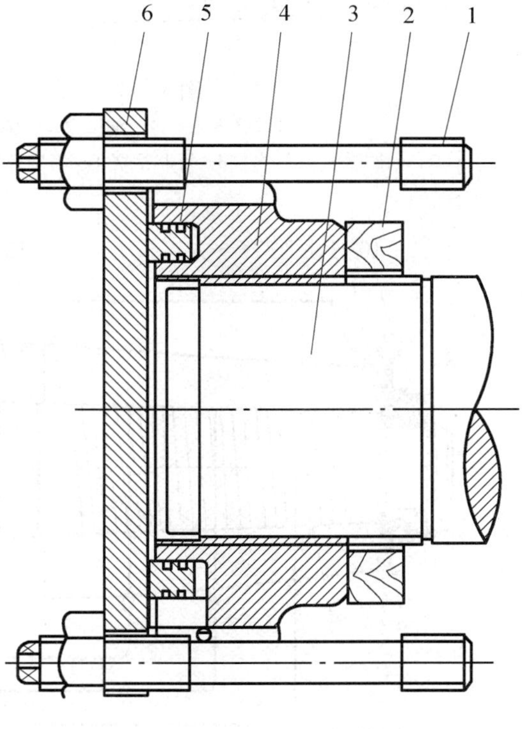

图4－26　用液压螺母拆卸螺旋桨

1—旋入螺旋桨的螺柱;2—木垫;3—艉轴;4—液压螺母;5—压力环;6—压板

(3)油压套合法

油压套合法是近年发展起来的工艺,是采用油压将螺旋桨冷套在无键锥体艉轴上的一种安装和拆卸方法。因其具有耗费人力少,操作时间短,配合的牢固性比较好,故现代大型船舶的螺旋桨安装正被广泛采用。

①油压套合方法安装、拆卸原理如图4－27、4－28 所示。

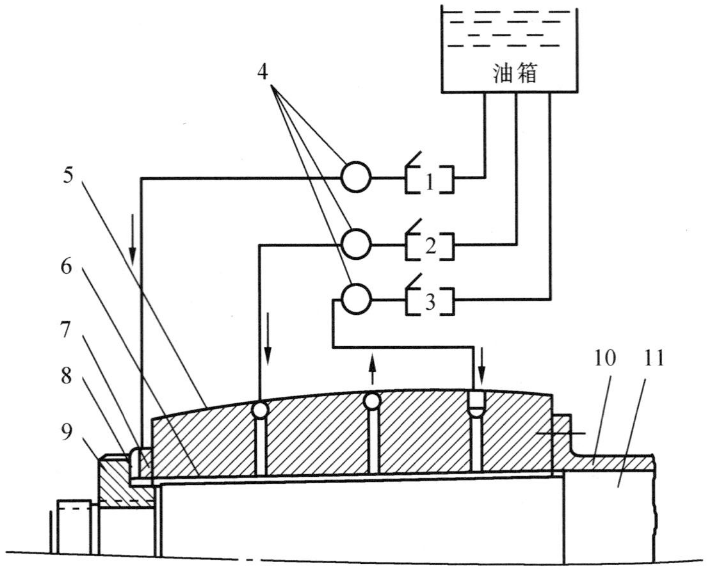

图 4－27　油压装卸螺旋桨原理图(一)

1、2、3—油泵;4—油压表;5—桨毂;6—通油间隙;7—油压法兰;8—环状活塞;9—特殊螺母;10—保护套;11—艉轴

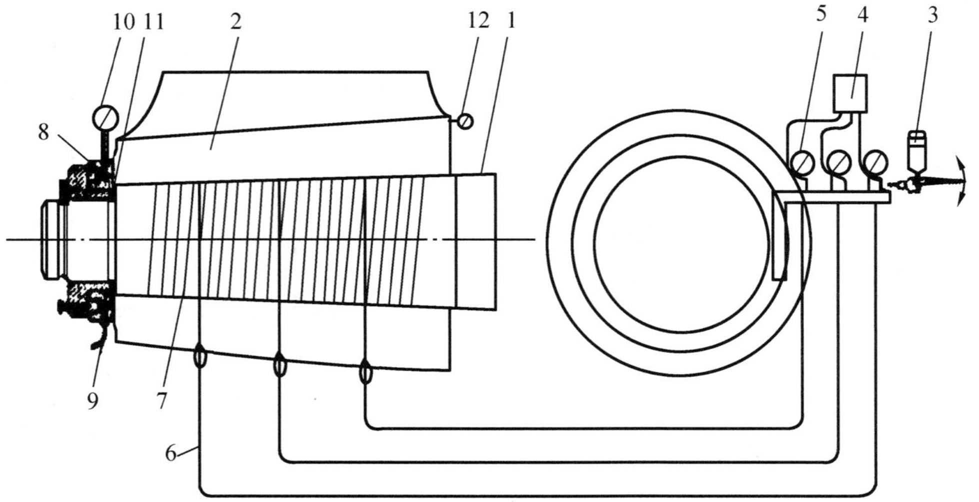

图 4－28　油压装卸螺旋桨原理图(二)

1—艉轴;2—桨毂;3—手动往复泵;4—油箱;5—压力表;6—至桨毂高压油管;7—螺旋形油槽;8—压力油缸;9—至油泵高压油管;10—压力油缸的压力表;11—调节阀;12—测量桨毂移动量的千分表

螺旋桨的安装过程如下述进行：

a. 首先在清理干净的艉轴锥体上，桨的锥孔内表面涂上一层润滑油，并将螺旋桨自由地套在艉轴上。

b. 套上一个垫圈及施压油缸，施压油缸是一只薄形环状油缸，缸内配有一环形活塞，再旋上特殊的艉轴螺母并旋紧。这个垫圈是根据大小不同螺旋桨专门配制的，它的外圆与施压油缸相同以弥补螺母外圆的不足，且它的厚度需保证螺旋桨每次要安装到艉轴锥体上升时，达到同样的推移距离。

c. 用油泵 1 将油压入施压油缸，这时缸内的环状活塞顶出，即压力油将施压油缸向前推压作用到螺旋桨桨毂上，致使螺旋桨紧压在艉轴锥体上。同时用油泵 2 和油泵 3 泵油，将压力油泵入桨毂孔和艉轴锥体配合的接合面中，因螺旋桨锥孔表面车有螺旋形油槽，此油槽无出口。由此产生的内压力将螺旋桨桨毂体胀开，这样，施压油缸被压力油推压向前，逐渐将螺旋桨推向锥体大端。若环形活塞行程已尽（因薄形油缸，一般仅 20 mm 左右行程），可通过调整特殊螺母 9 的位置，并重复以上工作，可使螺旋桨一段一段地推向大端，一直推到所计算的终点位置为止。

d. 卸掉油泵 2、3 的油压，压力油从桨毂上的排气孔及两个油泵上的排气流出。在卸压过程中，施压油缸中的油压还须保持一段时间（15 min 左右），待螺旋桨与轴之间的油膜完全消失并抱紧后，再卸掉施压油缸中的油压。

采用这种油压法套合的螺旋桨孔锥度一般为 1/30 ~ 1/10。

②螺旋桨拆卸的过程，如下述进行：

a. 先将螺旋桨螺母松开，松开距离为原来安装时分段推移的总距离，再加上 10 ~ 20 mm，在中间填妥木块或橡皮，防止螺旋桨松脱时，与螺母撞击受损。

b. 用油管连通油泵与桨毂。

c. 油泵将压力油压入锥孔接合处，此时，螺旋桨毂孔即被胀大，油液很快就均匀分布到毂孔与轴之间接触面的油槽内，这时因锥度使油压力产生轴向分力，推动螺旋桨向小端移动。如一次尚未达到完全脱开，则需再次将螺母松开，重复上述工作，直至完全脱开为止。

④环氧树脂胶合法

环氧树脂胶合法是一种采用环氧树脂等配方作为黏合剂，把螺旋桨和艉轴紧紧黏合成一体的装配方法。由于其对配合表面加工精度要求不高，可省去钳工大量的研制工作，方法简单，使用可靠，所以目前在中小船舶中得到广泛应用。但螺旋桨拆卸较困难，需将环氧树脂层加热直至炭化。

图 4－29 所示为无键环氧树脂胶合安装螺旋桨示意图，螺旋桨锥孔两端各有一段（10 ~ 50 mm）的轮毂与艉轴体是紧密配合的，需钳工修刮拂配。其中间大部分留有空隙，一般为0. 10 ~ 0. 15 mm 左右，作为容纳环氧黏结剂涂层的空隙。胶结前，胶结表面应进行严格的去锈、去油、去水处理，然后立即将现场已配好的环氧树脂黏剂均匀地涂在艉轴和螺旋桨

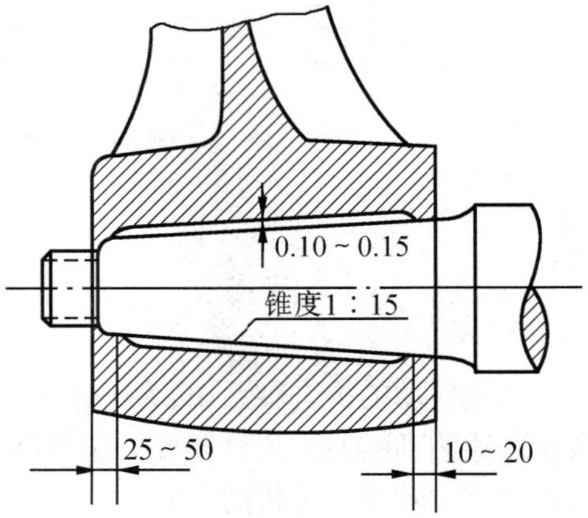

图 4－29　螺旋桨无键胶接示意图

的配合表面上,然后将螺旋桨套进艉轴,并上紧艉轴螺母,使螺旋桨达到预定位置。清除残存在外的黏合剂,安装基本结束。但由于黏结剂在常温下需 24 小时才能完全固化,因此,为了缩短固化周期,一般可用氧－乙炔火焰或喷灯对其间接、缓和地加热,则 4 小时左右即可固化。必须在黏结剂固化后,船舶才可下水,否则会产生不良后果。

环氧树脂的配方,其基本成分为环氧树脂加上一定比例的固化剂、增塑剂、稀释剂一起配制调和而成。因大部分是化学物质,具有一定的毒性,因此在胶结操作中,注意安全,需佩带必要的劳动保护用品。

(3)螺旋桨首端的密封件安装

为了防止海水渗入艉轴锥体与螺旋桨锥孔的接合面,在安装螺旋桨时,必须在螺旋桨毂接受端面与防蚀套筒后端法兰面之间装上密封件,如图 4－30 所示。一般采用橡胶圈或纸板垫片。要求橡胶圈、纸板垫片(石棉橡胶板料)能耐酸、耐油和耐海水腐蚀。

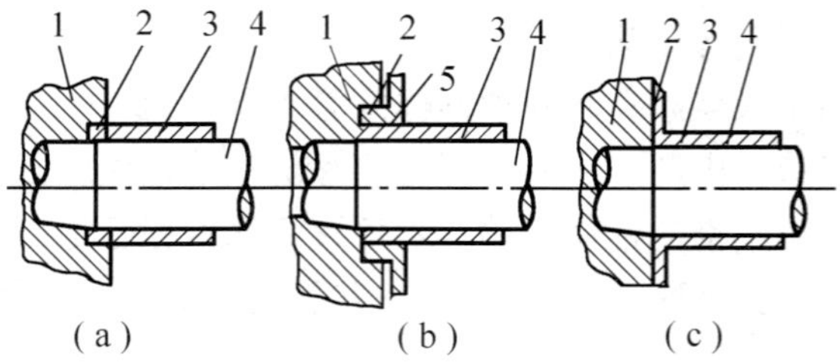

图 4－30　艉轴与螺旋桨配合面水密装置的形式

1—螺旋桨;2—橡胶圈;3—保护套;4—艉轴;
5—压紧法兰式防油套筒本体

目前许多船舶常采用"O"型密封圈来密封,它可以整圆制成,也可用圆形橡胶条以斜搭口方式胶合而成。"O"型圈的内径和应有过盈量,一般过盈量取密封处艉轴或者保护套直径的 2%～4%(小直径取大值,大直径取小值),即胶圈内径按下式计算:$D_1=(0.96\sim0.98)D$,式中 D 为艉轴或保护套的直径。而胶圈粗细,即本身的直径按下式计算:$d=\dfrac{1}{0.80\sim0.85}a$,$a$ 为密封处增槽的宽度。即胶圈安装的压缩量为$(0.15\sim0.20)d$。式中 d 为胶圈本身直径,如图 4－31 所示。

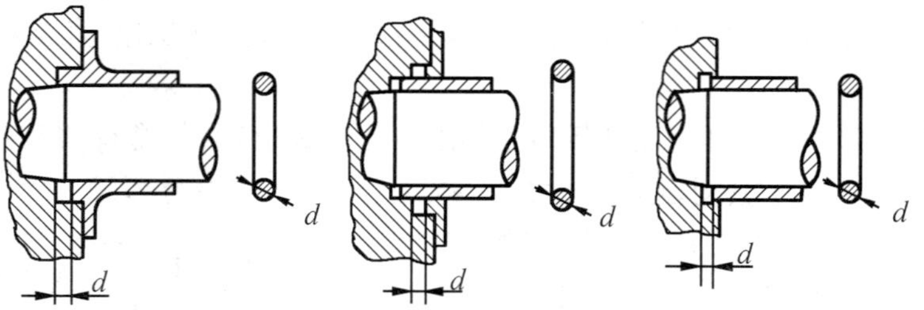

图 4－31　"O"型密封圈的安装图

第四节　齿轮减速箱与联轴器和离合器

在间接传动的推进轴系中,为了完成各种传动功能,必须设置这样一些传递设备,如中间齿轮减速箱、联轴器、离合器等。这种设备所起的作用有汇集(对多机单桨的)或分配(对单机带多桨或轴带发电机的)主机功率;把主机转速改变为所需要的转速;可使主机和螺旋桨能离和合,也能使不可逆转主机所带动的螺旋桨实现正倒转;也可减振和消除螺旋桨对主机和船体的冲击作用,参见图4-32中的2和3。

下面主要介绍船上常用的中间齿轮减速箱和联轴器及离合器等n类传递设备。

一、中间齿轮减速箱

船用中间齿轮减速箱是通过齿轮系使主机的功率传递给螺旋桨的设备。

这种齿轮箱可用于定距桨与可逆转主机所组成的推进系统中,或用于调距桨与不可逆转主机组成的推进系统中。螺旋桨的反转要靠齿轮箱来完成,这种能起着正倒车作用的减速齿轮箱称之为倒顺减速齿轮箱。如果它还起着离合作用,那么就称之为离合倒顺减速齿轮箱。另外,在双机或多机并车时使用减速齿轮箱称为并车减速齿轮箱。

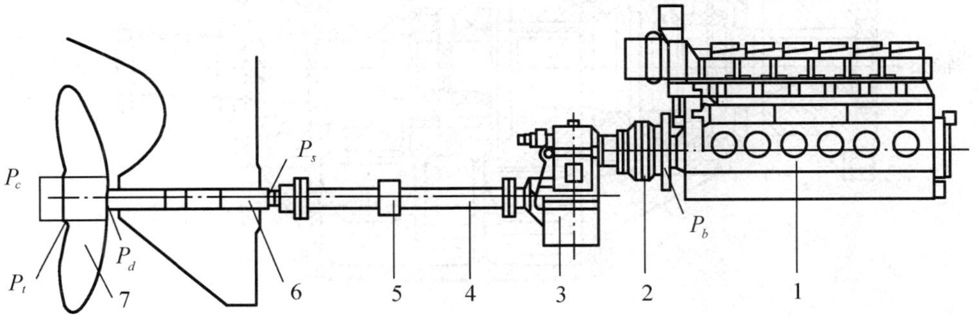

图4-32　某船推进装置简图

1—主机;2—高弹性离合器;3—减速齿轮箱;4—中间轴;5—轴承座;6—螺旋桨轴;7—定距螺旋桨

综上所述,目前这些中间齿轮减速箱在船上使用的类型,主要起到减速、倒顺、离合、并车、分车等功能。

1. 减速齿轮箱

其主要功能是减速,与之匹配的主机大多是中速柴油机,它可为如下几种类型。

(1)单级减速齿轮箱

所谓单级减速箱,就是只有一对减速齿轮的齿轮箱。它是结构最简单的减速齿轮箱。按其输入和输出的相互位置,即将输入与输出轴不在同一线上,但在同一垂直平面上的减速齿轮箱,称之为垂直异中心减速齿轮箱。如与上述情况相反的,称之为水平异中心减速齿轮箱。以上如图4-33(a),(b)所示。

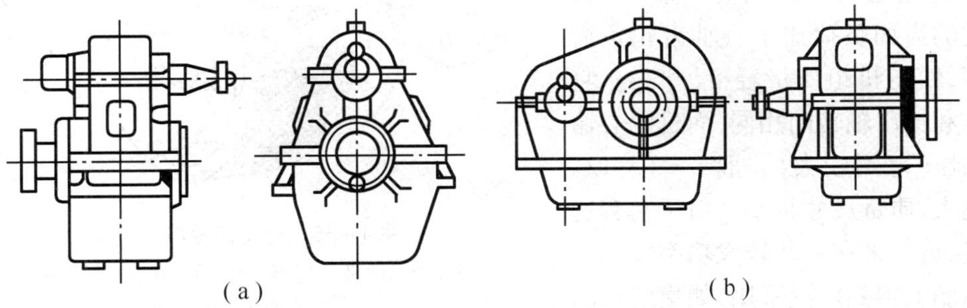

图4-33　单级减速齿轮箱图

(a)垂直异中心布置;(b)水平异中心布置

(2)两级或多级减速齿轮箱

图 4 - 34 所示是两级减速同心输出的减速齿轮箱。

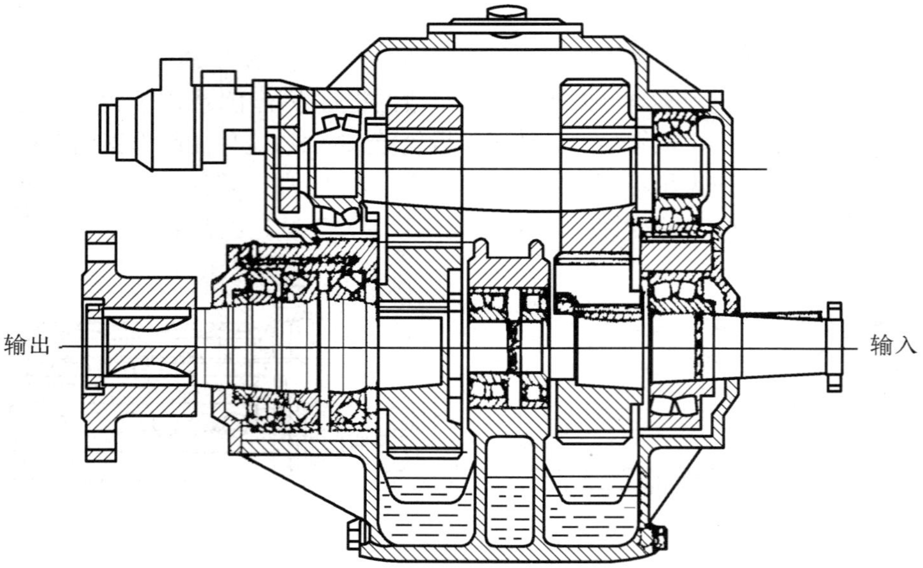

图 4 - 34　两级减速齿轮箱图

有两对或多对减速齿轮组的减速齿轮箱称为两级或多级减速齿轮箱。图 4 - 34 是两级减速同心输出的减速齿轮箱。它与上述单级减速齿轮箱结构上的差别主要是采用两级减速的同心输出,从而可使发动机高度降低,又能使发动机和螺旋桨轴上不发生偏置。这对于单机单桨船比较适宜。由于采用两级减速,相对于同样速比的单级减速齿轮箱,齿轮强度可提高,可传递更大的扭矩。

(3)行星齿轮减速箱

图 4 - 35 所示是目前船舶上使用较广泛的一种行星式齿轮减速装置。

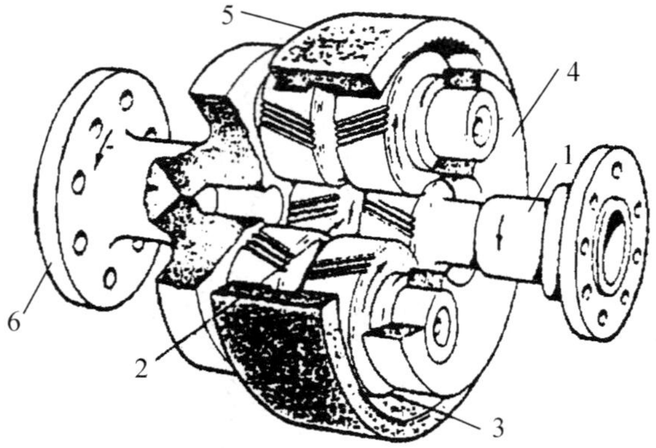

图 4 - 35　行星齿轮减速箱图

1—输入轴;2—太阳轮;3—行星轮;4—行星架;5—齿圈;6—输出轴

它的外齿圈与机座固定在一起,功率由太阳轮 2 输入,传给若干行星轮 3,再由行星轮架 4 传到输出轴 6。行星传动的齿面负荷比平行轴齿轮负荷小得多,使得机组质量轻、尺寸小。它的输入和输出轴转向相同,而且同心输出,速比 i 范围较大,一般 $i = 3 \sim 12$。速比越大,质量尺寸越小。由于它有这些特点,近年来在一些较大功率艉机型高速船舶上得到广泛采用,如集装箱船等。大功率行星减速齿轮箱的关键是行星齿轮间负荷均匀分配。例如,输入轴用双重齿形联轴器相接,使太阳轮成浮动结构,齿圈用套簧弹性地支承于壳体内,允许有适当的移动,以保证行星轮负荷均匀分配;行星轮支撑在行星架的滑动轴承上,允许它在滑动轴承内有相对移动,可以使它不受推力影响而正确啮合。采用人字齿轮有利于负荷均匀分配。但是,这些措施将使结构复杂,技术难度和制造成本增加,影响了它的推广使用。

2. 离合倒顺减速齿轮箱

其主要作用是实现正倒车、离合和减速等操作,主要用于高速主机推进装置中。这类齿轮箱的形式较多,下面介绍一种典型的辅轴传动式的倒顺减速齿轮箱。

所谓辅轴传动是指倒车时,输入轴将扭矩通过辅轴传递给输出轴。图 4 - 36 是这种齿轮箱的原理图。它是三轴五齿轮倒车辅轴传动、一级减速的倒顺减速齿轮箱。其离合器是并联布置的。垂直部分式相体,结构紧凑。它的输入轴 11 与顺车主动齿轮 10 滑套,而与顺车离合器 9 的内摩擦片座热套连接,与传动齿轮 8 用键连接。顺车离合器 9 外摩擦片套圈和顺车主动齿轮 10 相连接。当离合器 9 结合时,功率就传给从动大齿轮 2,再传给螺旋桨。倒车传动时,正车离合器 9 脱开,倒车离合器 5 结合,功率通过传动齿轮 8 和 6 传到辅轴 3。辅轴的结构与输入轴 11 相同。它们的功率传递路线,顺车是 1 - 11 - 9 - 10 - 2 - 7,倒车是 1 - 11 - 8 - 6 - 3 - 5 - 4 - 2 - 7。

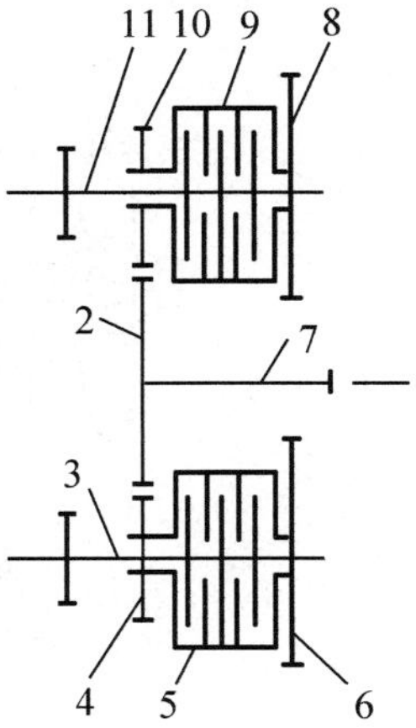

图 4 - 36　辅轴传动的倒顺减速齿轮箱原理图

1—输入联轴器;2—从动齿轮;3—传动辅轴;4—倒车主动齿轮;5—倒车离合器;6—传动齿轮;7—输出轴;8—传动齿轮;9—顺车离合器;10—顺车主动齿轮;11—输入轴

3. 并车传动减速齿轮箱

它是一种特殊类型的减速齿轮箱。船上应用最多的是双主机并车(多主机)传动减速齿轮箱。图 4 - 37 是双机并车齿轮布置形式简图。

其中图(a)是三齿轮结构,齿轮数目最少,结构简单,易于实际标准化。但是大齿轮直径较大,不仅加工困难,且不利于齿轮箱箱体设计。图(b)是五齿轮结构形式,当两输入轴中心距过大时可采用这种形式。它的齿轮数目虽多,但每个齿轮尺寸减小了,可使整个齿轮箱尺寸、质量减小。五齿轮结构为箱体标准化不利,因为,随着速比变化,惰轮轴孔的位置要改变。为解决这个问题可采用图(c)的七齿轮布置,即两级减速,它可在不改变中心距条件下任意改变速比。图(d)是功率分支传动。是当传递功率很大时,为了避免主动小齿轮尺寸过小和负荷过高而常用的一种形式。

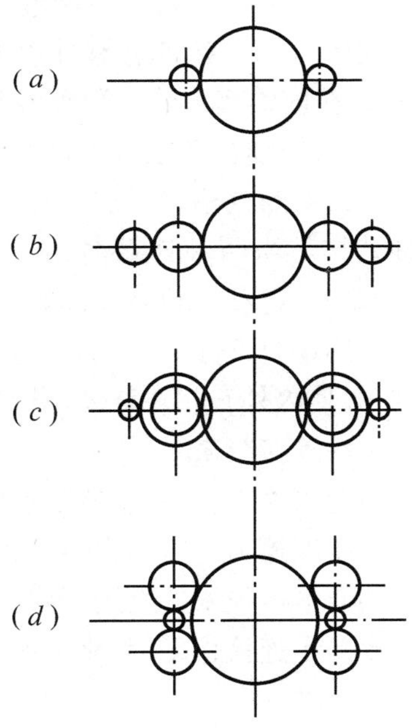

图 4 - 37　双机并车齿轮分布形式简图

图 4 - 38 是某艘 2 万 4 千吨散装货船所采用的双机并车齿轮机组装置图。

该船的两台主机是并列布置的,并采用两个高弹性摩擦离合器,通过两个输入小齿轮,按图 4 - 37 的(b)布置,经惰齿轮后把功率传递到大齿轮上,然后带动调距桨推动船舶前进。

多机并车齿轮减速装置,加强了中速柴油机与低速柴油机竞争的地位,使中速机在船

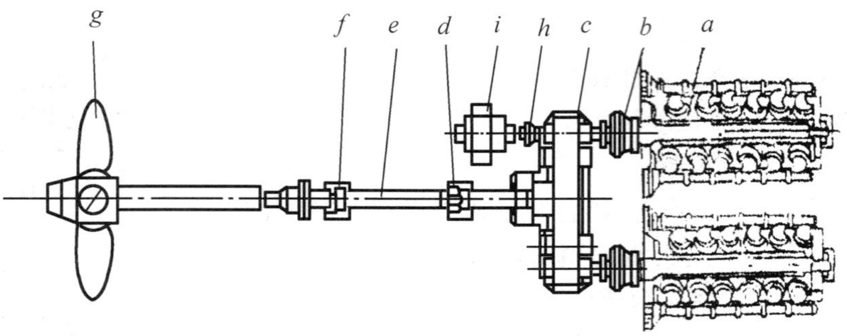

图 4 - 38　24 000t 散装船双机并车齿轮机组装置图

a—主机;*b*—高弹性摩擦离合器;*c*—并车减速机组;*d*、*f*—轴承座;*e*—中间轴;
g—调距桨;*h*—弹性联轴器;*i*—轴带发电机

舶机舱高度尺寸要求严格,功率较大的集装箱船和滚装船等得到广泛应用。

二、联轴器

1. 刚性联轴器

刚性联轴器主要用于中间轴之间、中间轴与推力轴之间及中间轴和艉轴之间连接,它有固定法兰式、可拆法兰式和液压联轴器之分。图 4 - 39 示出了一种液压联轴器的结构。在轴 6 和 9 端部套有外表面带锥度的内轴套 5,在内轴套 5 外又套有内圆面带锥度的外轴套 7,外轴套 7 上开有油孔 4 和 10,内圆面上还设有布油槽,外轴套与活塞 8 构成活塞油缸结构。当两轴连接时,将两个手动活塞泵 2 和一个电动齿轮泵 1 按要求装好,然后用手同时驱动杆 3,此时压力油经油道 10 进入油缸,并使内外套相对移动。待达到要求距离,先后卸放内外轴套间及油缸中的油压,轴 6 和轴 9 就连接起来。

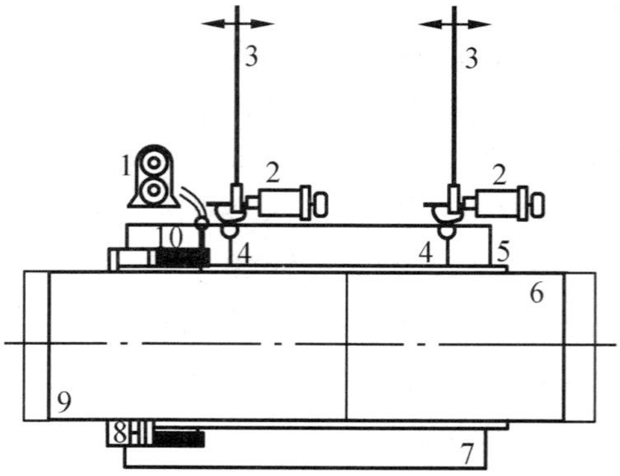

图 4 - 39　液压联轴器结构图

1—齿轮泵;2—手摇泵;3—驱动杆;4、10—油孔;
5—内轴套;6、9—轴;7—外轴套;8—活塞

由此可见,这种联轴器是靠轴套与轴装配过盈的弹性变形产生正压力,使轴 5 套接触表面上产生摩擦力与摩擦力矩,扭矩就是靠摩擦力矩传递的。

随着液压技术的发展,液压联轴器应用得越来越多。这种联轴器不在轴上开设键槽,因而提高了连接强度,简化了加工工序,拆装也较方便。

2. 弹性联轴器

在联轴器中,若主动轴与从动轴之间设有橡胶或弹簧之类的弹性元件,使扭转方向上具有弹性作用,这种联轴器称弹性联轴器。

在轴系中使用弹性联轴器的目的主要如下:

①改变轴系的自振频率,衰减振动,降低扭振和振幅,使柴油机在使用范围内不出现危险的共振转速。

②在带有齿轮减速装置的中速柴油机为主机的轴系中,在柴油机和减速齿轮装置之间加装弹性联轴器可改善齿轮装置的工作条件,减少交变扭矩对齿面的冲击作用,延长齿轮使用寿命。

③补偿轴系在安装中产生的误差和安装后由船体变形产生的误差,避免齿轮和齿面接触不良和轴承过载等所引起的故障,保证推进系统正常运转。

另外,使用弹性联轴器,在隔振、隔音、防冲击、电气绝缘以及隔热等方面也能取得良好的效果。

常用的弹性联轴器有橡胶弹性联轴器和金属板弹簧片联轴器等 n 大类。

(1)橡胶弹性联轴器

这种联轴器如图 4-40 所示,它的弹性元件是两个橡胶环 2,借助螺栓和压紧环 3 分别固定在主动法兰 1 和从动法兰 4 上。主动法兰与柴油机飞轮相连,从动法兰装在输出轴上,主动法兰的扭矩通过橡胶环 2 传给从动法兰。

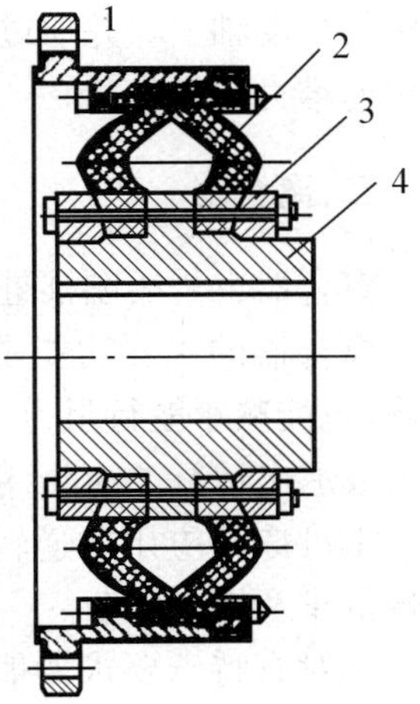

图 4-40　橡胶弹性联轴器

1—主动法兰;2—橡胶环;3—压紧环;4—从动法兰

(2)弹簧片联轴器

图 4-41 是这种联轴器的剖视图。它主要由内轮和外轮组成。内轮部分的主要零件是花键轴 1,它一般作为输出端,但也可作为输入端。外轮部分的主要零件是侧板 2、中间环压紧螺栓 3、锥形环 4、外套圈 5、限位块 7 和带法兰侧板 8 等。在内外轮之间装有数组到十数组板弹簧片 6,它的一端与外轮元件固定,另一端镶入花键轴槽内,利用板弹簧片自由支撑作用来传递扭矩,如图 4-41 中右图所示。

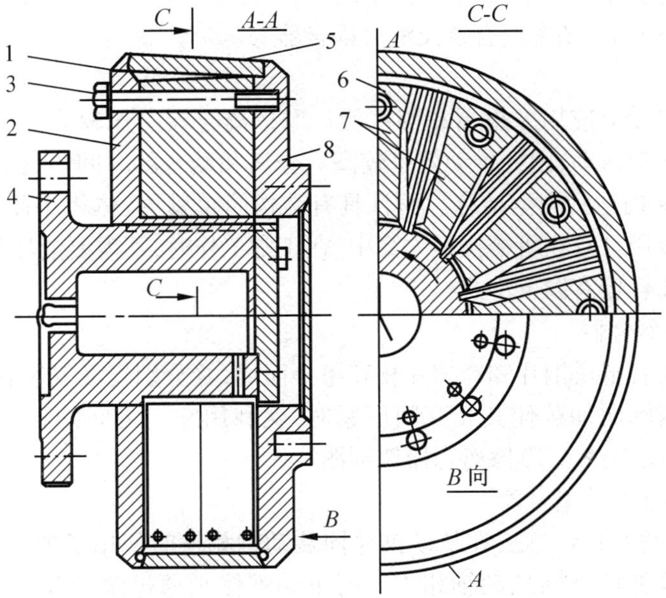

图 4-41　弹簧片联轴器

1—花键轴;2—侧板;3—中间环压紧螺栓;4—锥形环;5—外套圈;6—弹簧片;7—限位块;8—带法兰侧板

联轴器内的每一板弹簧片组都与内外轮零件间形成油腔，其中充满了油液。当传递扭矩时，板弹簧片便会扭曲，油液便从一个油腔流入另一个油腔，振动被阻尼。这种联轴器的阻尼效果一般比橡胶联轴器高 5 ~ 10 倍。限位块 7 对联轴器起保护作用，在联轴器负荷太大时，限制弹簧片的变形，使联轴器得到保护。

(3) 柱销橡胶弹性联轴器

另外一种带有柱销的橡胶弹性联轴器。它由两个带壳的中间圆盘组成，分别装置在主动轴与从动轴上。并通过若干个带有橡胶衬圈的柱销来传递扭矩，最终由止推橡胶环来达到传递推力的目的。

三、离合器

离合器也是船舶推进装置中的重要设备。

离合器的主要功能是便于随时将主机与螺旋桨脱离运动，也便于主机空载启动、航行检修，也能减小航行阻力。特别是多台主机并车的动力装置，可使其中某台主机能自由地投入或退出运行。为此，船用离合器还具备以下几个特点：

①可广泛应用非逆转的柴油机、燃气轮机和蒸汽轮机等各类动力的主机，通过离合器实现倒车及变速传动。

②对有特殊要求的船舶运行状态，可通过离合器的功能，实现微速航行来满足各工况要求。

③对于带有弹性联轴器的离合器，能调整和避开临界转速，从而改善船舶主机推进装置的扭转振动的状态。有效使发生扭振的临界转速远离其正常工作转速区域。

④离合器在运用时扭矩超出额定数值后，便会自动打滑。

离合器作为至关重要设备，它的结构和性能优劣，对整个船舶推进装置影响极大，直接关系到舰船的航行安全。目前，船舶常用的离合器型式主要有以下几种：片式摩擦离合、锥体弹性离合器、自动同步超越离合器及液力耦合器等。

1. 摩擦式离合器

现今在各类船舶上应用摩擦器相当广泛。摩擦离合器工作较为稳定。由于其主动轴与从动轴之间无相对滑动，因此传动效率较高。分离和结合的时间短，按其自身结构特点，它可在 0.3 ~ 0.7 s 内达到完全结合。而且具有结构简单紧凑、体积小而轻，特别适合在中小型特种舰船上应用。且在机械操纵方案中，在正常工作时，不需要消耗其他能量。

常见的摩擦离合器有以下型式：

(1) 片式摩擦离合器

此种离合器由若干块钢片和摩擦片相互组合而成，并分别交叉安装在主动体和从动体上。当给摩擦片组轴向加载使其相互间压紧时，就利用它们之间的相互摩擦力来传递扭矩。如图 4 – 42 所示为片式摩擦离合器侧剖图。

(2) 锥体式弹性摩擦离合器

此种离合器的构造特点是，在从动锥体同从动轴相连时使用了橡胶弹性联轴节，即利用若干个盆形橡胶弹性件同从动轴相连。而主动锥体则通过法兰和主机输出端相连结。因此这种离合器具有既能减振又能离合的功能。此外，这种离合器的从轴内设有压缩空气通道，可将压缩空气通入到气缸中去，推动两个从动锥体作相反方向的轴向运动，紧紧压向两个主动锥体并由此产生摩擦力来传递扭矩。

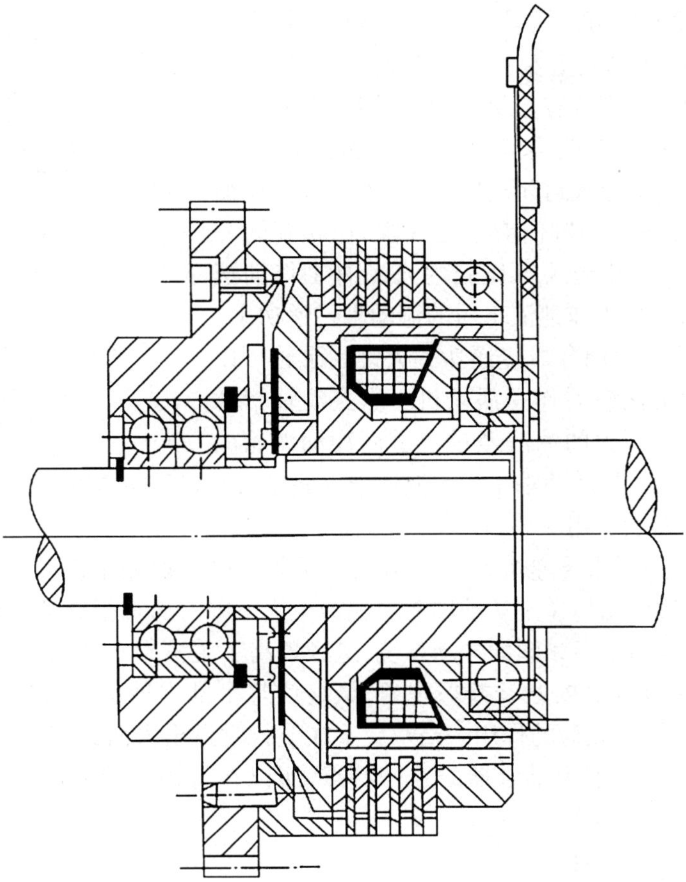

图 4－42　片式摩擦离合器

2. 自动同步超越离合器

此种离合器又称三 S 离合器。它常应用在舰船的联合推进动力装置中。例如舰船的巡航航速要增速时，按照联合动力装置设计的要求，此时加速的主机要经过启动、暖机的过程，然后加速准备接入到传动螺旋桨的并车齿轮箱去。故在舰船上必须在其巡航主机与并车齿轮箱之间，及在加速主机与并车齿轮箱之间安装有自动同步超越离合器——三 S 离合器。三 S 离合器的功能是根据船舶工况的要求，当巡航主机正在运转的情况下，加速主机启动后逐步增速，待加速主机的转速达到与巡航主机转速同步的时刻，此时三 S 离合器能迅速自动地将加速主机并入到齿轮箱中，与巡航主机的组合功率加在一起来达到舰船加速工况的要求。在交替使用的联合动力装置中，加速主机投入加速时，巡航主机的三 S 离合器可实现自动脱开切换。这种自动离合的切换是在轴系有一定负载和一定航速情况下进行的，即要求切换过程不得影响当时的工况。三 S 离合器保证了巡航主机与加速主机之间相互切换，就保证了舰船推进功率传递的连续性，不产生瞬时中断功率的现象。

3. 液力耦合器

液力耦合器除了传递扭矩之外，在动力装置的传动扭矩超过规定数值时会打滑，可以当作保护设备。也可用来作安全离合器。液力耦合器是以液体介质来传递动力的。

图 4－43 为液力耦合器的结构示意图。如图所示，耦合器基本上由三个可转动部件构

成:即泵轮、涡轮和转动外壳等组成。其中泵轮与主动轴连接是耦合器的主动部分。涡轮与从动轴连接是耦合器的从动部分。泵轮和涡轮呈左右对称布置,它们尺寸完全相同,且两者的轮内都置有数量相同的叶片,形成瓢形的工作腔。转动外壳和泵轮连接,并随其一起转动,壳内无叶片,其功能是内部形成封闭空间,保证工作液体作循环流动。泵轴与涡轮之间轴向有一定间隙,但相互间并无机械联系。在转动外壳及工作腔内充满有工作油液(一般为矿物油),依靠工作油液工质的流动来传递功率。

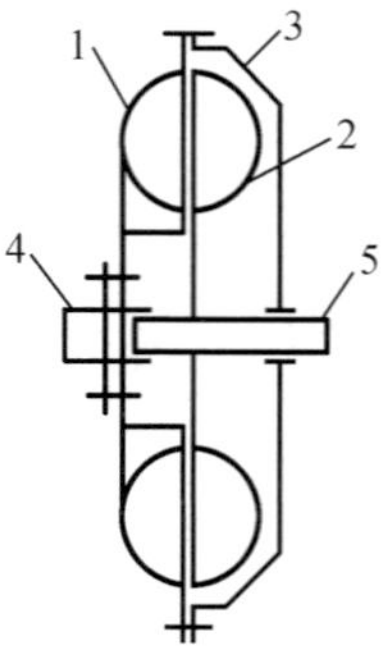

图 4-43　液力耦合器

1—泵轮;2—涡轮;3—转动外壳;4—主动轴;5—从动轴

油液的流动是液力耦合器传递功率关键。泵轮可以看作是离心泵,而把涡轮看作是涡轮机。当主动轴带动泵轮工作时,将一定压力的油液经过管道而冲动涡轮的叶片,使其涡轮转动并带从动轴工作。液油推动涡轮后回到泵轮的进油口作循环使用。

(1)液力耦合器的应用

耦合器以油液介质来传递扭矩,具有良好的隔振特性。船舶主机的扭矩波动在其工作油液的阻尼下,经过涡轮传递至从动轴上时就会大大下降。而且耦合器是以泵轮与涡轮为界限,把轴系分成为两个不相联的振动系统,这样提高了主机到泵轮之间的自振频率,也就有可能在正常转速范围之内避开共振现象,最终使整个推进轴系获得较为良好的减振效果。液力耦合器有缓冲载荷的作用。当螺旋桨在航行时露出水面或被物体卡住时,能对主机起到保护作用。由于液力耦合器的这一特点,所以在特种工程船舶及舰艇得以广泛的应用。

(2)液力耦合器的特性

耦合器的主动轴通过泵轮将机械能转换油液的功能和压力能。对于流入涡轮的油液而言是释放能量,油液的压力能和动能的减少便转化成了从动轴输出的功率。如略去泵轮和涡轮间的漏损,泵轴给油液的扭矩等于油液给涡轮的扭矩。通过相关公式计算可以表明,转速差增大时,耦合器传递的扭矩也相应增大。无转速差时耦合器将不能传递扭矩,即 $M=0$。

液力耦合器在工作过程中主要存在三种损失:

①油液在工作循环流动时的进口冲击损失;

②油液流道阻力与摩擦阻力的损失;

③油液与空气摩擦损失,及其机械与密封等损失。

因此,液力耦合器的输出功率 P_2 总是小于输入功率 P_1,即,$\eta=\dfrac{P_2}{P_1}<1.0$。

第五节　轴承和艉轴管密封装置

轴舵系装置中有许多轴承,分别用来支承艉轴、中间轴、推力轴以及舵杆或舵柱,以保证那些轴的工作轴线,并使其在转动中以小的摩擦和磨损传递动力。轴舵系装置均有止推轴承用来防止船体及主机振动、倾斜和摇摆时发生轴向窜动,并用来防止舵叶在水中受风浪和螺旋桨转动影响而上下跳动。

轴舵系的工作条件较为恶劣。其中各轴承要受到很大的惯性力和负荷,如有材质影响、安装质量影响以及操作管理中疏忽影响,均会对轴舵系装置产生不利后果,严重时会妨碍船舶正常航行。

为此,要求轴舵系装置各轴承要有正确而且稳固的位置,要有足够的刚度,有较高的承载能力和抗疲劳强度,要有较好的抗腐蚀能力,要有良好的减磨性和耐磨性,能均布滑油润滑和散热。另外还要求维护管理方便。

轴舵系装置的各种轴承根据其用途的需要和材料的不同,有橡胶轴承、木质(铁犁木、桦木)轴承、铜质轴承、白合金轴承(俗称:铅婆司)、钢制滚动轴承等。这些不同轴承大都须与钢质的轴颈相接触摩擦。由于轴承的硬度和强度远低于轴颈,因此比轴颈磨损大。轴承与轴颈表面之间的相对运动速度很高,容易使轴承发热。轴承在工作中受到滑油氧化变质和水分的腐蚀。

一、轴承损坏的形式及原因

轴承常见损坏除过度磨损外,还有以下几种形式。下面对轴承中常用与重要的白合金轴承作主要的研究分析。

(1)划伤　划伤是硬质外来物随同滑油进入轴承造成的。轴颈带动这些硬物旋转,小的颗粒能嵌入软的轴承合金中,大的颗粒则划伤轴承和轴颈。划伤的特征是在轴承表面与轴颈表面出现周向线条,时间久了,还会形成带状划痕。

(2)擦伤　擦伤的特征是白合金的部分覆盖层被磨毛,变得模糊不清,甚至有部分覆盖层或白合金金属斜面。发展严重时,可将楔形斜面和油槽填平,更有甚者会使白合金烧熔,而发生抱轴现象。

引起擦伤的原因,有轴颈表面太粗糙,装轴时校中不良,滑油失压或变质,轴承间隙过大或过小,以及主机超负荷运转等,擦伤同时会造成轴承局部过热。发展下去就会使高温区的金属熔化,熔化的金属流入低温区时,又重新凝结。当严重的擦伤发生时,若是较硬的轴承合金,如铜铅合金,则可能发生咬死。

若擦伤轻微,只要小心地用刮刀除去凸起部位,将油槽与楔形斜面修复,除去氧化物硬皮,便可继续使用。若擦伤严重,油槽已填平,轴瓦应予以换新。

(3)裂纹　裂纹是轴承受到周期性的交变负荷反复作用的结果。起初往往是很细的、少量的裂纹,称为发裂。以后,发展成为网状的龟裂,再发展下去轴承合金会从瓦背上脱落下来,称为脱壳。

轴承裂纹乃至脱壳的原因主要有:轴承刚度不足、轴承合金与钢质瓦背贴合不牢,安装时轴颈与轴承承压面间接触不均,磨合运转不够,轴颈偏磨与超负荷运转等。

一般认为在其他条件相同的情况下,负荷越大,轴的转速越高,则轴承疲劳寿命越短。裂纹的发展还要受到裂纹中油压的多变作用影响。发生疲劳的一个普遍原因是轴承安装不良,特别是硬质异物进入轴瓦和轴承座孔之间时,轴与座孔不能很好贴合,从而引起过热和疲劳。

(4)气蚀　在液体动力润滑的轴承中,油膜中的压力会低于大气压力,溶解在滑油中的空气会逸出而形成较大的气泡。在正常稳定负荷下,这些气泡进入高压区溶解到油液中,不会形成危害。然而在承受交变负荷的轴承里,特别是负荷有冲击性质时,气泡被吸附到金属表面并迅速破裂。这样，在轴承的局部地区，就产生了空泡效应，使轴承表面产生麻点，出现穴蚀。

(5)腐蚀　轴承可能有化学腐蚀、电化学腐蚀和火花腐蚀。对于薄壁铜铅合金轴承和铅基合金轴承，当滑油变质而含有机酸时，容易发生化学作用，使铅析出，形成表面孔穴。锡基合金虽不易受到有机酸的侵蚀，但它的锡基体表面与氧容易发生化学反应，形成极硬的二氧化锡。这层硬的氧化层外观上呈灰色或灰黑色。表面硬化后使轴承厚度增加，间隙变小，失去白合金原来的适应性和嵌入性，使轴颈易变粗糙。若滑油中有水和酸时，酸与水结合就成了强电解质，使轴承遭到电化学腐蚀。

此外，若船上电器设备漏电。螺旋桨工作时，切割磁场，使轴承与轴颈间产生静电动势，这样，轴承和轴颈就组成了类似于电容的结构，润滑油膜起着电解质的作用。只要油膜厚度相对于静电动势来说，是足够大的话，将不会有放电现象。若由于转速降低或轴颈的跳动使油膜变薄，就会穿过油膜，产生放电现象。放电时的火花使轴承以点蚀形式造成损坏。随着柴油机的运转，这个过程将重复进行，有可能形成严重损坏，而且轴颈也变得粗糙。

为了避免发生故障，在管理中应注意轴承换新后，要经过 2 h 的磨合运行，方可投入正常运转。对有些现代轴承新材料则可以不需要磨合期。

二、轴承座的固定

轴舵系装置里的各轴承座的固定工作，应该在轴承座与基座之间的垫片匹配质量验收之后进行。无论垫片是铁质的还是塑料的，其质量必须合格。例如，对轴系轴承座固定时，同时复测主机曲轴臂距差值，才准固定。其基本操作程序如下(轴承座固定方式如图 4 - 44 所示)。

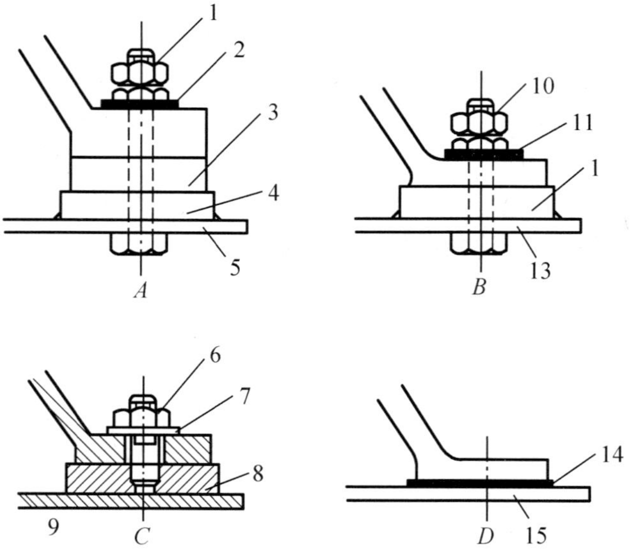

图 4 - 44　轴承座固定方式图

1—底座螺栓和螺母；2—垫圈；3—调整垫片(厚度 <18 mm 可选用钢板)；
4—固定垫片；5—基座或甲板；6—双头螺栓；7—弹簧垫圈；
8—固定垫片；9—基座或甲板舱壁 ；10—式架螺栓螺母；11—垫圈；
12—固定垫片；13、15—基座或甲板；14—薄铜皮垫片

1. 固定螺栓孔的加工：对中、小型船舶，一般都通过机座上的螺孔直接在垫片及基座上钻孔，为了防止钻孔时垫片产生移动，应用压板或点焊将垫片强制固定。通常采用低速风钻进行钻孔，对于较大的螺孔（如 ϕ90 孔），大都用低速风钻逐步扩钻，根据风钻能力，最大的可钻到 ϕ70，然后，再镗孔到规定尺寸。难以用镗孔方法加工的螺栓孔，可用特殊的拉刀由基座下方（双层底内）向上，用油压千斤顶顶座，达到所需孔径，但费用较大。近几年采用气割焊孔的方法，也收到了很大效果。

2. 螺孔加工后，对其上下端平面必须锪沉眼坑，如图 4－45 所示。

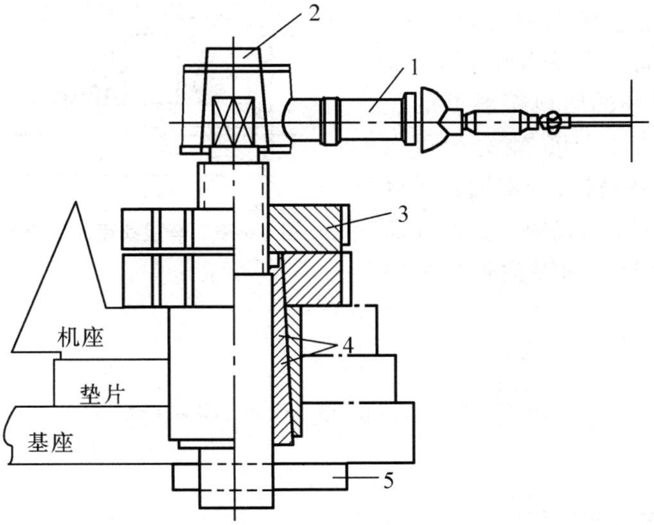

图 4－45 钻孔、锪削平面二用风钻

1—角尺风钻；2—钻套；3—进给机构；4—衬套；5—锪削刀排

3. 对精密配合的螺栓按镗削后（小孔通常用铰刀铰孔），孔径按 *D/gc* 配合座精磨匹配。

以上讲的轴系轴承座的固定方法和操作程序基本上可适用船舶舵系机座的固定。

三、新型艉轴管密封装置介绍

密封装置是艉轴管装置的一个重要部件。性能良好、完善的艉轴管密封装置，除了它能承受最大的船外水压力，防止滑油外泄，装拆方便，结构简单外，尚需保证螺旋桨轴因各种原因产生变形和位移时，仍有保持良好的密封性，并确保轴系旋转自如。

艉轴管密封元件的工作条件比较恶劣。工作时，除了受到剧烈磨损及摩擦产生高温外，由于艉轴承有径向间隙和推力轴承的轴向间隙，在螺旋桨不均匀推力作用下，由正车到倒车的变工况过渡过程中，轴段和密封元件会产生剧烈的径向跳动和轴向窜动。此外密封元件还受到油压或水压及其压力差的作用，以及海水的腐蚀和泥沙的侵入等影响。随着船舶大型化和高速化，吃水速度增加，轴功率增大，艉轴直径加粗，致使艉轴的线速度也随之增高，对密封装置的工作可靠性，提出了更为严格的要求。因而，国内外造船界，十分重视对它的研究，并取得了很大的进展。例如橡胶环式的径向密封装置是油润滑艉轴管装置中，用得最广泛的一种。它早在 20 世纪 70 年代已在船上应用称为辛泼莱克司型密封装置，经过多年来不断改进提高，它已逐渐趋于完善。图 4－46 所示为辛泼莱克司（Simplex）型改进型的艏部密封结构图。

它采用两只(或多只)呈球鼻形的橡胶密封环。环的腰部很长,故弹性和跟随性很佳。密封环的本身和艉轴衬套接触时,其径向可借助于弹簧和油或水的压力压紧在艉轴轴颈的衬套上,加之球鼻形密封环唇口与艉轴衬套的接触宽度极小,接触宽度仅为 0.5 ~1 mm,形成线接触状态。这样便接触压力较为集中,只要能形成油膜(厚度仅为几个 μm),那么,向后翻的密封环的唇口接触处的压力约为润滑介质的几十倍,就完全可以阻挡滑油从密封环的唇口沿着轴表面浸润流动,故其密封效果良好,使用寿命长,也为目前大中型船舶艉轴管装置中所广泛应用。

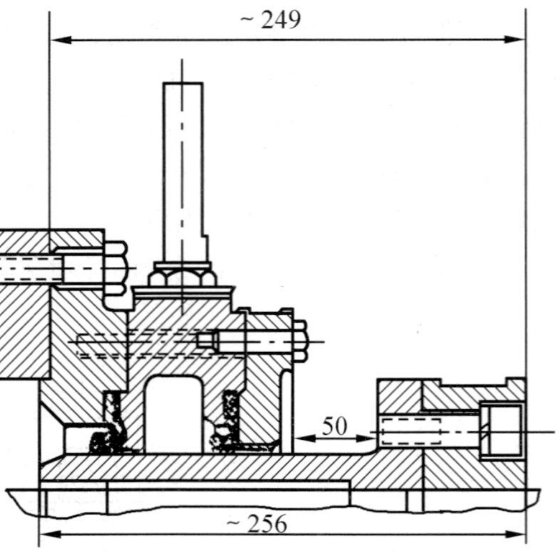

图 4-46　辛泼莱克司改进型艏部密封装置

第六节　轴舵系的润滑和冷却

机械零部件在运转过程中,各运动部件的相对运动表面间会发生摩擦,轴颈与它们轴承之间,滑块与导板之间,如果不给润滑或润滑不良,则会造成严重的磨损,甚至会因强烈摩擦生热而烧坏。

如果不进行有效的冷却,零件就会受到过热引起破坏。另外,冷却不良,会直接影响润滑油的质量和性能,同时,运动之间摩擦表面油膜被破坏,也会造成不良的后果。

为了保证各部分零件可靠地工作,延长其使用寿命,必须设置润滑及冷却系统。

一、机件的摩擦与润滑

(一)摩擦

机件的接触表面,虽然经过精密加工,看起来十分光滑平整,但若放大来看,就能发现它们的表面总是凹凸不平的,如图 4-47 所示。两机件表面相互接触时,突出部分相互嵌入,因此,当它们作相对滑动时,它们之间就会不断地产生碰撞,阻碍两机件的相对滑动,这种现象叫做滑动“摩擦”。

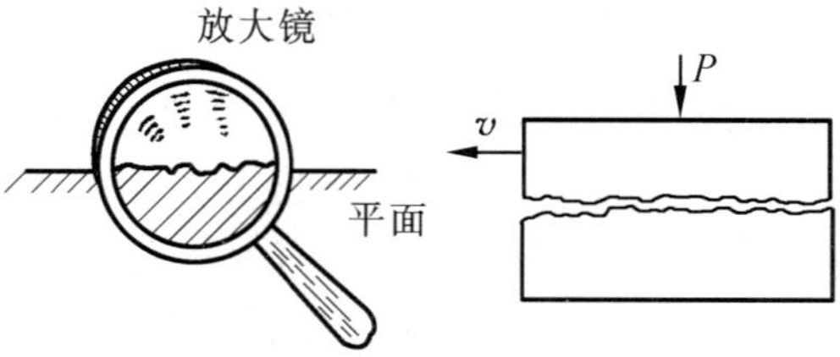

图 4-47　物体表面接触情况

根据两摩擦面间有无润滑油以及油膜厚度的大小,滑动摩擦可分为以下三种。

(1)干摩擦:如果两机件的接触表面之间在没有润滑的情况下作相对滑动,则两接触面间所产生的摩擦叫干摩擦。

(2)半干摩擦:当摩擦表面之间不能得到足够的润滑油时,使摩擦面上部分凸起部分开始接触,称为半干摩擦。

(3)液体摩擦:如果两机件摩擦面之间保持足够润滑层,使两摩擦面分开,这样机件之间的摩擦不再发生在它们接触面之间,而是发生在滑油内部,这种摩擦叫液体摩擦。

(二)机件的润滑

根据机件之间油膜的形成方法,润滑可分为"液体动力润滑"和"液体静力润滑"两种。

1. 液体动力润滑

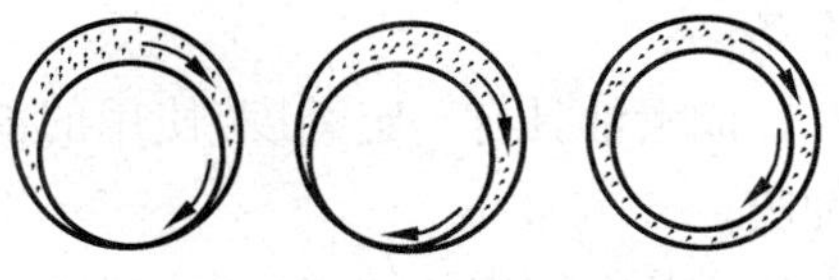

(a)　(b)　(c)

图4-48　楔形油膜的形成

液体动力润滑是指润滑油膜靠摩擦表面的相互运动自然形成。如图4-48(a)所示,轴与轴承间存在间隙,使轴承两侧形成楔状间隙。若轴承间隙内充满滑油,而且滑油由外界不断供给,那么当轴沿图示箭头方向转动时,由于,滑油的黏性,吸附在轴表面的油膜将轴一起旋转,并从间隙较大的区域(上方),顺着转角向狭窄的区域流去。滑油在流向右下方的过程中,因容积逐渐减少,滑油受到挤压,油压逐渐升高,这时,就相当于一个楔子,插向轴颈与轴承接触面间见图4-48(b),称之油楔作用。当油压对轴颈产生大于轴的自重和负荷的总合力时,轴就被滑油抬起,并向左上方偏移(轴顺时针转动时),这样,直到轴上下滑油压差等于轴上的作用力时,轴就相对稳定在一定位置,如图4-48(c)所示。这时轴颈周围的间隙保持着一定厚度的油膜,轴颈与轴承不再直接接触,形成完全的液体摩擦。

影响油膜厚度的重要因素:油的转速,滑油黏度和温度;转速愈高,愈易形成油楔。此外,油楔的形成还与轴承间隙,轴承表面光洁度和轴承负荷等有关。当轴颈严重磨损,正常的轴承间隙遭到破坏,就不利于油楔的形成,不合理地开挖油槽,将会大大降低油楔压力,从而使轴承承受负荷的能力降低,并把油膜破坏。

2. 液体静力润滑

当轴承中的转速太低、负荷太高,或轴的运动不连续,很难"自然"地形成完整的楔形油膜时,可以采用"液体静力润滑"方式,即由油泵产生高压力的润滑油,送入接触面来维持油膜。

(三)润滑目的和方法

1. 润滑目的

(1)润滑　这是主要作用,变干摩擦为液体摩擦,减少摩擦损失和提高机件的使用寿命。

(2)冷却散热　带走摩擦所产生的热量,使机件不致过热损坏。

(3)冲洗清洁　冲清摩擦表面,带走摩擦脱落的金属颗粒。

(4)密封防漏　润滑膜能使密封性增加。

(5)防止腐蚀　使机件工作时,摩擦表面不与空气接触而氧化生成铁锈腐蚀。

2. 润滑方法

(1)压力循环润滑　压力循环润滑法是利用润滑油泵,把润滑油强制送到所需的润滑部位。

压力循环润滑的优点　能保证润滑油连续大量地供应,使机件的润滑和冷却效果较好,并可通过润滑系统的压力表和温度计控制润滑情况,便于实现自动控制。

(2)飞溅润滑　飞溅润滑法是利用运动机件抛溅润滑油的作用，把润滑油输送到需要润滑部位，这种润滑方法设备简单，但可靠性差。

(3)人工润滑　人工润滑是一种靠人工定期使用加油器向加油点加注润滑油。大多数的中间轴承润滑是靠这种方法，并定时来检查其中的油位。

总之，要使轴舵系装置里活动部件能得到良好的润滑即油膜的形成，主要应具备以下几个条件：

1. 润滑油具有一定黏度，使用的滑油牌号要正确。若滑油黏度过小，则不易建立起楔形油膜。

2. 应具有一定的转速(或线速度)，使楔形油膜压力得到提高。

3. 摩擦表面两者的粗糙度完全符合一定的技术要求。

4. 要保持一定的油隙。活动部件的平面、曲面配合处间隙不得太小或太大。若油隙太小则滑油不易楔入，油膜难以形成；若油隙太大则滑油易泄漏。

(四)船舶轴舵系的润滑油

润滑油又叫机油。它的品质对于机件是否正常可靠地运转关系很大，所以必须按润滑油的主要性能，进行正确地选用。润滑油主要性能如下：

(1)黏度　黏度是指润滑油稀稠的程度，它是滑油最主要的性能指标之一。黏度的大小对于机件摩擦面间油膜的形成及厚薄起着决定性的作用。

黏度是随温度而变化的，温度升高黏度减小；反之，则黏度增大。不同品质的润滑油，随温度变化黏度越小，润油的质量愈好。

(2)酸值　润滑油中酸类有两种，一种是本来就存于石油中的有机酸；另一种是在炼制时，残留在滑油中的无机酸，这种酸对金属有很强的腐蚀性，会使轴承等产生麻点。滑油中酸值是以中和一克滑油的酸所需氢氧化钾的毫克数来表示。此外，滑油在使用过程中，受到氧化和分解作用，滑油的酸值还增加。

(3)抗乳化度

海水或淡水漏入滑油中时，使滑油乳化。通常所说的抗乳化液，就是在规定的条件下，将一定量的油和一定量的水混合搅拌形成乳化液，静置后，为达到油和水的完全分离所需时间，以“分”计算，分离时间短，说明滑油的抗乳化度高，反之则低。

(4)抗氧化安定性

润滑油受热时，抵抗空气氧化能力叫抗氧化安定性。抗氧化安定性差的润滑油，容易受温度影响而氧化变质。润滑油氧化后，生成的有机酸会使酸值增加，生成胶状沉淀物，对润滑和冷却机件是十分不利的。

(5)残炭

滑油在氧化时，所生成的胶质，在高温下能分解成炭。

(6)闪点和自燃温度

润滑油的闪点和自然温度太低，容易引起滑油燃烧和积炭对保存、储藏不利。

船舶轴舵系装置常用的润滑油(机油)牌号及其质量指标，如表4-1所示。

表4－1 润滑油牌号及质量指标

1	名称			柴油机润滑油		
2	牌号			HC－8	HC－11	HC－14
3	质量指标	(1)运动黏度	50 ℃时($\times 10^{-6} m^2/s$)	—	—	—
			100 ℃时($\times 10^{-6} m^2/s$)	8～9	10.5～11.5	13.5～14.5
		(2)恩氏黏度50 ℃时(°E)		—	—	—
		(3)运动黏度比(50 ℃/100 ℃)		≤6.0	≤6.5	≤7.0
		(4)酸值(mg KOH/g)		≤0.1	≤0.1	≤0.1
		(5)灰分(%)	未加添加剂时	≤0.005	≤0.005	≤0.006
			加添加剂时	≤0.25	≤0.25	≤0.25
		(6)闪点(℃)		≥195	≥205	≥210
		(6)凝点(℃)		－20和－15	<－15	<－10
		(8)水溶性酸和碱	未加添加剂时	无	无	无
			加添加剂时	中性或碱性	中性或碱性	中性或碱性
		(9)机械杂质	无添加剂时(%)	无	无	无
			有添加剂时(%)	≤0.01	≤0.01	≤0.01
		(10)水分(%)		痕迹	痕迹	痕迹

(五)滑油设备

为了保证轴舵系装置中,各润滑部位供应足够的润滑油,就要依靠滑动输送泵、滑油循环泵将具有一定压力的滑油供应给润滑部位。

润滑设备除了滑油泵之外,主要还有润滑油滤清器。它的作用是滤除滑油中的金属微粒和其他杂质,使供入摩擦部位的滑油保持清洁。其最常用的型式有网式、叠片式和离心式等。另有一种新型的自清式滑油滤清器早已在船舶上广泛应用。它应用滤芯自动转换并用压缩空气清除杂质,效果较好。

1. 网式滤清器

网式滤清器如图4－49所示。它有两个并联的独立滤清部分,能不间断地对其进行使用和清洗。

2. 叠片式滤清器

其结构如图4－50所示。这种滤清器精度较低。但它能使其连续过滤油液,简化了清洗工作。

它结构简单,能过滤细小的杂质。

它主要由外壳1、2、上盖13和套在螺柱3上的叠片式滤芯组组成。在上、下两个连接座板8之间将厚0.8mm的钢片19装在八根销子4和心轴6上;在两钢片中间装有厚度为0.08～0.2mm的中间垫片20,这样组成的整个滤芯可随心轴6一起转动。滑油经连接管16进入滤清器,流经钢片间的间隙而得到过滤,然后流到上部油腔从连接管9排出。大于0.2mm的杂质就留在滤芯的外面。在滤芯的边上,用两根销子23套上刮片21,刮片间垫隔片22,刮片正好插在滤芯的两钢片之间。当借助于心轴6转动滤芯时,杂质即被刮下。

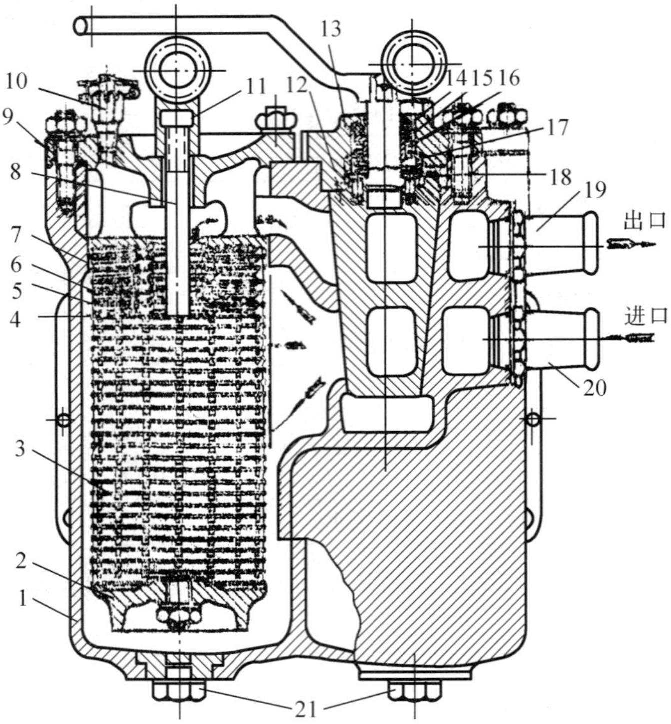

图 4 – 49　网式滤清器

1—滤清器壳体；2—下托盘；3—滤芯；4—滤清器；5—滤网；6—滤网外框；
7—滤网内框；8—中心杆；9—滤清器盖；10—放气旋塞；11—吊环螺帽；
12—转换开关；13—转换开关盖子；14—封油器；15—弹簧座；16—弹簧；
17—定距环；18—垫圈；19—出油管；20—进油管；21—放油旋塞

3. 离心式滤清器

这种滤清器体积小，结构简单，能过滤更细微的杂质，是一种较好的细滤器。离心式滤清器的结构如图 4 – 51 所示。具有一定压力的滑油从底部进入滤清器，顶开钢球 10，进入空心轴 9，从轴孔出来经滤网 4，最后从两个喷嘴 8 的小孔中喷射出来。喷射时的反作用力使转子 5 作高速旋转，而其中的滑油也跟着一起旋转。此时，滑油中的杂质颗粒在离心力的作用下，甩向四周而积累在转子 5 的内壁上（内壁可设纸套，以便更换），而清洁的滑油经喷嘴 8 喷出。这种滤清器，在正常工作时，转子的转速可达到 5 000 转/分。

在轴舵系装置中还常用到一种磁铁式滤清器。这种滤清器特点是利用磁铁的磁性，将滑油中的金属铁屑吸引出来，从而使滑油得到净化。一般是用永久磁铁直接安装在普通金属网滤器之中的。

二、机件的冷却

在船舶动力装置中，轴舵系装置和其他许多机械设备一样，在运行时将会产生大量热量，为及时降低热负荷及时带走这部分热量，就必须加以冷却，其方法是利用舷外的冷却介质——水来完成。

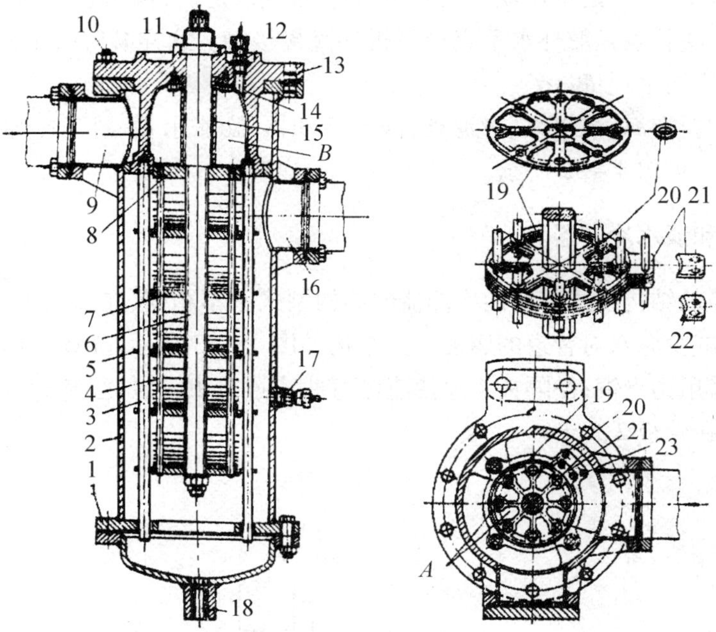

图 4-50　叠片式滤清器

1—底盖;2—壳体;3—螺柱;4—销子;5—环;6—心轴;7—法兰;
8—连接座板;9—连接管;10—螺柱;11—制动弹簧;12—管接头;13—上盖;
14—皮碗;15—套筒;16—连接管;17—管接头;18—泄放口;19—钢片;
20—垫圈;21—刮片;22—隔片;23—销子;A—滑油通道;B—油腔

轴舵系装置中需要加以冷却的是:主要有艉轴承(铁梨木轴承)、中间轴承和推力轴承中的滑油冷却等处。由于以上机件在运行时产生温度较多,如不设法予以适当冷却散热,会导致不良后果,高温能引起润滑油的分解和氧化,破坏机件间的正常间隙造成严重的磨损或卡死,严重会使白合金轴承发热溶化等问题。

但是冷却应恰如其分的,其解决办法是严格控制冷却水温度。这和控制滑油温度一样道理。

船用冷却一般都采用冷却水泵供水的强制冷却形式。目前船舶广泛采用有两种冷却方法,一种是开式冷却。另一种是闭式冷却。

所谓开式冷却方法,就是把舷外水通过海水冷却泵送至船内各处进行热交换后,将热量带走排到舷外。

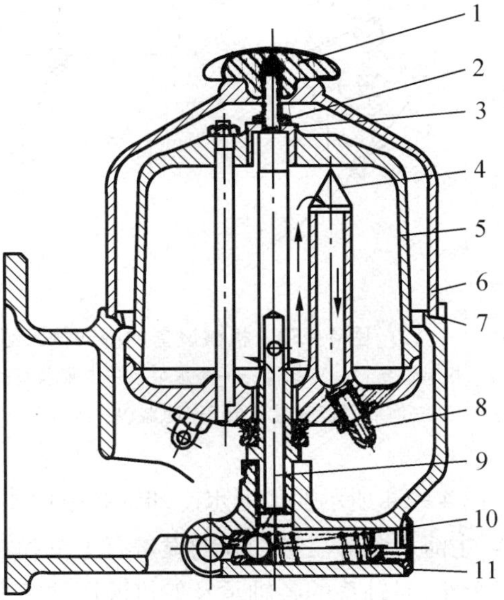

图 4-51　离心滤清器

1—帽盖;2—螺母;3—螺母;4—滤网;
5—转子;6—外罩壳;7—垫片;8—喷嘴;
9—空心轴;10—钢球阀;11—螺塞

所谓闭式冷却方法，是指用淡水将机件多余热量带走后，再用舷外水将淡水降温后排出舷外。这种方法特点是舷外水不直接与机件直接接触。这样既解决了海水（舷外水）的腐蚀性，又可减少淡水耗量。

冷却设备主要有海、淡水泵、过滤器、淡水冷却器、膨胀水箱、滑油冷却器、自动调温器及阀门、仪表等。见图4－52所示。

三、润滑油和淡水冷却器

淡水冷却器的结构型式与滑油冷却器的结构型式基本相同，在盖板1和6海水进出口处装有锌板，以减少海水对管道的腐蚀。其结构如图4－53所示，壳体3内通滑油或淡水；管板2、8一般采用锡青铜；横隔板4迫使流体弯曲流过管束，以加强冷却效果；管束5多用铝黄铜管，扩张在管板2、8上。

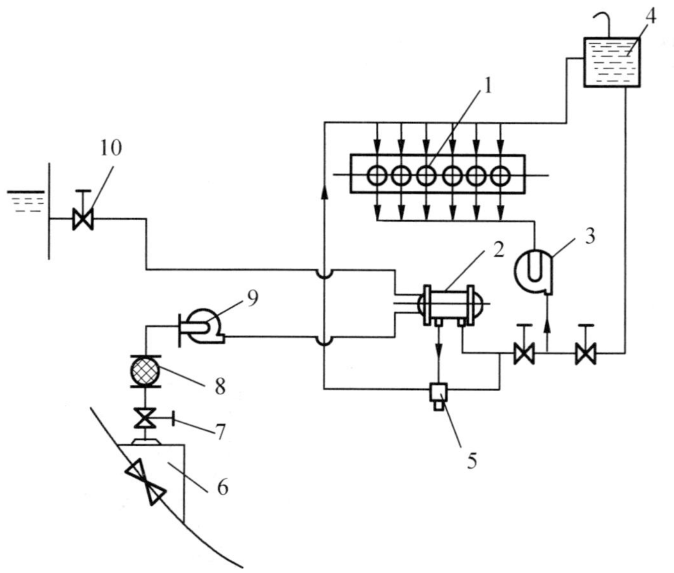

图4－52　机械设备的冷却管系组成

1—机械设备；2—冷却器；3—淡水泵；4—膨胀水箱；5—温度调节阀；6—海底门；7—通海阀；8—滤器；9—海水泵；10—出海阀

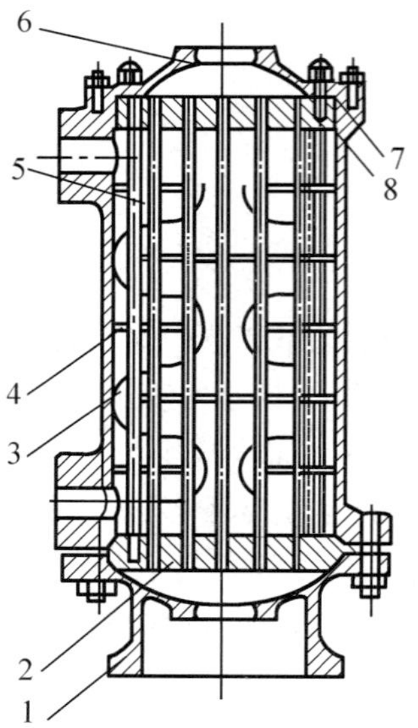

图4－53　管式冷却器

1—盖；2—管板；3—壳体；4—横隔板；5—管束；6—盖；7—密封圈；8—管板

图4－54所示船舶海水冷却管系原理图。海水冷却系统中主要设备有海底门、海水吸入滤器、主海水泵等。被冷却的设备有主机和辅机之外，在主海水泵出口海水总管中还单独分出供给管路，对轴系的各轴承及舵机液压油箱之油液冷却。另外，为便于控制海水能处于理想的冷却温度，在海水总管处还装有回流管，在寒冷水域调节水量。保证海水进口温度。

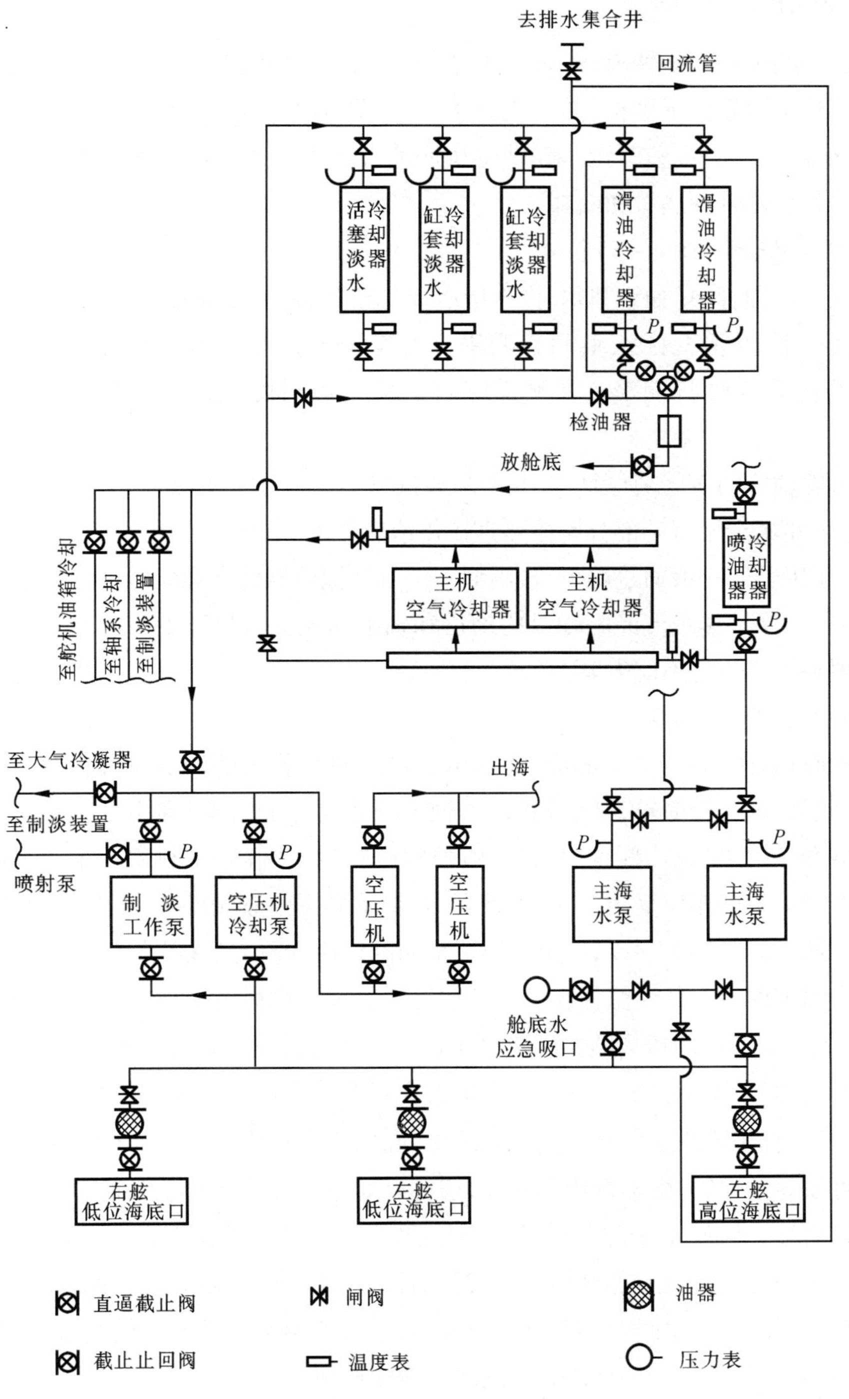

图 4－54　船舶海水冷却管系原理图

四、艉轴管的润滑和冷却

艉轴管中的艉轴与艉轴承、密封元件的动静摩擦副之间，必须进行必要的润滑和冷却，以使摩擦部位不致发生干摩擦，并带走摩擦热，保证工作可靠及延长使用寿命。否则将发生故障，影响船舶的航行和营运。艉轴管按润滑方式可分为水润滑和油润滑两种，下面分别介绍这两种艉轴管的润滑和冷却。

1. 水润滑艉轴管(图 4 - 55)

在水润滑艉轴管中(如铁梨木、桦木层压板、橡胶艉轴承艉轴管)，润滑剂是水。其艉轴承位于水面以下，且不设艉密封，可以利用自由流入轴承间隙和轴承里的舷外水或者加装管系送来的压力水进行润滑。其艏部密封一般采用封闭式的油脂润滑或压力水润滑(EVK 型)。

水润滑艉轴管的冷却剂也是水，其冷却通过以下三种方法实现。

(1)通过船尾金属将一部分摩擦热直接传给舷外水。

(2)由于艉轴管一般通过艉尖舱，因而一部分摩擦热被传给艉尖舱中的淡水或海水。

(3)一部分摩擦热被流经艉轴纵向槽道和轴承间隙进入机舱的舷外水带走。因此，艏密封装置填料压盖压得不能太紧。

2. 油润滑艉轴管(图 4 - 56)

油润滑艉轴管的润滑剂是滑油，滑油由装设在艉轴管上的润滑系统供给。中、小型船舶上用的润滑系统比较简单，其艉轴管、艉轴承采用自然润滑法，即由一个重力油柜、一台手摇泵和进、回油管组成。称重力式自然循环润滑系统。艉轴密封偶件采用封闭式润滑。大型船舶上润滑系列相应复杂一些，艉轴管、艉轴承采用间歇循环法，艉轴密封偶件靠艉轴密封油柜供油，如图 4 - 57 所示。用手摇泵将润滑油注入重力油柜，由观察镜监视油柜是否注满。重力油柜内设有低油位报警。正常情况下艉轴管内始终充满润滑油，消耗后由重力油柜自动补给。艉轴管中的滑油可经截止阀流回油柜，截止阀同时起到调节回油快慢的作用。图示系统的艏、艉密封装置均采用辛泼莱克司型。艉密封采用封闭的密封空间的油自动润滑、摩擦热直接传给舷外水。这个系统中，艉轴管穿过作为水舱用的艉尖舱，艉轴承的摩擦热除可以通过艉轴、艉轴管传到舷外，还可以通过艉轴管传给艉尖舱中的水，不用再单独采取冷却措施。但艏密冷却条件差，因此，图示系统专门设置密封油循环柜(低位循环柜)，并在艏密封空间内设置循环器，其润滑原理如图 4 - 58 所示。使其艉部与艉轴 5 上的前防磨衬套外圆间有一定间隙。在衬套随轴转动时，油柜 4 中的滑油就会按图中箭头所示方向形成循环。低位柜中 1 上带翅片，以加强散热作用。

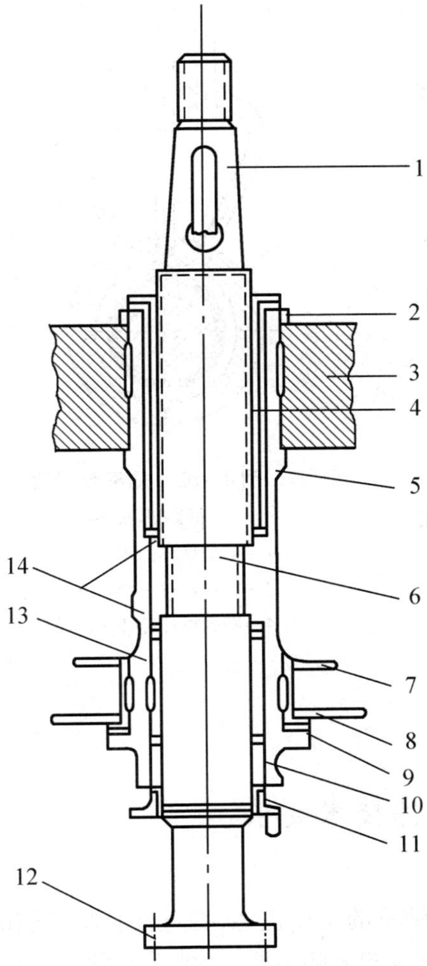

图 4－55　水润滑的单轴系艉轴管装置图

1—螺旋桨键；2—锁紧螺帽；3—艉柱；4—艉轴承；5—艉管；6—螺旋桨轴；7—轴承支座；8—隔舱壁；9—垫板；10—密封填料；11—压盖；12—联轴器；13—艉轴承；14—轴包

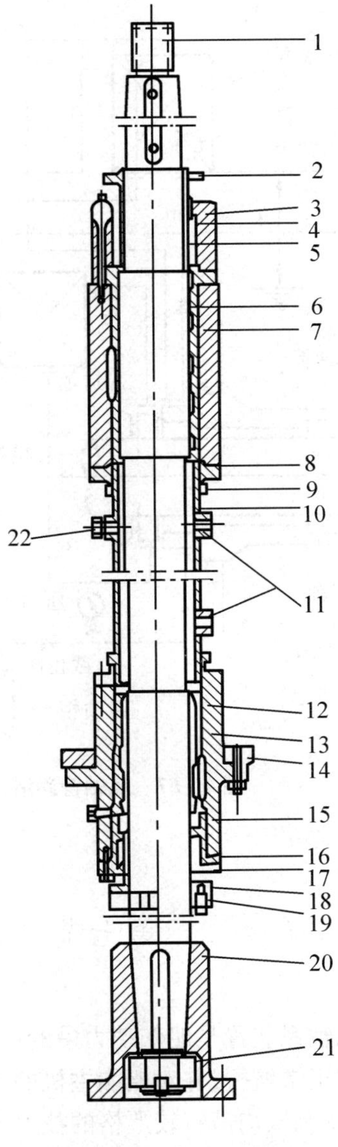

图 4－56　油润滑的双轴系艉轴管装置图

1—螺旋桨轴；2—防磨衬套；3—压盖；4—密封填料；5—密封片外壳；6—艉轴承（后）；7—人字架；6—锁紧法兰；9—锁紧螺母；10—艉管；11—油管接头；12—艉轴承（前）；13—前支承；14—垫板；15—密封支座；16—密封填料；17—压盖；18—前防磨衬套；19—锁紧环；20—联轴器；21—螺帽；22—放油螺塞

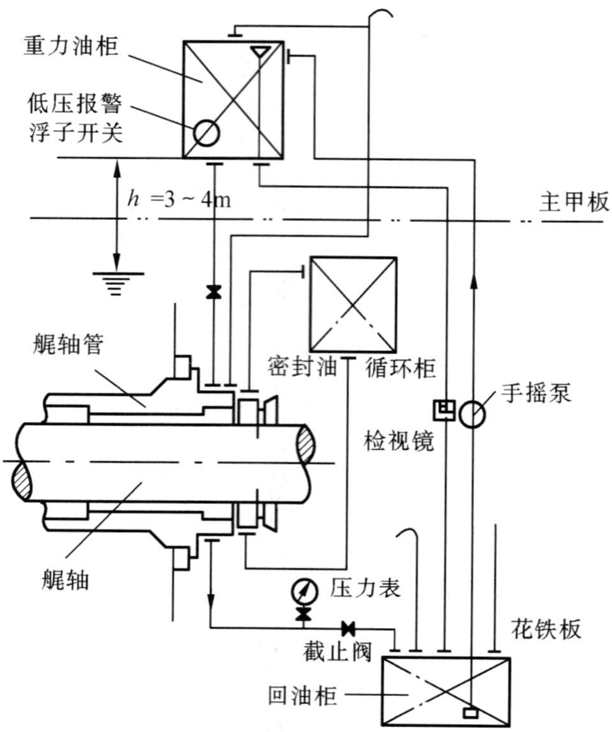

图 4－57　艉轴管润滑系统图

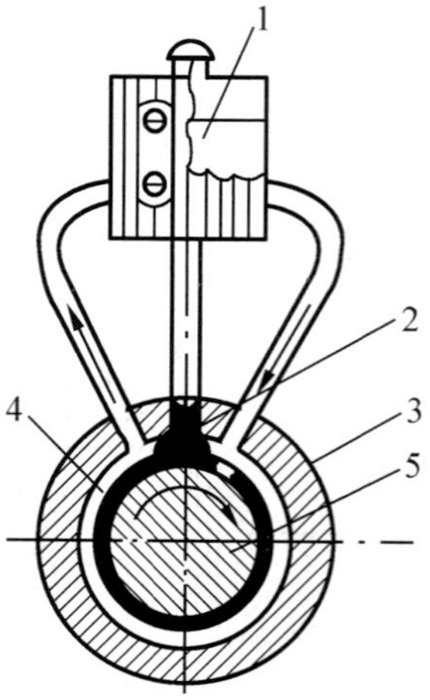

图 4－58　艏密封滑油循环原理图

1—低位循环油柜；
2—循环器；3—中间支承环；
4—密封滑油腔；5—艉轴

第七节　轴系主要部件技术要求

船舶轴系装置是船舶动力中的主要组成部分。轴系的工作优劣，将直接影响船舶的推进特性和正常航行，并对船舶主机的正常运转有着直接的影响。所以，轴系的设计、加工制造、安装及调试均需有较严格的技术要求，并且应符合有关船舶技术标准和船舶规范。

由于轴系安装时的同心度要求相当严格，因而要求各类轴两端的法兰加工与自身轴的同轴度应符合技术规定，并且在其构造上要具有便于安装和拆修时校中找正的措施。要求主机曲轴与推力轴，推力轴与中间轴，中间轴与艉轴等的联轴器法兰上的连接螺栓，一律采用铰制孔的精密紧配合螺栓连接。而且在技术要求中规定紧配合螺栓的装配，必须采用冷冻技术施工方面来予以完成，它对保证装配质量和精度，减轻劳动强度，缩短造船周期均有益。

轴系中为了使加工、安装、修理和测量方便起见，常采用轴颈尺寸大于基本轴径的设计结构（轴与轴承接触部位称为轴颈）。而各类轴的基本轴颈的尺寸大小，则要根据船舶建造规范的有关规定，加之对各类船舶轴系的受力情况和振动进行分析和计算，并参照长期的实践经验来综合加以确定。从设计和加工上分析，例如各轴轴颈、基本轴径及联轴节法兰处的各连接部位，应加工成适当的过渡圆角，以防止它们运转时造成应力集中，使轴因疲劳而产生裂纹和断裂现象，造成不必要的损失。另外，还得要求提出其材质处理报告和探伤测试结论。

船舶轴系装置主要部件的技术要求与标准,必须严格执行确保船舶运行的安全。

1. 中间轴和轴承的技术要求

中间轴几何形状的准确性,将直接影响轴系的校中,也直接影响到轴系装置的安装质量和运转的可靠性。所以其加工后应满足下列要求。

(1)中间轴的跳动量要求其法兰的端面、外圆表面及轴颈的圆周表面等轴向和径向跳动量不得超过 0.03 mm。

(2)中间轴的柱度要求其轴颈表面的锥度在 100 mm 长度内不超过 0.01 mm。

(3)中间轴的圆度误差与其轴颈直径大小有关,当轴颈直径小于 200 mm 时,圆度不超过 0.02;当轴颈直径大于 200 mm 时,圆度不超过 0.03 mm。轴颈处的表面粗糙度要达到精度要求。

(4)对滑动式中间轴承,要求其轴承工作表面需按其轴颈进行拂配,要求每 25 mm^2 内接触研点有 3 ~ 4 点。对具有上轴瓦的中间轴承,应在轴承盖上紧时,以塞尺或用其他方法测量其安装间隙,要求间隙值在轴颈直径尺寸的千分之 1.3 ~ 1.5 或按技术文件进行。

(5)对滚动式中间轴承,要求先将滚动轴承装在轴颈上,在自由状态下用千分表测出它的径向间隙,然后将其间隙调整到 40% 左右时,即认为是安装合格的。

2. 推力轴和轴承的技术要求

机加工后的推力轴,应符合下列要求。

(1)推力轴的法兰端面跳动量,在每 100 mm 法兰直径内,不得超过 0.005 mm。

(2)推力轴的推力环平面跳动量,轴颈在 300 mm 以内,不得超过 0.02 mm,大于 300 mm 时,不应超过 0.03 mm。

(3)对任何结构形式的滑动式推力轴承,要求其推力环与推力块之间是有一定的轴向间隙,可用塞尺或千分表来测得(一般控制在 0.60 ~ 1 mm)左右。这是因为润滑油膜的形成和零部件热膨胀所必需的。

(4)对于一些小型船舶所用的滚动式推力轴承,因其结构的特殊性,所以其轴向间隙不必另外规定。它是靠其结构型式来保证的,故这里不作详细叙述。

3. 艉轴和艉轴管的技术要求

(1)艉轴的径向跳动和端面跳动量在外圆直径小于 260 mm 内的,要求不超过 0.02 mm。小于 700 mm 以内的要求不超过 0.03 mm,大于 700 mm 的要求不超过 0.04 mm。

(2)艉轴轴颈铜套表面的圆柱度,在每 100 mm 的长度上不允许超过 0.005 mm,圆度最大不应超过 0.025 mm。加工时为达到上述精度,特在铜套装入艉轴后,通常采取其与艉轴法兰外圆和端面同步加工的方法。

(3)艉轴和采用可拆联轴节形式的,其前锥体和联轴节锥内的配合面应经拂配加工,要求有每 25 mm^2 内 3 ~ 4 个接触研点。若如有键连接的键和键槽配合要紧密,并用显示剂检查,要求在键的全长 85% 以上要达到接触。

(4)艉轴的后锥体与螺旋桨锥孔的配合表面,除了要求是有良好的形位精度、表面粗糙度之外,还要求具有良好的配合接触面。一般在车间试装时,除了找出它们之间准确的同轴度外,还应经过修刮拂配,使它们的锥体与锥孔之间表面在 25 mm^2 内不少于 3 ~ 4 个接触研点。

(5)艉轴上铜套的“红套”过盈量应选择适当,要求一般轴颈的直径在 100 mm 以内,取

0. 08 ~0. 12 mm；轴颈在 100 mm 以上的，取轴颈尺寸的千分之一。而且要求其表面粗糙度应在 $R_a3.2$ 以上。铜套经粗加工后，应作 0. 1 ~0. 15 MPa 的水压试验，试验合格后再精加工成品，方可进行红套技术的操作。铜套加热温度通常在 250 ~350 ℃。为减少红套后的热应力，要求轴套两端开有卸荷槽。分段配置的铜套之接头处应保持密性，以防止海水渗进腐蚀钢质的艉轴本体。

（6）对整体铸造或分段铸造的艉轴管，要求在加工后应进行水压试验，试验压力为 0. 2 MPa，不得有渗漏才可进入安装。

（7）艉轴与其艉轴承的配合间隙

4. 螺旋桨的技术要求

螺旋桨吊上船安装前，首先要在车间内作好其静平衡试验和螺距测试等工作，还要求作好其称重试验。以上待验收后，方可进行钳工的研修拂配工作，并达到如下要求才能上船安装。

（1）螺旋桨锥孔与艉轴锥体两者配合紧密性要好，要求其刮研的贴合面应达 70% 以上，特别是大端处。

（2）上述的贴合度要均匀，接触研点数应在每 25 mm^2 内有 3 ~4 个，且无任何划伤。

（3）螺旋桨锥孔与艉轴的同轴度及与其端面之间的垂直度要求在技术范围之内。

（4）艉轴保护套后端面与螺旋桨毂大端端面之间的间隙，不应小于 3 mm，且用密封圈封住。

以上的技术要求和测量方法，可适用于其他类似的部件中。随着机加工技术的保证发展，已逐步替代手工加工的操作，大大节省劳动力和时间。

习　　题

1. 轴系传动类型是怎样选择的？
2. 轴系的轴线布置是如何考虑的？
3. 中间轴系的数量和间距如何决定的？
4. 艉轴承的数量和间距如何决定的？
5. 轴承负荷大小是怎样判别的，轴承高度位置决定了什么？
6. 分析船舶推进装置采用直接传动形式有什么优、缺点。
7. 分析船舶推进装置采用间接传动形式有什么优、缺点。
8. 简述 Z 型传动方式的特点及其工作原理。
9. 螺旋桨常用的安装方法有哪种，并扼要回答每种安装紧固过程。
10. 轴承座固定工作内容有哪些，它是如何来固定施工的？
11. 单环式推力轴（承）是怎样来承受推力的，其中推力块工作原理是什么，并用简图表示出来。
12. 推力轴的推力间隙是怎样测定的，具体操作方法有哪些？
13. 螺旋桨有哪些参数名称组成，每种的含义是什么？螺旋桨直径与螺距两者呈何关系，有何影响？
14. 什么叫可调螺距螺旋桨装置，它与定距桨比较有何特点？

15. 可调螺距螺旋桨的主要组成有哪些,它的工作原理是什么？并用简图表示。

16. 可调螺距螺旋桨装置有哪几个基本方面组成,每个方面功效是什么？

17. 齿轮减速箱的作用是什么,它一般分哪几类减速箱,每类的结构是怎样的？

18. 简述一般液压式联轴器的组成和工作原理。弹性联轴器可分哪两类,每类效果怎样？

19. 轴系的轴承损坏形式有哪些？并简述损坏的原因。

20. 管理轴承时,应注意哪些问题？

21. 艉轴管密封装置是什么,密封元件要受到哪些因素的影响？

22. 橡胶密封环的特点是什么,为何它能得到广泛的应用？

23. 什么叫液体动力润滑方式,并用图和文字叙述其润滑原理。

24. 润滑目的是什么,轴舵系装置中一般采用哪几种润滑方法,要达到良好的润滑,条件应具备哪些？

25. 润滑油过滤的设备有哪几种,每种是怎样来滤油的？

26. 何谓开式冷却方式和闭式冷却方式？

27. 海水润滑式艉轴管装置,是如何来冷却润滑的？

28. 简述滑油润滑式艉轴管装置的冷却、润滑过程？

29. 船舶联合动力装置有何特点？它对轴系传动有什么影响？

30. 共同使用与交替使用的动力装置相互区别是什么？各的特点是什么？

第五章　轴舵系的检测与试验

第一节　允许负荷原理与激光

轴系在校中工作中，除了按直线性原理来校中之外，现代船舶制造时更多采用了允许负荷原理的校中方法。允许负荷原理校中的具体方法是应用计算校中法和负荷校中法两种，以达到轴系处于良好的安装状态。

轴系的校中，就是将轴系中各轴及各支承轴承的位置按已确定的轴系理论中心线调整并定位。然后根据已校中好的轴系位置，配制轴承座垫片，并钻镗加工连接孔，用铰制螺栓和紧固螺栓分别将各轴进行连接，把轴承座紧固在船体基座上。

轴系的校中安装顺序有两种，一种是船的艉轴与主机均已安装完毕，此时的中间轴及轴承须根据艉轴及主机的实际位置进行校中安装；另一种是在艉轴安装完毕后，自艉至艏逐节校中安装各中间轴及其轴承，主机在中间轴安装后，再进行校中定位安装。但不管哪种安装方法，在轴系校中过程中，都应力求使各轴及轴承的中心线同轴系的理论中心线相垂合，并在装配前测定两相连的中间轴端法兰间的曲折值和偏移值，均应在所允许的范围内。

在轴系校中过程中，要求具备与确定轴系理论中心时同样的施工条件。要避免撞击、敲打、振动等作业。船下水后，应均衡压载船体，使船处于没有变形的状态。校中前，各轴承的基座的支承表面已按要求拂平，以及各连接法兰之间应具有 0.5 ~ 1.0 mm 的轴向间隙等准备工作。

下面介绍轴系按允许负荷原理进行校中的两种具体方法。

一、计算校中法

轴系的轴线是由各轴承的位置来决定的。各轴承孔中心的连线就代表了轴系的中心线。在布置轴承时，对其在垂直方向和水平方向的位置要细心确定。对于中小型船舶，其轴系中心线可按直线布置(上述讲到的平轴法和光学仪器法校中技术)来进行。但对于螺旋桨较重的大型船舶，为了减少其对轴承的影响，使各档轴承的负荷分配比较均匀，要对轴线常采用曲线安装来布置。这时轴承的位置就要根据计算结果来确定。

轴系中各段轴的中心不校中状态下，而出现较大的偏移和曲折所产生附加负荷时，该负荷的大小不仅与偏移值、曲折值的大小相关，而且和轴系的结构尺寸有关。图 5 - 1 所示为没有校中的两轴在连接后的受力情况。

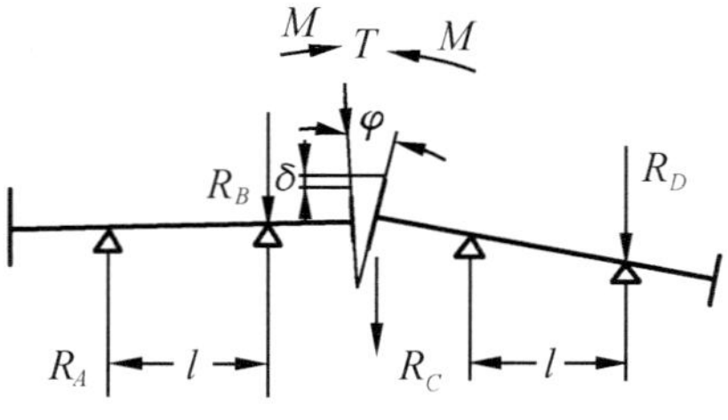

图 5 - 1　在有偏移和曲折情况下中间轴受力情况

图中的 T 和 M 分别表示连接后法兰上产生的拉力和弯矩。由于 T 和 M 的作用。在各轴承上产生反作用 R。即为额外加在轴承上的附加负荷。我们可以通过计算轴承所承受的附加负荷的允许值来确定轴系法兰校中对偏移和曲折公差范围。这个公差范围就是轴系校中的标准。

对于长轴系,其计算公式如下:

中间轴安装在两个轴承上时

$$|\varphi| + \frac{2000}{3L} \cdot |\delta| \leqslant \frac{2}{3}K$$

中间轴安装在一个轴承上时

$$|\varphi| + \frac{2000}{2L} \cdot |\delta| \leqslant \frac{1}{3}K$$

式中　δ——偏移值(mm);

φ——曲折值(mm/m);

L——为轴系中跨距最小的两个相邻轴承之间的平均距离(cm),$L = \frac{L_{min}}{3}$(cm);

K——$3.74\ \frac{L^2}{10^5 d^2}$为轴系挠性系数;

d——中间轴直径(cm)。

在上述公式中,当 $\delta = 0$ 时,则 φ 为最大值;当 $\varphi = 0$ 时,则 δ 最大值。用一定的比例将 φ_{max} 和 δ_{max} 分别标注在横坐标轴 A 点和纵坐标轴 B 点。如图 5-2 所示,连接 A、B 两点,则三角形 AOB 所包括的面积就是该轴系的偏移和曲折的允许范围。也就是该轴系的安装标准。下面举例说明:

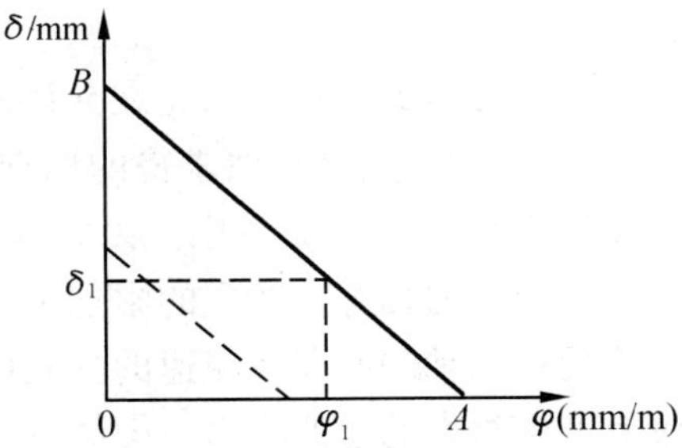

图 5-2　δ—φ 关系图

例　某轴系排列尺寸见图 5-3 所示:中间轴直径 $d = 32$ cm,轴承最小平均间距 $L = \frac{L_{min}}{3}$,$L = \frac{1257}{3} = 419$ cm。并已知每根中间轴由一个轴承支承,求 δ 和 φ 的值各为多少?

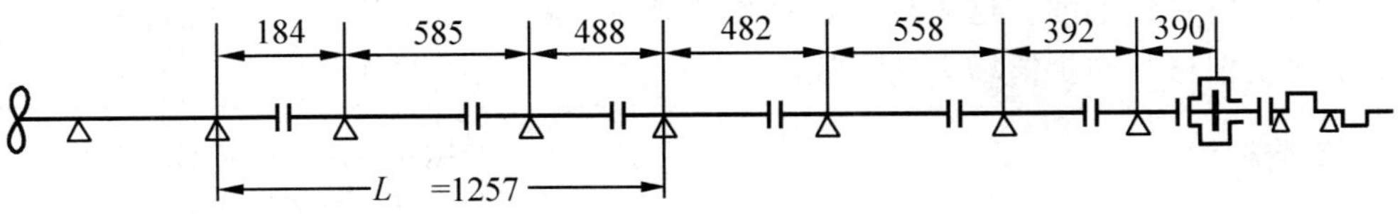

图 5-3　某轴系的排列尺寸

解:因为　$L = \frac{184 + 585 + 488}{3} = 419$ cm

$d = 32$ cm　$K = 3.74 \times \frac{L^3}{10^5 d^2}$

$$|\varphi|+\frac{2000}{2L}\cdot|\delta|\leqslant\frac{1}{3}K$$

所以 $\frac{1}{3}K=3.74\times10^{-5}\times\frac{(419)^3}{(32)^2}=0.9$

$$|\varphi|+\frac{2000}{2\times419}\cdot|\delta|\leqslant0.9$$

$$|\varphi|+1.59|\delta|\leqslant0.9$$

答:令 $\varphi=0$,则 $\delta=0.5$ mm,即每对法兰上无曲折时,允许最大偏移值为0.5 mm;

令 $\delta=0$,则:$\varphi\leqslant0.9$ mm/m,即每对法兰上无偏移时允许的最大曲折为0.9 mm/m。

将上述计算结果作 δ—φ 的关系图如图5-4所示。轴系校中时,法兰上同时存在偏移和曲折值,其允许值即在此图内。

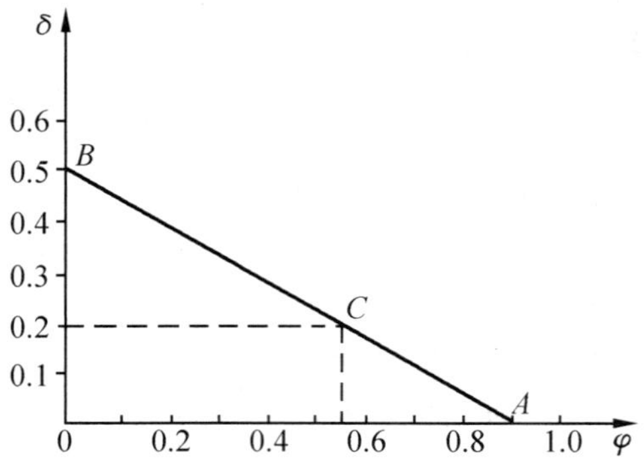

图5-4　某轴系 δ—φ 关系图

如某对法兰上的偏移植 δ 为0.2 mm,曲折值为0.5 mm,问:δ 和 φ 是否在允许范围内?

作:δ 轴0.2处作垂线,交 AB 线于 C 点,用 C 点向 φ 轴作垂线,交 φ 轴于0.56上,即:$\delta=0.2$ mm时,允许 $\varphi=0.56$ mm。

所以:$\varphi=0.5$ mm/m,是在允许的范围内。

这里要注意:计算法求得的标准不适于中间轴与曲轴或推力轴之间的法兰中。因为较大的曲折和偏移将使曲轴或推力轴等上产生的附加力矩,使曲轴曲臂距增大或使推力轴的工况及减速的齿轮啮合状况变坏,并曲轴上产生过大的弯曲应力。中间轴和曲轴,或中间轴和推力轴法兰间的偏移和曲折应限制在下列标准内:

$$\delta\leqslant+0.10\ \text{mm};\varphi\leqslant\pm0.15\ \text{mm/m}$$

上述计算标准只适用于轴系在船下水后校中。若在船台或船坞中校中时,应将允许标准缩小一半,如图5-2中虚线所包含的范围。这主要考虑在船下水后,船体的变形促使偏移和曲折值增大的缘故。

二、负荷校中法

(1)工艺概况

当轴系弯曲时,作用在轴系上的负荷除了设计负荷外,还有附加负荷。如果附加负荷超过一定限度,即超过轴承的承受能力,轴的正常工作将遭到破坏。假如在校中时,借助测力计对轴承所承受的负荷进行测定,使轴承上的实际负荷限制在允许范围内,并使各支承轴承

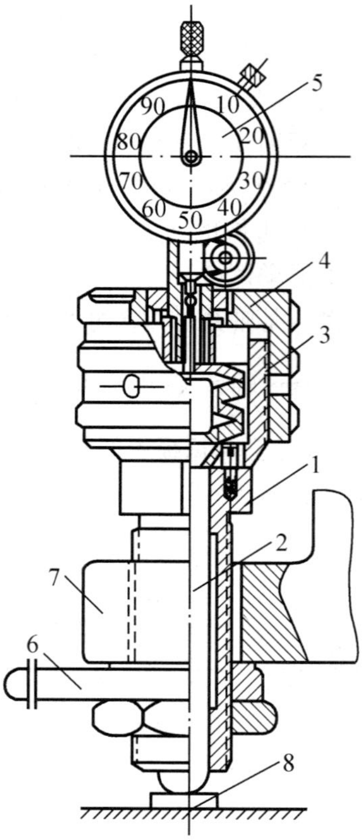

图5-5　测力计

1—壳体;2—顶杆;3—碟状弹簧组;4—盖;5—千分表;6—测力计扳手;7—中间轴承支脚;8—顶杆垫片

的负荷均匀分布,那就能确保轴承的正常工作。这种按轴承的实际负荷校中的方法,又叫负荷校中法或测力校中法。

负荷校中必须在艉轴和主机安装结束后进行。这种方法适用于长轴系的校中。

(2)负荷法校中轴系的基本内容

根据安装完毕的艉轴与主机为基准,先粗略地进行校中,然后将艉轴、中间轴、推力轴和主机输出轴等各处法兰,用螺栓全部连接起来,在中间轴承对角的两只螺孔中装上两只测力计(如图 5-4 所示),另外两个对角孔装上两只顶压螺栓。

同时调整各中间轴承的位置,使每个中间轴承左右两个测力计所承受的负荷相等。艉轴前端的抬高量和主机曲轴尾道臂距差应均在所规定范围内,记录实际负荷并做好编号,以使校核在标准范围内。如符合标准,则整个测力就告完成,这时轴承位置即为安装位置。

(3)中间轴承实际负荷的计算及验收标准

根据测力计测出的轴承负荷记录,可用下列公式算出:

其垂直方向上的实际负荷是

$$G = G_{左} + G_{右} - q$$

式中 $G_{左}$——轴承上左侧力计承受的负荷;

$G_{右}$——轴承上右侧力计承受的负荷;

q——轴承自身重量。

其水平方方向上的实际负荷是

$$G' = \frac{|G_{左} - G_{右}| \cdot C}{2h}$$

式中 C——左右两测力计之间距离;

h——轴颈中心至轴承座上平面的距离。

按规定,中间轴承上的允许实际负荷标准为:

在垂直方向上标准是

$$0.5P \leqslant G \leqslant 1.5P$$

在水平方向上标准是

$$|G| \leqslant 0.5P$$

式中 P——中间轴承上的平均设计负荷,即 $P = \frac{Q}{n}$;

n——中间轴承数。

上述轴承允许的负荷值是船舶在水上时测得的标准。如在船台上或船坞内测力法之允许的标准为:

在垂直方向上是

$$0.75P \leqslant G \leqslant 1.25P$$

在水平方向上是

$$|G'| \leqslant 0.25P$$

(4)负荷法校中轴承的工艺过程

在校中测力之前,应做妥各项准备:轴承的基座上固定垫片平面应事先磨削好,并保持向外 1:20 的斜度。调整轴承将各轴的法兰,大致控制其偏移量在 0.10 mm 之内,曲折量在 0.15 mm/m 之内,并左右均等。将各轴分别用配制的连接螺栓加以贯联,并拆除临时支承,设法用轴承盖抱紧相应的轴颈。在艉轴法兰外圆装置一只千分表，以测量校中时艉轴的抬高量；做好测力计的“负荷—变形”试验，以校核测量数据的准确性。计算轴承额定负荷，根据“负荷—变形”曲线换算出各测力计的变形数值。在各轴承座的螺孔按对角方向安置测力时和顶压螺栓（见图 5 –6 所示）。

测力时，为使各测力负荷基本上同时达到额定值，并防止个别测力计因超载而损坏，要有统一操作过程如下：

①将测力计上的千分表指针调至零位，使测力计准备承受负荷。

②均匀地旋松各轴承的顶压螺栓，使测力计逐渐承受负荷，使轴承支承在测力计上。

③然后旋紧各顶压螺栓，卸去各测力计的负荷，并观察千分表读数是否返回到零位。

④重复上述之操作 1 ~2 次，检查测力计在完全承载时其读数是否基本一致，卸载后千分表读数回到零位。若一个轴承上的两个测力计负荷读数各异，应将左右两测力计调整大致相等为止。

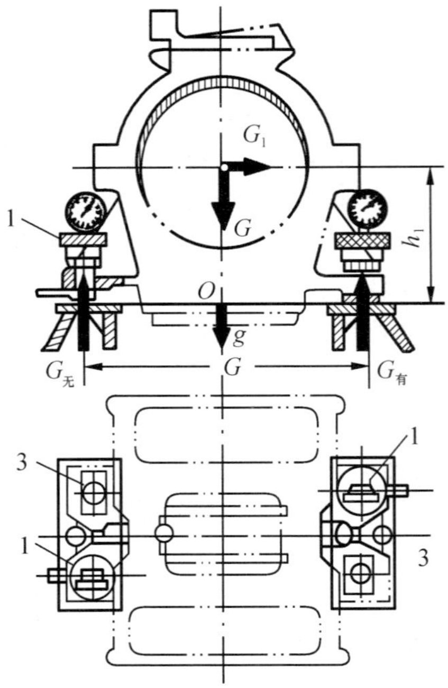

图 5 –6　测力计在中间轴承上的安装位置

1—测力计；2—衬垫；3—顶压螺栓

⑤上述各项做完，再缓慢均匀旋松各顶压螺栓，使测力计承受负荷为止。

⑥调整测力计的负荷至额定值。如有不符，应查明原因，排除故障后重新测力。

⑦校核后，将各压螺栓旋至与轴承基座相接触，不准使测力计上千分表读数变动。

⑧检查安置在艉轴法兰上千分表的读数，视其艉轴前端的抬高量是否符合规定。

⑨用塞尺检查推力轴轴颈与其轴承之间，是否有脱离。并测量主机曲轴尾端的臂距差值不应超差。

⑩以中间轴承的实际负荷，计算推力轴承及艉轴前轴承的附加负荷。如两者均未超过允许范围，测力法校中轴系工作即告完成。

测力合格即可测量轴承座顶压螺栓处的活动垫片的加工厚度。活动垫片安装到位后，允许测力计承受少许负荷。然后调节测力计使其卸去负荷，让负荷由配制的活动垫片来承受（贴合面质量须保证）。检查后，再次使测力计承受的负荷额定值，将活动垫片检验提交合格后再次放到原位，拆下测力计，并配制测力计处的另两块活动垫片，方法同上，但要保证前后各配制的活动垫片受力要均等。待以上工作完毕，即可进行同钻、铰螺旋孔，配制定位螺钉将各中间轴承的位置固定。

至此，轴系的校中和安装固定工作结束。

三、激光技术在确定轴系理论中心线中的应用

激光具有高度的方向性（激光束的发散角很小）和很好的单色性（即波长范围很窄，一般小于几个埃，1 埃 $=10^{-8}$ cm）。具有主连续波的气体激光器能使一个高强度的光束射到很远的地方，因而，把激光用于准直技术上能得到较高的精度。

目前,应用于确定轴系理论中心线工艺上的激光仪器。主要有激光准直仪和激光经纬仪。其基本结构一般由相应的光学仪器加上激光发生器组成。但它具有一般的光学仪器工作距离大、效率高,测量时直观性强(有可见光束射出)、不受人为因素的影响等特点。

激光准直仪由激光电源、激光发生器、望远镜、波带片光电接收靶等组成。其原理如图5-7所示。

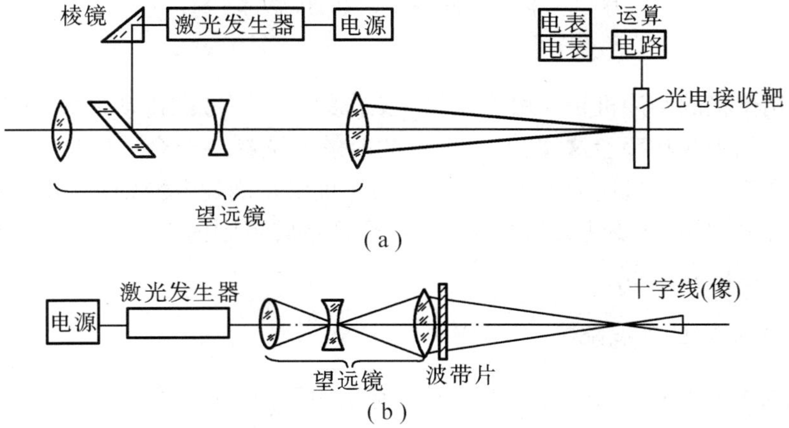

图5-7　激光准值仪原理图

(a)激光导向准直原理;(b)激光衍射准直原理

激光经纬仪光学系统原理如图5-8所示。

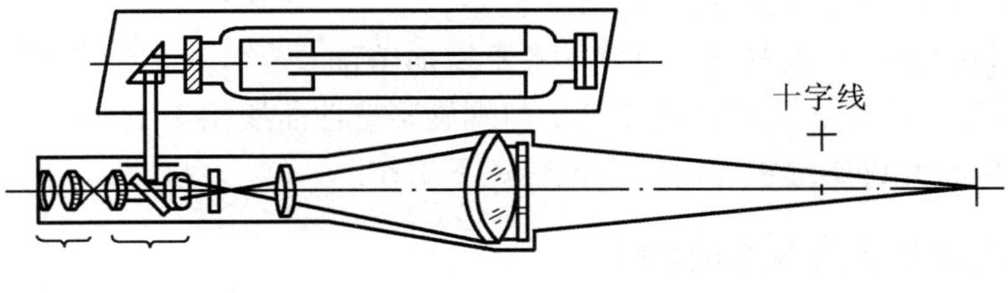

图5-8　激光经纬仪光学系统原理图

激光发生器一般采用氦-氖激光器。它发射激光的波长为0.632 8 μm,呈橘红色,白天能清楚可见。它输出的光束基本上为平行光束,像一条红线在空间通过,射在物体上就显示出一个小点。如果在望远镜前面加上波带片,则在调定的焦距上将出现一个红色十字亮线(如激光衍射准直仪和激光经纬仪)。

用激光仪器确定轴系理论中心线时,在艏艉基点位置装上两只光电接收靶,使靶中心落在基准点上。而激光仪器在艉基准接收靶后面。先大致对准接收靶,再启动激光器,发出激光束后,再以两只接收靶上的电表所指示的读数来调整仪器的位置,直到两电表读数为零,或激光十字线与基准靶十字线重合,以光束中心线所代表的即为轴系理论中心线。然后据此进行各项检查工作,划出基准圆线。激光经纬仪由于同时具有光学经纬仪的性能，所以工作起来更为准确。它可先转动光速，不让激光束进入望远镜，用望光法将激光经纬仪固定后，再让激光束投射出去，经调焦后可在不同位置的光靶上形成红色十字线，最后进行各项检查和画线工作。

由于激光束的亮度大，白天和黑夜均可工作，因此效率、精度很高。

第二节　螺旋桨与主机的配合

作为船用主机的柴油机是与螺旋桨配合工作的。如不考虑传动损失，主机发出的功率就等于螺旋桨的吸收功率。这样，对一既定的船舶要选择一个合适的螺旋桨，同时要考虑有一与这相适应的柴油机作为主机。柴油机与螺旋桨正确配合原则是：既要柴油机的功率范围得到充分的利用，又要使柴油机的功率在全部运转范围内都不会超出允许值。以下叙述一下它们之间配合关系。

一、以主机标定的工况配桨

如果根据主机的标定功率 P_b 和标定转速 n_b 来选配螺旋桨，使所选螺旋桨特性曲线与柴油机全负荷速度特性线 2 相交于标定点 a（图 5－10 所示），柴油机在 a 点能平稳运转，螺旋桨完全吸收柴油机所发出全部功率，称之为以主机标定工况配桨。

当柴油机在低于 n_b 转速下运转时，需要减小供油量，柴油机在速度特性线 1 上工作，见图中 b 点。当柴油机低速带动螺旋桨运转，做功能力很低，其热效率也差。

如果柴油机在高于 n_b 的转速下工作，需要增加柴油机每循环的供油量。图中超负荷速度特性 3 与螺旋桨特性曲线相交于 c 点。此时柴油机处于超负荷状态，但只允许柴油机短时间在该转速下工作。

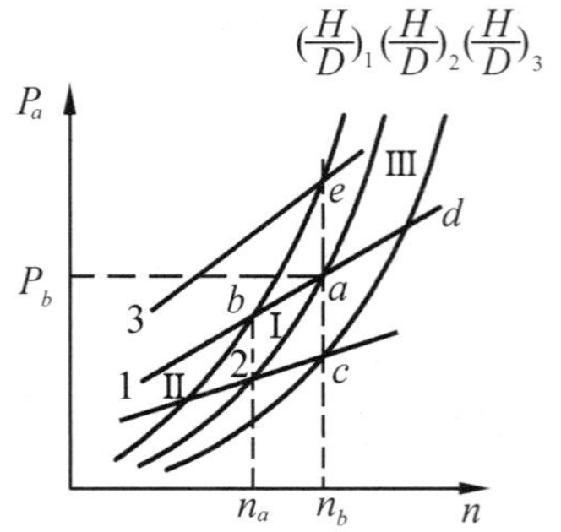

图 5－9　不同螺距比的螺旋桨与柴油机配合

二、螺旋桨结构对机、桨配合的影响

螺旋桨的主要结构参数，是直径 D 或螺距比 H/D 的不同，螺旋桨特性也不同。图 5－9 示出了在不同螺距比的螺旋桨特性曲线（在此可认为也即等于柴油机和推进特性）。

在图中，曲线Ⅰ为 $(H/D)_1$ 的桨特性曲线，它与全负荷特性曲线 1 交于 a 点，此时柴油机在标定转速下运转，其功率完全被螺旋桨吸收。

如果曲线Ⅱ与全负荷特性曲线 1 交于 b 点，此时柴油机处于超负荷状态，说明螺旋桨配得“过重”。如果交于 d 点，说明螺旋桨配得“过轻”。螺旋桨配得“过轻”或“过重”都是不正确的。从而影响主机功率的发挥和可靠性。

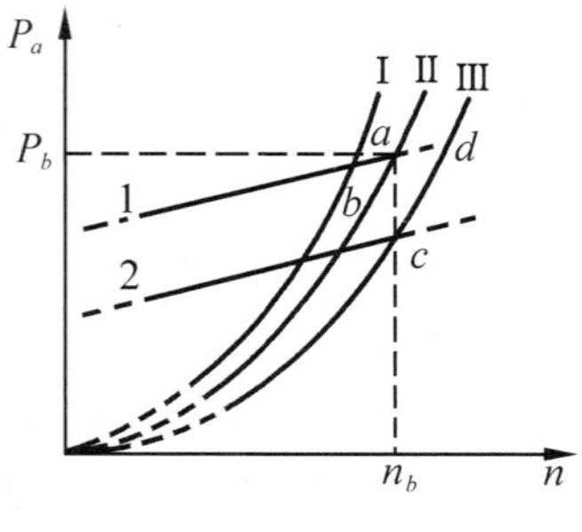

图 5－10　不同的 λ_p 对机桨配合的影响

螺旋桨另一个结构参数——直径 D，当螺距一定时选择 $D_{小}$、$D_{大}$ 同样会出现机桨过重或过轻现象。

三、船舶阻力对机、桨配合的影响

在船舶航行时，当船舶阻力增大（指重载、污底、逆风、顶水、浅水航道航行等）和船舶状态改变（导泊、起航、转向、倒航等）时，会使螺旋桨特性曲线变陡。由于上述的外界阻力增大，使柴油机运转在大转矩和低转速工况下，其热负荷更高，对主机的可靠性影响极大。

四、选配螺旋桨时的功率储备

船舶柴油机经长期使用逐渐变旧，可造成其最大输出功率的降低。所以，往往都是在低于柴油机标定功率以下来选配螺旋桨的。也就是说，在机、桨选配时要留有一定的功率，使柴油机在各种条件下运转不会产生超负荷问题。对于现代船用柴油机，由于其增压程度高，而超负荷能力降低，这种考虑尤为重要。

功率储备的大小与采用的主机机型、船型、船的用途、船的航区等因素有关，一般由船厂和船东具体商定（造机厂对柴油机的配浆应用做出推荐）。图 5－11示出一种功率储备确定的方案。根据此方案可知，功率储备可分为以下两部分。

1. 柴油机工作储备

为确保柴油机安全可靠地工作，延长维修间隔时间和使用寿命，其使用的持续功率比图中的标定功率（MCR）要低。两者的差值约为 10% MCR。

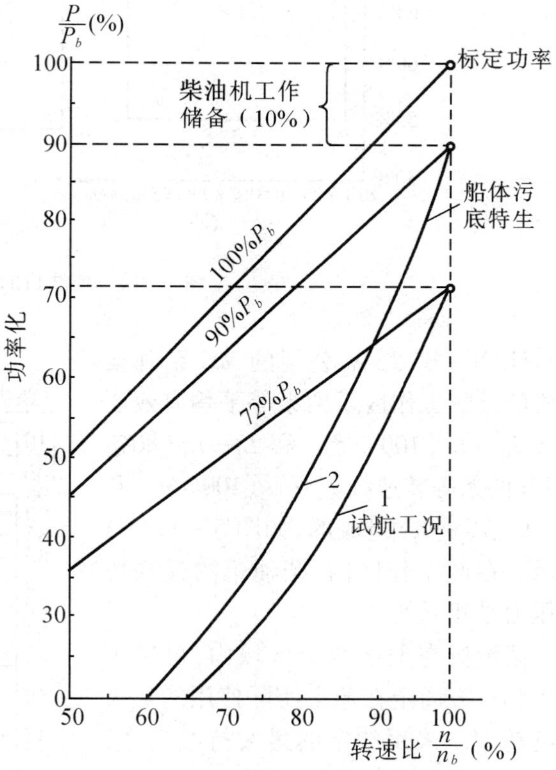

图 5－11　功率储备

2. 船体工作储备

由于外界影响对船体阻力增大，为不使柴油机超负荷运转，要求柴油机进一步降低功率使用。在图中船体工作储备约为 18% MCR。螺旋桨特性曲线将在图中的 1 和 2 线之间变化。

五、柴油机与螺旋桨的匹配

为扩大柴油机的使用范围和能源的节省，并给螺旋桨的配置提供较大的灵活性，近年来，MAN－B.&.W 和 NSD 国外两家主要船用柴油机公司，都提供了柴油机的减额方案。

NDS 公司推出的“苏而寿”RTA 系列的方案是如图 5－12（a）所示，由 R_1，R_2，R_3，R_4 四个点连线所围成的减额工作区。其中 R_1 为柴油机 MCR 点（标定功率）。R_2 为 100% 标定转速与 55% 标定功率之交点，R_3 为 72% 标定转速与 100% 平均有效压力之交点，R_4 为 72%

标定转速与55%标定功率线的交点。

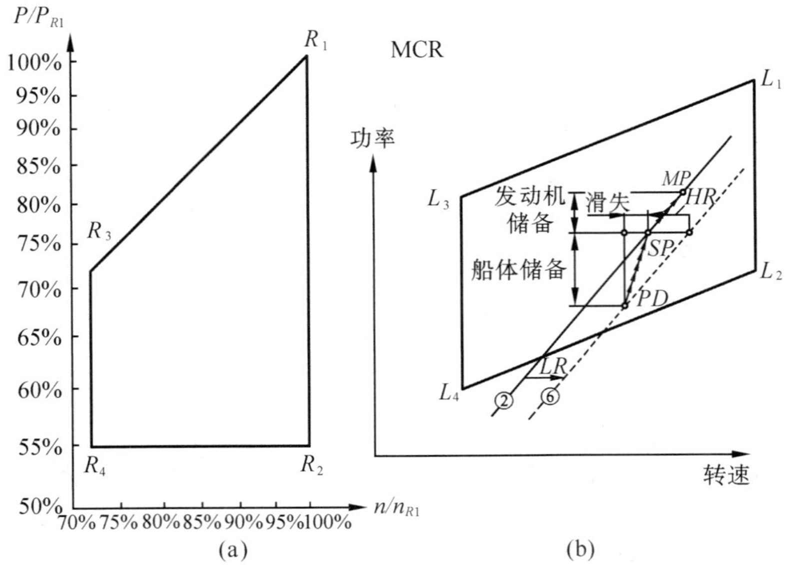

图 5－12　柴油机的减额工作区

MAN－B. &. W 公司的 MC 系列柴油机的减额工作区是两条等平均有效压力线 L_1—L_3（100% P_b）和 L_2—L_4（80% P_b）和两条等转速线 L_1—L_2（100% n_b）和 L_3—L_4（75% n_b）组成的，如图 5－12（b）所示。在此工作区内，柴油机的最高燃烧压力是相同的。

柴油机在上述两个区域内，可以由船东和厂方商定在船上实际使用的最大持续功率。采用约定的最大持续功率，实际上是在寻求船—机—桨三方面经济效益最佳的匹配。它反映了柴油机的燃油消耗率，给定船速所需的最小推进动力，船体形状和螺旋桨效率等综合问题。约定的最大持续功率的确定是由螺旋桨设计点和功率储备两方面来确定的。其中螺旋桨设计点是根据船舶所需的螺旋桨转速和功率通过理论计算和在水池试验得到的。下面可参见 MC 型柴油机和螺旋桨的配合情况图（图 5－13）。

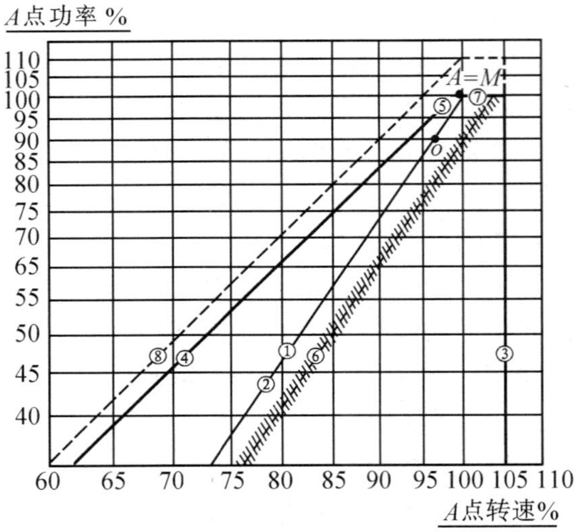

图 5－13　MC 型柴油机的负荷图

第三节　主机定位与轴系关系

主机是推进船舶的动力，它是通过轴系将其动力传给螺旋桨做功的，所以主机安装时与轴系安装工程的工艺和要求一起进行考虑。

近年来各船厂采用生产设计方案，广泛使用单元组装、预装工艺等新技术的应用，为此对主机定位安装与轴系装置的配合关系提出更高的要求。船用柴油机来作为船舶主机的安装，可以在船厂的船台（坞内）或在船下水后进行。选用哪一种方式，与各船厂所采用造船总体工艺有关，还与船厂起吊设备有密切关系。下面将主机定位安装与轴系有关的工艺技术要求和过程列出以供参考。

一、主机定位安装前的要求

现以 6RNA68M 型船用低速柴油机在 21 000 吨货船上安装为例。

1. 轴系理论中心线位置在船上具体作出确定，并经拉线、照光、中间轴长度（用样棒确定）决定，镗孔工作结束，主要轴系装置的部件向艉轴管压入，艉轴和中间轴、推力轴安装就绪。

2. 主机吊入机舱前，不论整体还是分散吊入机舱，机舱内各种主要设备、大型部件或机组单元都应吊装定位妥当。

3. 主机吊入机舱就位后，对船体工程要求是，自机舱的前隔舱壁之后，及自船底起至机舱顶部和舱室等所有焊装及火工校正工作都应结束。尤其对油船的锅炉舱、油泵舱内的工程亦得完工。

二、主机定位安装工艺的基本过程

1. 检查核对轴系装置中的艉轴前端法兰平面，艉尖舱前舱壁的距离，以便对主机的前后纵向位置作最后的肯定（下水前，该距离尺寸已向船方或客户提交认可过）。并将船舶调整或水平状态，使左右舷和艏、艉吃水线相等。

2. 根据轴系和主机装配图确定主机的中心线位置，按图所示具体机舱的肋位和主机机座垫片及底脚定位螺栓安装布置，决定并固定垫片位置线。并划出主机就位位置标记。用材料将推力轴和中间轴法兰包扎起来，以免碰撞。

3. 根据轴系定位时（包括各轴系装置轴承座的基座定位）所测得到的主机曲轴中心高度，估算出调整垫片的厚度（Δ 值）。

4. 按技术要求将主机整机或解体吊装两种工艺方法吊入机舱。这里介绍一种图解法工艺与工序，这种方法对流动性较大的新工人，只需简短讲解，就可了解安装工作的内容。吊装顺序的参见图 5－14 所示，仅供参考。

5. 调整主机的位置。并以主机推力轴输出端法兰相连接的中间轴，经确认后可作为主机定位根据。使它们两者之间的位移和曲折值符合轴系校中计算安装工艺图示要求。

6. 主机调整垫片相配工作结束，并核实记录主机曲轴臂距差值应符合要求范围之内。

7. 按主机固定螺栓布置图要求钻配其螺孔并按顺序上紧主机机座上的固定螺栓。

8. 反复多次测定主机推力轴与中间轴之间位移值和曲折值，其值应符合轴系校中计算的规定值以内。(如图 5－15 所示)。

9. 用量具测量检验主机最后气缸之曲轴的主轴颈与其主轴承之间的配合间隙，其间隙值应在要求范围之内，而且间隙分布必须正常。

10. 最后检测主机曲轴与轴系连接前后的臂距差值。其值不得超过主机生产厂的许可规定范围。

以上，如有超出技术要求的，可根据具体情况，在有关方面许可下作出适当的调整。但总的原则是，安装质量一定要保证。

主机定位用的调节工具之一，如图 5－16 所示。

当今造船已广泛应用主机、轴系的挠性理论，即以“轴系最佳校中”理论进行计算决定主机与轴系实际位置。主机定位是以计算值，即主机输出端(带推力轴的主机，即为该机推力轴的后端法兰)与其相连接的中间轴法兰之间相对位置(位移和曲折)而定，如图 5－17 所示。

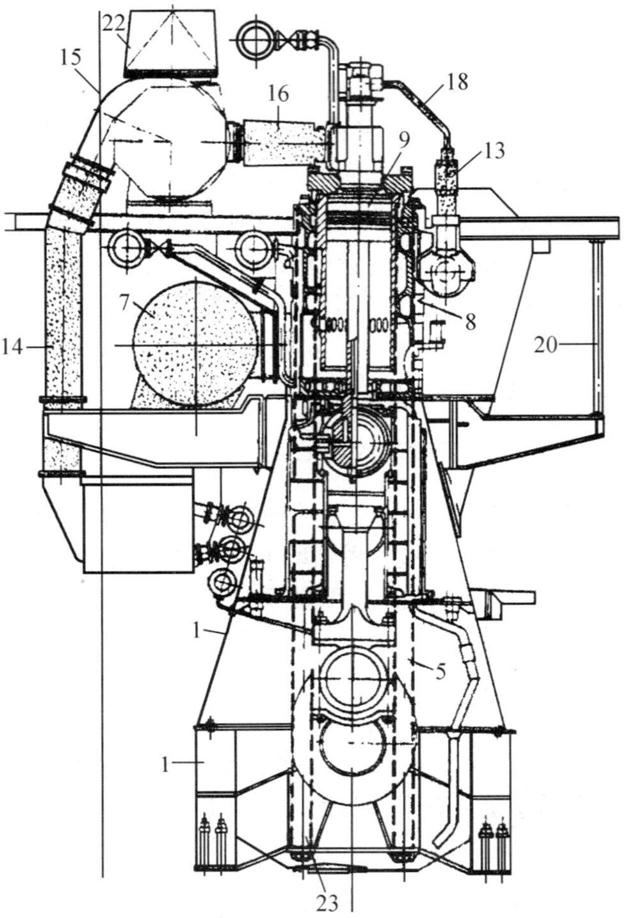

图 5－14　主机吊装程序图

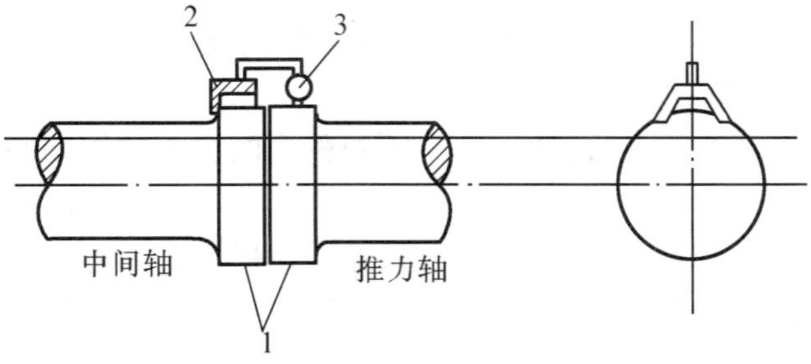

图 5－15　法兰位移测量

1—连接法兰；2—V 形测量架；3—测量表

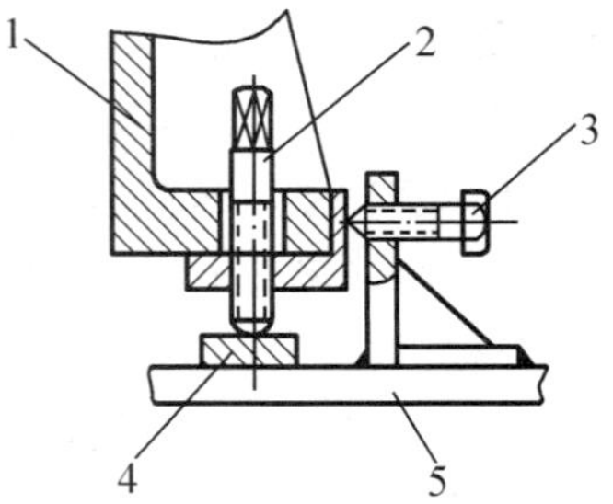

图 5－16　主机定位调节螺钉

图中的 Z,Y 数值可用量具来测定，测得的 Z 值表示其主机与轴系中心线的位移值；$(Y_{上}-Y_{下})$的值表示其主机与轴系中心线的曲折值。测量一般可用直尺和塞尺来测定。精度要求高的可采用百分表来测定，如图5－18所示。图中的百分表的支架，装在被测轴端的连接法兰上。测量量，一对连接法兰同时转动，即可在百分表上精确地读出两轴心线之间的偏移和曲折程度。上述方法同轴系校中法一样。

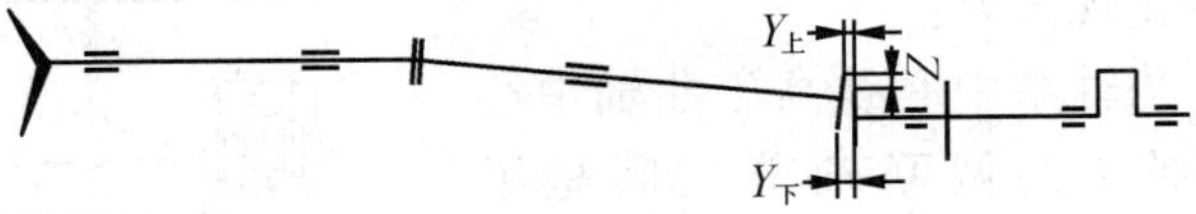

图5－17　轴系最佳校中定主机

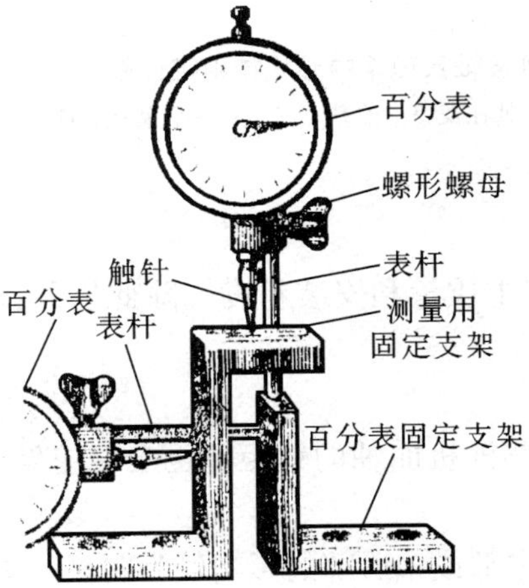

图5－18　百分表测量

上述主机定位两种工艺，都有其共同的技术要求：

1. 主机曲轴中心线的要求

在以往施工工艺中，提出主机曲轴中心线要比与其相连的中间轴中心线略高0.10 mm以上。这种方法的理论是考虑主机曲轴轴承磨损快而下沉，这样可减小对主机的修理费用和延长使用时间。但事实上通过传动轴系装置整体的受力计算，正由于曲轴中心抬高，反而增加了主轴承负荷，使其磨损更快，适得其反。

为此，主机曲轴中心线的位置最好能根据轴系校中的计算结果进行校中。

若未经计算的，要求主机可略低于轴系中心的校中允许偏差值可在0.05 mm以内；而两者连接法平面之间曲折值最大不可超过0.10mm/m，一般以下开口状态较为合理（见图所示）。而左右水平方向的位移和曲折值尽可能为零。在实际测定时，读数值允许有±0.01～0.02 mm的偏误。

2. 主机轴向位置的要求

主机的轴向位置在其基座定位检查时就已确定，而中间轴的长度此时也已肯定，主机位置就依照中间轴的前端法兰进行校中得到确定。

为便于主机与中间轴的校中，要求曲轴后端面与推力轴前端（或中间轴）留有1 mm的轴向间隙，以保证测量顺利进行和准确。

另外，主机曲轴与轴系连接前后的臂距差值，应符合主机制造厂的规定值范围之内。

3. 主机定位的工艺要求

主机的定位工艺可按刚性和挠性理论的两种方法来定位。

所谓刚性定位，即视船体、轴系、主机曲轴都是不变形的刚体。按此种理论定位主机时，过去通常按图5－19所示进行定位安装。由于这种工艺方法是将主机向船的艉轴管中心来校中的，因此调整主机位置时非常不便。目前此法除在修理旧船、新镗艉轴管安装孔时仍采用外，一般新船制造时多数采用是在艉轴管内装设准直仪来决定主机位置的。

三、主机曲轴臂距差值的测量

船用柴油机的曲轴与轴系（中间轴、艉轴、推力轴和螺旋桨）的连接，大都是采用刚性连接。若它们在连接前，上述两者之间已有曲折或偏差，这样通过联轴器（法兰）在连接后即会对曲轴的臂距差产生直接影响。其变化规律为：

当轴系中心线高于曲轴中心线，则它们两联轴节之间呈下开口。

当轴系中心线低于曲轴中心线，则它们两联轴节之间呈上开口。

分析影响柴油机曲轴臂距差值的变化因素，能有效地掌握其调整方法，从而采取相应措施，使轴系和曲轴长期处于良好状态，延长其寿命，提高船舶的安全性和可靠性。

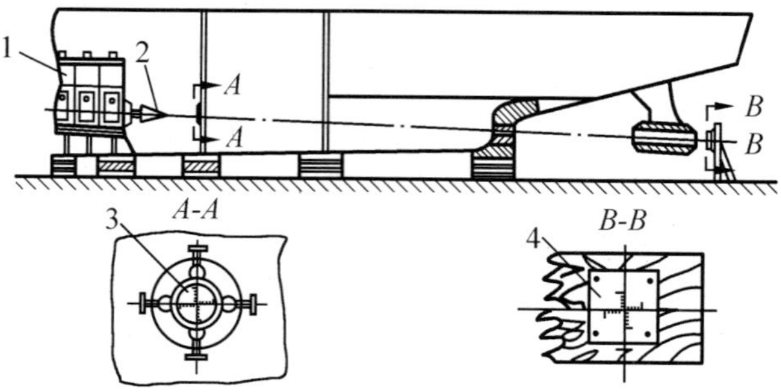

图 5－19　主机按轴系理论中心线校中定位图

1—主机；**2**—准值仪及其托架；**3**—前基点光靶；**4**—后基点光靶

影响柴油机曲轴臂距差值的变化，主要是轴系的校中质量和安装精度。除此以外，还有其他因素：

①船体变形的影响

船舶在各种装载情况下，船体会出现相应的变形，柴油机曲轴的臂距差也会相应发生一些变化；

采用大型低速柴油机作为主机的船舶，机舱在船体中部或中后部的影响较为明显；

船体的变化情况是：在重载情况下，整个船体呈上弯曲，柴油机机座也相应产生类似变形，这种变形使曲轴中部出现较大的负值臂距差，或正值减小负值增加的趋势；

艉机型的船体影响小，但规律相似。现大多新制货轮均采用此船型；

一般以大型低速柴油机为主机的船舶，从空载到满载的曲轴臂距差值，中机型船舶为 0.10 ~ 0.25 mm；

空载到满载时的臂距差变化较大（正值减小或由正值变为负值），因此，在分析和调整其臂距差时，必须与船舶装载情况对照考虑。

②主轴承不均匀磨损的影响

各种型号的柴油机有各自的磨损规律，在分析时应予以注意。

曲轴在运行中，由于各缸功率不一，润滑不良和安装质量不尽完善等原因会造成各主轴承磨损不一，使主机与轴系中心线偏移，因而发生曲轴的挠曲，其臂距差也随之变化。主轴承的不均匀磨损，一般在靠近推力轴或飞轮端的主轴承磨损较快和较大。

③船舶装载状况、海况及柴油机热冷状态等，以及柴油机机座的垫铁和支撑的安装质量和飞轮重量等均会使曲轴的臂距差值发生变化。

综上所述之，现代造船技术中，在主机与轴系连接安装时，十分重视臂距差值的研究与分析，从而达到良好的装配质量。

（一）曲轴臂距差值的测量

臂距差（甩挡差）是反映柴油机曲轴的曲柄销在上、下、左、右位置时，曲柄臂间的一定距离变化的差值；它也反映了曲轴在柴油机上弹性弯曲变形的程度。

柴油机曲轴是一个结构复杂且刚性很差的部件。它被支承在主轴承上，并在其中受力运转。

当柴油机各主轴承的中心线存在着不同心的情况时，曲轴将随主轴承高低而产生弹性弯曲变形，所以，各主轴承中心的位置，会直接影响曲轴中心线的状态。测量调节曲轴臂距差值的目的就是通过臂距差值来调整各主轴承上、下、左、右的位置，从而把曲轴中心线达到规定范围内，以保证船舶柴油机的安全运转。

曲轴的臂距差的测量是用专用的百分表进行的。

安装臂距差的测量百分表的位置，一般规定在 $1/2(S+D)$ 处，S 为活塞行程，D 为主轴颈直径。有的柴油机除注明规定的臂距差值外，还在有关技术文件和说明书中，指出测量点的部位。

在需要检测曲轴臂距差值的柴油机中，一般都在曲轴臂的内侧预先加工好臂距差的测量冲孔。见图 5－20 所示。

测量臂距差的具体方法有两种：

一种是在无活塞连杆组件的情况下，可在曲柄销在下死点时装妥专用百分表，作为测量的始点。为了读数与计数方便，应将始点时百分表的读数拨到零位。接着盘动曲轴，使曲轴曲臂销分别停于 90°（中左）、180°（上死点）和 270°（左右）位置，测量这四个位置的臂距差值，并记录好。（见 5－20 右图所示。）

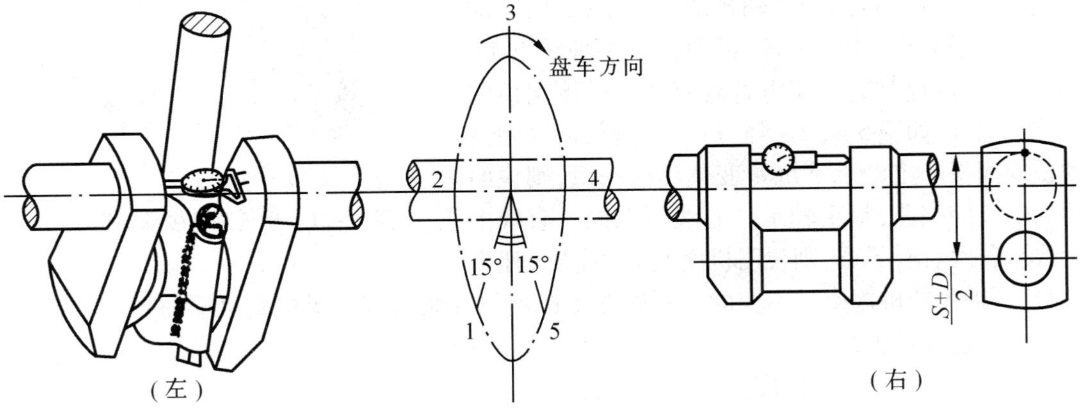

图 5－20　臂距差值的测量位置图

表 5－1　"大"字形臂距差值记录表

缸号 / 机型	1	2	3	4	5	6
	左　右					

另一种是在安装好活塞连杆组件的情况下，因曲臂销在下死点时受连杆的阻碍，一般在曲臂销处于下死点前某个位置进行测量。图 5－19 左图所示，可在曲臂销在下死点后约 15°～20°的位置装妥百分表，同样将表的指针调拨到零位，作为测量该缸臂距差的始点 1。

然后以正车方向盘动曲轴至中左点 2、上死点 3、中右点 4 和下死点前约 15° ~20°(以不碰到连杆为准)的点 5,并分别将记录百分表的读数填于表 5 - 1 中。

曲轴臂距差值的计算方法是:设当曲轴销在上死点时测得的臂距差值为 L_1,下死点的臂距差值为 L_3、L_4 的平均值,中左、中右点时的臂距差值为 L_2、L_5。

上、下死点的臂距差值 Δ 按下列式子计算

$$\Delta = L_1 - \frac{L_3 + L_4}{2}$$

左、右中点的臂距差值 Δ 按下列式子计算

$$\Delta = L_2 - L_3$$

船厂常用将臂距差值 Δ 若 >0 时,则规定其值为正(t)值,说明曲轴中心线下垂,曲臂在上死点呈张开状态;臂距差值 Δ 若 <0 时,则反之。

(二)曲轴臂距差的调整

由于臂距差的概念是在前述两个假定下分析与测算的,它只能反映出各个主轴承不在一直线上,而不能全面地反映出引起臂距差的其他因素。为此,应对第二假定作实际的分析和测定,其方法如图 5 - 21 所示。用桥规测量主轴颈的下沉量,其值 a 应与出厂记录一致;如不相等,说明该道主轴承下沉。为了便于分析和调整,应将臂距差和桥规测定值绘制综合图线,如图 5 - 22。经分析,若测得的臂距差和桥规测得的主轴承下沉量变化趋向一致,则说明曲轴轴线的挠曲,是主轴承中心线不在同一直线上所致。若两者有矛盾,则说明机座变形,因为机座变形时,各轴颈的桥规值是不变的。所以在主机定位安装时首先要检查机座的平直度,以及与基座的接合是否紧密。

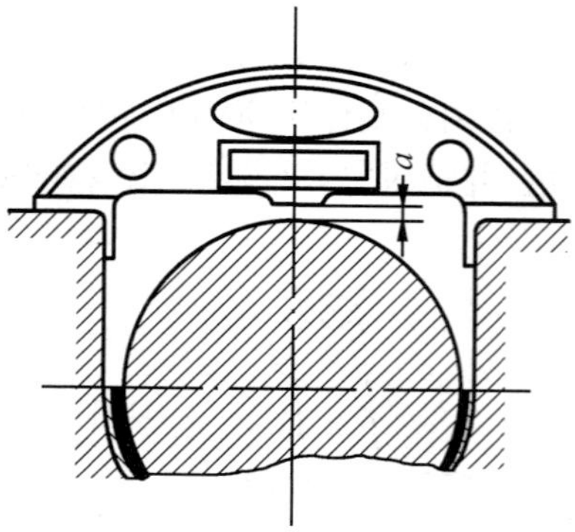

图 5 - 21　桥规测量轴承下沉量

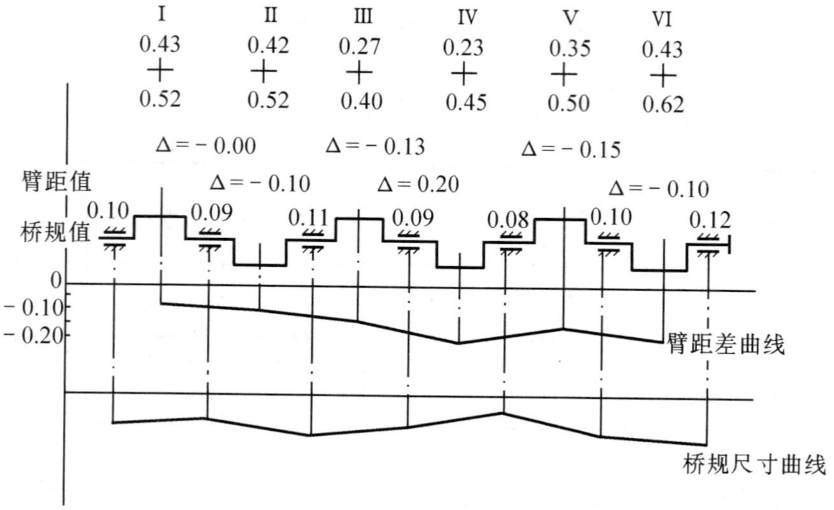

图 5 - 22　曲轴臂距差和桥规组曲线图

如认为主机主轴承因机座变形而偏移，就得将该主轴承下及其邻近其座下调整垫片的厚度进行调整，使曲轴臂距差达到规定值以内。在主机安装过程中，则只要调整该处的油压千斤顶及其相邻的楔形可调垫片的就可实现。

（三）曲轴臂距差的最大绝对值计算

臂距差的绝对值通常由主机生产厂规定，或按图5－23查得。

Ⅰ线左方表示安装良好；Ⅱ线左方表示安装合格；Ⅲ线左方表示航行中许可值，并建议要重新安装；Ⅲ线右方表示不合格，必须重新安装。测距表安装位置见表中所示。

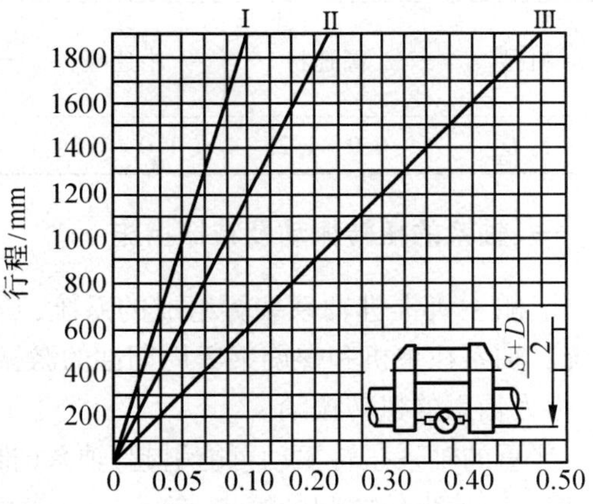

图5－23　臂距差（mm）图

第四节　轴系振动原因与减振措施

动力装置是船舶的主要振动与噪声源。其中包括轴系的扭振、横纵向振动和噪声。

船舶的推进轴系，在船舶航行的运转中会遇到各种的冲击和周期性的激振力（或力矩）的作用。

对于柴油机作为主机动力装置，主要有以下几种激振力：

（1）柴油机气缸内的气体压力、活塞连杆曲柄机构等运动部件的惯性力与重力，所产生的作用在曲轴、曲柄销上的交变切向力和径向力；

（2）螺旋桨做功时，在其径向和周向的不均匀三维伴流场中，所受到的交变纵向和横向推力和力矩；

（3）轴系部件运转时所产生的激振力和力矩。

由于以上这些激振力和力矩的存在，再加上船舶航行中受到风、浪等外力作用造成船体摆动和振动，都会将导致船舶轴系产生扭转振动、纵向振动和回旋（横向）振动，造成对轴系的损坏或影响船舶的正常航行。

现代船用大型二冲程柴油机多采用长冲程或超长冲程形式。为了维护其较长的寿命和适当的V_m（活塞平均速度），均选用较低的转速。如标定转速低于100 r/min，甚至仅为60 r/min～70r/min的。这对提高螺旋桨的推进效率是有利的。但是，活塞行程（S）与气缸直径（D）之比增大的话，运转时轴系的纵振及扭振固有频率降低，容易产生不允许的纵振和扭振，这对轴系装置和主机来说均是不利的或有影响的。

船用柴油机的S/D值范围，见下表5－2所示。

表 5－2　各种机型的 S/D 值

机型	高速机	中速机	低速机		
			弯流	直流	长(超长冲程)
S/D	0.9～1.25	1.0～1.8	1.71～2.05	1.88～2.26	2.42～4.20

一、轴系的扭转振动及减振措施

船舶主机推进轴系装置组成的系统，是一个既有扭转弹性，又有回转质量的扭转振动系统。轴系在主机和螺旋桨等周期性的激振力矩作用下，所产生的周向交变运动及相应变形，称为轴系的扭转振动。

严重的轴系扭转振动可能引起：轴系（推力轴、中间轴和艉轴等）与主机曲轴的裂纹、断裂；传动减速齿轮之间的撞击、轮齿啮合表面的点蚀及断齿；联轴器连接螺栓切断；主机及轴系磨损、发热及轴承烧毁并产生船体激烈振动的现象发生和噪声加剧。

按我国的《钢质海船入级和建造规范》之规定，要求对额定功率大于 220 kW（300 马力）的主机推进装置要作扭转计算并提交审查。

《规范》还要求对扭转振动必须进行实船测量。若计算和测试的扭转应力超过《规范》之规定的许用应力时，不得使用或必须采取避振和减振的措施加以补救。

（一）轴系扭转振动的特性

主机（下面以柴油机动力为例）推进轴系装置通常由曲轴及相连的活塞连杆机构、推力轴、飞轮、中间轴、艉轴及螺旋桨等组成。如图 5－24 所示。这是一个非常复杂的扭振系统，轴系的各组成部分既有转动惯量，又有扭转弹性。

为了便于研究分析，通常把柴油机及轴系，转化为若干个有柔度而无转动惯量的轴段，和互相连接的有转动惯量而无柔度的集中质量组成的扭转系统。这种系统称为柴油机及其轴系的当量扭转系统。并可根据轴系的尺寸、材料、结构形状等因素计算结果，绘制出轴系当量系统图。绘图时，轴的柔度越大，将轴画得越长；转动惯量越大时，则将质量画得越大或离轴线越远。

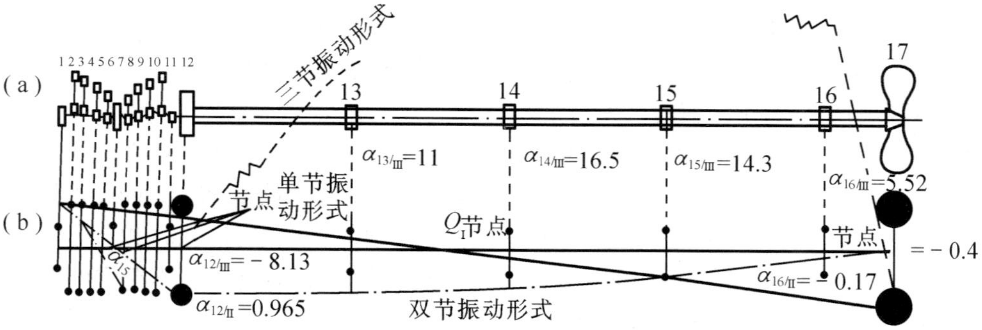

图 5－24　推进轴系的当量扭转系统图

由图 5－24 所示可知，该图是将由八缸柴油机的推进轴系，转化为一个用 17 个集中质量与 16 个轴段所组成当量扭转系统。（b）图为（a）图所示的力学简化模型。图中 1 为减振器，转动质量集中于曲的左端。图中 2～5、7～10 各缸的曲柄、连杆、活塞的运动质量转换或回转质量集中于轴柄轴段的中点。链轮6、推力环11、飞轮12均转换为集中质量，转动惯量集中在轴的中点。中间轴的转动惯量平分于轴的两端，即图中13～16间。17为螺旋桨，转动惯量集中轴的艉端。以上由此组成了一个多质量、多轴段的当量扭转系统。

轴系在运转时，它所连接的主机曲轴和螺旋桨上作用着周期性变化的外力矩。这些外力矩来自气缸内的燃气压力、活塞连杆机构的往复惯性力与重力和螺旋桨所受到水阻力等。以上作用所产生的扭转振动称为强制扭转振动。

现代船用大型低速柴油机发展的一个显著特点是，采用少缸数（小于6缸）和长行程机。由于单缸功率大且缸数少，使得其输出扭矩更加不均匀，使激振力矩增加，加上长行程使转动惯量增加，轴系的自振频率降低而引发扭振共振。由于柴油机回转不均匀，必然引起螺旋桨推力不均匀，易激发轴系的纵振和船体振动。

综上所述，必须采取相应的减振措施，以减少轴系的扭振应力。

（二）轴系扭振的减振措施

船舶轴系在传递回转力矩的同时，发生扭振振动的现象是不可避免的。由此产生在轴系范围内的扭振附加应力，如果此附加应力不超过有关规定的许用应力，则该轴系可以安全运转、小的扭转振动无碍，不需采取任何措施。如果此附加应力值超过许用应力（通常会发生共振时），则要按规定应采取相应有效的措施予以预防和减振。减振的设备介绍见图5－25、5－26所示。

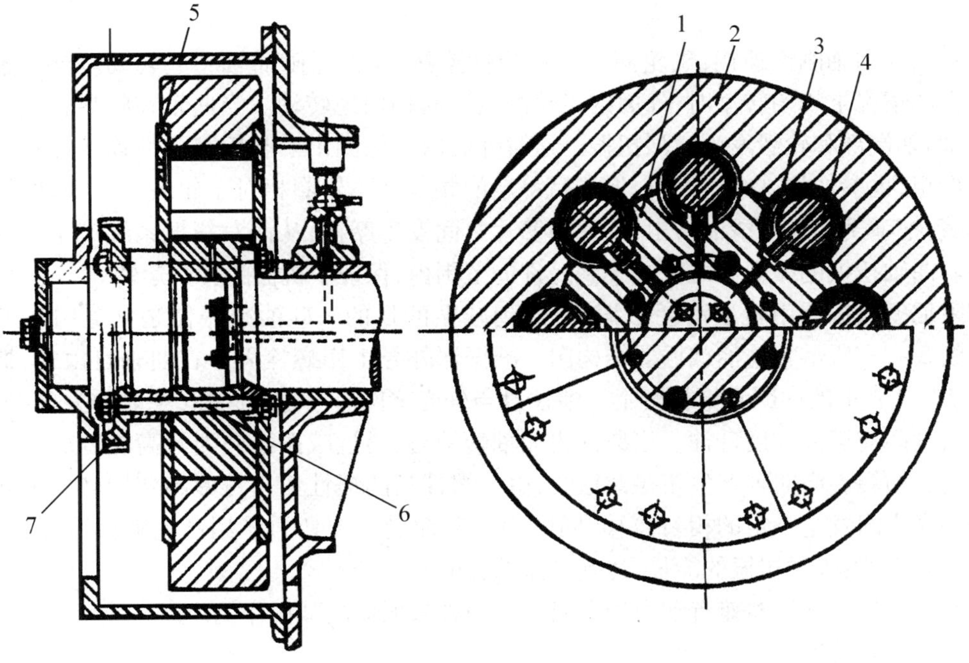

图5－25 套筒弹簧式减振器图

1—轮毂；2—飞轮圈；3—套筒弹簧；4—限制销；5—盖板；6—螺栓；7—齿轮

另外，当轴系发生强烈的扭转振动时，应迅速降低主机的转速，以远离“转离禁区”处的运行，直至扭振减轻或消失为止。同时应尽快分析和判明发生扭振的原因，以便采取纠正措施。

（三）轴系扭振的减振设备介绍

1. 减振器

图 5 - 25 是一种常见的套筒弹簧式减振器。减振器安装在曲轴自由端的法兰上。它由轮毂 1、飞轮圈 2、套筒弹簧 3、随制销 4 和盖板 5 组成。轮毂用 4 个配合螺栓和 4 个普通螺栓 6 紧固到法兰上。首端齿轮 7 与轮毂紧固在一起用来传动辅助装置。飞轮圈滑动地配合在轮毂上的套筒弹簧装在套筒弹簧座孔中。套筒弹簧座孔一半在轮毂中，一半在飞轮圈中。套筒弹簧有 8 组，每组由多层筒形卷簧组成。限制销的突出部分装在轮毂的槽里。限制销限制了飞轮圈与轮毂的相对运动，保护套筒弹簧避免受到过大的应力，并防止套筒弹簧在座孔中转动。盖板用螺栓装在飞轮圈的两侧。使飞轮圈轴向定位并防止套筒弹簧和限制销脱出。

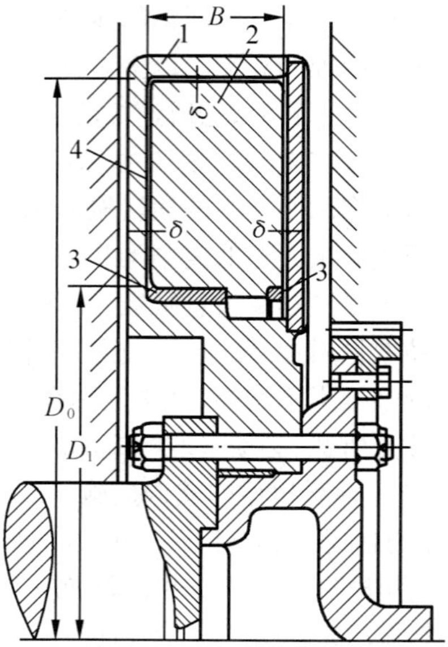

图 5 - 26　硅油减振器图

1—外壳；2—惯性盘；3—青铜衬套；4—硅油

减振器与柴油机的滑油系统接通，在运转时其中充满滑油。滑油通过一个节流孔从曲轴的钻孔流入减振器，再通过轮毂的径向钻孔流到各个弹簧组。

轮毂与曲轴刚性连接，飞轮圈与轮毂弹性连接，减振器随曲轴一起转动。当曲轴在没有扭振的情况下均匀转动时，外面的飞轮圈也一起均匀地转动。当曲轴在临界转速附近运转时，曲轴端部和轮毂发生激烈扭振。这时外面的飞轮圈由于与轮毂弹性连接和具有一定的惯性矩，也参加到这个扭振中，但滞后一定的相位。飞轮圈相对于轮毂产生扭动，压迫套筒弹簧，把弹簧之间的滑油挤出，并使弹簧片之间发生摩擦，从而对扭振系统产生一种阻尼作用。曲轴扭振的振幅因之被减小到允许的范围内，保证了机器的安全运转。

阻尼型减振器用阻尼消耗激振能，达到减振的目的。硅油减振器是常见阻尼型减振器。图 5 - 26 所示为硅油减振器结构图。减振器外壳 1 用螺栓固紧在曲轴自由端，惯性盘 2 滑套在外壳 1 的内圈青铜衬套上。惯性盘与外壳之间有一定的间隙（一般约为 0.45mm ~ 1mm），其间充满高黏度硅油。当柴油机曲轴转动时，通过减振器外壳及高黏度硅油带动惯性盘同步回转。当曲轴产生扭振共振时，由于惯性盘的惯性使它按原转速回转。由此惯性盘和外壳之间发生一定的相对位移，间隙中的硅油受到剪切力作用产生液体摩擦，形成摩擦阻尼力矩，吸收了扭振的能量，达到减振的目的。

动力阻尼型减振器兼有动力型和阻尼型两种减振器的减振作用。

2. 弹性联轴器

弹性联轴器与一般的减振器不同，它而且是输出功率的重要传动部件。此种传动部件可降低轴系样中的要求。多年来，弹性联轴器在船舶柴油机动力装置中得到广泛应用。

弹性联轴器在船舶柴油机动力装置中的作用，除了传递输出功率外，还有以下几个方面特点：弹性联轴器可大大降低轴系的自振频率，因而可使临界转速远低于柴油机的最低稳定转速，可使柴油机无“转速禁区”，达到避振的目的。另外，它同时具有阻尼作用，通常弹性联轴器对单节点振动有显著的减振效果。在齿轮传动装置中，弹性联轴器可吸收脉冲冲击，防止齿轮敲击、点蚀和折断，减轻噪音。弹性联轴器可以减弱轴系的横向振动、纵向振动，减低机架与船舶的各种振动，特别是上层建筑艉部的振动。弹性联轴器还可以吸收螺旋桨处传来的局部冲击。

弹性联轴器种类繁多，按弹性元件的材质可分为液力型、橡胶型、金属板簧型、复合型等多种，常用的为橡胶弹性联轴器和金属板簧联轴器。

弹性联轴器的在轴向、径向及角度方向上的补偿能力，如下表 5－3 所示。

表 5－3　弹性联轴器补偿能力表

项目＼型号	高弹性橡胶联轴器	伏尔肯型弹性联轴器	高阻尼金属弹簧片联轴器
轴向/mm	0.7～3.5	4～8	1.5～5
径向/mm	1.2～6.8	2～6	0.45～1.0
角度/°	3.2	3～4	0.2

以上几种典型弹性联轴器，能很好地补偿由于船体变形及轴系安装误差，对齿轮箱造成的影响。也保证整个船舶推进动力装置正常工作，尤其是很好补偿对轴承产生附加应力的干扰。

3. 减振器及弹性联轴器的维护管理

（1）减振器的维护管理

运转中应保证轴系中的减振器处于良好的工作状态。对于阻尼式减振器（如硅油减振器），若阻尼液不漏失，一般不必进行拆修。对于动力式减振器（如套筒弹簧式），运行中应保证充满滑油（通常由曲轴箱滑油供应）。在检查和清洗曲轴的滑油通道时应注意检查和清洗减振器的滑油通道。另外要保证多层套筒弹簧的每片弹簧均处于完好状态，若一片弹簧损坏则应一组弹簧整套换新。

（2）弹性联轴器的维护管理

橡胶弹性联轴器的使用环境温度要求：橡胶弹性元件在传递交变扭矩时由于摩擦生热，导致内部温度上升，一般中心温度约比表面高 30 ℃左右。而天然橡胶的最高使用温度为 100 ℃～120 ℃。故弹性联轴器的最高使用环境温度不得高于 60 ℃，最低使用温度为－10 ℃。

橡胶弹性联轴器在安装与工作时应防止接触油脂、焊接火花、酸类、有机溶剂、紫外线等。在轴系安装中，利用弹性联轴器的柔性可以允许有较大的偏差。但为了保证联轴器的使用寿命和运行安全，轴系安装中的各种偏差仍需满足一般的校中要求。

联轴器的输入与输出端连接方向不得颠倒。通常，联轴器转动惯量大的外轮连接输入轴（主动侧），转动惯量小的内轮连接输出轴（从动侧），不得反接。否则，减振作用受影响。

金属板簧联轴器在工作中需要润滑，可使用柴油机润滑油或齿轮箱润滑油，油压为 0.25 MPa～0.5 MPa，不得断油。

二、轴系的纵向振动及减振措施

现代船用主机采用各类柴油机作为船舶动力十分普遍。但船用柴油机的发展，往往为考虑其航运的经济性，将船舶的机舱长度缩短以降低成本和增大载运量，减少维修费用，而采用长冲程及少缸数的柴油机。

柴油机与其他动力机械相比较，振动是其一大缺陷。由于船用柴油机的单缸功率较大而缸数又少，使柴油机输出扭矩尤为不均匀，从而激振力矩的增加。同样，由于柴油回转的不均匀性，引起螺旋桨推力的失匀，从而激发整个船舶推进轴系的纵向振动及船体振动。

轴系在外力作用下沿轴线方向产生的周期性变形现象，称为轴系的纵向振动。以柴油机作为主机推进轴系装置所组成系统（见图 5－27 所示）。为了便于轴系纵振的分析计算，必须将复杂的轴系转化为一个简单的力学模型，来反映其实际的振动特性。通常处理为有限个集中质量 m 和无质量弹簧（刚度为 k_i）组成的离散程度。

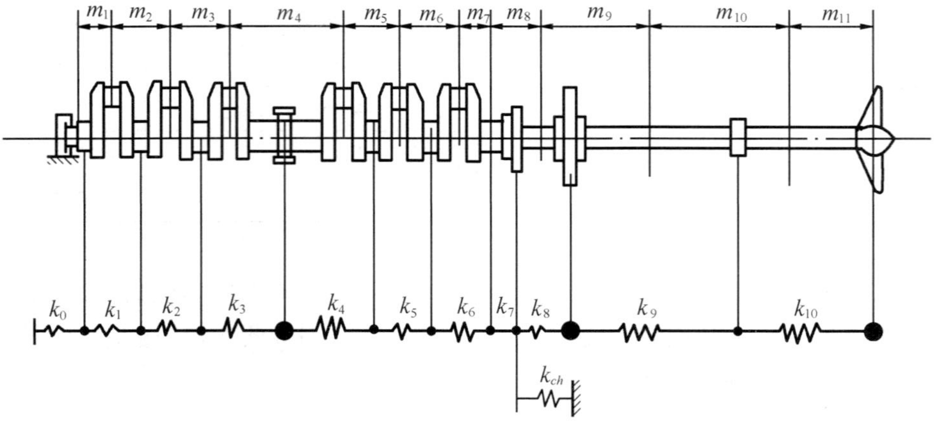

图 5－27　推进轴系的纵振力学模型图

轴系纵振的激振力，主要是来自螺旋桨做功时产生周期性轴向振力；气缸内的气体压力和运动部件的惯性力以及轴系自身扭转振动。特别当频率相近时，还会产生共振现象。

过去，船舶轴系的纵向振动不十分严重，但随着船舶的大型化和快速化，主机功率相应提高并且向超长行程机方向发展，都会导致轴系纵向振动的危害增大，并已成为影响船舶安全航行的主要问题之一。

造成轴系纵向振动的危害性主要因素如下：

（1）导致柴油机、传动装置和轴系的故障。如曲轴弯曲疲劳损坏、推力轴承松动、艉轴管轴承早期磨损、传动齿轮破坏和严重磨损等。

（2）引起柴油机机架（机身）的纵向振动，进而通过船底引起船体柱、梁垂直方向振动以及上层建筑的纵向振动。

（3）通过推力轴承（座）引起上述一样的纵向振动。

轴系的纵向振动一般是零节和一节振动的问题。大型低速二冲程柴油机推进轴系的纵振固有频率范围为：零节大约为 4.5 ~ 23 Hz，一节大约为 20 ~ 42 Hz。

为了避免轴系的纵振产生的轴系故障以及船体尾部和上层建筑的振动，如果主机在常用转速或特殊转速范围内，轴系纵振振幅超过允许值时，则应进行消减和回避。一般而言，可以以调频、配置减振器、减小输入系统的振动能量等几个主要措施来解决。

1. 调频

调整系统纵振频率的基本方法是改变轴段的纵向刚度、集中质量及分布。改变轴系的主要部件长度或直径，或调整主机飞轮的质量。这样可以提高或降低轴承的纵振频率，从而把有害的纵振共振避开，起到减小振幅的作用。

2. 减小激振能量

可改变柴油机发火顺序，调整螺旋桨与柴油机曲轴的夹角，提高螺旋桨设计水平和加工精度等手段，来达到减振的目的。

3. 配置纵振减振器——见图 5－28 所示。

安装纵向振动减振器是降低振动的有效方法。它装在柴油机曲轴的自由端上，其结构如图 5－28 所示。

减振器内的活塞与曲轴自由端直接连接。油压缸体、固定安装在柴油机机架上，缸体内活塞的前后端充满压力油液，活塞可以由曲轴带动下在压力油缸内作旋转和纵向振动。

当主机曲轴与轴系遇到振动时，缸内的油液通过节流阀从活塞的一侧压向另一侧，间隙的大小根据所需阻尼力由计算和试验来确定。由于其油压缸体固定在柴油机的机架上，这样使曲轴自由端受到纵向约束作用，从而提高了轴系纵振固有频率。同时由于液压油的阻尼作用，使纵振振幅减弱，达到减振目的。

图 5－29 所示为某货轮主机自由端安装纵振减振器后的减振效果。

我国船舶轴系纵向振动的衡量标准，是以纵振引起的曲轴臂距差值来作为振动强烈程度的差别依据的。它是制造企业和船级社规范中都有明确的规定。

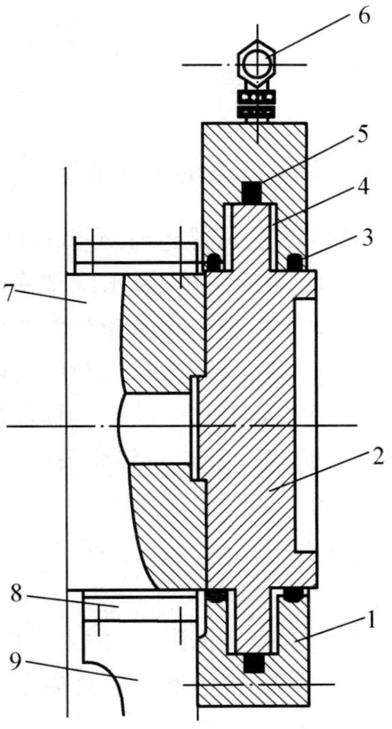

图 5－28　纵振减振器

1—缸体；2—活塞；3—密封环；4—油腔；5—密封环；6—油管接头；7—曲轴；8—轴承；9—轴承支撑

国家社级社制定的规范，还须对主、辅机的振动烈度、轴系和螺旋桨等的振动和噪声级别进行检验。

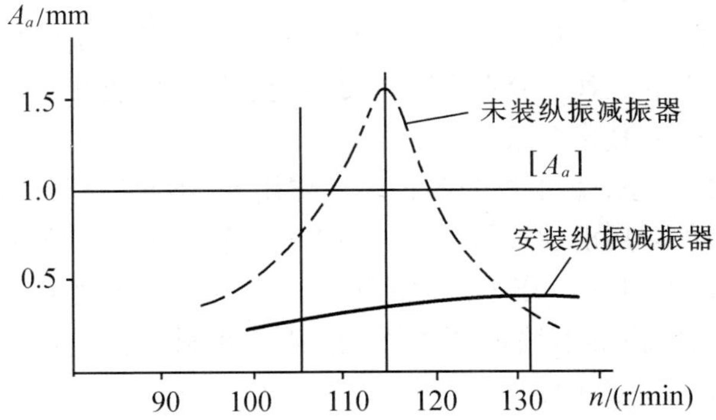

图 5－29　纵振减振器的减振效果

第五节　轴舵系装置的测试

一、轴系装置的系泊试验

船舶轴系装置运行试验的目的，是为了检验其装置各部分的装配和安装工作质量，检查其设备、滑油系统、海水冷却系统以及检测仪表等安装的正确性、可靠性和经济性，以其对它的设计和建造质量作全面的鉴定。

船舶轴系装置运行试验应与舵系装置运行试验一样要求，须要求在船舶建造主要工程全部完毕并见下水后进行。具体是：船体的水密试验及有关舱室的气密试验已经结束并验收；船上所有设备均安装妥当；主、辅机安装毕；全船各系统及管路密性试验结束，并已做好运行前的一切准备工作。

运行试验的内容、顺序和要求，必须严格遵照试验大纲进行。基本与主机试验同步进行。

系泊试验又称码头试车，是指已建造将完毕的船舶停靠在工厂码头系缆情况下进行的试验。并将试验中所发生故障予以排除，并为航行试验创造条件。

由于码头水的深度及系缆等条件的限制，轴系装置和主机一样不可能将全部装置在额定工况下的各种参数全部加以验证。整体验收以后待航行试验时作出全面评估。

另外，试验时还要考虑船舶自身安全和人员生命安全等问题。要注意船的艏、艉吃水深度，螺旋桨防转装置是否松脱，船上的白天悬挂的试车旗和晚上点的信号灯是否就位，岸上和水面巡逻船只与人员配置等等工作是否作充分。历史经验告诉我们，船只的毁坏和人员的伤亡往往在于疏忽之中。为此，轴系装置和主机试验同时，应作好各部门协调联系工作，以防止国家财产受到损失、个人生命受到伤害。试验时，要求青工职工和技校学生认真贯彻执行原中国船舶工业总公司的《职工安全生产行为守则》之精神，并将“造船工业办成安全生产工业”的指示作为指导思想来作好试验工作。

以上试验应该由厂方、船方和专职船舶检验人员等专门人员组成合一的机构，来指挥协调整个轴系试验及验收工作。企业还须做要试验前的一切准备工作。

轴系装置的系泊试验技术要求：

1. 整个轴系装置的运转在主机的各种转速作用下，不允许有异常的振动和过热现象。轴系装置的传动设备如采用滑动轴承结构的，则其工作温度应≤65 ℃；如采用滚动轴承结构的，则其工作温度应≤80 ℃。以上温度的测量采用半导体点温计来进行。一般也可根据经验来判断，用手直接触摸推力轴承、中间轴承、隔舱填料函及艉轴管轴承等处的壳体，判断是否存在过热现象。

2. 根据船舶建造规范的要求，对于艉轴管轴承处，还应检查其滑油润滑和海水泄漏情况。对用滑油润滑的艉轴管艏艉端轴封处，不得有任何泄漏现象。对用海水润滑的艉轴管填料函处，允许有少量的水渗漏。实践证明：无渗漏现象只会造成函内的填料发热并加快填料和艉轴轴颈的磨损。

3. 对于用齿轮箱传动的间接传动轴系装置，还应进行齿轮箱传动装置的齿轮啮合磨合运转试验，其主要是检验齿轮啮合面之接触部位是否产生咬蚀缺陷。并在主机的正常换向和转速下，对齿轮箱传动装置作顺、倒车试验，一般其换向时间不应大于15s。同时对齿轮箱传动装置的润滑应极为关注，必须随时注意和确保其润滑压力正常与否。

4. 对于多台主机并车使用的轴承推进装置，一般采用离合器液力耦合器传动。其系泊试验时，应先对它离、合性能进行试验和检验，并确保其操纵机构的工作可靠性和机动性。

5. 对于采用可调螺距螺旋桨作推进装置的船舶，系泊试验时应先进行其桨叶的转动操作性能试验，分别在机舱操纵台和驾驶室进行效能操纵，视其桨叶的转动应准确灵活可靠。在主机任一运转试验工况下，应进行可调螺旋桨的螺距角稳定性试验。要求桨叶的螺距角置于0°时，其波动偏差值不应超过±0.5°。这里值得注意的是，对于作恒速运转的主机推进系统，桨叶螺距角度大小就表示主机负荷的增减。因此，在主机运转时带动可调螺距螺旋桨作桨叶转动试验时，千万不得从正满角转动至负满角，或者相反。其转动角度不应超过主机系泊试验的功率允许值所对应的螺距角度，否则主机会受到额外负荷而损坏。

6. 轴系装置的系泊试验与主机试验是同步进行的，即是在船舶航速等于零的状态下进行的工况试验。螺旋桨的特性曲线比其在船正常航行的特性曲线要陡，故所以在转速条件不变情况下，系泊试验时的螺旋桨的阻力矩和消耗功率将会显著增递。另外由于工厂码头深及堤岸坚固性的限制，本装置一般在额定转速的60%~80%工况下进行试验。试验时尽可能发现和暴露装置的缺陷，以便及时消除，为缩短造船周期，为在航行试验时的全工况运转性能试验和交船验收创造条件。

二、轴系装置的航行试验

航行试验是在系泊试验的基础上，进行船舶处于航行状态的实效试验。其目的是全面检验动力装置的安装质量、工作性能及可靠性和安全性。其试验结果，将作为交船验收的主要依据。

航行试验一般在规定的水(海)域里，进行主机、轴系及其他主要装置的实效试验。其环境条件要比系泊试验要恶劣得多。为确保试验的安全及顺利进行，应做妥各方面的准备工作。航行试验前，对首制船(同一类型船舶的第一艘船)要按船舶稳性规范的有关规定，进行船舶重心位置的确定——倾斜试验。船舶重心 G 的位置，可通过利用船舶的倾斜，可求出船舶的重心高度。

出航前需记录船舶的压载前后吃水深度和纵横倾斜情况，检查螺旋桨浸没着水中状况等事项。

轴系装置航行试验技术要求：

轴系装置的航行试验技术是根据航行中不同工况的具体要求，为检验主机、轴系装置及各种轴机运行稳定性和可靠性，并配合船体完成船舶性能各项试验。

由于整个船系装置试验是与主机的试验程序、工况及试验持续时间，均按其试验大纲规定同步进行的。但在一般情况下也可参照下表5-4进行。

下面将有关轴系装置的主要技术要求，仅供参考。

1. 检查整个轴系装置在各种试验工况的运行情况，机械摩擦部位的发热情况及润滑和冷却状况，并检查有否敲击声和不正常声响及漏油、漏水等现象(具体可参照系泊试验时的1~5的要求)。

2. 测定轴功率和主机指示功率。在连续航行中正确测取轴功率和校核轴系转速读数误差。

3. 对首制船尚需进行扭转振动测试,以测定轴系的实际应力和主机的临界转速区域。

航行试验结束后,应按具体情况可对推力轴承及推力块,中间轴承和其他设施进行酌情拆检。主要针对可疑部位的间隙和磨损等处进行检视。个别船只在有必要的话,在船坞内拆检螺旋桨和艉轴状况以及艉轴承磨损情况,包括铁梨木轴承磨损情况和各密封装置。

表 5-4　一般船用柴油机试验工况和时间表

<table>
<tr><th rowspan="3">序号</th><th colspan="2">工况特性</th><th colspan="5">试验时间(h)</th></tr>
<tr><th colspan="2">对设计值的%</th><th>高速机</th><th colspan="2">中速机</th><th colspan="2">低速机</th></tr>
<tr><th>功　率</th><th>转　速</th><th></th><th><413 kW
(600 马力)</th><th>≥413 kW
(600 马力)</th><th><1 471 kW
(2 000 马力)</th><th>≥1 471 kW
(2 000 马力)</th></tr>
<tr><td>1
2</td><td>50
75</td><td>相对应的
设计转速</td><td>1/2
1</td><td>1/2
1</td><td>1/2
1</td><td>1/2
1</td><td>1/2
1</td></tr>
<tr><td>3</td><td colspan="2">试验时满负荷功率及转速,按实际情况由设计部分会同有关单位确定并经验船部门同意</td><td>2</td><td>4</td><td>6</td><td>4</td><td>6</td></tr>
<tr><td>4</td><td>倒车</td><td>为正车设计功率时转速的 75%~85%</td><td>1/4</td><td>1/4</td><td>1/2</td><td>1/2</td><td>1/2</td></tr>
</table>

三、舵系装置的系泊试验

舵系装置的系泊试验目的主要是检验舵叶和转舵机构、舵机、操舵系统的安装质量、操纵的灵敏性及工作的可靠性。其系泊试验的主要内容有以下几个方面:

1. 校正舵角指示器的指示误差,即检查舵机上的舵角的分度是否与舵角指示器的读数一致性和准确性。自正舵(零度位置)向两舷转舵,每操 5°后校核一项指示误差,其准确性应 ±1°以内,且在零位时应准确无误差。

2. 校核舵角限位开关动作的正确性,左、右满舵时电气限位开关应分别调整到 35°,机械限位器应处在左、右舷 36.5°起作用(即舵机上的机械限位器位置应比操纵系统上的限位开关位置要大 1.5°)。

3. 对于舵机液压系统的调整,应按技术文件和图纸的要求,再次调整液压系统中的各溢流阀、缓冲阀、程序调及安全阀等起跳压力。并对转舵中产生的振动和噪音进行必要的检查和消除。

4. 检查断电,过载报警的声光信号装置的工作可靠性。

5. 操舵试验,每套电机组及控制系统要连续运行不得少于半小时,以检查整个舵系装置运行情况。同时测定各电机在各种操舵工况下的工作参数、运行转速、温升及运转平稳性。

连续操舵试验应以 0°→左(右)35°→0°→35°→0°反复循环,并测定舵叶自一舷 35°(满舵)转舵到另一舷 30°所需的时间,按规定要求,海轮一般不大于 28s,其他船只或舰艇则时间更短。

6. 对有应急操舵装置的船舶,需进行人力操舵试验,以检查其工作的可靠性。还需测定转舵所需的时间。同时还需检验由机械转舵转换到人力转舵的连续性和可靠性,要求转换装置必须保证机械操舵能在任何舵位失灵时,应急操舵均能在相应位置接合得上。

7. 对装备有应急供电设备的船舶,还应检查因船上发电机故障而失电时,备用应急电源能自动转换到供电状态的可靠性。

四、舵系装置的航行试验

船舶舵系装置要达到顺利进行海上航行试验和提交的目的,必须对其在系泊试验时所存在缺陷和问题予以根本解决和消除,否则要危及整个船只和人员的安全。

舵系装置的航行试验,主要是进行操舵试验,检验其操舵装置的轻便性、灵敏性以及舵机工作的准确性和可靠性。其他是配合主机和船体作好主机性能试验、主机和轴系装置的振动试验和船舶性能试验。其试验方法如下:

1. 船舶在全速前进时,进行主操舵装置的操舵试验,内容有:

(1)正舵 0°→右满舵 35°　　保持 10 秒钟
(2)右满舵 35°→左满舵 35°　　保持 10 秒钟
(3)左满舵 35°→右满舵 35°　　保持 10 秒钟
(4)右满舵 35°→正舵 0°　　保持 10 秒钟
(5)正舵 0°→左满舵 35°　　保持 10 秒钟
(6)左满舵→正舵 0°　　保持 10 秒钟

试验过程中,应测定各转舵所需时间,要求同系泊试验一样。

2. 检查上轴承、舵杆、舵柄、转舵机构及主、辅油泵、其他液压元件和操舵装置的工作可靠性。记录最大负荷时的工作油压、电动机电流、电压及转速。还应记录相应的主机功率、转速及船舶航行速度。

3. 对于液压舵机还需作单泵与双泵的工作试验。并作好手动转换泵组工作和自动转换泵组工作,试验是视其工作可靠性。

4. 应急操纵试验,主要是检查主操舵装置失灵时,而备用操舵装置转换工作情况是否可靠,为此可先在驾驶室里和舵机室进行非随动舵效用试验 2 ~ 3 次。即驾驶室用手柄操纵,舵机室则用手工操纵液压舵机的电磁阀,通过电话联系,重复主操舵装置的操舵试验项目,检查舵机的反馈系统失灵时,用手工控制反馈的可靠性。

5. 当船舶以半速前进,但不低于 7 节时,可对备用操舵装置进行试验。试验方法是:人为地使主操舵装置在某一舵控制位失灵,操舵人员(2 ~ 3 人)应以最快的速度至备用操舵装置部件,接通备用操舵控制系统及电力或液压系统,操纵人力操舵手柄至相应舵位,然后回舵到零位,随即用电话通知驾驶室,接着,根据试验大纲要求,操纵人务操舵手柄,使操舵机以 0°→右 15°,从右 15°→左 15°,再从 15°→0°,测定从左 15°至右 15°时所需时间以及舵机的运转情况。

6. 倒车操舵试验,一般在主机倒车时进行,使操舵角逐次增加,直到液压舵机油泵的油压接近额定压力,或电动舵机的电机工作电流应小于额定电流为止。检查舵机及系统在船舶后退时的操舵性能,并测定其最大可操舵角。

之外,还得配合船体作好航速测定试验、回转试验、惯性试验和航向稳定测定等方面的工作。

五、轴功率的测试方法

船舶主机的有效功率,虽然可以由通过示功图,并根据其技术说明书提供的在车间试验台上用机械效率的数值估算而得到,但是动力装置在实船运行试验时,其机械损失及轴系装置和传动设备等的损失需比在内场试验台上要大得多,真正传递到艉轴和螺旋桨的有效功率,总时与计算数值相差甚大。所以,造船厂一般均在实船海上试验时,通常采用专门仪器——钢弦测功仪来测试轴功率的。

轴功率测试的示意图如图5－30所示。

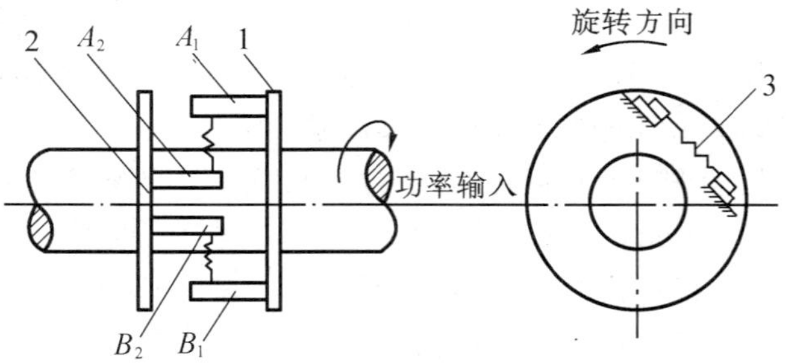

图5－30　轴功率测试示意原理图

1、2—套筒体;3—钢弦

根据力学的原理,转轴在传递扭矩时,会产生相应的扭转变形,这时我们就会发现安装在转轴上传感器会产生拉伸与压缩变形的现象。为此,我们可以利用其钢弦振动频率的变化与钢弦所受应力成正比的这一特性,通过测量钢弦振动频率变化的方法,来计算出被测所受的扭矩和功率大小。

图中的发送装置的套筒体1和2,分别安装在被测轴的两个相邻截面上,两根钢弦3(传感器)分别安装在套筒体的凸台 A_1、A_2 和 B_1、B_2 上。

当被测轴按图示方向转动传递功率和扭矩时,轴会产生扭转变形而使其两相邻截面间扭转一定相对角度,而两个套筒体之间也随之转动同一角度。这时,安装在 A_1 和 A_2 上的传感器钢弦得到受拉应力(称它为拉弦),安装在 B_1 和 B_2 上的传感器钢弦得到受压应力(称它为压弦)。在被测轴的弹性变形范围之内,被测轴的扭转角是与外加扭矩是成正比的。因此,钢弦的受力情况也与外加的扭矩成正比;而钢弦的振动频率差又与钢弦的应力变化成正比,所以可以通过测量钢弦振动频率变化方法,用来测试被测轴所受到的扭矩和功率。

另外,对首制船还得进行轴系扭转振动试验。

六、轴系的扭矩和推力测算

轴系的作用是把主机的动力矩传递给螺旋桨、以克服螺旋桨在水中转动的阻力矩。同时又把螺旋桨产生的推力传递给推力轴承,以克服船舶航行中的阻力。

(一)轴系的扭矩测算

轴系所传递的扭矩可以以它的功率和轴的转速来算出。轴上的扭矩 M,公式为

$$M = 9.55\frac{P}{n} \times 10^3 \quad (\mathrm{N \cdot m})$$

式中　P—— 轴系传递的功率,KW;

　　n—— 轴系的转速,r/min。

(二) 轴系的推力测算

轴系所传递的推力,可以根据螺旋桨所吸收的功率、螺旋桨的效率和船舶航速来算出。轴系所传递的推力 T,公式为

$$T = 1.94\frac{\rho_p}{v} = \eta_p \quad (\text{kN})$$

式中　P_p—— 螺旋桨吸收的功率，kW；

v—— 船舶航速，mile/h；

η_p—— 螺旋桨的效率。

(三)轴系的受力状况和工作条件

轴系一般由传递主机功率用的传动轴(包括推力轴、中间轴和艉轴等)，支承传动轴的轴承(包括推力轴承、中间轴承和艉轴承等)，以及轴系附件(主要是密封、润滑、冷却设备等组成)。

以轴系的作用可知，轴系在工作中要受到以下诸力的作用：

(1)压拉应力——轴系传递螺旋桨产生的推力或拉力。

(2)扭应力——轴系承受扭矩而在轴系中产生的扭应力。

(3)弯曲应力——它是由轴系和螺旋桨自身的重量以及其他附件的作用而产生的应力。此外风浪作用对螺旋桨产生的惯性力，会使轴系产生的惯性力，也会使轴系产生额外的弯曲应力。

(4)附加应力——它是由于安装误差、船体变形、轴系的扭转振动、横纵向振动以及螺旋桨的不均匀水动力作用而产生的应力。

上述诸力以及力矩，往往是周期性变化的，这就使轴系的工作条件更为恶劣。

另外，轴系在工作时，各轴颈与轴承之间发生摩擦。当用海水作艉轴润滑剂时，艉轴管和轴颈还要受其腐蚀作用。

由以上分析可见，轴系的工作条件相当差，有时会出现损伤甚至断裂等问题。维修时又得要将船舶进坞，从而造成较大的经济损失。为此对其要求甚高，除了要有足够的强度和刚度之外，还得要求其传动损失少；对船体变形适应性好；工作中不发生轴的扭转共振和横纵共振；能够良好地密封、润滑和冷却；维护管理方便等。

(四)轴系装置位置与构成

轴系装置位于船舶主机(或齿轮减速箱)的输出联轴器和螺旋桨之间，并起着连接和传动的作用。由于轴系安装位置处于船体艉端最底层处，它要受到船体钢结构变化的影响，船舶载重变化的影响，还要受到自装置中的螺旋桨转动的干扰力等影响，对轴系安装运用和施工均是不利的。因此，对其设计和安装施工来说都是非常重要的环节。

轴系装置是由传递船舶主机功率用的传动轴组(包括推力轴、中间轴、艉轴)和支承传动轴，并使其在它们转动的轴承组(包括推力轴承、中间轴承、艉轴承)以及轴系附件(主要包括有密封、冷却润滑设备、仪器仪表)等构成。

综上可知，轴系的安装质量和工作好坏，将直接影响船舶的正常航行和推进特性，并对船舶主机的正常运转也受到直接的影响。所以，轴承装置的设计、加工制造、安装及调整均需有较严格的技术要求和工艺过程，并且应符合有关的船舶技术标准和船舶规范。

(五)轴系装置的运行管理

传动轴承的管理工作对于保证其安全可靠地运转，延长使用寿命相当重要。因此管理人员要做好以下工作。

(1)要确保中间轴承和艉轴管冷却海水的供应。由于这些海水管离泵远，管的内径小，容易被泥沙堵塞，特别是弯管处易堵，应注意疏通。

(2)注意检查中间轴承的温度、油位、油环的工作和两端轴封密封情况。中间轴承不是强力循环润滑,每个轴承的底座都是油池,要注意每道轴承的油位、油环和轴封情况。注意每道轴承的温度,特别要注意最后一道中间轴承的工作温度,因为它离螺旋桨近,负荷要大一些,最容易发热。由于船体变形也可能引起某个轴承发热,在巡回检查时要注意触摸。

(3)对于铁梨木轴承艉轴管,允许让少量水漏入舱内,以冷却艉轴和填料函。填料紧度要合适,过紧漏水少,易积泥沙使填料函发热。漏水太多也不合适,应把填料压盖再拧紧一些,必要时换新填料。在巡回检查艉轴填料函处,以确定温度是否正常。当温度超过 60 ℃时,铁梨木艉轴承摩擦系数显著增加。

(4)对于巴氏合金艉轴管要确保其滑油系统正常工作。注意观察重力油箱油位,要注意油质和油温,注意艉轴密封装置是否漏油。特别是艉密封装置更为重要,它若漏油不仅是滑油浪费问题,还要污染海水。在港内一定要注意观察船尾是否有油花。在一些国家港内漏油要受到处罚。因此要按期抽验艉轴,及时更换密封装置。艉轴承因其工作条件恶劣,其中原因之一就是受到螺旋桨做功时的干扰力比较激烈,易出现回旋和横向振动,损坏后修复困难,应严格管理。

(5)运转中要注意观察轴的跳动情况,各轴承是否有异常的振动,个别部位是否发热(该处以扭转振动的节点)。在异常振动时应减速或停车,查明原因,予以排除。一般情况下振动除和柴油机有关外,还和轴系及螺旋桨工作有关。若桨叶碰到漂流物(如浮木、浮冰)发生了变形,桨毂松脱,桨叶或船尾轴外部缠绕了钢索、麻绳等物,艉轴承间隙太大,中间轴中心线失中,艉轴承及中间轴承损坏以及新换的铁梨木轴承间隙未留足膨胀度,以上原因都有可能引起振动。

(6)艉尖舱内的淡水或海水对轴承中滑油黏度,对轴承艉轴管冷却都起着一定作用,应注意在航行中不要将艉尖舱中液体排出,以防舱内液体结冰损坏轴管。

(7)对轴系要定期进坞检查。对单轴系船舶抽轴检验间隔期为 3 年(开有普通键槽)至 4 年(开有特殊键槽);对双轴系船舶抽轴检验间隔期 4 年(普通键槽)至 5 年(特殊键槽);无键槽者艉轴抽轴检验间隔期为 5 年。在把艉轴抽出时,若发现表面有细痕,可用油石磨去。安装时注意不要让污物落入艉轴管及油封。

(8)对备件要妥善保管,轴表面要涂油脂,油封环,衬圈等应水平放置在阴凉处,以免变形和硬化变质,安装前应很好检查。

轴系的布置设计和施工管理,都是非常重要的环节,在有关造船规范中都有明确规定,要求建造和修理船舶时,应严格按章办事。

七、轴舵系装置的入级检验

1. 入级检验

按我国船检局建造规范和国外船级社的规范,入级检验主要内容如下:

(1)向要求入级的船级社提出申请。

(2)按规定范围将有关的图纸资料提交船级社审查,经审批后,如需修改,修改部分应得到认可。

(3)在船舶建造的全过程,对材料、船用设备、工艺、安装、试验的质量,应经驻厂验船师进行监督检验。

(4)提供船方的图纸资料应符合要求。

(5)验船师完成入级检验后,将各种检验报告报船级社审查,由船级社签发入级证书。

2. 工厂认可和型式认可

一般船级社对船用产品的工厂认可和型式认可都作了规定。

对制造厂的生产条件、产品标准和质量保证体系的认可,称为工厂认可。按 EC 规定:生产船舶及其主要机械设备(包括轴系设备、螺旋桨、舵系传动机构、液压舵机等)的器材及物件和把握产品的生产方法等,认为需要申请办理工厂(车间)的认可。

对产品的设计图纸、技术标准、型式试验和样品质量的认可、称为型式认可。按 EC 规定:船舶上主要动力机械设备包括主机、轴系装置、舵系装置等主要装置需申请办理型式认可。

轴舵系装置等一些主要船用产品获得“工厂认可”和“型式认可”后,还应申请船检部门进行产品制造检验或出厂检验或抽查。经检验合格后,发给相应的证书。在产品上打上检验合格的标志。检验内容在《船用产品检验项目表》中作了规定。

3. 检验程序与提交验收方法

检验程序与提交验收的方法如下:

(1)船厂编制《船舶建造检验项目表》;

(2)船厂提供进度计划和检验条件;

(3)项目、时间、地点;

(4)签名、认可。

第六节　轴舵系装置施工安全技术

船舶轴舵系装置的施工安装技术专业性很强,许多船企生产中往往把其施工安装任务由专门的班组来进行,目的是提高生产效率缩短造船周期。但是由于当前改革形势的变化,劳动人员流动性特大,许多生产熟练能手与骨干相继流失,对船企生产带来极大影响。

轴系和舵系装置安装部位,大多在船的尾端区域内,内、外和上、下跨度特别大,下至船的底层甲板以下和艉尖舱内,上至船的主甲板以上的舵机舱,内至狭小的轴弄内,外至船尾舷外。施工人员要在复杂危险环境之中,要完成轴系和舵系装置的测量、安装、调试和修理工序确实是件不容易的工作。再加上有时需要在夜晚进行轴舵系的拉线照光作业,有时需要在风雨之中完成螺旋桨和舵叶等大型部件及附件的装配任务。以上一切对施工会带来极大的不便。另外,还受高温天气的影响,对钢结构船体而言变形极大,对其中的主要尺寸的测量正确与否,对人员身体素质的考验都存在很大困难。以上施工操作人员还得在高空和窄小的脚手架(板)上进行,如果没有高超的技术水准与技能,没有很强的安全意识的话,是很难胜任轴舵系装置之施工任务。为此,这里要求担当此项工作的青工和技校同学,应在掌握好轴舵系装置的操作技能之外,还要提高对安全生产的认识,学习有关安全知识,防止在生产过程中发生人身和设备事故,确保实现船舶企业安全生产。

在工业生产中,特别是船舶工业企业的生产相比,有许多不同之处。船舶工业生产,特别是现场的造船修船作业,是一项综合性、多工种与劳动力密集型的立体作业,在生产过程中,存在着高温、高压、尘毒、噪音、触电、溺水、坠落以及燃烧、爆炸等不安全因素。以上也是编者长期在生产第一线所深刻感受到的。深刻的教训尚犹存在,这里受篇幅所限,故不一一叙述。

船舶轴舵系装置的施工,是一种多人合作作业的施工。青工和劳动的技校学生等,在未熟悉本专业技术技能之前,千万不能擅自盲目的操作和作业。以往在船企接连发生事故,不能不令人痛心和反省。以事故案例分析中可以看出,其中一个极为重要的原因,即90%以上的事故,是由违章作业和隐患没有及时发现和排除等人为因素造成的。要解决这一重要问题,就是要不断增强每一个青年职工(技校学生)的自我保护意识,提高自我保护的能力。

船企中常将轴舵系装置的施工任务,交由专门的工段、班组等部门来担当,这样好处是专业性强,对施工带来极大便利。但是,在工作中稍有疏忽,还是会发生伤亡事故和财产损失。例如在吊运中间轴时,由于钢索断裂将轴从空中摔下将机舱中的主机严重砸伤;在拆卸螺旋桨时,其吨余重的螺母旋出头,而将人伤害等不胜枚举。

对船舶的轴舵和装置的安装、检修和调试等施工,主要是船舶钳工来完成的。因此,其具有特殊性的重要性,所以对安全生产尤为重要。为此,要注意以下几个问题:

1. 要做好每个劳动防护措施。

2. 要严格按工艺技术要求进行操作。

3. 作业时要有专人负责指挥。

4. 要正确使用设备和工具,遵守安全操作规章制度。

5. 要坚持"起重作业十不吊"和"明火作业十不作"等操作规范。

6. 装置试车前,应认真检查各传动机械和设备、安全设施和报警设备,确认无误。

7. 装置试车应严格按照技术规定、试验大纲进行,并详细作好记录。不准擅自离开岗位。

8. 试车后,对重要阀门、机电等设备、压力容器、油、水柜等要认真检查后,方可离开。

习　　题

1. 轴系校中可按哪三种原理进行,平轴法和光学仪器等属于哪一种原理,它们的缺点是什么?

2. 计算法和负荷法属哪种原理来校中的,此两种方法的特点各是什么?

3. 计算:某船的轴系排列尺寸见图所示。

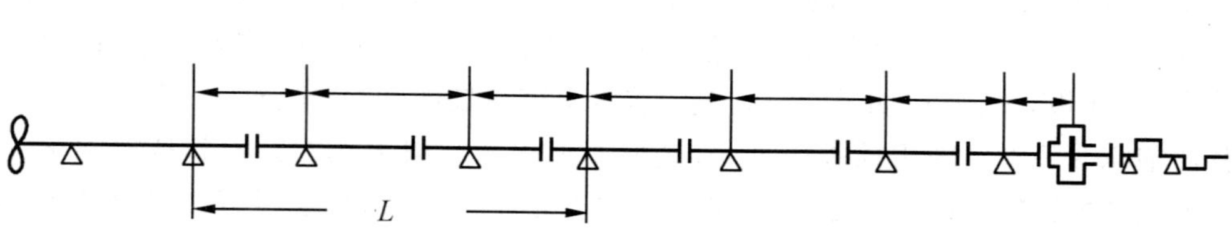

图中:中间轴直径 d 为 35 cm,轴承最小平均间距 L 为 500 cm,并已知每根中间轴各由两个轴承支承,求其偏移值 δ 和曲折值各为多少?

4. 轴系的负荷校中的基本操作内容有哪些?

5. 轴系的推力是根据什么来算出的,轴系的扭矩是根据什么来算出的,它们的公式是如何表示的?

6. 回答轴系工作时受力状况如何,轴系装置的安装位置要受到哪些影响?

7. 轴功率是怎样来测试的? 并用图表示其测试状况。

8. 在轴舵系中确定其理论中心线时,应用的激光技术特点是什么,它是如何来进行的?

9. 轴系工作时产生严重的扭转振动现象,会带来什么后果,为什么说现代船舶上采用少缸数和长冲程的柴油机容易产生轴系的纵振和船体的振动?

10. 减轻轴系扭转振动的措施是什么,在运行中应采取什么办法来减少扭转振动?

11. 什么叫轴系的纵向振动? 其危害性是什么,应以哪几个方面解决其纵向振动?

12. 减振器结构中主要由哪些构件组成? 它是如何来达到减振目的?

13. 什么叫做"主机标定工况配桨"?

14. 螺旋桨结构参数中,哪些参数会对主机与桨的配合产生直接影响,为什么?

15. 选配螺旋桨时,为何要考虑"功率储备",它与哪些因素相关?

16. 艉轴上的铜套,一般均用"红套"技术来进行,问其内孔的过盈量取多少?

17. 螺旋桨装上船时,要作哪两项试验,各试验的目的和要求是什么?

18. 螺旋桨安装前要经钳工加工,问其要达到哪些技术要求?

19. 轴系和舵系装置的运行试验目的是什么?

20. 为什么说主机的定位与轴系装置有着十分重要的关系?

21. 为什么轴系与主机曲轴连接前,要检查曲轴的臂距差,臂距差值的含义是什么?

22. 船舶轴舵系装置施工中,为何要注意安全生产技术,在船上操作时应注意哪些方面的问题?

第六章　轴舵系安装工艺实例介绍和实验

第一节　安装工艺实例

为了能更好地了解船厂中有关船舶轴舵舵系的安装实际情况，这里着重选择90年代建造的10 000 t、16 000 t、20 000 t、21 000 t货轮等轴舵系安装工艺，作为船舶钳工专业课程《船舶轴舵系》学习的指导理论和实践。这些安装工艺实例是船厂长期以来实践和理论结合的产物，是造船经验的总结。

第一部分为10 000 t货船安装实例

第二部分为16 000 t货船安装实例

第三部分为16 000 t(改进型)货船安装实例

第四部分为21 000 t货轮安装实例

这里介绍的几种货船轴舵系安装工艺实例，其中技术标准与精度是当时采用的，请用时加以注意。

第一部分　轴舵系安装工艺(10 000 t级货船)

一、轴系安装工艺概况

轴系是船舶动力装置中最重要的部件之一，为此人们对它也付之以很大的关注。在万吨级船舶中，长轴系或短轴系，单轴系或双轴系，目前我们采用的轴系安装工艺基本上相似。轴系的安装工作包括以下三个内容：

1. 确定轴系的中心线。
2. 镗孔。
3. 安装轴系。

注：下面就某型万吨级船舶为例作介绍

(1)轴系工作开始前对船体建造的要求

在确定轴系中心线之前，船体的装配工作从艉端起在长度上必须完成80%~85%以上，在高度上至少需装配到主甲板，而且在轴系所通过的区域内船体的主要装配焊接工作均应结束，并作过水密试验。

(2)轴系联轴节校中要求

轴系联轴节在我们建造过的船舶中，轴系法兰偏移值$\delta\approx0.10$ mm，曲折值$\varphi\approx0.15$ mm/m，对主机与中间轴之间一对法兰的偏移$\delta\approx0.05$ mm，曲折值$\varphi\approx0.10$ mm/m。同类型的轴系联轴节偏移和曲折也采用此值，经实船使用证实采用此值是可行的。

(3)轴系定位

中机舱布置的船舶,考虑船舶在重载下的变形较大,为此在确定轴系中心线时,对轴系有一个反变形的要求,使轴系在重载下能适应工作。我们在确定理论中心时,把轴中心线艏部一点预先往下移一个数值 $f=40$,此数值计算公式下面另行叙述。

"风字型"考虑在整修轴范围内,大概各个联轴节的曲折值总和约为1mm,中间法兰的平面曲折值大一些,艏艉二端之法兰的平面曲折值数字小些,如图6-1所示。

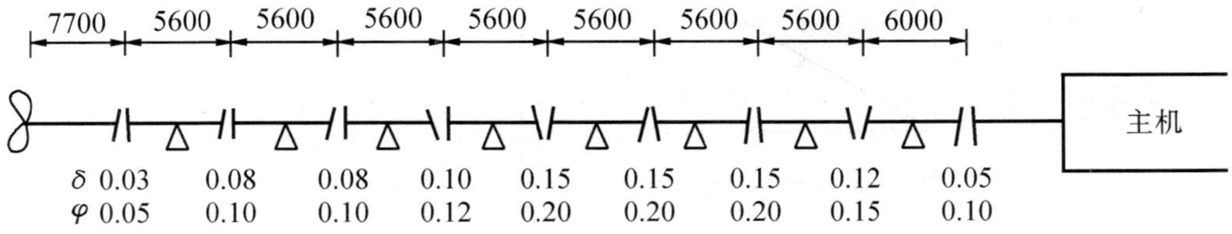

图6-1　轴系定位

主机和艉轴的非同心值 f 的计算公式

$$f=\varphi_1(l_1+l_2+\cdots+l_n)+\varphi_2(l_2+l_3+\cdots+l_n)+\cdots+\delta_1+\delta_2+\delta_{n+1}+\alpha C$$

式中　δ——偏移值0.01 mm;

φ——曲折值0.09 mm/m;

L_1, L_2——各中间轴长,m;

α——主机倾斜角度(定位后),rad;

C——推力轴法兰面至主机中心距离,m。

偏移δ值和曲折 φ 值可从公式中计算而得。

上述公式适用单支承轴系。若是双支承轴承,上述不等式右边应为2/3,见图6-2所示。

为此当代入 φ,δ 求 f 的公式中,可求出 $f=40$。一般定位轴系时,让主机中心比轴系略高0.10 mm。在艉机型的短轴系万吨级船舶中,我们对轴系就不考虑反变形了,(如16 000 t 散、矿两用船)。

(4)艉轴管间隙

轴管的间隙的大小决定于轴孔加工的精度及孔径的尺寸,孔的圆度、柱度等。一般希望镗孔后光洁度能达∇5,柱度与椭圆能小于0.05 mm。在万吨级船舶中,轴孔为 $\phi 850$。配合尺寸多采用0.25 mm至0.30 mm的间隙,在安装轴管时能很轻松地把它压进。这种间隙对安装工作来说是较方便,但对今后长期使用而言是不太妥当,我们发现艉轴管因配合间隙太松,间隙0.20 mm至0.25 mm而使艉轴管外圆锈蚀,而且也影响到船尾水舱中的水质。

从万吨级船舶建造情况来看,今后艉轴管间隙建议采用,详细可见"艉轴轴承,舵系铜套的公差配合"工艺。

艉轴管铁梨木轴承与艉轴的间隙多,为此在加工艉轴管铁梨木轴承时,铁梨木轴承的中心比艉轴管中心偏高,此高为间隙值的一半。

(5)轴系校中的方法,是以艉轴为基准,用钢直尺、塞尺逐段朝前进行校中。

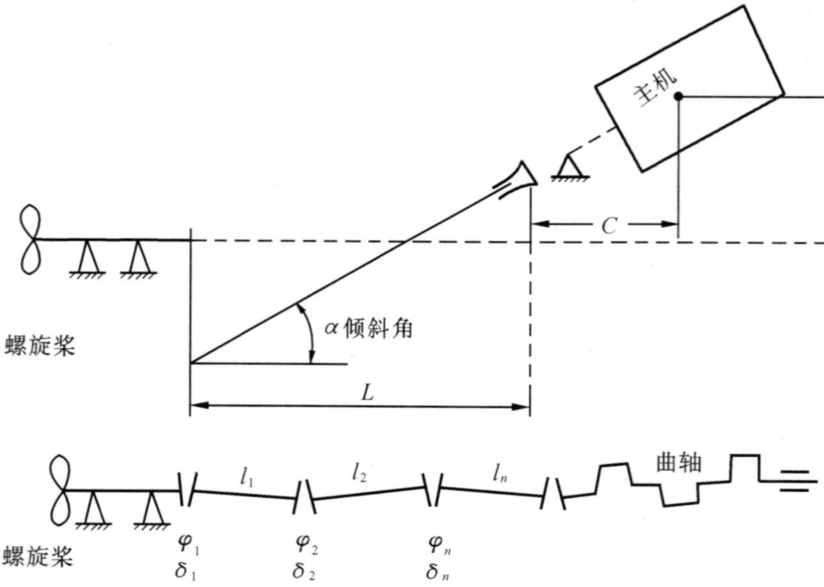

图 6-2　双支承轴承定位

二、舵系安装工艺概况

舵系的拉线定位工作与轴系同时进行，舵系中心线与轴线相交，且垂直于船体基线。拉线后下舵承镗孔，万吨轮的下舵承压入铜套的配合尺寸为松 0.06 ~ 0.08 mm，(公称尺寸 ϕ360)，这样，在把铜套压入时的力并不大，用千斤顶即可。

在上舵承里，滚动轴承和上舵杆，上舵承座的配合根据图纸的公差配合尺寸太紧，安装时比较困难，而且对以后拆检也成问题，为此对此配合也有个要求，采用动配合，间隙为 0.1 ~ 0.15 mm。如风字型滚动轴承为内孔 420 mm，外径 620 mm，那么上舵承孔径大 0.10 ~ 0.15 mm，上舵杆直径小 0.10 ~ 0.15 mm，这样能使安装方便而不影响舵转动的灵活性及其他质量。

舵柄与上舵杆的配合尺寸(公称尺寸 ϕ420)要求松 0.03 至 0.06 mm。

舵扇中的轴承间隙：如铁梨木轴承为 3 mm，如铜合金轴承为 0.50 ~ 0.60 mm。

目前对上舵承安装一般所采用以下两种方法。

(1)把舵扇上舵杆装上船后，现场决定上舵承座的高度尺度(上舵承座平面已在内场加工完毕)然后割对高度，焊接，再安装滚动轴承等部件。

(2)根据舵系拉线及依样棒定位上舵承座，然后对上舵承座内孔及平面镗削到图纸和样棒尺寸要求，再安装滚动轴承等部件。

第二部分 轴舵系安装工艺(16 000 t级货船)

一、轴系施工前要求

轴系定位前要求船体下到工程结束。

1. 后半岛主甲板以下,主船体结构焊接结束(包括5舱货舱舱口围板)。
2. 船体上层建筑结构焊接及火工校正结束。
3. 上述范围内的船体舱柜水密试验结束。
4. 楞木装置符合的图纸要求,必要时作适当加强。
5. 船体基线测量结束并作出记录。

二、准备工作

1. 在船体舯剖面40处,艉部F-2处,及上舵承上方和舵柱座孔下方各装一只拉线挂重架子。

2. 将艉轴管重磅用支撑及轧头临时固定在F12隔舱壁上,并注意螺孔位置应与图纸相符,如图6-3所示。

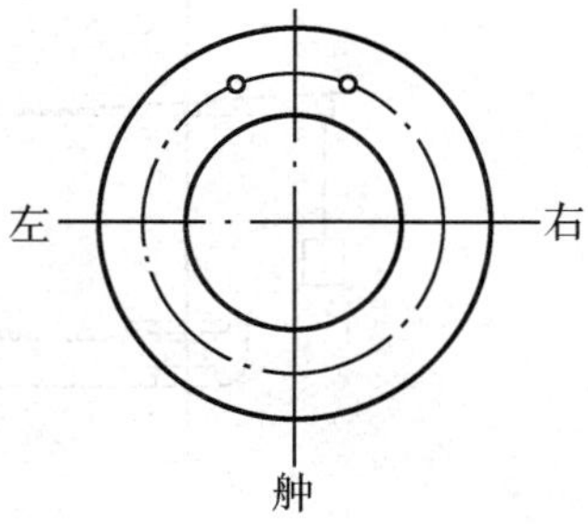

图6-3 艉轴管固定

4. 舵柱孔上、下二面,装上拉线板,将内场加好的上舵承座子吊入舵机舱内。

5. 采用钢丝应无硬折,直径和各点下垂量和挂重可参照表6-1:

表6-1 直径和各点下垂量和挂重参照表

钢丝直径	A	B	C	D	挂重/kg
0.8	2.9	4.3	5.2	5.1	60
0.9	3.2	4.6	5.7	5.5	70
1	3.2	4.7	5.7	5.6	85

三、轴系拉线、定位

钢丝中心应与船体纵向中心线重合,允差0.5 mm。

上下基准:艏部距二侧基座面板1 480~1 490 mm。

艉部距基线3 530 mm。

1. 检查艉柱轴壳ϕ840 mm及ϕ850 mm两道尺寸应有足够加工余量。
2. 轴系定位时校对舵系中心线二者相交并垂直用样板检查其不垂直度≯1毫米/每米。
3. 检查F12重磅与钢丝垂直度应不大于3 mm否则调整。
4. 根据钢丝下垂量,检查并记录中间轴承垫片,主机前后端垫片厚度。中间轴承中心高度为重磅200 mm×200 mm×15 mm要求采用铸铁垫片,厚度在25~75 mm间。

5. 拉线要求在晚间或阴雨天进行,以免日光照射引起船体变形。

6. 检查验收后将 F12 重磅调整至与钢丝中心同心(应考虑下垂量)然后均匀点,焊牢船体。

7. 焊接后复拉线(要求同上)在轴壳出口处及 F12 座板孔应同心,其不同心度小于 0.1 mm。

8. 安轴系布置图及主机安装备划样棒,并焊接中间轴承及主机重磅垫片。以上可见图 6 – 4 所示。

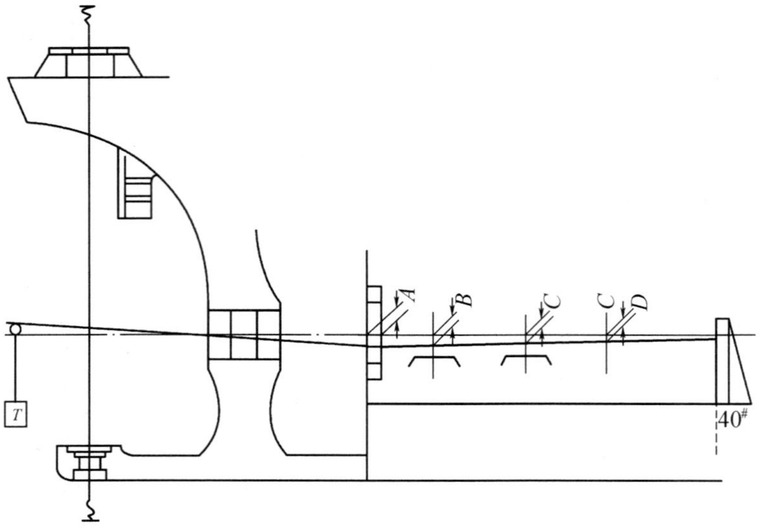

图 6 – 4　轴系拉线、定位

四、镗孔及拂磨基座重磅

1. 镗孔至比图纸尺寸小 1 mm 时,应停止进刀。进行复查如无偏差就可精镗加工。

2. 镗削要求

(1)孔的表面光洁度不低于 ∇5

(2)镗削中心与原轴系定位中心偏差小于 0.1 mm,艉轴孔与 F13 座板孔应同心其同轴度小于 0.1 mm。

(3)艉柱轴孔端面及 F12 座板端面与轴孔中心线垂直度小于 0.15 mm/m。

(4)孔的圆度和柱度均应小于 0.03 mm。

3. 中间轴承座与主机座重磅平面要修整,色油接触要求为均匀 2 ~ 3 点/英寸,且向二舷倾斜 1\100 – 1\150。

4. 艉轴管外径按镗孔尺寸配松 0.20 ~ 0.30 mm,并划出长度样棒,交送轮机部门。见图 6 – 5 所示。

五、压入艉轴管、压入艉轴

1. 艄端法兰与重磅平面间垫 4 ~ 5mm 青铅垫片,艉柱前端面放“O”型圈,要确保水密。

2. 螺母旋前特别注意清洁,并涂上润滑剂以防咬死。

3. 螺母敲紧后,要求艉柱与轴壳平面贴合,0.05mm 不能塞入。

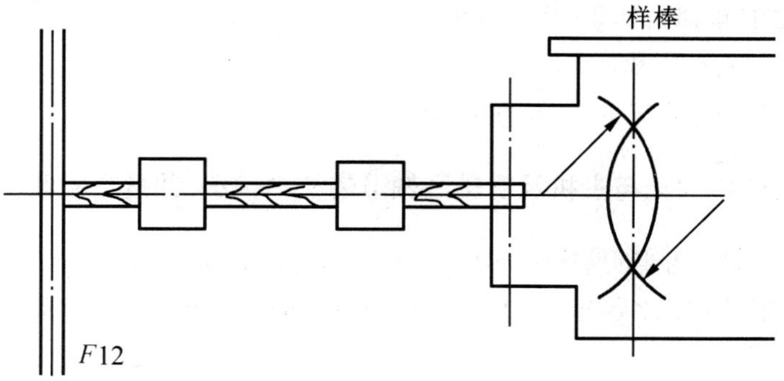

图 6－5　镗孔及拂磨基座重磅

4. 艉轴穿入后，测量艉轴与艉轴管两端上、下、左、右间隙，作出记录应符合图纸要求。

六、压入车叶（螺旋桨）

1. 车叶橡皮密封圈的厚度，应保证车叶压入后有 3～4 mm，内圆过盈。

2. 用液压螺母压车叶时，要求车叶轴向移动量为 2.5～2.8 mm，并记录油泵油压（从车叶与艉轴锥形端刚好全面接触开始计算，此状态轮机车间在铜套上刻有记号）

3. 当车叶轴向位移量达到 2.5 mm 而油泵的油压已经达到 400 kg/ cm 时，应停止压车叶工作，检查原因。

4. 车叶压入后用撞锤液压螺母敲紧，然后用止动块锁紧。

5. 导流罩内腔应浸注牛油、石蜡、平面加装填片。

七、安装艉轴管填料函（58 mm 的牛油盼根）

总数 7 圈，每圈盼根长度应两端刚好接拢，各道搭口相互错开。如不下水，应从轴系冷却水管上处接临时水管，经常对铁梨木轴承进行湿润。

八、轴系初步找正

1. 准备工作

（1）检查中间轴承，应在下部 60°范围内接触面积达 75% 以上，修拂二侧向下 －1/4 弧长内腔，径向间隙每边 0.20～0.25 mm，中间部分增加 0.05～0.10 mm。

（2）油环应经修正，圆度不超过 3 mm，接合板不应高出表面，并去除毛刺修正光滑。

（3）上盖挡油片与中间轴颈间隙 2～3 mm。

（4）轴承内腔应清砂清洁，串盖用纸柏压紧轴颈，使其不能转动。

（5）艉轴法兰的平面至 F12 距离为 1 621 mm。并作出轴进出尺寸记录。

2. 用校联轴节位移及歪斜法进行。

艉轴对中间轴。法兰外圆平面 0.05 以内（希望下叉口）

主机油池定位同时校正输出轴与中间轴联轴节偏移和曲折值。

要求：曲折 <0.1 mm/m。

偏移左右 <0. 1 mm。

主机上、下比中间轴高 0. 2 ~0. 25 mm。

找正后用支撑固定。

3. 下水后复校中间轴与主机,防止转动。

九、下水后复校中间轴与主机及艉轴联轴节的校中情况,并提交验收

1. 要求偏移主机比中间轴高 0. 05 ~0. 10 mm 之外,左右 <0. 10 mm 曲折 <0. 15 mm/m。

2. 中间轴承定位:垫片要求沾色油均匀。0. 05 mm 不能插入,局部 0. 1 mm 插入深度 ≯15 mm。

3. 中间轴与主机输出端联轴节镗孔(参照配合螺栓技术条令)

4. 联轴节螺栓连接后,测量曲轴甩挡值 <0. 15 mm

十、舵系安装工艺

1. 舵系拉线与轴系同时进行。上部以舵机舱舯心线为基准。前后距 F0 向后 450 mm,同时应检查距艉柱法兰平面应为 380 mm ±3 mm,下部应为 F0 向后 450 mm。同时校对舵柱承座处中心 $\phi324$ 应有足够加工余量如图 6 -6 所示。

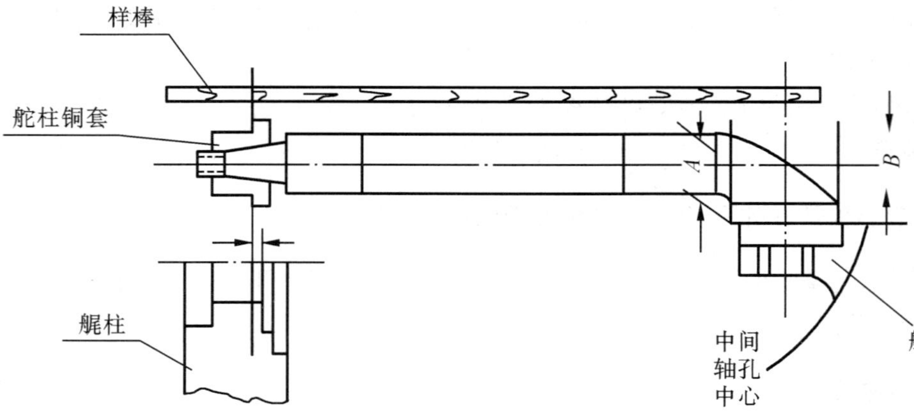

图 6 -6 舵系安装工艺

2. 记录钢丝线距艉柱法兰平面在 $L = 700$ mm 长度上二点尺寸交轮机车间加工。并划出中心线及螺孔样板,以螺孔的中心为基准(在舵柱法兰上钻孔 $\phi6 \sim \phi82$)。

3. 画出舵柱样棒,以确定艉柱平面加工切削量。实际加工量可取 1 ~2 mm。

4. 上舵承内孔按钢丝校圆,平面校对角尺。

5. 检查舵叶在艉柱内间隙应有 60 ~75 mm。

6. 画出舵系总长样棒,割准上舵承并点焊初步定位,见图 6 -7 所示。

7. 镗孔、安装摩擦片、衬套。

舵柱衬套外口安装(0. 02 ~0. 05 mm 间隙)

8. 舵叶安装

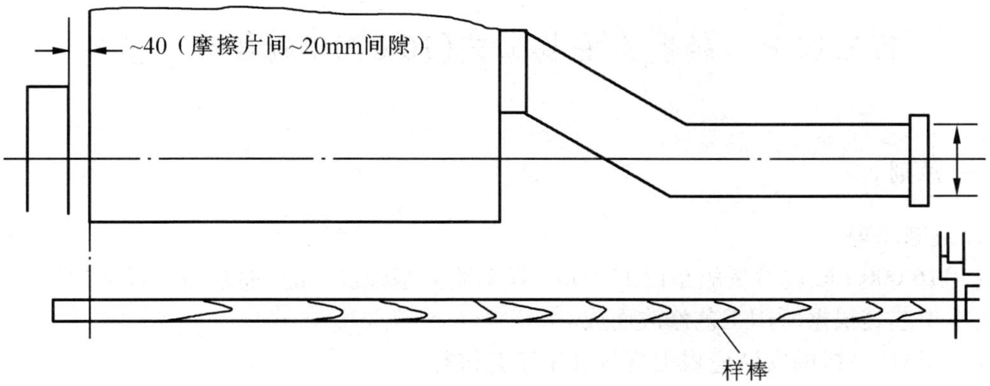

图 6-7　点焊初步定位

(1)上舵杆自下部吊入舵承座。

(2)安装舵叶与舵柱(预先将舵柱安装于舵叶内)。

(3)用千斤顶渐渐将舵柱松入衬套孔中，待位置调准后将舵销垫圈、螺帽装上、敲紧，封板前应塞满牛油。

(4)安装舵柱法兰，螺钉与艉柱法兰固定。镗孔 4 ~ ϕ90 紧配螺孔，2 ~ ϕ90 松配螺孔。(参照配合螺栓技术条令)。

(5)舵杆、上舵承安装。

上舵杆放下与法兰接触时，旋紧定位螺栓，二法兰平面应紧贴。在舵叶本体下部用千斤顶将上舵杆调准，测量上、下铁梨木套四周间隙后焊接上舵承座，安装上舵承(下部垫帆布垫片)、密封环和轴承压盖等零件。

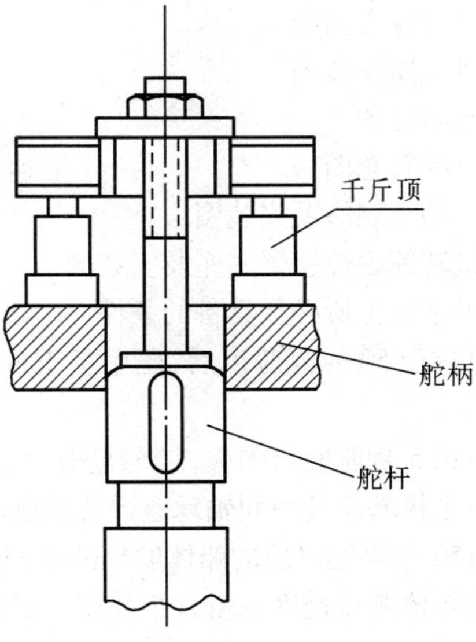

图 6-8　转舵灵活性试验

9. 转舵灵活性试验及“0”位校对

舵系安装后以 2 ~5 人用绳子能将舵叶左右转动灵活，并将舵叶实际“0”位刻录于舵机舱内。

10. 舵柄安装

(1)配合间隙 0.02 ~0.05 mm 压入。

(2)高低位置视舵机垫片约 40 mm 左右。

(3)楔形销子“三位”应有 0.5 mm 间隙，平面方向拂入 60% 长度接触，全长埋在槽内，如图 6-8 所示。

11. 下水前将舵系固定，防止舵叶转动。

第三部分　轴舵系安装工艺(16 000 t货船改进型)

一、总则

1. 编制原理

(1)16 000 t改进型货船是以16 000 t煤矿船为基础设计的，轴系的布置结构无大的变化，故本工艺是根据所用工艺修改而成。

(2)MAN主机的安装应根据现场施工工艺进行。

2. 轴系定位方法

(1)轴系用拉线法方法，主机油池平面用照光法找正。

(2)在船台上安装主机大件。

(3)下水后核对中间轴承定位并检查整个轴系的对中情况。

3. 主要参考图纸

主机机座安装图

轴系布置图

艉轴艉管总图

中间轴承底座及安装图

主机转速表传感器底座及安装图

4. 轴系定位所必须具备的条件

(1)位于50号隔舱以后，艇甲板下的所有船体结构的焊装工作及火工校正工作全部结束。

(2)第5货舱舱口围板，77号肋骨以后的舷墙的焊接及火工校正工作结束。

(3)主机基座及中间轴承座焊装结束。

(4)50号隔舱以后的船体舱柜的水密试验结束。

(5)船体基线挠度测量合格并作出记录，另外则应加强支撑楞木。

二、轴系拉线定位

1. 以船体舯剖面上F41和艉柱后端入距基线3 530 mm ±5 mm的二点为基准拉出一根直径为0.8 ~1 mm，无纠结及扭曲的钢丝。(注意在二点处的距基线高度的公差要同方向)。

现将几个点钢丝垂度计算结果列表6 -2，供参考。

2. 根据钢丝的中心(并考虑到钢丝垂度)，安装12号隔舱座板，要求座板中心线的垂直情况，在直径范围内的垂直度小于5 mm，则座板或12号隔舱应时行修正，然后安装及焊接。

3. 根据钢丝线来确定主机和中间轴承焊接垫片的左右位置；以12号隔舱为基准，用样棒定出焊接垫片的前后位置，使垫片与基座紧拼，贴合后焊接固定。

表 6-2　钢丝垂度计算结果表

钢丝直径 /mm	q /(10^{-2}N/m)	T /N	T /mm	B /mm	C /mm	D /mm
0.8	3.946	600	3.02	4.455	5.80	5.516
0.9	4.99	700	3.275	4.88	5.74	5.98
1.0	6.17	850	3.335	4.92	5.815	6.09

注:*D* 点位于主机推力轴法兰和中间轴法兰结合面。

4.分别测量中间轴承座上平面及主机座上平面到轴系中心的位置,从而确定中间轴承和主机的垫片厚度。要求钢制垫片厚度大于 12 mm,铸铁垫片厚度大于 20 mm。

5.轴系与舵系中心线垂直度小于 1.0 mm/m,相交度小于 0.5 mm(见位置公差即尺寸公差)。

6.隔舱座板焊接工作结束后,以钢丝线为中心(应考虑钢丝下垂量),在艉柱前后平面及 12 号隔舱座板平面上画出镗孔圆和检查圆。

注意:此工作应在无日照及无温度急剧变化的情况下进行,拉线要求与前面所述相同。

三、镗孔及垫片平面加工

1.艉轴和隔舱座板按镗孔圆为基准进行镗孔,直到比图纸尺寸小 1 mm 左右时,以检查圆为基准进行复查,中心偏差应小于 0.10 mm,复查合格后开始精镗。艉柱两端平面待镗孔提交验收后进行加工。隔舱座板平面若需加工,也必须在轴管孔提交验收后进行。

2.镗削要求

(1)上述孔和平面的粗糙度不低于 ∇5。

(2)镗孔后的实际中心与理论偏差小于 0.10 mm,艉轴孔与 12 号隔舱座板孔的同心度小于 0.01 mm。

(3)艉柱轴孔两端面及 12 号隔舱座板端面与轴中心线的垂直度小于 0.10/m。

(4)艉柱轴孔和隔舱座孔的圆度和锥度均大于 0.07 mm。

3.中间轴承座和主机座固定垫片的加工要求,用平板色油检查。色油斑点不少于 3 点/平方寸并分布均匀。垫片应两侧倾斜,其斜度为 1/100~1/50。

4.艉轴管外径按镗孔尺寸入间隙 0.10~0.20 mm 通行加工;艉轴管的长度样棒应根据艉柱前端面到 12 号隔舱座板表面的距离划出,见图 6-9 所示。

5.镗孔后,以艉柱后端和 12 隔舱的孔为基准,复照光检查主机机座在主机基座上的左右位置,检查主机垫片厚度。再根据主机机座做出主机底脚螺孔位置样棒,用此样棒在主机座上划出底脚螺孔、钻孔、刮平面。同时,做出中间轴的长度样棒。

四、压入艉轴管及引进艉轴

1.压艉轴管时应注意轴衬的偏心方向(正确位置是:木层压板轴衬的压条应位于左右及正上方)。

2.艉轴管压紧后,用艉轴管螺母锁紧(螺母旋入前应去毛刺,涂上润滑剂)艉柱与艉轴管螺母接触应均匀。

3.引入艉轴,艉轴法兰前端面与 12 号舱座面之间距离为 1 625 mm(若船体的累计误差

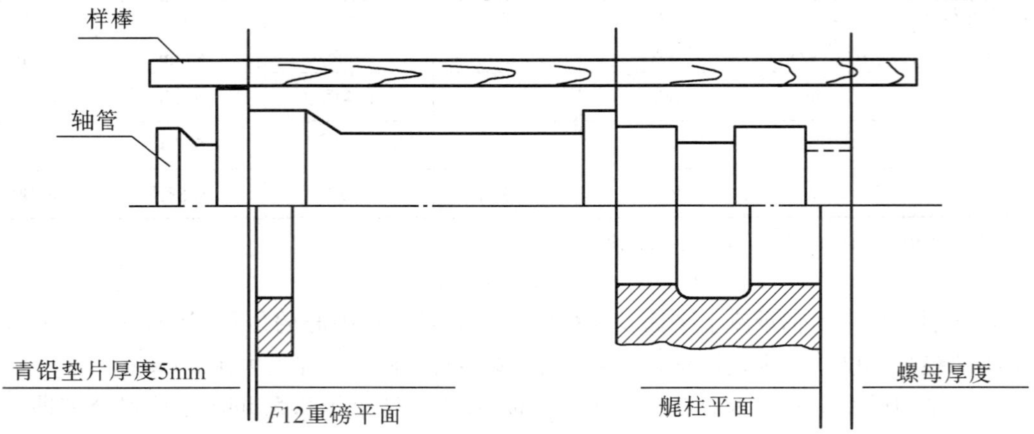

图 6-9　镗孔及垫片平面加工

太大,则另行商定),然后复查艉轴与轴衬的间隙(2~2.35 mm)。

4. 船舶下水前,艉轴应作临时支撑固定,以防转动松动。

五、压入螺旋桨

1. 压螺旋桨前,预先往轴上套入已胶合好的"O"形密封圈(图号:略)。

2. 在现场测量桨毂与艉轴锥体部分的温度,根据艉轴管(总图)该技术要求中的图表,求出螺旋桨的轴向位移量 X。

3. 以液压螺母内的油压等于 250~200 N 的位置作为"0"位,轴向压入 X mm。注意其压力不应超过 4 590 N/cm。

4. 螺旋桨压至预定位置后,敲紧液压螺母,再焊上止动块。

5. 安装螺旋桨帽时内部应充满黄牛油或石蜡。连接螺钉头需用水泥涂上覆盖。

六、艉轴填料箱的安装

艉轴填料用 60×60(±2)的牛油盼更,总用数为 6 根,安装时要求每一根压入尺寸,确保压平并作出记录后再压第二根,且各根之间的接口(搭口间隙 5~10 mm^2)要错开。下水前不压得过紧,待下水后及轴系运转时再调整盼更的压紧情况以保证有少量的水从填料处漏出。

七、中间轴承初步定位

调整中间轴承的位置,使中间轴法兰与艉轴法兰的外圆和平面歪斜均不大于 0.005 mm。

八、主机机座定位并照光

1. 主机机座及曲轴吊进机舱,调整机座油池位置,使曲轴的法兰与中间轴法兰的平面歪斜不大于 0.10 mm/m,左右偏移不大于 0.10 mm,在上下方向曲轴法兰应高出 0.10~0.25 mm;机座找正后,固定。

2. 然后进行机座平面照光，校甩档、拂制基准垫片。基准垫片的固定、机座平面照光，拂配的垫片等工作，具体要求均见车间工艺。

3. 垫片拂磨要求：用色检查，接触面要大于 70%，接触处要求 0.05 mm 的塞尺插不入，局部可允许插入，但深度不大于 15 mm。

4. 安装主机底脚螺栓

(1) 非紧配螺栓安装时要调节球面垫片，使其与主机座均匀接触。然后用液压拉伸器上紧。要求拉伸器内油压为 3 500 N/m^2。拉紧后在球面垫片 90% 周长内，0.05 mm 的塞尺不能插进。

(2) 紧配螺栓孔度要求，圆柱度不大于 0.03 mm，圆度不大于 0.02 mm，螺栓按铰孔尺寸（±0.01 mm）配制。要求螺孔和螺栓的锥度方向均为顺锥。

九、主机部件吊装

吊装程序及要求见工艺（略），其中部分工作可在下水后进行。（但必须重点注意柴油机内十字头与连杆组合件的轴瓦，内有否进水，在轴瓦要注足润滑油直到排出，观察其油内有否混入，要求将水分排出为止）。

十、中间轴承最后定位

1. 下水后复测中间轴与主机曲轴、艉轴联轴节的校中情况要求如下：

(1) 中间轴与艉轴：外圆偏移大于 0.10 mm，平面歪斜不大于 0.15 mm/m。

(2) 中间轴与曲轴：主机曲轴比中间轴略高 0.05 ~ 0.10 mm，外圆左右偏移不大于 0.10 mm，平面曲折不大于 0.15 mm/m。

(3) 轴系定位后，拂磨中间轴承垫片，要求色油检查时，斑点均匀，0.05 mm 塞尺不能塞进，局部地方允许 0.1 mm 塞尺插入，但深度不得大于 15 mm。

(4) 中间轴承座上的紧配螺栓孔度要求柱度不大于 0.02 mm，圆度不大于 0.001 mm，锥度方向应为顺锥。其紧配螺栓按铰孔尺寸 0.005 mm 配制，中间轴承座面板的背面应刮平，中间轴安装后，螺栓头部、螺母与基座紧密接触，在 90% 的周长上 0.05 mm 的塞尺不能插入。

2. 中间轴与主机曲轴联轴节的铰孔要求。

(1) 螺栓孔度 ∇5，柱度不大于 0.03 mm，圆度不大于 0.02 mm。所有螺孔的锥度方向应统一。

(2) 螺栓按铰孔尺寸（+0.01 mm）配制。

3. 所有联轴节螺栓拧紧后，检查并记录主机曲轴的臂距差值。

第四部分　轴舵系安装工艺（21 000 t 级货轮）

一、说明

1. 轴系定位原则

(1) 轴系采用拉线照光定位法，定位时应在无日照和无温度变化的情况下进行。

(2)船台上对主机进行初步定位,和主机大件进行安装。

(3)船舶下水后轴系按工序进行计算校中和安装。

2. 主要参考图

轴系布置图

艉轴管总图

中间轴承(ϕ630)结构图

主机机座安装图

中间轴承座安装图

二、轴系定位前要求船体下列工程结束

1. 船体后岛主甲板以下(包括第五舱之围板及舷墙)大合拢配,火工焊接等工作结束。

2. 上述范围内的船体舱柜密性结束。

3. 船底楞木布置符合有关图纸要求,必要时作适当加强。

4. 船体艉岛基线挠度测量结束作出记录。

5. 在艉尖舱安装艉轴管部位下面,按图敷设水泥。

6. 以船体纵剖面 41T 和艉柱后 F—2 处距基线 3 450 mm 的两点为基准拉一根 ϕ1 mm 钢丝线,钢丝线中心应与船体纵向中心重合,两点的尺寸公差要求同向。

7. 钢丝应无纠结和扭曲,直径可取 1. 0 mm,轴系任意点钢丝下垂量按下式计算

$$Y=\frac{qx(l-x)}{2T}\ \text{mm}$$

式中　q——均布负荷(钢丝线每米质量);

l——测量段钢丝总长,m;

x——计算挠度处的距离,m;

T——拉力,N。

轴系各点位置的钢丝挠度见表 6 – 3:(克/米)

表 6 – 3　轴系各点位置的钢丝挠度

钢丝直径 mm	拉力 N	均布载荷 ×10⁻² N/m \ 轴系测量部位均布载	B /mm	C /mm	D /mm	E /mm	G /mm	H /mm
1. 00	850	6. 17	6. 636	7. 785	8. 247	8. 112	0. 800	3. 995

8. 检查艉柱轴壳前、后孔径(ϕ840、ϕ850)应有足够的加工余量。

9. 根据钢丝中心(考虑钢丝下垂量)将临时固定在 F12 舱壁上的艉轴管座板板中心调整至钢丝中心,均匀点焊牢固后焊接。检查座板平面不垂直度应不大于 3mm 否则要调整,加工修正。

10. 以钢丝中心线为主机中心线,定出主机固定垫片的左右位置及中间轴承座中心的位置,以隔舱为基准,用样棒定出固定垫片的前后位置和中间轴承座的前后位置,然后焊

牢。要求焊接垫片与船体平面良好贴合。

11. 分别测量钢丝中心至中间轴承座上平面和主机座间的距离，考虑钢丝的下垂量计算出中间轴承垫片和主机座前、后端的垫片厚度，要求铸铁垫片厚度在 25 ~ 75mm，钢质垫片不得小于 12mm。以上可见图 6 – 10 所示。

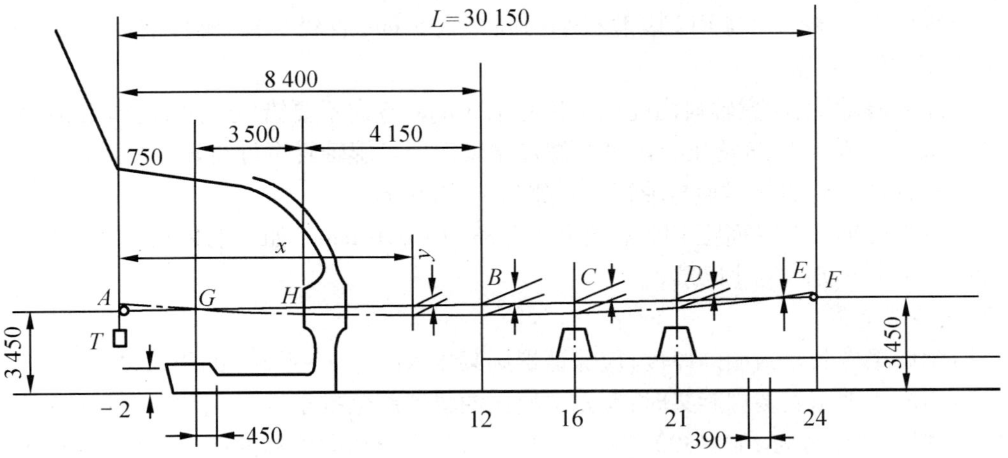

图 6 – 10　轴系定位前准备工作

四、轴系拉线定位

1. 定位基准：要求与预拉线相符。

2. 以钢丝中心（考虑下垂量后）为圆心，分别在艉柱轴壳前后，平面及 F12 隔舱座板上划出检查圆和镗孔圆，打上圆冲眼。

3. 用样棒弯出中间轴的实际长度并交轮机部门加工。

五、镗孔及固定垫片平面的磨削

1. 镗孔在比图纸尺寸 1 mm 时应停止进刀，以检查圆为基准，对镗孔中心进行复查。各道中心各检查圆中心与各检查圆中心偏差小于 0. 10 mm 时，可精镗加工。

2. 镗削要求

（1）孔和平面的精度不低于其图纸的加工要求。

（2）镗削中心与原轴系定位中心偏差小于 0. 10 mm。

（4）艉柱轴壳两端 f12 隔舱座板平面与轴孔中心线垂直度小于 0. 15 mm/m。

（5）艉轴孔的圆度与柱度均不大于 0. 10 mm，f12 隔舱孔的圆度不大于 0. 10 mm，柱度不大于 3 mm。

（6）中间轴承座与主机座固定垫片的磨削要求色油均匀，每 25 × 25 mm 有 3 点以上，斜度为 1/100/ ~50 要求向二舷倾斜。

（7）艉轴管外径按镗孔尺寸配合间隙 0. 15 ~ 0. 20 mm 车配，f12 隔舱舱处间隙 0. 20 ~ 0. 30 mm，并划艉轴管长度样棒送轮机车间，按样棒及图纸要求加工艉轴管各部分尺寸。

五、A 主机定位与复照光，详见“主机安装工艺”文件

六、艉轴管、艉轴、螺旋桨等部件的安装

1. 安装艉轴管及艉轴

（1）艉轴管前端法兰与 F12 隔舱板平面间垫上 5 mm 青铅垫片，艉柱前面放 ϕ4.5 mm “O”橡胶圈，确保水密。

（2）压入艉轴管，注意轴衬内孔向上偏心 1.3 mm，方向不要错（艉轴管螺母旋前要去毛刺清洁后涂以润滑剂以防咬死。）艉轴管螺母敲紧后要求艉轴管螺母与艉柱接触均匀。

（3）艉轴穿入后测量艉轴与轴管的间隙 2.4 ~ 2.6 mm。

（4）测量艉轴法兰平面距 F12 隔舱平面距离为 1 610 mm。如果船体尺寸误差较大，则现场商定，并作出实际尺寸记录。

2. 安装螺旋桨

（1）螺旋桨橡胶密封圈的厚度，应保证螺旋桨压入后有 3 ~ 4 mm 的压缩量。

（2）用液压螺帽安装螺旋桨时，首先向液压油将螺旋桨推至锥形端与之全面接触位置，这时液压螺帽内压力为 200 ~ 300、300 ~ 500 N/cm^2，作为轴向位移的起点，要求轴向移量为 2.5 ~ 3.5 mm。压入或拆卸螺旋桨时的油压均不超过 4 000 N/cm^2。以上可见图 6 – 11 所示数值。

当环境温度为 t 时的压入螺旋桨时，要求螺旋桨和艉轴温度一致，不考虑由于温度影响之轴向位移量的修正值。

（3）螺旋桨压入到要求位置后，油压保持 5 分钟，然后油泵油压卸压，然后用艉轴螺帽扳手扳紧螺帽，装上止动片。

（4）导流罩内腔注满 2 号铝基润滑脂（ZU – 2）SYB1408—59。

3. 安装艏部填料密封装置

（1）选用油浸麻盘根规格 60 mm 边长，总圈数为 6 圈（分油环前 3 道、后 3 道）。并测量盘根的实际宽度和厚度。

（2）量取每圈的长度应保证尺寸正确，切口应平等，整齐，无散的麻线线头。

（3）按图纸先放入分水环，每根盘根圈应单独均匀顺力压入，压入 3 圈后，测量注油孔与分油环的实际位置。装入分油环，随后分别单独压入 3 圈盘根，最后装填料压盖，用 8 只螺栓顺势均匀旋紧，测量压盖平面与艉轴和平面距离应均匀相等。

（4）压入填料时要求：每根填料根圈应单独均匀顺力，每圈填料根的接口必须交替错开位置 120°，每根接口处留有缝隙 60 mm。

（5）在动车前填料压盖不要上紧，但允许松到压盖超出填料密封装置，可根据动车时的泄漏情况来调整，允许有少量的水流出，以填料密封装置的测试不超过 60 ℃。

（6）填料压紧要适度，不允许先压紧再松，更不允许在下水时，用压紧填料根的方法来紧固艉轴防止松动。

七、轴系的校中及定位安装

1. 检查中间轴承

（1）应在轴瓦下部 60°范围内接触面积 75% 以上，修刮二侧向下近 1/4 弧长内成楔形。

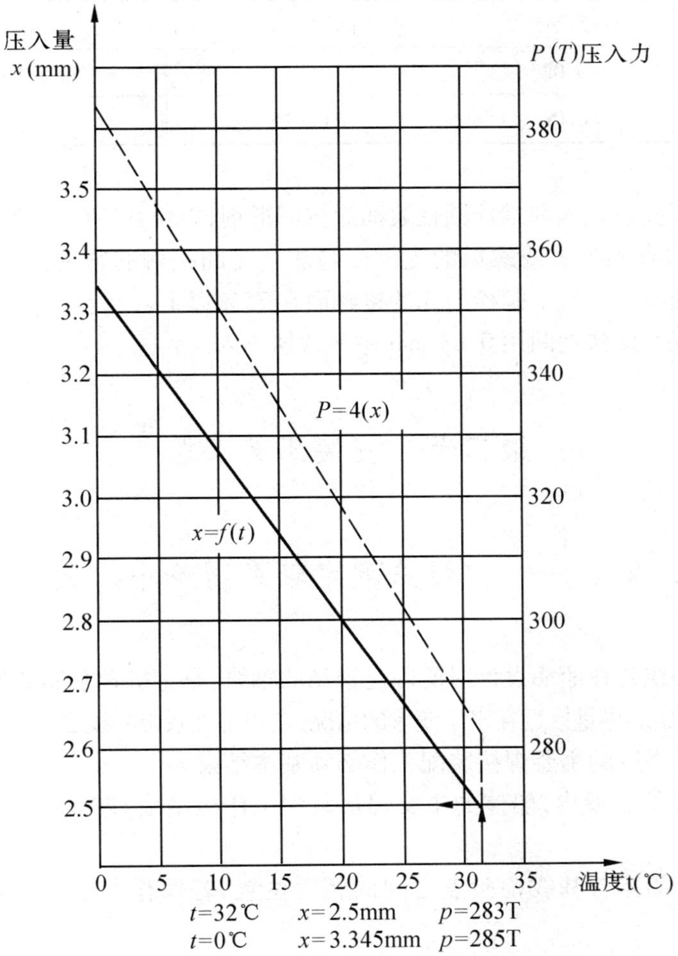

图6-11　安装螺旋桨

轴承安装后的间隙为0.65～0.80 mm。

(2)油环应经修正,圆度不超过3 mm,两半环的接合板应平整不高出油环表面。

(3)上盖挡油片与中间轴颈间隙为2～3 mm。

2.船台上进行主机组装。下水时应将主机脚螺栓临时上紧。

3.同时下水时亦应将艉轴用临时支撑固定,以防转动。

4.下水后按对计算校中曲轴法兰与轴法兰偏移和曲折值。

5.中间轴承座定位:垫片要求色油均匀,0.05 mm厚薄片插不入,局部允许0.1 mm厚薄片插入10 mm,应为顺锥,其紧配螺栓按绞孔尺寸0.005 mm配制。

6.中间轴承座上的紧配螺栓孔粗糙度要求,柱度<0.02 mm,圆度<0.01 mm,锥度方向为顺锥,其紧配螺栓按绞孔尺寸<0.005 mm配制。中间轴承座面板的背面应矫平,中间轴承安装后,螺栓头部、螺母与基座应紧密接触。

7.中间轴与推力轴法兰螺孔要求铰制。螺柱粗糙度不低于螺孔铰孔后的粗糙度。螺孔与螺栓的圆度和柱度要求见表6-4:

表 6 – 4 螺孔与螺栓的圆度和柱度要求

	柱度/mm	圆度/mm	备　注
螺孔	>0.02	<0.02	锥度方向应为顺锥
螺栓	<0.02	<0.015	

8. 安装紧配螺栓在孔内和螺栓圆柱表面涂抹润滑剂，以免在装配时拉毛。

9. 安装后应检查螺栓头或螺母的支撑面与法兰之间接触的紧密性，在 75% 圆周长上 0.05 mm 厚薄片插不入。锥形螺栓与孔的接触面在 75% 以上。

10. 连接螺栓后，两法兰间用 0.03 mm 厚薄片插不入。

第二节　安装工艺实验

实验一　拉线法测定轴系理论中心线

轴系理论中心线是在船舶设计时所确定轴系的轴线，是主机轴系安装的基准。

为了做到船体变形尽量接近在水中变形的情况，在测定轴系中心线之前，应具备下列条件：

1. 影响船体总强度的主要焊接装配工作必须基本结束。

2. 轴系所通过的区域内，船体的主要焊接装配工作应结束，该区内隔舱水密试验也应结束。

3. 应定期检查船体与基线检验点之间的相对位置，若偏移大于 3 mm，即应调整楔紧骨墩。

4. 轴系构件等（如人字架、轴承基座）均已焊好。

5. 建议在阴天或晚上进行测定工作，以防日晒而引起不均匀的船体变形。

6. 保持船内安静，停止敲击，振动的工作。

确定轴系理想化中线的方法主要有拉线法和光学法两种。拉线法是几十年来一直沿用的传统工艺方法，不需特殊设备，操作简单，比较方便，所以至今未予淘汰。但钢丝本身因自 而有下重量，且钢丝空间测量较困难，精度不高，比较花费时间，测量精度很大程度依赖于工人的技术熟练程度和经验，所以目前一般用于轴系长度小于 20 米的小型船舶。

不论是拉线法，还是光学法，都是根据艏艉二基准点来确定轴系理论中线的所在位置。那么，如何确定艏艉基准点的空间位置呢？这可以从轴系布置图中得到，一般由轴系中心引申到隔舱壁上标出。

1. 基准点纵向位置的确定：常按轴系布置图上所指定的肋位，将艏基准点设在机舱前隔舱壁的肋位上，艉基准点定在零号肋位上，在船首的基准点为艏基准点，另一基准点为艉基准点。

2. 基准点垂直位置的确定：普通和钢直尺在指定的船体肋位上，从中龙骨或双层底上的船中线的标注线向上量取规定的高度数值。

基准点的高度可用连通管水平仪从船台的标高尺上规定的艏艉基准点高度引入船内，

以水平玻璃管内的水线作为基准点的高度标准，此法比钢直尺测量精度要高。见图 6 - 12 所示。

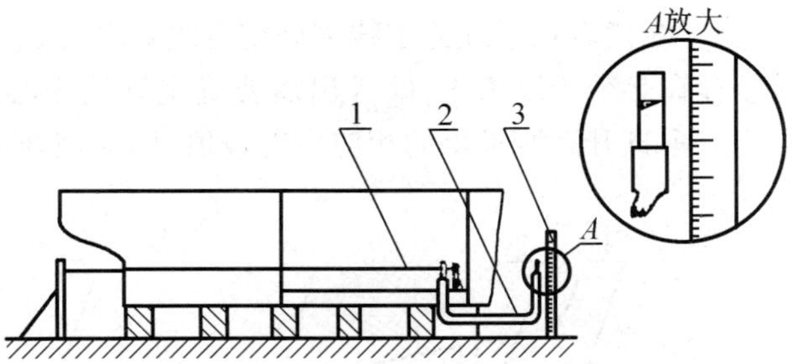

图 6 - 12　用连通管水平仪定基准点位置

1—钢丝线；2—连通管水平仪；3—标尺

3. 基准点水平位置的确定：对单轴系来讲，在船台上可用吊锤对准船中线来确定，也可用钢直尺从两舷左右分中确定，若是双轴系则在双层底上和船台上，根据轴系布置图上规定的艏艉基准点距中的距离，划出轴系中线的投影线，然后再用吊垂办法确定基准点的左右位置。

在拉线前，应在钢丝通过的所有隔舱壁开孔，孔的位置按轴系中线设计位置（高低、左右）大致确定下来，孔径不宜开得过小，一般为成品圆的 1/3 ~ 1/2 即可。

拉轴系中线时，在舵系中心线之后和主机前 0.5 ~ 1 m 处（或规定的前、后肋位的前后 0.5 ~ 1 m 处）。竖立艏艉两个拉线架，并拉一根直径 0.5 ~ 1 mm 处的钢丝，按轴系长度选用直径适中的钢丝，太细易断，太粗不易拉直。

为了尽可能减小钢丝自重下垂所造成的测量误差，应给予尽可能大的拉紧力，一般取拉紧力的数值等于钢丝拉断强度的 70%~80%。通常，拉紧钢丝的办法有两种：一是在钢丝的一端挂一重物，其重量等于规定的拉紧力数值；另一办法是用松紧螺旋扣收紧，钢丝承受拉紧力的大小由弹簧拉力计表示出来。以上可见图 6 - 13、6 - 14 所示。

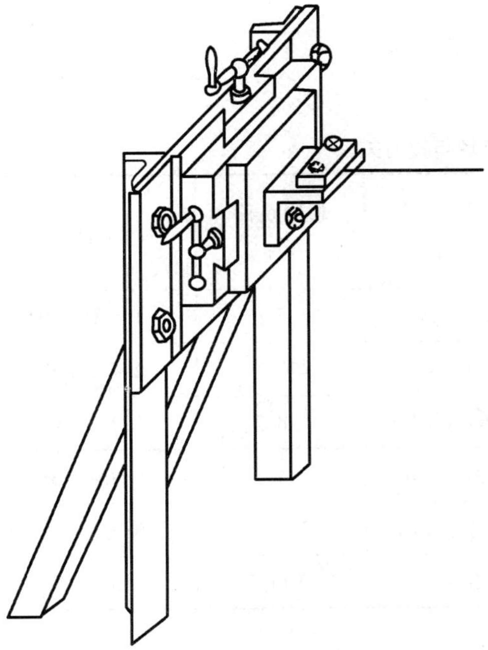

图 6 - 13　拉线工具

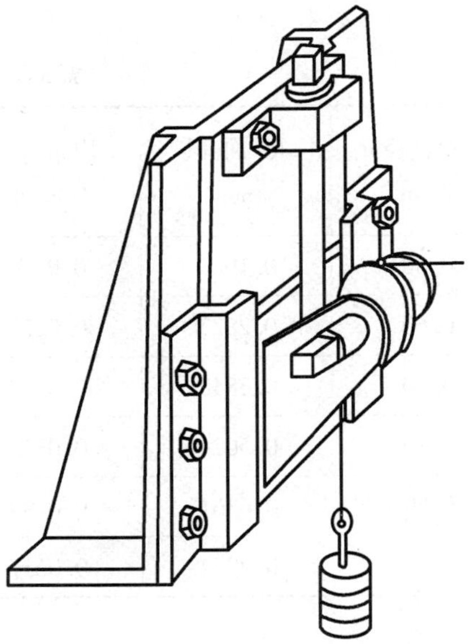

图 6 - 14　拉线工具

尽管如此，由于钢丝的自重仍会产生挠度，而且拉线长度愈长，相应的挠度就愈大，因此，以钢丝线代表轴系理论中线来确定各隔舱壁，人字架轴毂孔等处的理论中心点时，必然有误差存在必须予以修正，即求出需要确定理论中心点处的钢丝挠度，然后将由钢丝定出的中心点垂直升高所求得的相应挠度数值，即为该处理论中心点的正确位置。见图6－15。

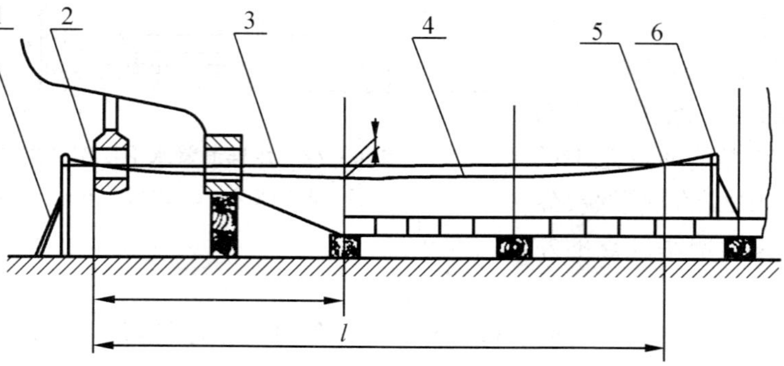

图6－15　用拉线法确定轴系中心线

1,6—拉线架;2—艉基准点;3—轴系理论中线;4—钢丝线;5—艏基准点

钢丝线在不同位置处的挠度 y 可由下列公式求出

$$y = \frac{qx(1 - x)}{0.99 \times 2T} \quad \text{mm}$$

式中　q—— 均布载荷，N/m；

x—— 所求挠度处到基准点的距离，m；

l—— 艏艉基准点之间的距离，m；

T—— 拉力，N；

0.99—— 修正系数。

表6－5　钢丝直径与拉力关系

钢丝直径 d /mm	断面积 /mm³	均布负荷 /(N/m)	极限应力 /Pa	极限负荷 /N	推荐拉力
0.50	0.1963	0.0156	1667.2×10^6	327.6	196.0～294.2
0.60	0.2827	0.0222	1569.1×10^6	470.7	294.2～392.3
0.70	0.3848	0.0302	1569.1×10^6	598.2	392.3～490.4
0.80	0.5026	0.0375	1520.1×10^6	784.6	539.4～637.5
0.90	0.6361	0.0499	1520.1×10^6	970.9	686.5～784.6
1.00	0.7854	0.0617	1520.1×10^6	1196.5	833.6～931.7

轴线拉好后应进行下列检查。

1. 检查艉柱轴毂孔,人字架毂孔与通过拉线所得的轴系理论中心线的不同轴度,即要查明如以此中心线镗孔能否按图纸镗出规定尺寸的孔,同时又要求使轴毂的最小厚度不小于规定数值。

2. 检验主机基度面板,中间轴承面板与轴系理论中心线之间的高度尺寸及基度的左右开挡尺寸,以检查安装后的垫片厚度(对铸铁垫片 >20 mm,碳钢垫片 >10 mm)及基座左右开挡尺寸是否符合验收范围。

用拉线法确定轴系理论中心线时,先按钢丝在各镗孔的端面上划出十字线,而加工圆和检验圆线通常是在拆除钢丝后按十字线求出理论中心点(圆心)来划出。见图 6 – 16 所示。

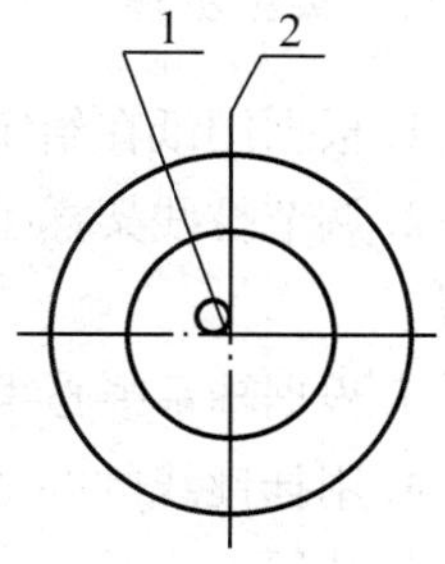

图 6 – 16　按钢丝在端面十字线定中心点

1—钢丝;2—十字线

加工圆线和检验圆线是两个同心圆。加工圆线是为了镗孔时确定其加工线,以便达到所规定时尺寸要求;检验圆线比加工圆稍大(约 20 ~ 30 mm),用于镗孔和船舶大修时检验轴系理论中线,其具体做法如下所述。

在钢丝拉着时,在划十字线的一根线上任意取一点,用卡钳量该点至钢丝的最小距离,以此时卡钳的长度为准,在其余三根十字线线段上求出与钢丝等距离的三点并打上圆冲眼,然后拆除钢丝,在孔端嵌入一木条,以十字线上四个圆冲眼为圆心,取适当的半径(稍大于这四个点所组成圆的半径),用划针在铁皮上划出四个圆弧,只要划针的半径大小取得合适,很容易决定四个圆弧包围的一小块面积的中心点,用划针检查要中心点与十字线上四个圆冲眼的距离,如距离相等,此中心点就是所求的理论中心点,在中心点上打圆冲眼,以此点为圆心,用圆规划出加工圆线和检验圆线。

理论中心点也可以直接根据十字线来确定,即在钢丝拉着时,各镗孔端面上所划十字线应使钢丝的相位一致,例如都在十字线的左上角,如图 6 – 16 所示,然后拆除钢丝,在孔端嵌入木条,再将十字线相交,其交点即为理论中心点。这样确定的理论中心点,仅是将整根轴系理论中心线面同一方向——正右下方移动一个很小的距离(小于钢丝直径),它对造成轴系理论中心线偏差可不予考虑。

加工圆线和检验圆线也可以在钢丝未拆除时划出(此时,应计及钢丝的挠度)。用薄铁皮或硬纸板根据加工圆和检验圆的大小分做了两块样板,在样板的圆心上钻一小孔,孔径等于或略大于钢丝直径,同时沿半径方向剪一条和直通圆心上的小孔,通过开口将样板穿在钢丝上,并贴靠在轴毂或隔舱端面上,略抬起样板,使样板的中心孔与钢丝之间隙四周基本一致,即可按样板外圆画圆。

一、实验目的

1. 了解拉线法测定轴系中心线的原理,使用设备和操作方法。
2. 测定轴系理论中心线,并依此划出艉轴管孔的加工圆和检验圆。
3. 确定主机和轴承的垫片厚度及轴系长度。同时复对机座及轴承座位置。

二、实验设备

1. 拉线架一对
2. 艉轴管壳
3. 重锤(20kg)
4. 主机座
5. 轴承座

三、实验步骤

1. 根据图纸在给定尺寸,以“标高”定出基准点的高度。以下见图 6 – 17 所示。

2. 调节拉线架摇手柄,使钢丝通过艏艉基准点(船纵舯剖面内),此时钢丝即为理论中心线。

3. 根据轴系中心线及计算出的挠度划出艉轴管壳两端的镗孔中心线和加工圆及检验圆。

4. 用挂锤线的办法测定轴承座、主机座的安装误差(该误差应在允许范围之内),并计算出垫片厚度。

5. 测量轴系总长度。

以上可见图 6 – 17 所示。

四、实验报告要求

1. 计算钢丝在中间轴承处及主机飞轮端处的挠度。

2. 测量出轴承座,主机座的中心线与轴系中心线左右的偏差。

球　座		轴承座	
左	右	左	右

3. 确定主机座、轴承座的垫片毛坯厚度。

4. 计算出中间轴的实际长度供加工用。

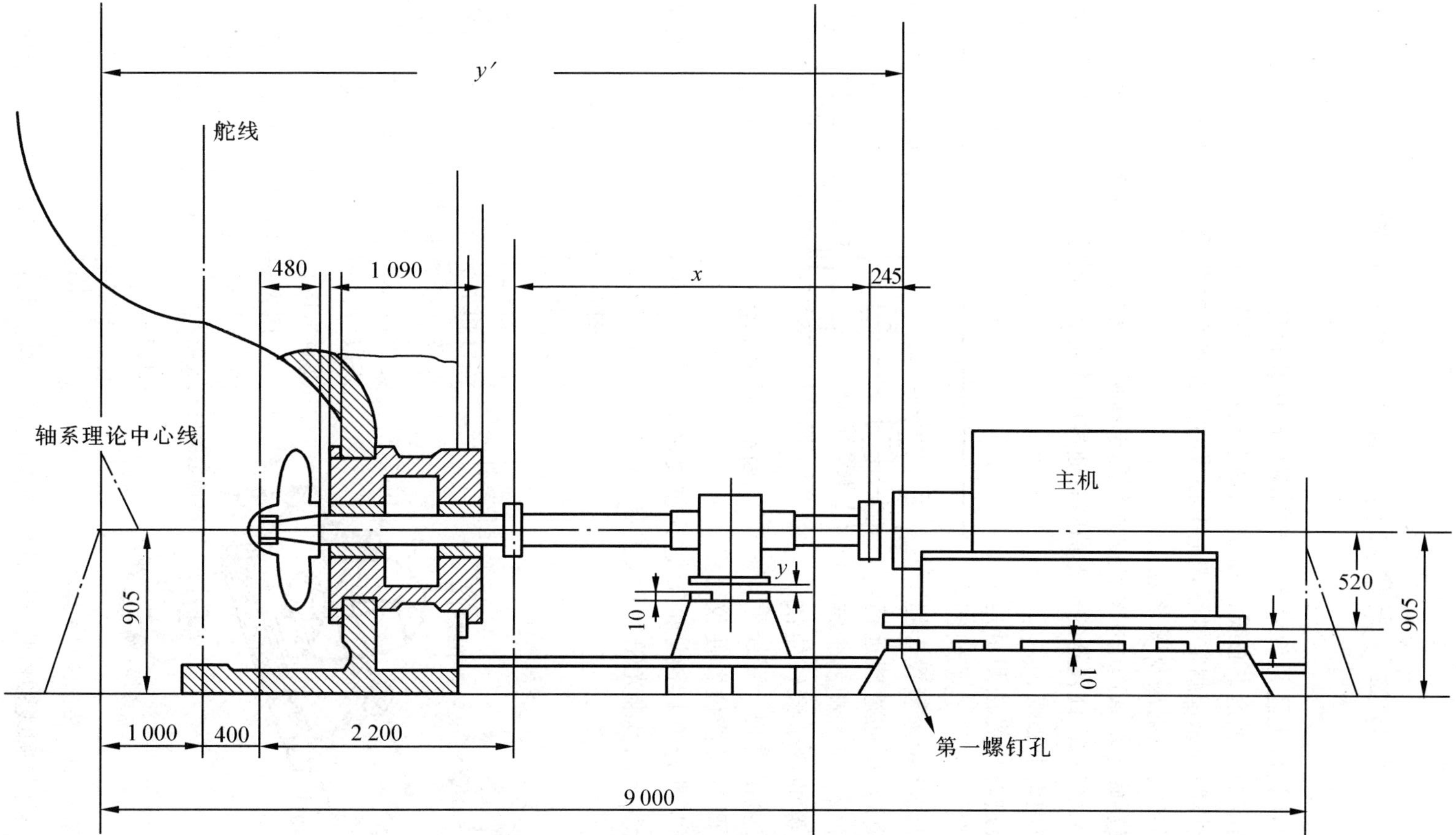

说明：(1)求 y 时，中间轴承中心高为920
(2)求 z 时，主机曲轴中心高为370
(3)密封装置度为110mm，艉管总长度包括加工余量在内。
(4)y'=实测。

图 6-17 某船轴系布置图例

实验二　光学法测定轴系理论中心线

拉线法无论在精度上还是效率上都不能满足现代化造船的要求，因此，日益普遍采用光学仪器法来确定轴系理论中心线，特别是在轴系较长时用得更多。

利用光线直线照的原理测定轴系理论中心线的方法统称为光学法，按使用设备和工艺不同又可分为望光法、投射法及激光法三种。

利用光学仪器确定轴系理论中心线是将仪器选接两个基线光靶（光靶的十字线中心在基准点位置上）调好位置，使仪器的主光轴同时通过两基准靶上的十字线中心，此时仪器主光轴就代表轴系理论中心线。

使用望远镜进行望光法测量是目前普遍采用的一种工艺（如图6－18所示）。首先将望远镜置于艉基准光靶一段距离，便通过望远镜目镜可清楚地看到艉基准靶的十字线，随后通过仪器的调节螺钉使仪器内十字线与艉基准光靶十字线重合，用同样方法调节仪器位置使仪器内十字线与艏基准光靶十字线重合，这样重复多次，最后达到仪器内十字线既与艉基准光靶十字线重合又与艏基准光靶十字线重合。

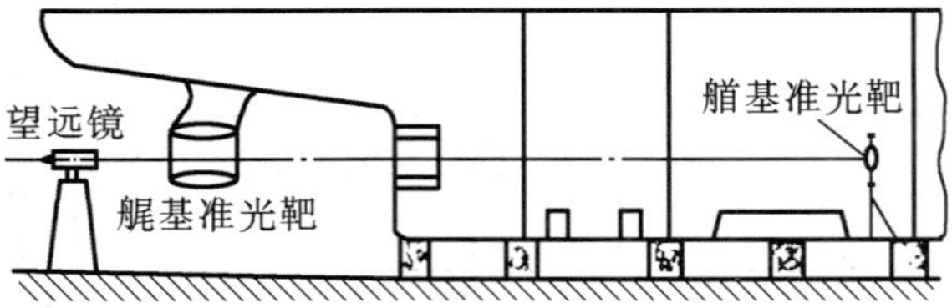

图6－18　使用望远镜进行望光法测量

图6－19是望远镜位置调节装置，它由调节架和水平座组成。调节架置于望远镜尾部，它通过垂直调节螺钉和水平调节螺钉，使望远镜作垂直及水平方向位移。而望远镜首部套于球体内，而球体又装于球夹内，所以望远镜首部装适应艉部水平及垂直方向位移的需要。

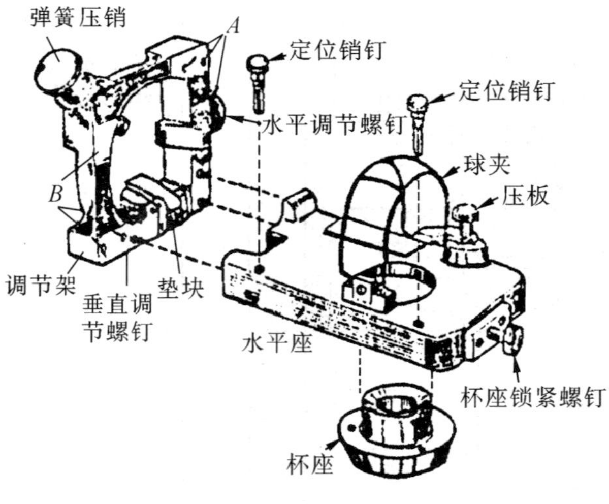

图6－19　望远镜调节装置

用光学仪器确定轴系理论中线时，可先后在轴毂孔端及艉隔舱加强垫板的孔内装入光靶，将光靶十字线中，与调得与仪器十字线中心重合，取下十字线靶芯，换上带中心孔的钢靶芯，如图所示，以光靶的中心也为圆心，用圆规划出加工圆线和检验圆线，由于艉轴支承在艉轴承上，艉轴承的轴线应比艉轴轴线高出轴承间隙的一半。因此，如果采取将轴毂也镗得与艉轴同轴（形成的艉轴承的内外圆是偏心的），则艉隔舱加强垫板和艉柱轴毂用的钢靶的中心孔）在靶芯的圆心上，如图6－20(b)所示；如将轴毂孔镗成与艉轴承同轴（所用的艉轴承内外圆是同轴的），则艉隔舱加强垫板和艉柱轴毂用的钢靶芯其中心孔的位置距圆心 $\Delta/2$ 单位毫米，如图6－20(a)所示，

Δ为艉轴与轴承的间隙,单位毫米。安装这种钢靶芯时,须使中心孔位置在靶芯圆心的正上方,为此,在靶芯上划有一条通过圆心和中心孔的直径线。装靶芯时,在光靶正面吊一铅垂线,使钢靶芯上的直径线与铅垂线平行,并且使中心孔在圆心之上,如图6-21所示。

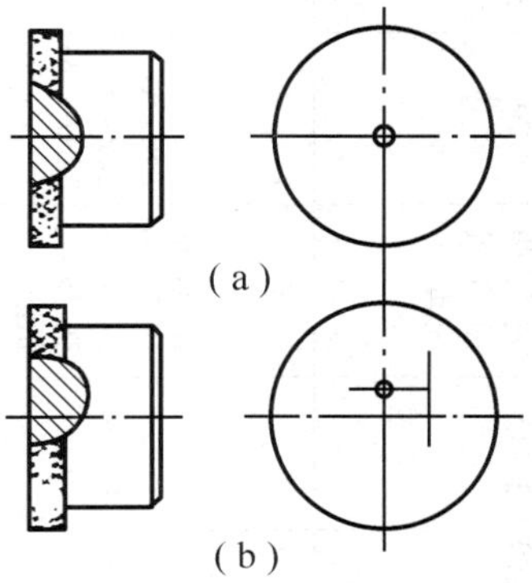

图6-20　钢靶芯

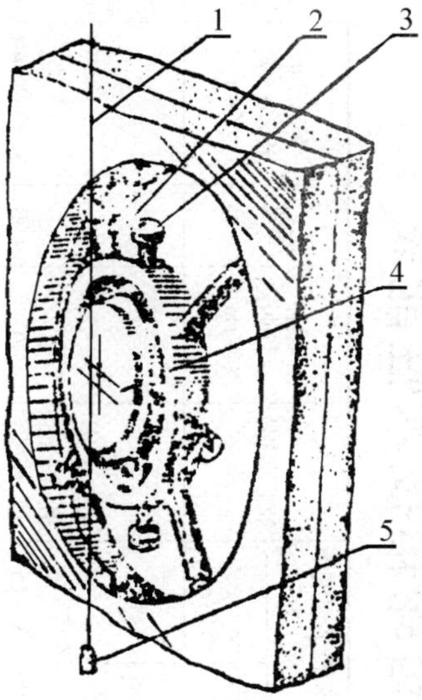

图6-21　钢靶芯安装

1—钢丝线;2—支撑螺钉;3—调节螺钉;4—钢靶;5—铅锤

一、实验目的

1. 掌握光学法测定轴系中心线的方法。
2. 学会测微准直望远镜的使用。

二、实验仪器

1. CZW 测微准直望远镜。
2. 其他可参阅实验一。

三、实验步骤

1. 参阅 CZW 测微准直望远镜使用说明,安装调试。
2. 根据图纸给定尺寸,定出基准点的空间位置。
3. 重复多次使仪器内十字线与艏艉基准光靶十字线重合。此时,光轴即为轴系理论中心线。
4. 划出加工圆检验圆。
5. 计算中间轴承长度。

四、实验报告要求

1. 指出光学法测定轴系理论中线的优点。
2. 确定轴承座垫片厚度。
3. 计算出中间轴承长度。

附表Ⅰ　国产船用液压控制式齿轮箱技术性能表

序号	型　号	结构型式	额定数据					传动轴转向		减速比		润滑油温度及压力		润滑油牌号	离合器控制油压 /(N/cm²)	重量 /kg	外形尺寸 长×宽×高 /mm	配套柴油机型号及船舶适用种类
			传递能力 /(W/r/min)	输入转速 /(r/min)	传递扭矩 /(kg/m)	传递功率 /W	承受推力 /N	输入转向	输出转向	顺车	倒车	温度 (℃)	压　力 /(N/cm³)					
1	1.5ZF55	整体箱式、液压控制、多片、湿式摩擦片离合器、三轴五齿轮减速传动结构	0.055 ×735	1 500	40	82.5 ×735	12000	逆时针	顺时针	1.52	1.52	≤90	3～15	10号车用机油或与柴油机油同	70	400	860×742×646	6105、4105、4115、4135、6110 型柴油机等)客轮、快艇
2	2ZF55									2.08	2.00							
3	2.5ZF55									2.47	2.42							6105、4110、4120、4135、6110、6100 等机型;适用于客轮、货轮、交通船、渔轮、拖船
4	3ZF55									2.96	2.92							
5	1.6ZF80	整体箱式、液压控　、多片、湿式摩擦片离合器、三轴五齿轮减速传动结构	0.080 ×735	1 500	57	120 ×735	18 000	逆时针	顺时针	1.53	1.53	≤90	3～15	10号车用机油或与柴油机油同	70	500	962×742×681	4135、6135、6105、4140 等机型:客轮、快艇、交通艇
6	2ZF80									2.06	2.06							
7	2.5ZF80									2.45	2.4							4135、6135、6120、4140、6100 等机型;客轮、货轮、拖轮、渔轮,交通船
8	3ZF80									2.96	2.92							
9	2－120	整体箱式、液压控制、渐开线齿型、三轴五齿轮减速传动	0.120 ×735	750 ～1 500	86	(90 ～216) ×735	25 000	逆时针	顺时针	2.03	2.06	<80	15～30	10号车用机油 HC－11 柴油机机油	①50～70 ②70～90 ③100～120	340	580×742×780	4135、6135、6120、6100、6105、4E140、4140、6150、6E150 等机型,客轮、货轮、拖轮、渔轮、交通船
10	3－120									2.85	2.90							
11	2－120－1	整体箱式、液压控制多片离合器、圆弧齿型、三轴五齿轮传动						逆时针	顺时针	1.94	1.96							
12	3－120－1									2.96	3.0							

附表Ⅰ(续)

13	2ZF240A	整体箱式、液压控制、多片、湿式摩擦离合器、三轴五齿轮减速传动(单速齿轮箱)	0.240×735	1 500	172	360×735	36 000	逆时针	顺时针	2.06	2.06	≤90	5~30	10号车用机油;HC-11柴油机油;15号车用机油。	100~120	645	815×890×795	12V135、12V150、6E150、6160A-12型等船用左机;客轮、货轮、拖轮
14	3ZF240A									2.92	2.68							
15	2YF240A							顺时针	逆时针	2.06	2.06							12V135、12V150等船用右机;客轮、货轮、拖轮
16	3YF240A									2.92	2.92							
17	1.3/2.5 ZF240A	整体箱式、液压控制、多片、湿式摩擦离合器、三轴五齿轮传动(双速齿轮箱、干式箱体、带副油箱)						逆时针	顺时针	1.33 2.50	2.08							12V135、12V150左机;快艇、大型客货轮
18	1.3/2.5 YF240A							顺时针	逆时针	1.33 2.50	2.08							12V135、12V150右机;快艇、大型客货轮
19	3ZF240	(同单速齿轮箱)						逆时针	顺时针	2.92	2.68							12V135、12V150左机;快艇、大型客货轮
20	1HC180	整体箱式、液压控制、多片湿式摩擦离合器、三轴五齿轮传动	0.180×735	750	130	135×735	28 000	逆时针	顺时针	1.058	1.058	≤80	10~25	HC-8柴油机油(冬季);HC-14柴油机油(夏季)	60~80	760	1 142×776×695	6180左机(6160A-1)12V135、4160等型;客轮、货轮、拖轮
21	2HC180									1.97	1.97							
22	1HC180-2	整体箱式、液压控制、多片湿式摩擦离合器、三轴五齿轮传动	0.250×735	750	253	186×735	42 500	逆时针	顺时针	1.058	1.058							6160增压左机(6160A-12)、12V135、4180、4E135A型等机型;客轮、货轮、拖轮
23	2HC180-2									1.97	1.97							
24	1HC180-3							顺时针	逆时针	1.058	1.058							6160增压右机(6160A-11)客轮、货轮、拖轮
25	2HC180-3									1.97	1.97							
26	1HC180-4	整体箱式、液压控制、多片湿式摩擦离合器、三轴五齿轮传动	0.250×735	1 000	253	250×735	42 500	逆时针	顺时针	1.058	1.058							6160A-13型;客轮、货轮、拖轮
27	2HC180-4									1.97	1.97							
28	1HC180-5							顺时针	逆时针	1.058	1.058							6160A-14型;客轮、货轮、拖轮
29	2HC180-5									1.97	1.97							

附表 I（续）

30	HC120	整体箱式、液压控制、多片湿式摩擦离合器、三轴五齿轮传动	0.32×735	750	230	200×735		逆时针	顺时针	1.048	1.048	<70	10~25	HC-8柴油机油（冬季）；HC-14柴油机油（夏季）	60~80	800	1 142×776×695	6E150 型
31	2ZT750	整体箱式、液压控制、多片、湿式摩擦离合器、齿轮减速传动	0.75×735	600~1 000	537	(450~1 000)×735	54 000	逆时针	逆时针	①3.00 ②3.00	①1.74 ②1.81	<90	15~30	10 号车用机油	150	1 500	1 013×310×1115	6250、6160、6350等机型；客轮、交通轮、货轮及拖轮等
32	3YT750							顺时针	逆时针									
33	867A	整体、液压控制齿轮箱	0.080×735	1500		120×735		逆时针	顺时针	2.89	2.30	≤75	5~15	与柴油机相同	70	450	340×485×335	（同 ZF80）
34	207B									2.25								
35	液压倒顺行星式齿轮箱	整体箱式、液压控制、离合行星式	0.475×735	600		285×735		顺时针	顺时针	1.80	1.80	<80	15	冬季10号车用机油；夏季15号车用机油	顺车 120 倒车 200	2 300	1 111.5×1 110×1 193	

GVA型双机并车齿轮箱
GVA-series Gearbox for Twin-parallel Engines

GW型可逆转减速船用齿轮箱
GW-series gearbox

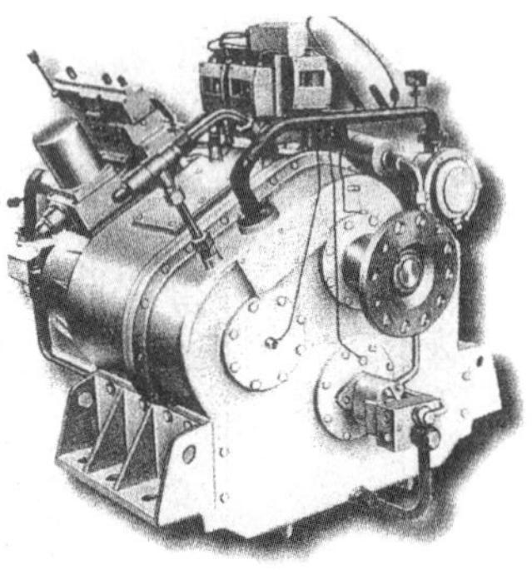
CH型高速船用齿轮箱
CH-series High-speed Marine Gearbox

附表Ⅱ　常用液压传动图形符号

一、管路及连接部分

名　　称	图形符号（GB 786.1—93）
工作管路	
控制管路	
泄油管路	
连接管路	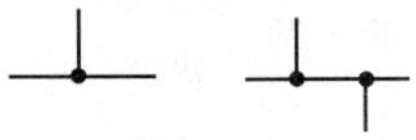
交叉管理	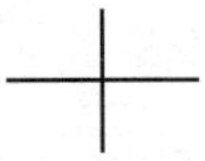
柔性管路	

二、动力源及执行机构部分

名　　称	图形符号（GB 786.1—93）
单向定量测液泵	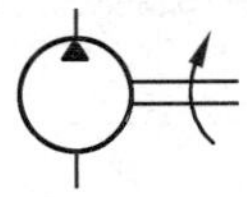
双向定量液压泵	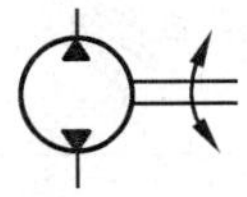
单向变量液压泵	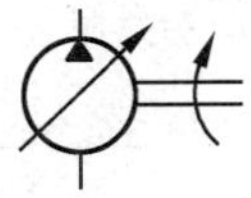
双向变量液压泵	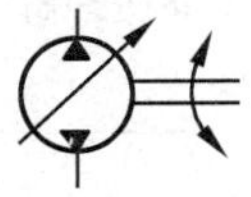

电动机	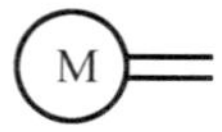
单向定量液压马达	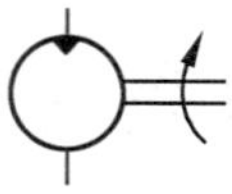
双向定量液压马达	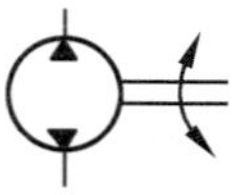
单向变量液压马达	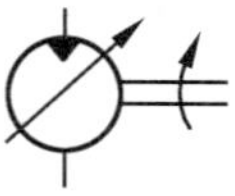
双向变量液压马达	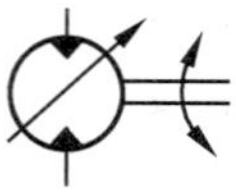
液压源	
摆动马达	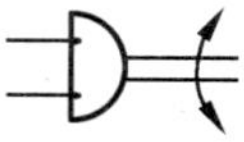
单作用单活塞杆缸	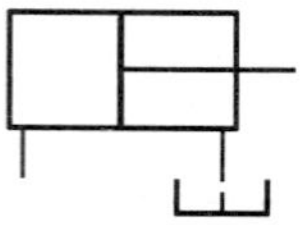
单作用弹簧复位式 单活塞杆缸	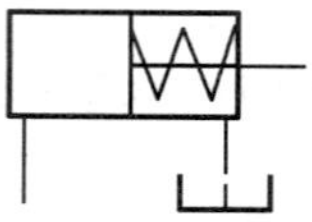
单作用伸缩缸	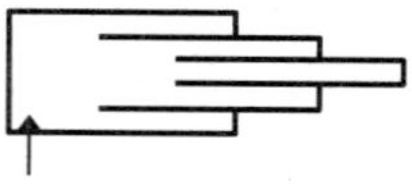
双作用单活塞杆缸	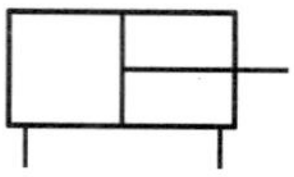
双作用双活塞杆缸	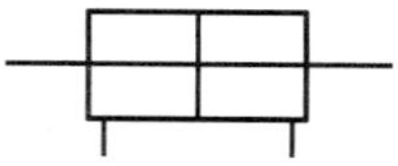
双作用可调单向缓冲缸	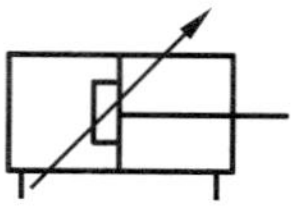
双作用伸缩缸	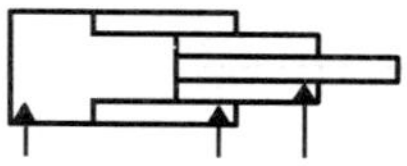

三、控制方式部分

名　　称	图形符号（GB 786.1—93）
手柄式人力控制	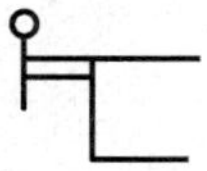
按钮式人力控制	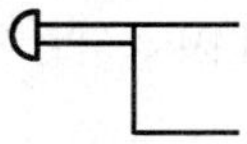
踏板式人力控制	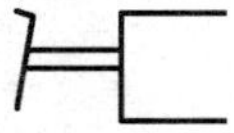
弹簧式机械控制	
顶杆式机械控制	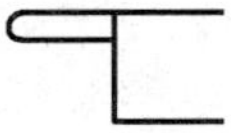
滚轮式机械控制	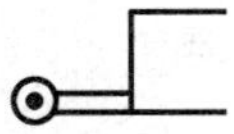
直控式液压控制	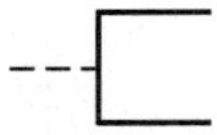
先导式液压控制	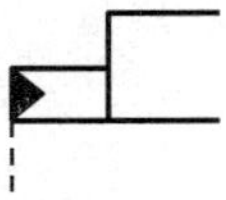
单作用电磁控制	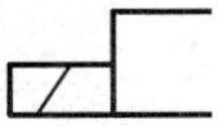
电磁—液压先导控制	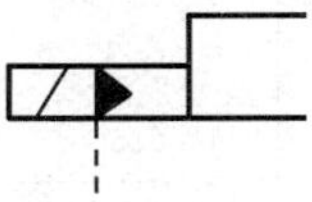
三位定位机构	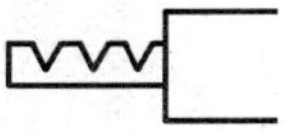

四、压力控制阀部分

<table>
<tr><th colspan="2">名　　称</th><th>图形符号
(GB 786.1—93)</th></tr>
<tr><td colspan="2" rowspan="2">溢流阀</td><td>一般符号或直动型溢流阀
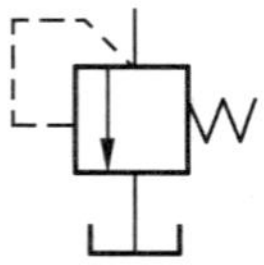</td></tr>
<tr><td>先导型溢流阀
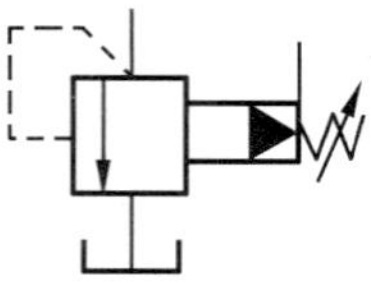</td></tr>
<tr><td colspan="2">先导式比例电磁溢流阀</td><td>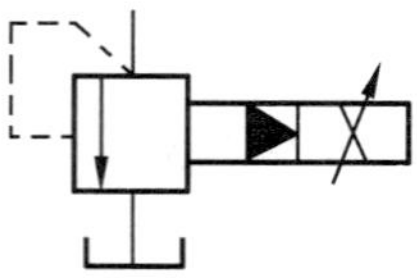</td></tr>
<tr><td colspan="2" rowspan="2">减压阀</td><td>一般符号或直动型减压阀
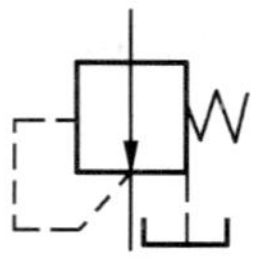</td></tr>
<tr><td>先导型减压阀
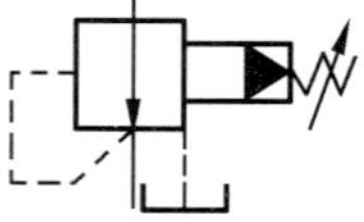</td></tr>
<tr><td rowspan="3">顺序阀</td><td rowspan="2">内部压力控制</td><td>一般符号或直动型顺序阀
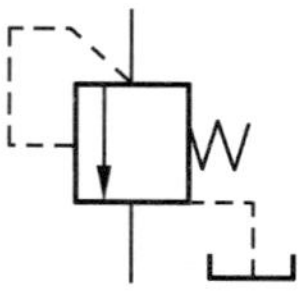</td></tr>
<tr><td>先导型顺序阀
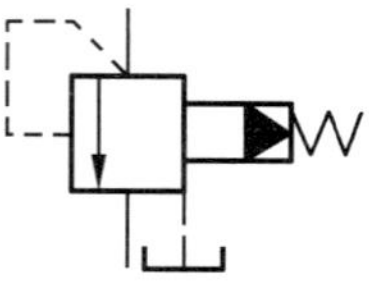</td></tr>
<tr><td>外部压力控制</td><td>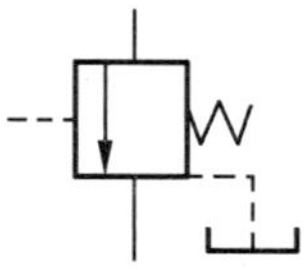</td></tr>
</table>

平衡阀(单向顺序阀)	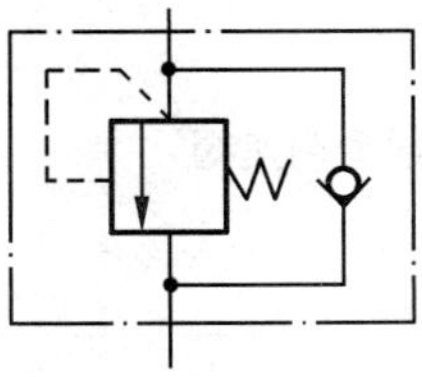
卸荷阀	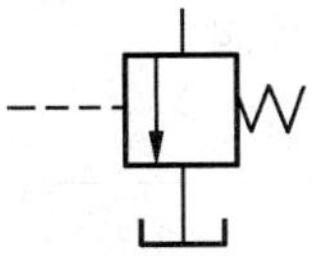

五、流量控制阀部分

名　　称	图形符号 (GB 786.1—93)
不可调节流阀	
可调节流阀	简化符号 
可调单向节流阀	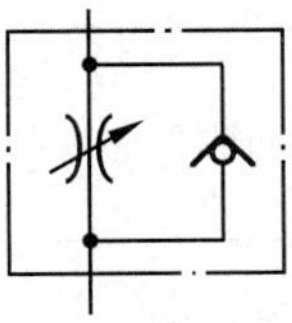
截止阀	
温度补偿型调速阀	简化符号 
调速阀普通型	简化符号 
单向调速阀	简化符号 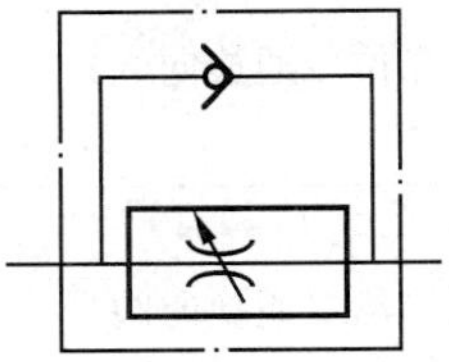

旁通型调速阀	简化符号 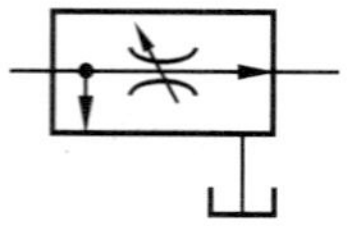
分流阀	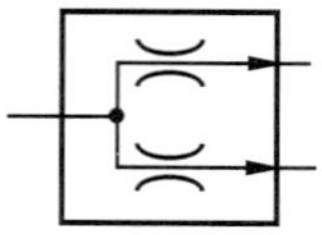
集流阀	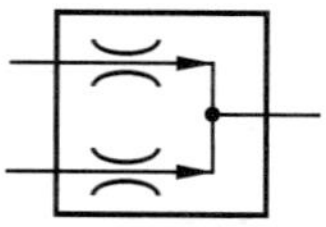
分流集流阀	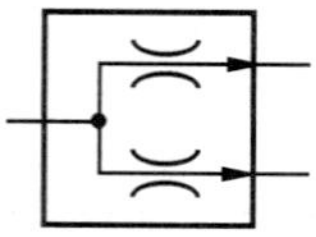

六、方向控制阀部分

名　　称	图形符号 (GB 786.1—93)
单向阀	可在阀芯左边加弹簧 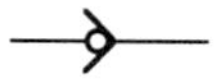
液控单向阀	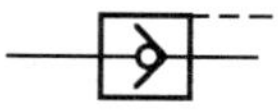
液压锁	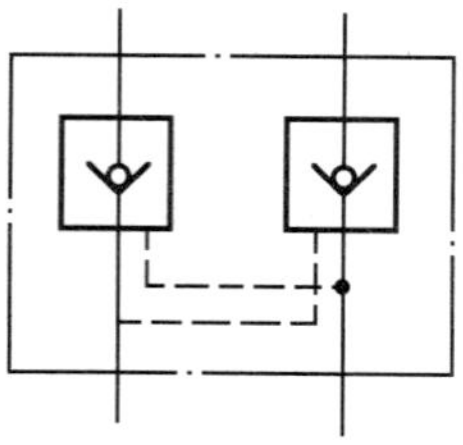
或门型梭阀	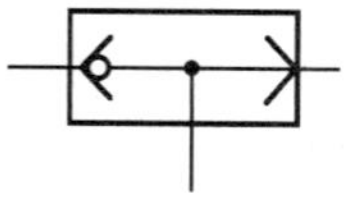
常闭式二位二通换向阀	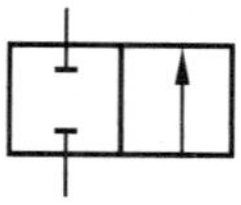
常开式二位二通换向阀	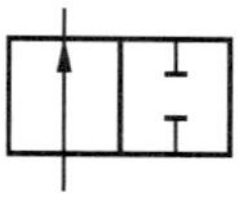

二位三通换向阀	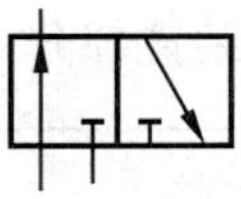
二位四通换向阀	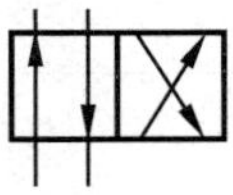
二位五通换向阀	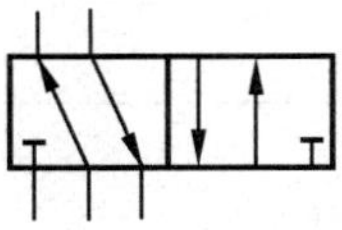
三位三通换向阀	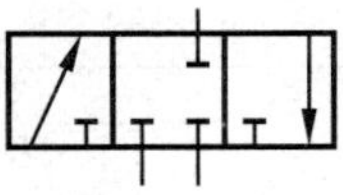
三位四通换向阀 （中位机能 O）	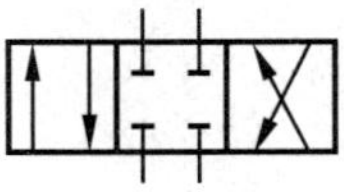
三位四通手动换向阀 （中位机能 O）	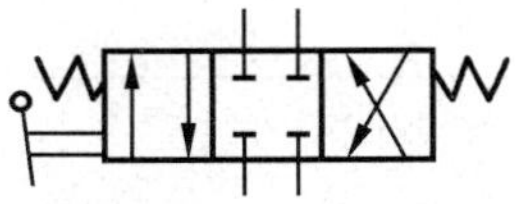
二位二通手动换向阀	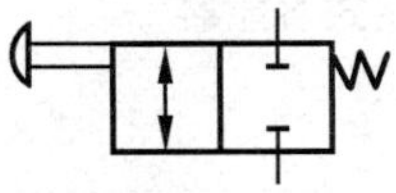
三位四通液动换向阀 （中位机能 H）	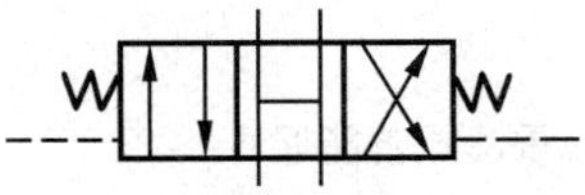
三位四通电磁换向阀 （中位机能 Y）	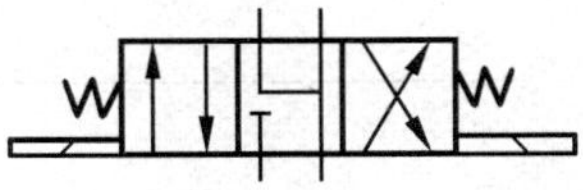
三位四通电液换向阀 （中位机能 O）	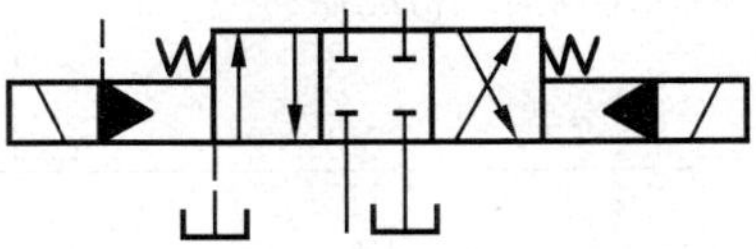
二通伺服阀	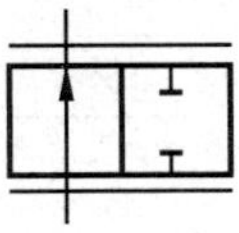
三通伺服阀	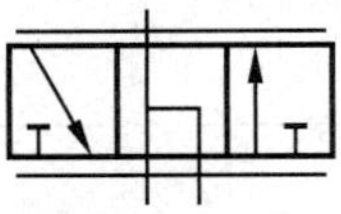
四通伺服阀	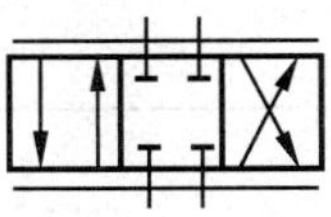

七、辅件和其他装置部分

名　　称	图形符号 (GB 786.1—93)
油　　箱	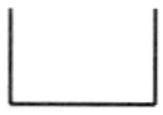
充压油箱	
蓄能器	一般符号 
弹簧式蓄能器	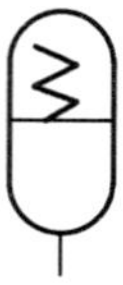
重锤式蓄能器	
气体隔离式蓄能器	
温度调节器	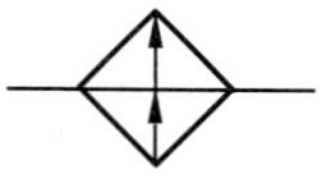
加热器	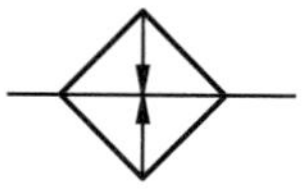
冷却器	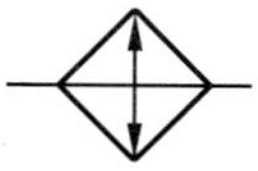

滤油器	一般符号 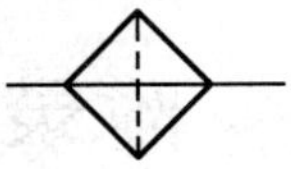 带磁性滤芯 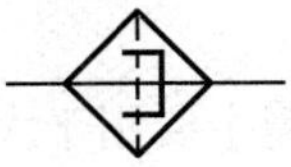 带污染指示器 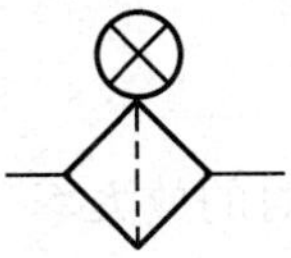
压力计	
流量计	
温度计	
转速仪	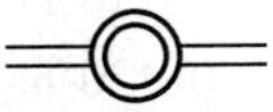
压力继电器	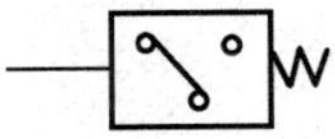

附录Ⅰ　测微准直望远镜

一、用途

测微准直望远镜主要用于大型设备、零件的安装和检验，它能够建立一条基准直线和与此基准直线相垂直的平面，利用这线和面，就可以进行必要的安装或测量工作，配上适当的附件，可以扩大其使用范围，它是航空、造船、大型机械、机床等制造业中使用的重要光学工具之一。

二、规格、性能

1. 调焦无限远时的放大率：32 倍
2. 视场角：1°
3. 调焦范围：0 ~ ∞
4. 水平方向和垂直方向均有测微器。

测量范围：±0.02 mm

格值：0.02 mm

示值误差：±(0.0025 +2% 位移量)。

5. 镜管外径：57.145 ~0.008 mm
6. 光轴与机械轴的不同心，在 300 mm 处小于 0.005 mm。
7. 光轴与机械轴的不平行小于 3″
8. 调焦非直线性：

0 ~9 m	0.025 mm
0 ~18 m	0.05 mm
0 ~36 m	0.10 mm

9. 全长：140 mm
10. 净重：4.5 kg

三、光学原理

测微准直望远镜的光学原理见附图 1 所示。物镜 2 的后面是可移动的调焦物镜 3，它

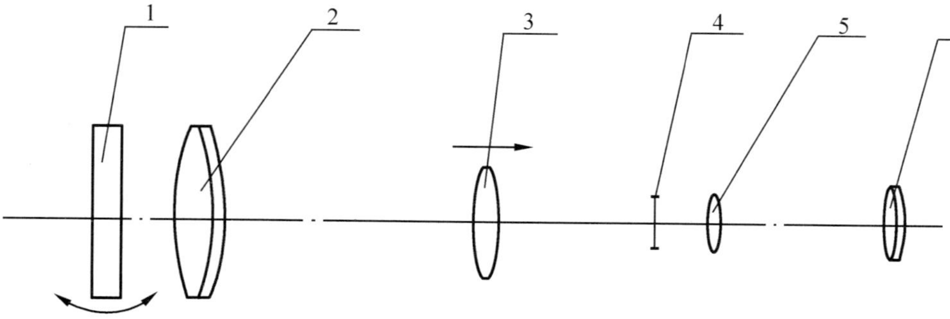

附图 1　测微准直望远镜光学原理

能前后移动,可以对不同距离聚焦,这些聚焦点的连线可视为一条理想基准直线。不同距离的目标在分划板 4 上成倒立的像,经过转像镜 5 将倒像正立过来并放大,6 是目镜。

物镜 2 的前面是可摆动的测微平板 1,利用平板 1 的摆动,可以测出目标偏离基准线的距离。

附图 2 所示的是测微准直望远镜的结构简图。测微准直望远镜的主要光学部分(位移

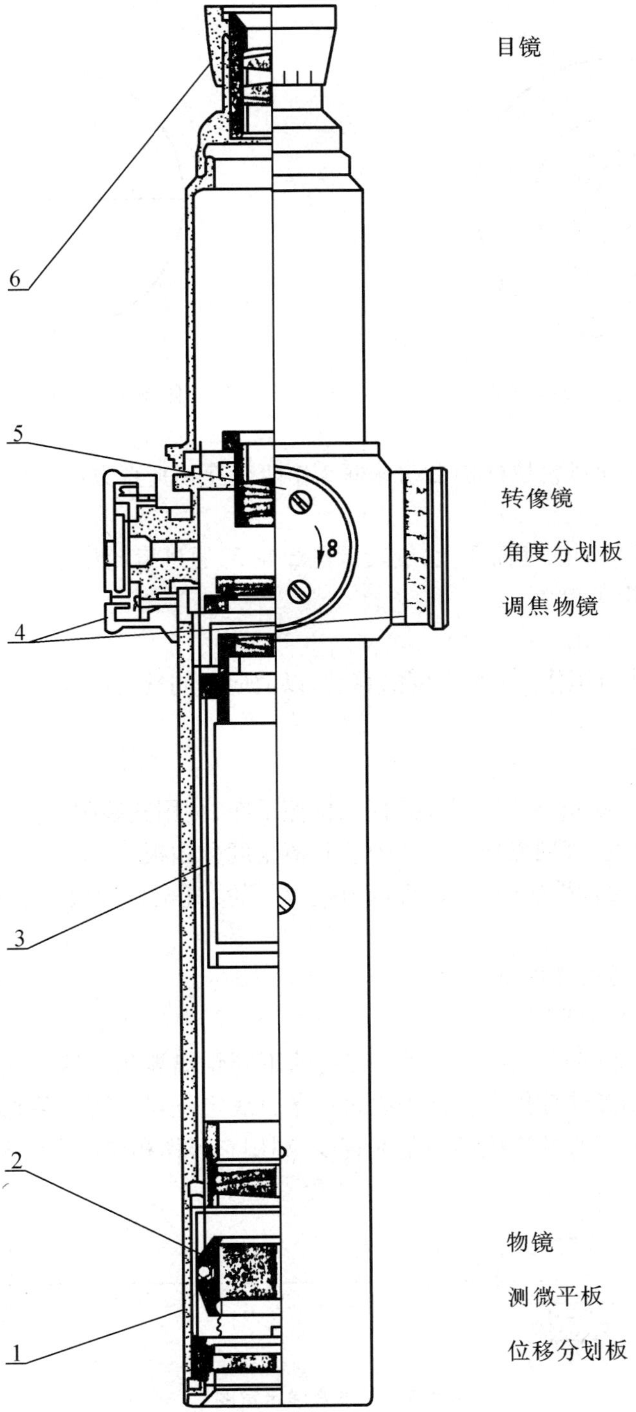

附图 2　测微准直望远镜结构简图

分划板、测微平板、物镜、调焦镜、角度分划板)装在高精度的镜管 1 内。

位移分划板主要用于自动反射,在两台望远镜准直共轴时,可作为初基准,也起系统的保护玻璃作用。它的图案见附图 3,有五个同心圆。它们的外径分别为 2 mm,8 mm,12 mm,20 mm。同心圆上的标号为外径的四分之一。

测微平板主要用于测量目标偏离光轴的微小位移,它装在可摆动的球框 2 内。

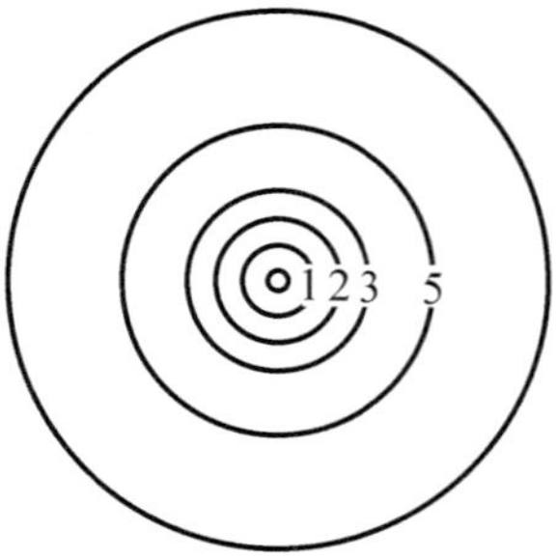

附图 3　位移分划板图案

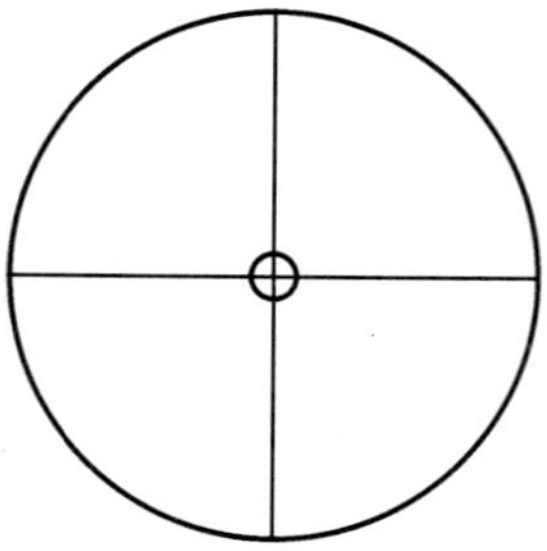
附图 4　角度分划板图案

旋转测微鼓轮 4,通过轮拉杆构带动球框 2 作两个互相垂直方向的摆动,即可进行水平和垂直方向的测微。

调焦物镜装在可移动的套筒 3 上,旋转调焦鼓轮 5,通过齿轮齿条机构带动套筒 3 前后移支,即可对不同的距离聚焦。

角度分划板图案见附图 4。

旋转目镜 6,可使目镜作 ±8 个视度的移动,以适应不同视力的人观察。

五、仪器使用说明

1. 使用望远镜时,首先将望远镜外圆仔细揩擦干净,利用安装附件把望远镜固定好。

2. 调节目镜的视度,直到操作人员清晰地看清角度分划板。

3. 对不同距离的目标聚焦时,应仔细调节调焦手轮,直至目标成像在角度分划板上,无视差。

4. 测微准直望远镜可作如下操作:

(1)建立一条基准直线

测微准直望远镜能够对从镜管端面无穷远的不同距离聚焦。这些聚焦点的连线可视为一条理想直线,利用安装球体和目标可以将这条直线定位到空间需要的位置(见附图 5),当望远镜瞄准目标,两球心的连线即为基准直线,利用它可作相应的安装测量工作。

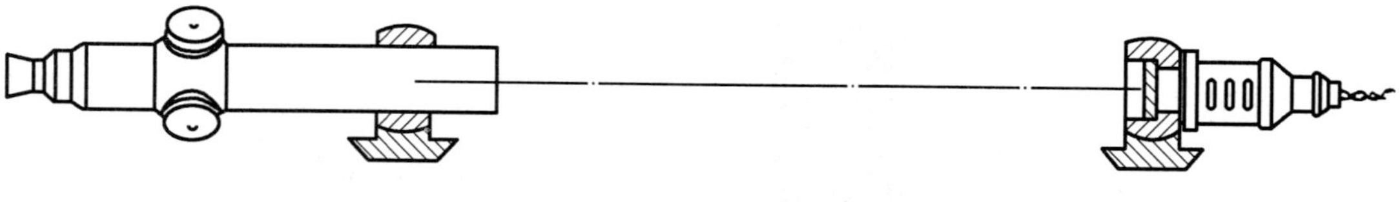
附图 5　基准直线示意图

(2)测量位移和调整位移

当测微准直望远镜对基准直线内不同距离的目标聚焦时，利用左右测微鼓轮，可以测出目标偏离基准线的距离，从而调整目标的位置。

(3)测量斜度

附图 6 测量 A,B 相对于基准直线的斜度，用望远镜瞄准目标 A，测微鼓轮读数为 a：瞄准目标 B，测微鼓轮读数为 b，若 A、B 之间的距离为 L，则斜度 $\tan\alpha = \dfrac{a-b}{r}$。

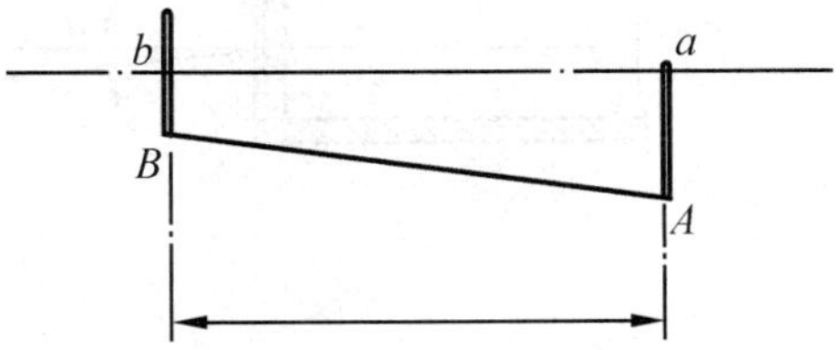

附图 6

(4) 自准直

装上自装光源后，可以用自准直的方法，建立一个与基准线垂直的反射平面。

将反射平面放置在望远镜前边适当的地方，用望远镜观察反射回来的像，当反射像与角度分划板本身的图案重合时，则反射平面与光轴垂直。

自准直的方法可以在聚焦到有限距离时进行，此时调焦的距离等于反射平面到镜管端面的距离(见附图 7)，即调焦到反射平面上。

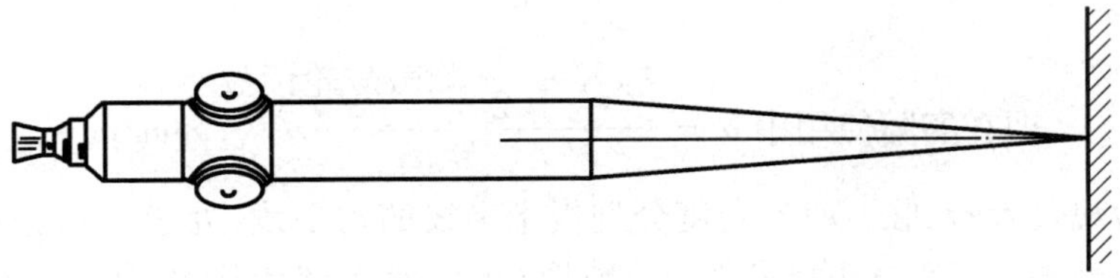

附图 7

自准直的方式也可以聚焦到无穷远时进行，即分划板在物镜的聚焦平面上，出射为平行光，此时反射平面到镜管端面的距离不限制(见附图 8)

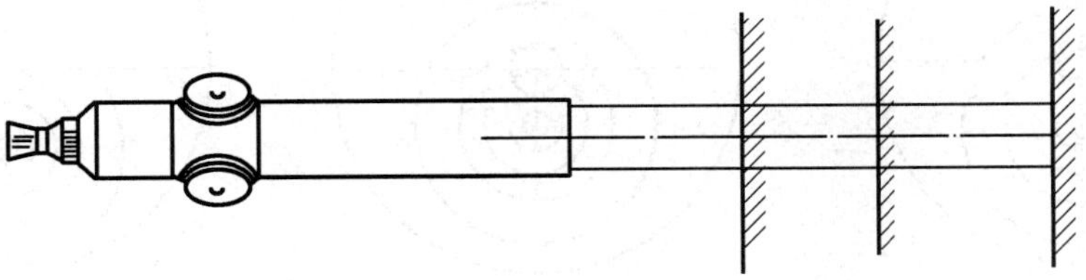

附图 8

(5) 自动反射

装上自准光源后，测微准直望远镜前面配置的位移分划板，可用于自动反射，以建立以基准线垂直的反射平面，并能测出反射平面对于垂直位置的微小倾角。

附图9为自动反射原理，反射平面位于望远镜前方，距位移分划板的距离为 L，位移分划板在反射镜后面相同距离 L 处成镜像，调节聚焦手轮对位移分划板的像聚焦，若位移分划板像中心与角度分划板中心不重合，则反射平面对于垂直位置倾斜 α 角。

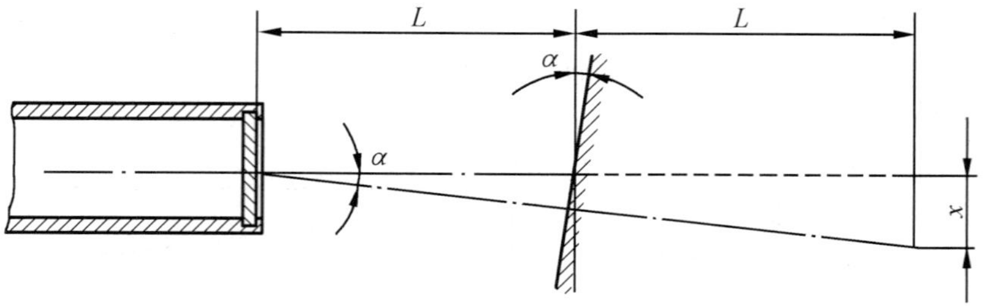

附图 9

由图可知,倾角 α 由下式计算

$$a = \frac{X}{2L}\text{(弧度)} \tag{1}$$

式中,X 为位移分划板像的中心到基准线的距离,X 值由位移分划板上圆环尺寸与测量鼓轮的示值求得

$$X = \frac{R \pm \frac{b}{2}}{L}$$

$$\text{即在实际使用中 } a = \frac{\text{标号} \pm \frac{1}{2}\text{测微鼓轮读数}}{\text{距离}} \text{ mm/m}$$

附图 10 为观察者看到的现场,角度分划板十字线的水平线,处于位移分划板两个圆环之间,旋转测微鼓轮,水平与小圆相切,读数取(+);水平线大圆相切,读数取(-),以此类推。

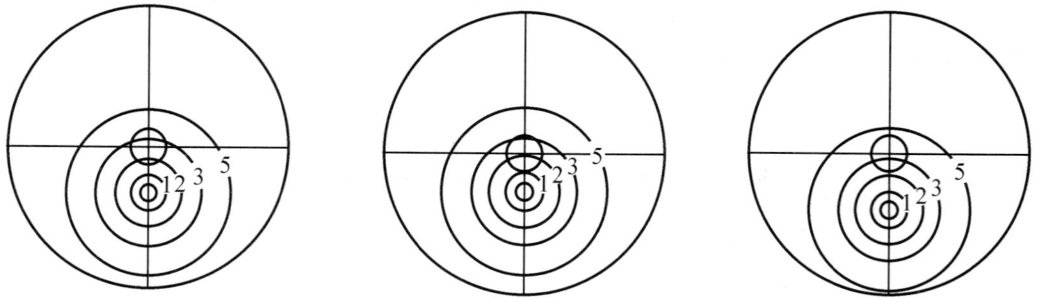

附图 10

(6)投射

在自准光源有足够的亮度,并且外面的衬度比较暗时,就像放幻灯一样,将角度分划板十字线投射到一定距离的表面上,十字线的中心即为望远镜的聚焦点。这样,可以在投射表面上定出需要点的位置(见附图 11)。

(7)两台测微准直望远镜相互瞄准

在工作中,有时需要用一台望远镜瞄准另一台望远镜来建立一条直线,方法如下所述。

a. 将一台望远镜瞄准另一台望镜的位移分划板的中心。

b. 将两台望远镜聚焦到无穷远，调整望远镜的位置，使十字线重合。

c. 将两台望远镜聚焦到两台望远镜中间的地方，调整望远镜的位置，使十字线重合。

d. 重复 b，c 两项要求，直到两项同时满足。

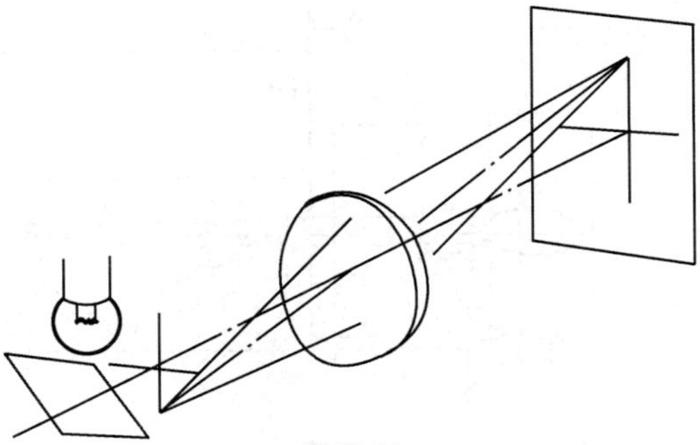

附图 11

六、仪器维护

1. 仪器不得碰撞冲击，应注意镜管外围不得划伤。
2. 不使用望远镜时，目镜及镜管前端均把保护盖盖上。
3. 玻璃件需清洁时应找专门人员清洁，不要用手摸或普通纱布擦拭。
4. 望远镜等仪器所有螺圈螺钉不自行拧动，以免造成失调和丧失仪器精度。
5. 仪器应放置干燥处，避免受潮。

七、仪器及附件应用图例

利用望远镜和目标检查轴系的共轴性（见附图 12）。

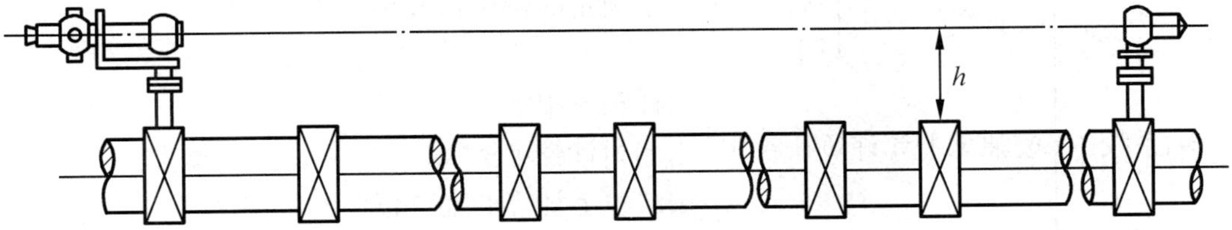

附图 12

实验三　轴系校中

船舶轴系是船舶动力装置的重要组成部分，它将船舶主机发出的功率传递给螺旋桨，同时又将螺旋桨在水中旋转时产生的轴向反推力传给船体，以推动船舶航行。

船舶轴系是指从主机艉法兰起到艉轴止，包括推力轴、中间轴、艉轴、联轴器、推力轴承、中间轴承、艉轴管等部件的总成。附图 13 所示的船舶轴系简图。

有的轴系还带有传动设备，如离合器、弹性联轴器和减速齿轮箱等部件。

船舶轴系在运转中承受复杂的应力和负荷。实践证明，为确保轴系长期安全正常地运转，除在轴系设计时应保证具有足够的强度及刚度外，在轴系安装时应保证它具有合理的状态，使轴系各轴段内的应力及各轴承上的负荷，均处在合理的范围之内。

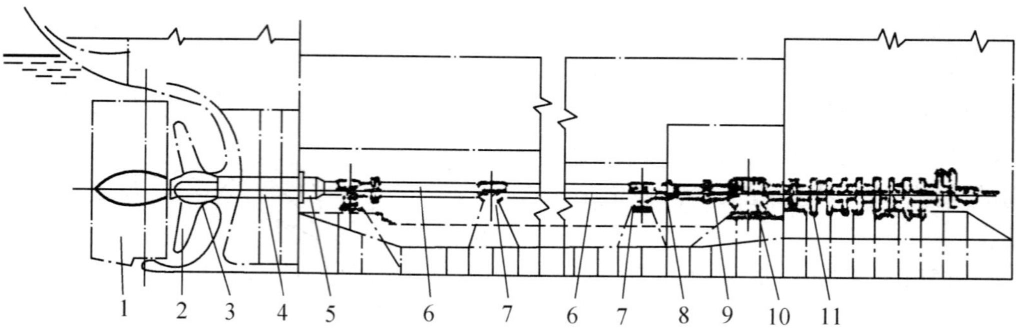

附图 13

1— 舵;2— 螺旋桨;3— 艉轴;4— 艉轴管;5— 油封;6— 中间轴;
7— 中间轴承;8— 隔舱壁轴封;10— 推力轴承;11— 主机曲轴

经理论分析和生产实践证明,安装后的轴系各轴段的应力及各轴承上的负荷是否合理,除设计因素之外主要取决于轴系校中质量的好坏。

何谓"轴系校中",轴系校中就是按一定的要求为主,将轴系敷设成某种状态,处于这种状态下的轴系。其全部轴承上的负荷及各轴段内的应力都处在允许范围之内,或具有最佳的数值,从而保证轴系持续正常地运转。

在船舶及舰艇的建造修理中,进行轴系校中的方法是多种多样的,但就其校中的原理,可划分如下:

- 轴系校中
  - 按直线性校中
    - 按法兰上严格规定的偏中值校中法用
    - 用光学仪校中法
  - 按轴承上允许负荷校中
    - 用样轴校中法
    - 用测力计校中法
    - 按法兰上计算的允许偏中性校中法
  - 按轴承上合理负荷校中
    - 按轴承合理位置校中法
    - 按法兰上合理偏中值校中法

在过去很长的一段时间内,曾认为将整根轴承成直线安装是合理的。因此,在进行轴系校中时力求尽可能地将艉轴、中间轴、推力轴及发动机轴排成一条直线,以保证轴系基本在无弯曲的状态下运转。这就是所谓的轴系按直线性校中原理。

组成船舶轴系的各轴段,通常是用法兰联轴器连接成整根轴系。由于这些轴在加工时规定其法兰的外圆与轴颈应同轴,法兰端两面与轴心线应垂直,故毗邻两根轴以其法兰连接时,如果两轴的连接法兰达到同轴,则此毗邻的两根轴亦同轴,这是把轴作为刚体看待,未考虑轴的挠度及加工误差;反之,若两连接法兰不同轴,则此毗邻的两根轴亦不同轴。

两连接法兰的偏中,通常用"偏移" 及"曲折" 表示,所谓"偏移"(常用符号 δ 表示),指两法兰的轴心线平行而不重合,如附图 14(a) 所示,所谓"曲折"(常用符号 φ 表示),系指两法兰的轴心线交叉成一定角度,如附图 14(b) 所示,附图 14(c) 则表示出毗邻两法兰既存在偏移,又存在曲折的情况。

显然,在进行轴系校中时,只要逐段地调节毗邻两轴的位置,使轴系中每对连接法兰上的数偏移及曲折均为零(即 $\delta = 0, \varphi = 0$),这时如忽略法兰因轴端自垂的影响则可以认为这

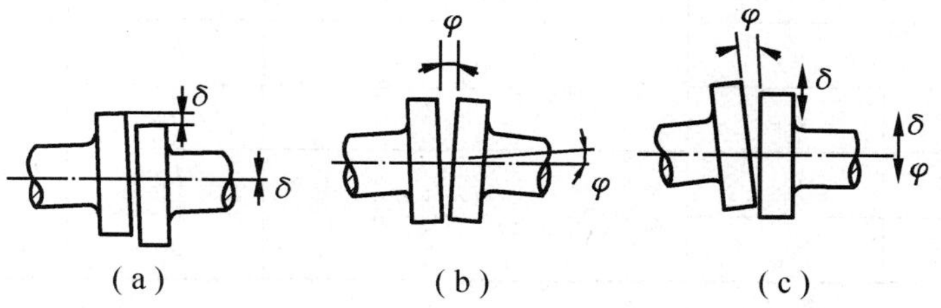

附图 14

样校中好后的轴系具有直线性。

然而在实际校中时要完全达到各对法兰上的偏移和曲折均为零是极为困难的,甚至是不可能的,故在按直线性校中时也允许法兰上存在很小的偏中值,以保证轴系校中好后基本上仍具有直线性。这样很小的允许偏中值在以往的有关规范成标准中都曾作过严格的规定。

按法兰上严格规定的偏中值校中轴系的方法,由于简便易行,故仍是目前在我国船厂中使用好多的一种校中方法,采用这种方法校中轴系时通常是将艉轴先按轴系理论中线安装好,再以艉法兰为基准由船尾向船首方向逐段地调整中间轴及推小轴的位置,使各对连接法兰上的偏移和曲折值不超过规定的偏中性,最后,以推力轴的前法兰为基进行主机定位。

在轴系校中好之后,采用垫块及基座螺栓将轴系的各轴承紧固在各自的基座上,用法兰连接螺栓将各轴段连接成一体并与主机连接起来。

一、实验目的

1. 了解按法兰找中轴系的方法。
2. 掌握计算垂直、水平的偏移和曲折方法。
3. 偏移或曲折超出允许范围修正方法。

二、实验设备

1. 轴段　2. 直尺　3. 塞尺

三、实验步骤

1. 直尺塞尺法:

(1) 轴段置于临时轴承之上(附图 15 所示)

(2) 调整轴承之后,将直尺依次在法兰外圆的上、下、左、右四个部位上紧贴,同时塞尺在每一个部位上测量直尺与另一法兰外圆表面之间的间隙值 $a_{上}$、$a_{下}$、$a_{左}$、$a_{右}$。

(3) 用塞尺依次在法兰端面的上、下、左、右四个部位上测量两法兰端面之间的间隙值 $b_{上}$、$b_{下}$、$b_{左}$、$b_{右}$。

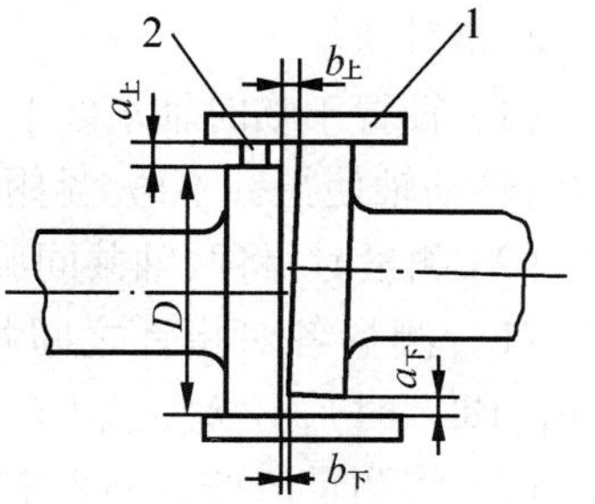

附图 15　用直尺和宽尺测量法兰的偏移、曲折

1—直尺;2—塞尺

(4) 根据下表公式计算,如超出范围($\delta \leqslant 0.10$ mm,$\varphi \leqslant 0.15$ mm/m)则进行调整,直至达到要求。

测量部位		间　　隙	偏移(mm)	间　　隙	曲折 mm/m
垂直水	上	$a_{上}$	$\sigma_{垂}=\dfrac{a_{上}+a_{下}}{2}$	$b_{上}$	$\varphi_{垂}=\dfrac{b_{上}+b_{下}}{D}$
	下	$a_{下}$		$b_{下}$	
水平平	左舷	$a_{左}$	$\sigma_{水}=\dfrac{a_{左}+a_{右}}{2}$	$b_{左}$	$\varphi_{水}=\dfrac{b_{左}+b_{右}}{D}$
	右舷	$a_{右}$		$b_{右}$	

当出现曲折时,把轴承抬高(或放低)多少才能调整曲折值,可以通过下列公式计算。见附图16所示。

$$h=\frac{L(Y_1-Y_2)}{D}$$

式中:h——应抬高值(mm)

L——从法兰至轴承中心距离(mm)

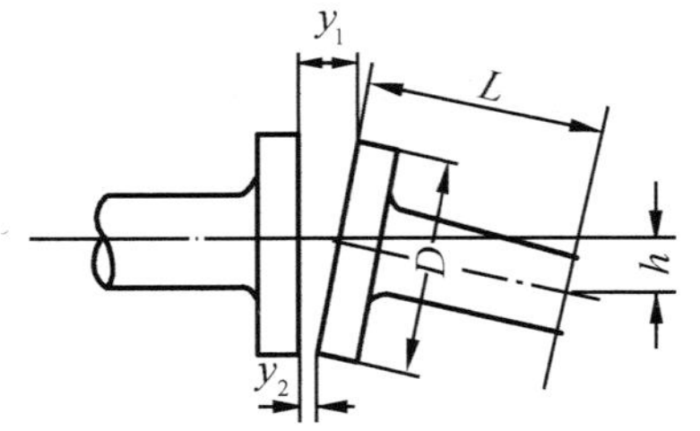

附图16　轴承抬高(或放低)量计算

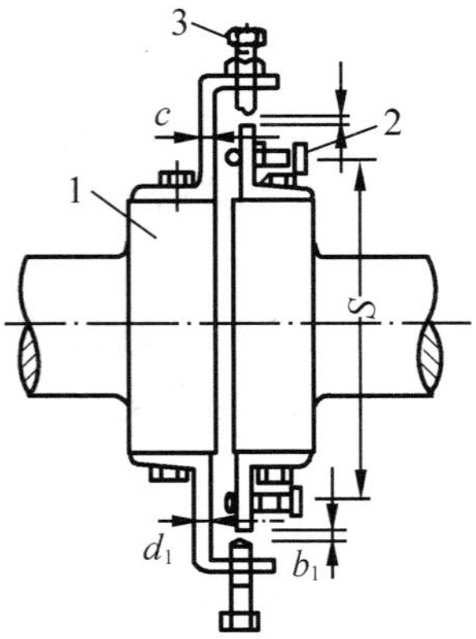

附图17　用两对指针测量偏移和曲折

1—连接法兰;2—水平指针;3—垂直指针

2. 指针法

(1) 轴置于临时轴承之上,在法兰外圆上对称地安装两对指针,并将用作测量的螺钉调整好,转动轴使指针不碰。见附图17所示。

(2) 测量时,将两轴共同旋转一周,并在两轴旋转前(0°),及旋转到90°、180°、270°时用零尺进行测量各对指针之间相应的间隙 a_1、b_1、c_1、d_1(0°)时,a_2、b_2、c_2、d_2(90°)时,a_3、b_3、c_3、d_3(180°时),a_4、b_4、c_4、d_4(270°时)等。

(3) 将测量值按下列表中公式计算,如超出范围则进行调整。

轴的位置	测量部位		偏移指针间隙		偏　　移(mm)
0°及180°	垂直平面	上	a_1	b_2	$\sigma_{垂}=\dfrac{(a_1+a_3)-(b_1+b_2)}{4}$
		下	b_1	a_3	

90°及270°	水平平面	右舷	a_2	b_4	$\sigma_{水} = \frac{(a_2 + a_4) - (b_2 + b_4)}{4}$
		左舷	b_2	a_4	
轴的位置	测量部位		偏移指针间隙		曲　折(mm/m)
0°及180°	垂直平面	上	c_1	d_3	$\sigma_{垂} = \frac{(c_1 + c_3) - (d_1 + d_2)}{2s}$
		下	d_1	c_3	
90°及270°	水平平面	右舷	c_2	d_4	$\sigma_{水} = \frac{(c_2 + c_4) - (d_2 + d_4)}{2s}$
		左舷	d_2	c_4	

四、实验报告要求

1. 比较两种方法的优缺点。
2. 计算偏移、曲折值。
3. 如超出范围,计算出调整值。

附录Ⅱ “船舶轴舵系”课试题

班级________ 学号________ 姓名________ 得分________

一、填空：

1. 船舶各类推进传动形式有____________、____________、____________、____________和____________多种。

2. 螺旋桨在装上船之前，应作____________________________和____________________等两方面的检验验收工作。

3. 什么是船舶轴系？答____的总称。

4. 船舶轴系工程在其安装工艺过程中，主要有________________、____________、____________和____________等四方面施工内容。

5. 船舶舵系设备主要由以下____________、____________、____________和____________四部分构成。

6. 船舶轴线的含义是______________________、____________________。

7. 船舶“直接传动”的轴系装置中，主要由____________、____________、____________、____________、____________、____________、____________以及螺旋桨等构成。

8. 我国建造的万吨轮上，常采用____________和____________两种材料作为艉轴管滑动轴承制成材料，它们各适用____________和____________来冷却润滑的。

9. 船舶一般采用______________、______________、______________和____________几种转舵设备。

10. 螺旋桨应作好____________的检验和____________检验等两方面的工作才能装上船使用。

二、专用名词解释：

1. 什么叫“船体基线”？

2. 什么叫液压系统“投油”？

3. 什么是船舶轴系合理对中法(最佳对中法)？

4. 什么叫“变量变向液压油泵”？

三、问答题：

1. 船舶轴系拉线时，是如何先确定艏艉两个基准点的(即前后、上下、左右位置)？轴系拉线可达到哪些目的？

答：

2. 船舶轴舵系施工之前，对船体钢结构有哪些基本要求？

答：

3. 推力轴与推力轴承之功用是什么？

答：

4. 离合器的功能是什么，一般船用有哪三类，各的特点是什么？

答：

5. 液压系统用的液压油有哪些要求，常用液压油有哪几种？

答：

6. 什么叫轴系的纵向振动？它有哪些危险性，有什么措施来加以解决？

答：

7. 船下水前，对其舵系和轴系装置各应作妥哪些工作？

答：

8. 为什么要进行船舶轴舵系的系泊试验和航海试验，各的主要含哪些内容？

答：

四、注名称，答原理：

1. 将下列液压舵机的液压系统中各组成名称填上，并回答系统中油液是怎样工作的？

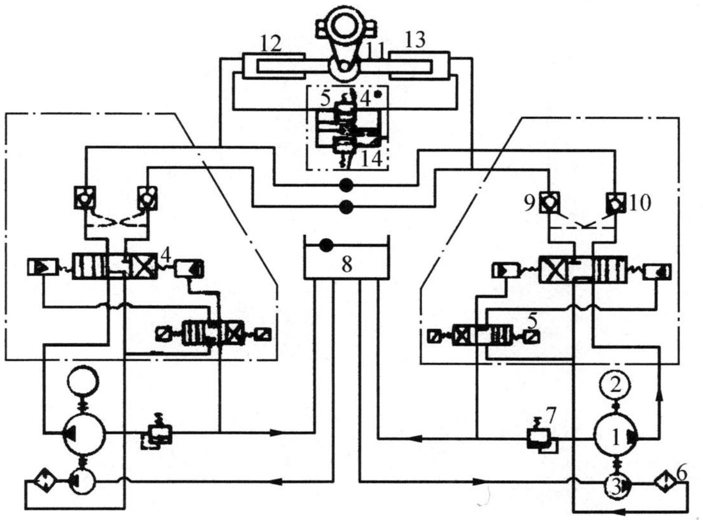

注名称：1. 2. 3. 4.

5. 6. 7. 8.

9. 10. 11. 12.

13. 14. 15.

答：原理：